# 荣成县续志

（民国）

总纂　鞠思敏
编撰　袁绍昂

荣成市地方史志研究中心
荣成市档案馆
荣成市政协文教卫生文史委员会
整理

山东大学出版社

**图书在版编目(CIP)数据**

荣成县续志:民国/荣成市地方史志研究中心,荣成市档案馆,荣成市政协文教卫生文史委员会整理.—济南:山东大学出版社,2020.8

ISBN 978-7-5607-6660-7

Ⅰ.①荣…　Ⅱ.①荣…②荣…③荣…　Ⅲ.①荣成—地方志—民国　Ⅳ.①K295.24

中国版本图书馆 CIP 数据核字(2020)第 133248 号

责任编辑　王桂琴
封面设计　牛　钧

---

出版发行　山东大学出版社
社　　址　山东省济南市山大南路 20 号
邮政编码　250100
发行热线　(0531)88363008
经　　销　新华书店
印　　刷　山东新华印务有限公司
规　　格　787 毫米×1092 毫米　1/16
　　　　　20 插页　22.25 印张　490 千字
版　　次　2020 年 8 月第 1 版
印　　次　2020 年 8 月第 1 次印刷
定　　价　198.00 元

---

## 荣成市地方史志编纂委员会

（兼民国《荣成县续志》整理委员会）



## 民国《荣成县续志》整理编审人员

# 前　言

20 世纪 30 年代初，民国政府倡导地方修志。

1934 年，邱中度（章丘人）任荣成县县长。会同荣成地方绅士，商议编纂民国《荣成县志》（以下简称“民国志”）。地方绅士公推由鞠思敏来主持编纂“民国志”。

鞠承颖（1872～1944），字思敏，荣成县成山卫马山大疃人（祖居县衙前街），是山东近代著名教育家。1904 年，入济南师范馆学习。1906 年，加入中国同盟会，协助刘冠三创办山左公学，传播革命思想。1911 年，任山东省视学，参与策划山东独立。后与刘培源等一起发动荣成光复运动，成立荣成军政府。革命失败后回济南任山东省高等师范学堂教务主任、校长，1913 年，兼任省立第一师范学校校长，创办济南私立正谊中学并任校长。1929 年，任山东省第一乡村师范学校校长及正谊中学董事长，被公认为“山东的蔡元培”。

当时编修《荣成县志》有诸多困难，尤其是史料残缺。甲午战争时，日军侵占荣成，焚毁县署，县署档案全被烧毁。后来的档案，也在辛亥革命时因清政府官吏煽动叛乱毁掉了大部分，但鞠思敏为家乡修志事，仍慨然应允，遂赶赴荣成，商讨编修县志事宜。几个月后，拟订出“民国志”的拟例（即凡例）和编纂目录“共两千余言”。但鞠思敏在济南事务繁忙，且已年逾花甲，体弱多病，难以独当修志大事，便自任总纂，推荐姜叔明、许骏斋、曲显功为分纂，共同完成编修“民国志”的重任。

姜忠奎（1897～1945），字叔明，荣成县石岛姜家疃人，是光绪《山东通志》总纂孙葆田的入室弟子。1918年，毕业于北平大学中国文学系；1926年，任河南中州大学教授；1932年，任北平大学教授；同年又任山东大学教授。以经学、语言文字学享誉文坛。

许维遹（1900～1950），号骏斋，荣成县石岛大鱼岛人，以经学、语言文字学见长。1932年，毕业于北平大学，任职于清华大学。1933年，清华大学以古籍丛刊之一出版了他的代表作《吕氏春秋集释》，著名学者冯友兰对此书给予高度评价。

曲显功（1908～1987），字守约，号滐生，荣成县埠柳营洛人。1932年，毕业于清华大学中文系，任职于南开大学。以经学和语言文字闻名于世。在民俗文化研究上有一定的造诣。

许、曲二人也乐意担任分纂，只是身在大学，教务繁忙，分纂工作只能遥领。姜叔明则因有事去了广东而联系不上，姜的分纂工作暂时缺额。于是，鞠思敏便找一些好友，要其推荐一名合适人选接替姜叔明的分纂职务，条件是最好能亲自去荣成主持民国《荣成县志》的编写工作。好友推荐了曾编写过济宁州、县两志的袁绍昂。

袁绍昂，字性之，江苏南通人。民国初期任山东图书馆编辑，编制《山东图书馆重编书目》，收书13万卷，引起学界重视。并曾编纂《济宁直隶州志》（1926年版）和《济宁县志》（1927年版）。

鞠思敏深知袁绍昂的文化功底，便亲自找袁商量分纂事宜。

1936年春，荣成县续修县志馆成立。4月，袁绍昂来到荣成，开始分纂“民国志”。袁绍昂一面根据鞠思敏拟订的提纲布置工作，一面整理采访汇集的材料。

7月,邱中度离任荣成县长时,“民国志”已编成五卷。10月,袁绍昂完成了“民国志”十六志中的十二志的第一稿,离开荣成。

袁绍昂编纂的“民国志”稿,其内容包括舆地、建设、政治、教育、选举、人物、物产、食货、交通、艺文、通纪、附志。不过,在袁绍昂编写“民国志”时,许骏斋带走《食货》《交通》和《艺文》(经史子集金石)、《补遗》中的前志补遗及考证等。另《经济》《鱼盐》《社会》《风俗》四志现在不清楚由谁负责编写,下落不明。许骏斋因“七七事变”后,随清华大学搬迁至湖南长沙,后又搬迁到昆明。多次流离奔波,其负责的续修县志稿亦不知去向。

袁绍昂离开时,将留下编纂较完整的七卷汇编成五册,即《舆地》为一本,《建设》《政治》为一本,《选举》为一本,《教育》《物产》为一本,《人物》为一本。将尚不完整的《艺文》中的文录和诗录(缺“经史子集金石”)、《通纪》中的甲午之战(缺“改革纪略”)和大事记、《附志》中的续前志补遗(缺“前志补遗和前志考证”),以及袁绍昂所写的后序、凡例、目录和邱中度、赵长江的序合订为一本,共为六本。袁绍昂嘱咐续修县志馆将其补查完整后,一并邮寄给鞠思敏总纂。

袁绍昂离去后,续修县志馆仍然存在。根据袁的要求补查。但不知什么原因,补查工作历时一年也没有完成。1937年10月13日,续修县志馆给总纂鞠思敏写了一封信,并将六本袁绍昂所编“民国志”稿寄给鞠思敏。

1937年“七七事变”后,12月日军侵占济南。鞠思敏为保护学校奔波,并拒绝接受伪职,因躲避日伪纠缠,加之年老多病,续修县志之事从此搁置。

20世纪70年代,荣成县档案馆尚存有民国续修县志馆装订的袁绍昂编纂的“民国志”稿六大本,及县志馆补充调查的“零星材料”和部分修志用的手绘地图。

这是民国年间续修荣成县志留下的唯一宝贵的资料。可惜 1981～1986 年间，袁绍昂编纂的《建设》《政治》两志的合订本丢失，目前仅余五本。

为抢救历史资料，传承本地历史，2016 年，荣成市史志办公室和档案馆决定将现存民国《荣成县续志》整理出版。以期广大读者以史为鉴，知所来，明所往，取其精华，弃其糟粕，珍惜现在，开创未来，为推动荣成的经济、文化建设贡献力量。

荣成市地方史志研究中心

荣成市档案馆

荣成市政协文教卫生文史委员会

2020 年 8 月

# 整理说明

一、本书以荣成市档案馆所藏民国《荣成县续志》稿为底本（以下简称“底本”），加以整理出版。

二、忠于底本，保持原有的标题与行文体例。底本缺失卷次较多，为了保持书籍的连贯性，将缺失卷次添加在相应的位置。对于当时尚未编排卷次的内容，本次整理编入卷次。对于“序”“凡例”“目录”“后序”及散存的地图，根据编志的体例，统一调整到书前或书后。荣成市地方史志研究中心现存抄录的“民团沿革”，属于已丢失的卷次中的内容，原属卷次不敢臆断，故连同“零星材料”及有关修志的材料，附于书末。

三、底本为繁体字竖排。今按《现代汉语通用字表》的规定，改为规范的简化字横排。

四、标点符号依据1995年《中华人民共和国国家标点符号用法》的规定，标点一般用逗号、句号、顿号、分号、冒号、引号、问号、叹号、括号、书名号、间隔号。原则上不用专名号。凡能用逗号或句号处，尽量少用分号、顿号、问号、叹号。

五、底本中的“通假字”较多。为了今人阅读方便，慎重地作了一些更正。如①“湾”“弯”古字通假。凡涉及“氵”的用处，更正写作

“湾”(如“荣成弯”改成“荣成湾”)；而非涉“氵”的用处，统一写作“弯”(如“湾曲”改成“弯曲”)。②“阙”“缺”古字通假。凡底本中用在“缺少”类处，更正为“缺”；而意为“宫阙”类时，保留原字。古今字、异体字、生僻字一般改用标准简化字，特殊的人名、地名、书名等仍用原字，必要时加注。

六、底本中的地名(特别是村名)，与今写法或叫法不同，如今“凤凰港”写作“凤皇港”；今“白云东”写作“白云洞”；今碌对岛写作“菉对岛”。均保持底本原样，不作更改。“俚岛”“里岛”在当时通用，不作统一更正。因原底本竖写，今改横排，“如左”字样不改。底本因故缺字用“□”表示，改错字或补漏字用“〈〉”表示，衍文或重复处用“〔〕”表示。

七、表格中有统计意义的数字使用较混乱(先后有三种记法，有的表格三种方法同时出现)，这次整理统一改为阿拉伯数字。而表格中涉及年月的数字，因使用的是中国纪年(如光绪十八年、民国二十三年)，仍保留原来的写法。

八、对原文略加注释。解释原文的难点及校勘中出现的个别问题，对生僻字注音解释等。注释用①②③④……等在页末表示。

# 目　录

# 《荣成县续志》序(一)

余承乏[①]于兹邑者，二载有奇。初下车，即首询邑乘[②]，得见清道光志[③]，距今八十年余矣。其间，若清咸同时[④]及光绪甲午之役，都谓多事之秋者。其它科举废、学校兴、枝官[⑤]裁、议会设，不有记载。恐日久而茫无稽考，势必阙如。矧[⑥]民国纪元以来，新政迭更，制度屡改，地方建设，岁有所增。即中度视事后，若桥梁、若道路，每偕乡镇长，督饬民夫，次第修筑。又重修东北、西北、西南城垛及除沙计划。又捐募重修监狱，并增设浴室、病房，狱墙亦周帀[⑦]加高三尺。时地方人士有续修县志之议，公推鞠思敏先生为总纂，乃遴员采访，不厌其详。民国二十四年，延江苏南通袁性之先生及邑人许骏斋先生、曲滐生先生为分纂。许、曲两先生都任大学教授，只能遥领。今岁四月，

---

① 承乏：承继空缺的职位。多用作任官的谦辞。

② 邑乘：地方志。

③ 清道光志：指清道光《荣成县志》，知县李天骘修，道光二十年(1840)刻版印刷。

④ 咸同时：清咸丰、同治年间，1851～1874年。

⑤ 枝官：冗官，闲散无用的官。

⑥ 矧(shěn)：况且。

⑦ 周帀(zhōu zā)：亦作“周匝”，周围的意思。

性之先生来荣开始编辑。每公暇辄与之谈，期必详密得当而后已。余解组[1]归里门时，先生已成五卷，今闻诸先生志稿都已汇集，由总纂一一核定之，将付印矣！余愧不才，未能始终其事，然犹幸留此一册，后之人展阅斯志，尚能知中度其人者。至于体例之谨严，叙述之简要，则由总、分纂笔削，以成此伟作，俾能信今而传后焉。是为序。

前署理荣成县县长邱中度撰

① 解组：组：束官印的带子。解组谓解下印绶，即“去官职”的意思。

# 《荣成县续志》序(二)

家有谱,国有史,邑有志,其体不同,其事一也。是以县各有志,其志例各就其地、其时以损益之,不必拘于一格者。惟是舆地、建设其尤要也。然沧桑变易,相与更张。远者数百年而一变,近者数十载而一变,甚至或数年而一变。是以章实斋[①]《文史通义》有州县请立志科之议。然志乘之修,亦非易易[②],或艰财力,或乏人才,亦有意见不符,每至中辍。长江世居寿光,昔在乡里时,适重修县志,亦奔走于其间。嗣以不惬众意事遂寝,后数年始告成,近已付印矣。比长《滕县县志》[③],由高太史熙喆一人主笔,其体例之严,搜罗之富,考核之精,洵[④]为善本。然至今犹未锓[⑤]板也。民国二十五年七月,长江承乏荣成,正修县志,公推鞠思敏先生为总纂,拟定例言,一遵部定,通志事例参以中外应有之常识,求合于科学、不背时代为主旨。复聘江苏袁

---

① 章实斋:章学诚,字实斋。清代史学家、方志学家。毕生精力用于讲学、著术和编修方志。所著《文史通议》为史学理论名著。

② 亦非易易:也不容易整治。后一个“易”,有整治之意。

③ 《滕县县志》:即《续滕县志》,高熙喆著,1941 年版。

④ 洵(xún):诚然、确实。

⑤ 锓(qiān):刻。又特指刻书板。板亦作版。旧时图书都是刻版印刷。

性之先生、本县许骏斋先生、曲滐生先生分任之。惟性之先生驻县府。许、曲二先生都任大学教授，于课余时编之。第是邑自甲午之役，档案无存。光复时又复扰乱，益以老成凋谢①。新政迭兴不有以纪之，恐日久而茫无稽考。兹幸此邦人士，同心协力，得以观成，此固足以存地方之文献，而舆地、建设、食货、经济、社会、风俗，皆有所考据也。兹告成矣，不揣颛愚②，例书数言以缀于后。

代理荣成县县长赵长江撰

① 益以老成凋谢：更加因为熟悉以往史实的老年人陆续故去。益：更加、增加。

② 不揣：不考虑、不自量。颛愚：愚昧、笨拙。

# 《荣成县续志》凡例

——前志成于清道光二十年，续志即自道光二十一年起，直接前志编辑，定名为《荣成县续志》。

——是编遵部定通志事例，随时地以订定之。总以合于科学、不背时为宗旨。

——前志总分十纲，列目七十有二。是编总纲增为十六，子目增为一百二十有二；或补其缺，或随乎时，大致以适应一般需要，企图质实有用为主。

——是编虽以“续志”标题，而舆地之沿革、山川之名称，仍依前志列入，似较张恺续《常州府志》无沿革、无山川，王训续《安丘县志》无地理、无封建，于脉络系统详尽无遗。

——舆地、建设大致与前志略同，惟舆地补入水利、土质、气候、乡区村落、里程，而详地略天，独删星野。建设补局、所、学校、街衢、道路、沟渠、仓库、会场、善堂、园林及港湾之工程与有关于军事建筑者;并移外志祠庙附焉①,以近时非复二氏②所居,大率为人要③约期会之所。

——官制改革、设备、组织总不相同。非别设一门,无可阑入,因合前志职官,别为政治志。

——前志户口、田赋、物产、盐法、器用合为食货志,兹改为经济志。以各种捐税分门详记,及公款、公产、蠲赈暨农商工业与合作事业,而以货币殿于后,俾便考查,不致混乱。物产、盐法别有志。器用附食货志。

——教育为地方造就人才之本,与古之书院、义学迥殊。其建置或由公立,或由私设,煞费经营,非特立一门不足以昭郑重。因汇集档案,分门别类,详细记载。

——选举首书科贡,次及学位、仕进、公职、议员。其褒奖备载之,并附以封赠、荫袭焉。亦破断代体例之一。

——人物一门,前志寥寥无几,未免过严。兹凡有实事者,皆备录之,并增乡贤一门,以为总传。

——物产分植物、动物、矿物三类,并附以各表及普通土宜表。

——食货,专就县民生活、职业记载,并及食粮、燃料、食用、服用、奢侈品,附以工资、物价,暨正辅币之折兑,俾民居各知其概略。

——鱼盐为县之特产,前志于食货中记载盐法,未及渔业。兹于盐细为考核,增前志所未备。而于渔业、鱼类、渔船、渔具、产额、销地、捕法及渔区图说加详。

——交通前志所无,兹以邮电相接。汽车航运久矣,通行支干、水陆各路,颇便来往,因特设一门,以便检阅。

---

① 并移外志祠庙附焉:把其他志目中的祠庙移到建设志中作为附记。

② 二氏:指佛、道两家。非复二氏所居:指寺庙不再是佛、道两家主持居住。

③ 要:同“邀”。

——地方广袤，户口滋多，集会结团、游历移植，所在多有。前志狃于闻见，大都脱略，因之民居之习惯，性质之强弱，方言、谚语之流传，礼俗、信仰之沿袭，亦不自知其所以然者。爰[①]诹访[②]汇集成社会、风俗二志，俾为輶轩[③]采风者之一助。

——艺文增补书目，其文字有关于其人、其地者，即附于其后。其他汇集分文录、诗录，与书目合为一编，卷末编入金石，以补前志之缺。

——仿《齐河志》大事记、《嘉定县改革纪》略例，成纪事本末及大事记，俾后之人有所稽考焉。

——《松江府志》于旧有缺漏别为补遗，于旧有疏舛，别为考证，系仿范成大[④]、张淏[⑤]作志前例。兹编亦循此例作附志。

① 爰(yuán)：于是。

② 诹访(zōu fǎng)：咨询、征询。

③ 輶轩(yóu xuān)：古代使臣乘坐的一种轻车。輶轩采风者，此处指史志资料搜集和研究者。

④ 范成大：南宋诗人、文学家。曾编写《吴郡志》。

⑤ 张淏(hào)：字清源，南宋官员。曾编写《宝庆会稽续志》。

# 荣成县续志卷之一

## 舆地志

地志者，志地也，其他皆附丽[1]焉。荣成三面环海，群山拱卫，形势险要，为军事必争之区。益以岛屿纵横，潮流汹涌，实为天然之门户。居斯地者，不可不严防也。若夫疆域之分合，水利之灌溉，气候之转变，乡镇之经画[2]，村落之布置，水陆里程之相距，名胜古迹之记载，亦须一一罗列之，始足以毕乃事也。其地方广袤，附以总图，一展卷而全县了如指掌。凡有属侈谭[3]风景者，无关事实，姑付盖缺，以免书生之积习云尔。志舆地第一。

### 沿　革

荣成一斗大地耳，而雄跨山海，史汉纪之綦[4]详，至今航海者过成

---

① 附丽：附着、依附。此处指地域是根本，其他事物都附着在这片土地上。

② 画：同划分、设计意义上的“划”。下同。经画：规划、布局。

③ 谭：同“谈”。侈谭风景：盲目地、过分地讲风景。

④ 綦(qí)：极，很。

山头，犹低徊流连而不忍去。历年既久，代有变迁，非穷源溯流，恐数典忘祖，爰[①]综其分合离析之由详，载卷首，俾[②]后之人得以稽古云。

荣成县城，位于荣、成二山间，是为荣成县[③]。昔自周莱子筑城于此，名不夜，今县西三十里，有不夜古村，村南城址，约略可辨。厥后，战国为夜邑，秦为腄县地，属齐郡。汉初称夜，武帝以后称不夜。王莽时称夙夜。东汉省入牟平县，属东莱郡。魏因[④]之。晋东牟县地，属东莱国。南宋牟平县地，属东莱郡。北魏牟平县，属东牟郡。北齐文登县地，属长广郡。后周因之。隋文登县地，属莱州。唐文登县地，属登州。五代因之。宋因之。金文登县地，属宁海州。元因之。明时沿海设卫，洪武十三年，于文登县属之朝阳都十一里，置成山卫。卫南置寻山所，属登州府。成山卫即今治。清顺治十二年，省寻山所归成山卫。雍正十三年改卫置县，析文登所属之温泉都一、二、三、四、五、七、九里，云光都之六里益之，荣成设县自此始。光绪二十年甲午，清与日本战于大东沟不利，日军由荣成湾登陆，袭击威海北洋海军根据地，海军尽覆。二十一年，中日和约成，交还威海。二十四年，英人借口俄租旅大、德占胶澳，要求均势，租借威海，屯驻海军。是年五月十三日，租约成立，凡威海全湾，沿岸十英里之地，悉畀[⑤]弃之。乃将荣成西北七十余里，百有余村，完全划归租界。民国十九年十月一日，威海正式接收，所有区域一仍英人之旧，改为行政特区。沦陷异族三十余年之故地，至此乃直隶于国民政府，属威海卫行政特区。

---

① 爰(yuán)：于是。

② 俾(bǐ)：使。

③ 此处所称县名由来不确。清道光《荣成县志·艺文》载："雍正十三年(1735)裁成山卫设县，雍正帝钦赐嘉名，以始皇尝射大鱼于荣成山，山在邑境内，故命名因之。"是荣成山即成山。

④ 因：沿袭。

⑤ 畀(bì)：给予。悉畀弃之：全部放弃给予(英国人)。

# 山　川　山脉　水系

自神禹敷土奠高山大川，后之考地理者胥[1]以山水系之。县境群山高耸，岛屿壁立，其远脉则自泰山左卫，蜿蜒东来，其近脉则自昆嵛山引入。亦有谓泰山之脉，由辽东旅顺口渡海，为北皇城、南皇城诸岛，及陆入蓬莱境，为栖霞之翠屏山分支，东接福山、宁海、文登、荣成诸山。地滨黄海，与朝鲜仅隔一水，西岸港湾四出，洵为天险之区也。

县境以古迹顶为泰山东行之脉，荣成诸山之祖，高一千八百尺，横亘县之北部，分南北为二，俗呼为山前山后者。以此距县城四十里，西南麓四区地，东北麓三区地。摩天岭为极西之峰，立驾山在岭之南，跨文荣两县界，后西人游历，见其伟大，呼为伟德山[2]，乡人即以古迹顶西一部分为伟德山，与古迹顶分而为二云。

山自文登县入境，东止于海。中有浔山、风门口、古迹顶、群仙山。风门口之西曰琉璃瓮[3]，前志载为八景之一，与牢山云洞并峙。南有斥山山脉，西接铁槎山铁槎山属文登县、甲子山疑即前志之夹子山。东北有成山，五峰矗立，形如五指。夫人山、苍山、武梁山、毡袜山绵延海岸。他如高落山、崂山、青山、峨石山、南崮山则古迹顶以南之山也。马鞍山、荣山荣山前志未说，见考证、西山、凤山、雁门、虎台诸山则古迹顶以北之山也。

古迹顶为县境最伟大之高山，其第一高峰，海泊往来胥视为针向。至高之峰为大顶，南有二顶、三顶，各双峰，与西马圈、东刀刃山、三瓢口、猪嘴、群仙诸山成一直线。自三顶左下东去南折，与第四峰

---

① 胥（xū）：全、都。

② 伟德山：伟德山名称由来说法不一，详见志稿后附六《伟德山名称由来考》。

③ 瓮（wèng）：同“瓮”。

之东来脉相遇，中成圈形。第四峰之南去岭为西壁。第三顶之南迤脉特起，南北峰为老姑顶，屏蔽于东，陷马坑在其南，为西厢。大顶北麓西厢南为洞光山。西偏南迤皆横山，有黄虎峦子、担落山、高顶山、对山子，为育龙山脉，与大顶南北相对，是为中支。其为西厢西出南迤，起伏断续，与中支诸山隔水，似有连带关系，为香山脉，南有香山寺。

大顶东北出为大瓮岭，上有青石口、老鹅石口，岭东南迤，南隔深谷，陡起二石，为里外刀刃山。南有负阁顶子，东厢大岭、马枣山皆高大，与西厢同为负阁脉。

自刀刃山一支偏南东行，为三瓢口、辕门口，四口皆石门南向。辕门口在东，两旁锐石林立，狭可通人，其后深险。瓢口有大、二、三之别[①]，北临深谷，无立足地。四口如门，口前坦平如院。东有三天，西有二刀，南面深谷，可通行人。东有辕山，山南有大天、二天、三天，向西南蜿蜒行，又折向西南，为莲花石墕、磨石墕。自磨石又东为龙井山、雕鹘顶，皆天山脉。自雕鹘顶西南行，为象窝石墕，墕前西南有龙山墕，南有石口山，又南有长墕岭、纱帽顶、双顶山。石口山之东有横山二：曰南、北野鹅墕。自雕鹘顶东行为陡甲山，南折为杏黄山，下有杏黄口。自杏黄山折而西行为双龙墕。越杏黄而南则石山也。以上分香山、育龙、负阁、天四支，皆在马牙河北。

古迹顶一支西南行，自石硼丁家西南山神庙东折，经夏庄哈山村南，又东南分南北二支。北支为磨石山，东至盘子山止；南支为人石山，山石屹立，高丈余，酷肖人形，排列成队，横亘二里，天然生成，非鬼斧神工所能雕凿者。迤北特起二峰，一名凤皇山，一名松山顶。东行为刘子山，组成上下郭家诸村，四面高原，而止于河之南向转弯处。此马牙河南之诸山也。

古迹顶　在县西南三十五里，跨有三区地，其北麓属二区，其南

① 瓢口有大、二、三之别：即有大瓢口、二瓢口、三瓢口三个名称的区别。

麓属五、六两区，东北极于海，有峨石山。

磨石顶　在县西南四十里，自古迹顶来特起一峰与之对峙。东西横亘数里，群山环抱，势若方城。

南峨石山　在县西南一百十里前志作一百二十里，东有马韁寨。昔为童山[①]，清光绪间，渐植松栎。民国元年，革命军克匪于此。

成山　在县东三十里，为邑镇山。《史记·秦始皇纪》：二十八年，并渤海，东过黄腄，穷成山。三十七年，自琅琊，北至荣成山。《正义》[②]曰：即成山也。《封禅书》[③]：八神，七曰日主，祠成山。成山斗入海，最居齐东北隅，以迎日出。韦[④]曰：成山在东莱不夜县。司马贞《索隐》[⑤]曰：斗入海，谓斗绝曲入海也。《汉书·郊祀志》：七曰日主，祠盛山。师古[⑥]曰：盛音成。三国《魏志》：孙权使周贺等使辽东，还至成山，田豫击斩之。唐显庆五年，苏定方讨百济，自成山济海。《齐乘》[⑦]：旁多椒石，海道极险处也录新通志[⑧]引清光绪《登州府志》及《大清一统志》。其西为龙岛，迤逦西行至距城八里之东北海滨止，是为县之东维[⑨]，荣成湾之东壁，高三百六十八尺。

荣山　在县西南四里，为特起之峰，高二百四十五尺，东与成山相峙。荣成名县盖以此二山。前志误为即黄埠山耳。

---

① 童山：没有草木的山，像婴儿没长头发。

② 《正义》：指《史记正义》，唐张守节撰。

③ 《封禅书》：指《史记·封禅书》。

④ 韦：指韦昭。韦昭，三国吴人，曾任太史令，著有《国语注》《吴书》等。

⑤ 司马贞《索隐》：司马贞，字子正。唐代史学家，开元中官至朝散大夫、宏文馆学士。著《史记索隐》三十卷。

⑥ 师古：即颜师古，名籀（zhòu），字师古。隋唐时经学家、训诂学家、历史学家。著有《汉书注》等，深为历代学者所重。

⑦ 《齐乘》：元代于钦著，专记三齐舆地及其他，是山东省现存最早的省级志书。

⑧ 新通志：系杨士骧等修、孙葆田等纂的《山东通志》。该志从光绪年间开始编修，几经中辍，于民国四年（1915）才交付刊印。故该志既称为光绪《山东通志》，又称为民国《山东通志》。文中“山东新通志”、民国《山东通志》皆指此。

⑨ 维：《广雅》云：维，隅也。

马山　在县南十里前志作八里，半陆半海。再南养鱼池南岸，山峦起伏，西东罗列，是为县之南维，高四百七十三尺。

群仙山　在县西南三十里前志作二十五里，山脉蜿蜒北走，直至海滨之青矶岛止，为西方一大屏障，是为县之西维，高九百五十四尺。

黄埠山　在荣山西北里许，距县四里。前志作城西五里，又载俗相传为荣山，误。

凤山　在县西二十里。

豆山　在县西四十里，以土宜豆得名。

龙门山　在县西四十里，上有石洞。

西山　在县西南二十五里，清初董樵隐于此。有柳绿堆、梅花岭、鸣琴涧诸胜，与群仙山相接。

雁门山　在县西南四十里，一名雁门口。

浔山　在县西南五十里，详见前志。

斥山　在县西南一百三十里，接文登铁槎山脉，跨文荣两县界，直趋南海，极高峰曰五龙山，旧名朱子墩，其北最高处名御皇顶。

新通志案：《隋书·地理志》：东莱郡文登有斥山。《太平寰宇记》①云：即《尔雅》之斥山。其说古矣。洪亮吉②，乾隆府、厅、州、县志③，谓尔〈雅〉斥山为青州府临朐县沂山，非是。

高落山　在县西南一百里，界于县之西鄙，为西南文荣界之余脉。高四百二十三尺，东行为荣石路之四大墒。

青山　在古迹顶南，韩山北，高四百三十七尺。

崂山　在青山南，高五百四十五尺。以上二山均特起高峰。

御驾山　在崂山南二里，高二百五十尺。前志作玉驾山。

---

① 《太平寰宇记》：北宋初年一部著名的地理总志，乐史撰。记述了宋初全国政区建置。

② 洪亮吉：清代经学家、文学家。其《卷诗阁文乙集·卷五·复钱少詹书》谓："他若《尔雅》东方之斥山，疑即今青州之沂山。"

③ 乾隆府、厅、州、县志：是指清乾隆时期所编修的府、厅、州、县志，有的错误地认为斥山为沂山。

韩山　在县南一百三十里，位于帽山之东，多石，山麓可耕。

帽山　在县南一百二十里，亦作茂山，昔为童山，今则遍植草木，采石可供建筑之用。

峰顶子　在县南四十五里，兀崎古迹顶前，东南浔山，西南青山，皆从此郁结绵亘而出。山顶似馒，又名馒头山。

鳖石　在峰顶子南麓。

迎驾山　在县南四十五里，相传汉武帝东巡，民众迎驾于此。

出山　在县南一百二十里，位于龙虎山阴，北临〈海〉，东有马家寨，西控龙门港，形圆顶平，无峻石。

龙虎山　在县南一百四十里。

烟墩山　后改为青鱼墩，在县南一百三十里，高二百余尺。顶有土墩，东有大礁石，名骆驼头，高三丈许，长四丈余，旧为明代烽火台。

牛岭山[①]　在县南一百四十里，纱帽顶之北，日初出时，映照全山，红光上泛，因以命名。其上便于观海，与石岛毗连。

纱帽顶　在县南一百四十里，石岛西，以形似得名，为南斥山余脉所结，北与映红对峙。县长吕德铭题“山明水秀”四字镌于石。

衣饭顶　在石岛南，与纱帽顶相对。

儿女石　在石岛马王庙西南，孤立一大石，高四丈，俨如巨人。

笔架山　在石岛西北三里，高数十丈，宽十余里，以形似名。孙葆田言：此山风景，大有江南形势。

眠翁里　在石岛西四里，河流南，闻有仙翁眠于其里，因以名。尝产蛟[②]，蛟出之日多在夜间，风雨雷电交作，河水暴涨，沿河屋都倾圮，损失颇巨。产蛟之处倾陷大窟，望之森然。

① 牛岭山：前后文意不符。牛岭山，位于今宁津街道办事处驻地西，因山岭远看似牛形，故名。据其内容，此处疑指纱帽顶之北的映红山。

② 蛟：古代传说中的动物，民间相传以为能发洪水。一说为母龙，无角，也有说为鼍（tuó）、鳄之属。

青石崖　在石岛西五里，河流北，高约二十丈，宽约三百步，又名之曰：老墙。四围皆山，草木丛茂。

石岛山脉纵横绵亘数十里，其主脉有二：一自东南蜿于西北；一自东北迤逦于西南，两相衔接，势如围屏，春日望之尤佳。

太平山　为特起之峰，在县东北三里，高二百八十尺俗名烟墩，太平之名见《潮音小蓬碑》。

龙山　为七区中部独秀之峰，在县南一百二十里。山巅巨石对峙，曰南天门，中有龙窝，下有龙池。

朝阳洞　在县南一百二十里，旧名竹林洞。

架子山　在县南一百二十里，旧名笔架山，又名夹子山。在龙山东南，与朝阳洞连接。再南为青木山寨，青木山寨高八百四十八尺。

雨山　一名莲华山，居四山之脊，南北望海，均历历在目，山顶有石庙，均凿石为之。

虎山　为县西北文荣界山，东有崮山、豆山，今入威海区。

拉打峰　大石突兀，约高十丈，从东南突入于海，形如半岛，其中部剖为二。

召石山　在县东四十里，成山东。《齐乘》引《三齐略》[1]云：始皇造石桥渡海观日出处，有神人召石下海，城阳一山石岌岌相随而行。石去不驶，神人鞭之见血。今召石山石色皆赤。山下有海神庙、望海台、始皇庙前志未详录，山东新通志引清光绪《登州府志》及《齐乘》。

案：召石山与成山本为一山，即孟子之朝儛。焦循《孟子正义》曰：于钦《齐乘》云伏琛《齐记》，始皇造桥观日，海神为之驱石竖柱。今验成山东入海道，水中有竖石，往往相望，似桥柱状，又有柱石二，乍出乍没。又云：召石山与成山相近，因始皇会海神，后世遂呼成山为神山，然则召石即成山也。刘向[2]《九叹·远逝

---

① 《三齐略》：即《三齐略记》，晋代伏琛著。

② 刘向：西汉经学家、目录学家、文学家。所撰《别录》，为我国最早的图书分类目录。

篇》云：朝四灵于九滨。王逸[①]注：朝，召也，召四方之神会于大海九曲之涯也。董子[②]《繁露·朝诸侯篇》云：朝者，召而问之也。《左传》[③]：蔡朝吴，《公羊》[④]作昭吴。是朝、召古通。朝宜读朝夕之朝，俗读为朝廷之朝，非也。朝儛，即柱之缓声，盖以石形如柱，而缓呼之为朝儛。古儛、石声近，顾氏炎武[⑤]《唐韵正》云：石上声，常主切。段氏玉裁[⑥]《六书音均表》所立十七部，舞声、石声同第五部。孔氏广森《诗声类》：从无、从石，同阴类第三鱼类[⑦]。古读石为上声，声近于舞，是朝儛即召石。海神鞭石，则后人附会之妄也。或谓转附、朝儛，即华不注。乃华不注在今济历城之东，去齐都不远，无烦欲观。毛氏奇龄《四书賸言》补引《管子·戒篇》谓：转附、朝儛，即犹轴，转斛。按：傅子[⑧]谓：《管子》[⑨]乃后之好事者所加，剌取《孟子》之文入之，是犹轴、转斛为转附、朝儛

① 王逸：东汉著名文学家，曾任侍中、豫章太守。著有《楚辞章句》，并曾参与编修《东观汉记》。

② 董子：即董仲舒。西汉思想家、政治家和今文经学大师，提出“天人感应”和“大一统”学说。向汉武帝建议“罢黜百家、独尊儒术”。著作很多，尚存的有《春秋繁露》《天人三策》《士不遇赋》等。

③ 《左传》：全称《春秋左氏传》，是中国第一部编年史著作。相传是鲁国史官左丘明据孔子《春秋》编成。

④ 《公羊》：指《春秋公羊传》。与《左传》《穀梁传》同为《春秋》三传，是解释《春秋》的三部不同的书。传说《公羊传》为战国时公羊高所撰。

⑤ 顾氏炎武：顾炎武，明清之际著名思想家、史学家、语言学家。字宁人，学者称“亭林先生”。早年曾参加“复社”和抗清起义。起义失败后遍游华北。学识渊博，于国家典制、郡邑掌故、天文仪象、河漕、兵农、经史百家、音韵训诂之学，都有研究。著有《日知录》《天下郡国利病书》《肇域志》《音学五书》《亭林诗文集》等。

⑥ 段氏玉裁：段玉裁，清代文字训诂学家、经学家，是徽派朴学大师中杰出的学者。著有《说文解字注》《六书音均表》《古文尚书撰异》《毛诗故训传定本》《经韵楼集》等。

⑦ 同阴类第三鱼类：（舞、石）同属于阴声韵的第三类“鱼”部。孔广森，清代学者，尤精《公羊春秋》，著有《春秋公羊传通义》《诗声类》等。

⑧ 傅子：晋代傅玄，著有《傅子》，“撰论经国九流及三史故事，评断得失”。

⑨ 《管子》：传说是春秋时期管仲的著作。现在的版本《管子》是由西汉刘向编定的，内容庞杂，包括法家、儒家、道家、阴阳家、名家、兵家和农家的观点。所以有人推测，也许是刘向或其他人把各派的著作编进了《管子》，造成内容庞杂的结果。

之讹，不得谓转附、朝儛即犹轴、转斛之讹也。然即其斛字，益知儛字为石字之声，何也？《聘礼记》[①]：十斗曰斛。《说苑·辨物篇》[②]：十斗为一石。《周语》[③]单穆公引《夏书》云：关石和钧。韦昭注：石今之斛也。以《孟子》之朝儛，而《管子》用之作斛，则当时或本与石字通借，而好事者乃变石为斛，以加入《管子》也。其文云：桓公将东游，问于管子曰：我游犹轴、转斛，南至琅琊。"我游"二〔字〕句，谓我之东游，犹与由通，谓由转附、朝斛，南至于琅琊也。轴字衍文因转字而误也。转斛二字之间，缺附、朝二字，幸存斛字，可知《孟子》之儛，即石字之借。细绎《管子》之文，益信朝儛为召石矣。今案：焦氏以召石为朝儛甚确，而谓以石形如柱，而缓呼之为朝儛，则非。此山名朝儛，当取义于：朝日乐舞。《周礼·典瑞》[④]：王晋大圭，执镇圭，缫藉五采五就，以朝日。郑注：天子常春分朝日。《觐礼》[⑤]曰：拜日于东门之外，大司乐乃奏《黄钟》、歌《大吕》、舞《云门》，以祀天神。郑注：天神谓五帝及日月星辰也。据此则朝日有舞，舞与儛通，故作朝儛。此山在海之东尽头，为嵎夷[⑥]地。旸谷既属宾日之区，朝儛亦宜为朝日之所。秦皇观日，汉帝祠日，皆沿旧制也。而朝儛与召石音转，故又作

---

① 《聘礼记》：《仪礼·聘礼记》。《仪礼》为儒家十三经之一，内容记载周代的冠、婚、丧、乡、射、朝、聘等各种礼仪。

② 《说苑·辨物篇》：《说苑》，又名《新苑》，古代杂史小说集，西汉刘向编，原 20 卷，后仅存 5 卷，后经宋代曾巩搜辑，复为 20 卷。其中有"辨物"一篇。

③ 《周语》：《国语·周语》，是《国语》中的一篇。《国语》作者是左丘明。《周语》主要记叙了周王室的历史大事。周景王二十年，将铸大钱，单穆公劝阻，其中有"《夏书》有之曰'关石和钧，王府则有'"的话。

④ 《周礼·典瑞》：为《周礼》中的一篇。《周礼》，原名《周官》，世传为周公旦所作，但实际上可能是战国时期归纳而成。《周礼》中记载了先秦时期社会政治、经济、文化、风俗、礼法诸制，内容极为丰富，是儒家经典。文中所引用的一句话，出自《周礼·春官宗伯第三·郁人/典瑞》。意思是：王腰插大圭，手执镇圭，圭垫上用五种色彩绘饰五匝，这样行拜日礼。

⑤ 《觐礼》：是《仪礼》中的篇目。

⑥ 嵎夷(yúyí)：古代指东部滨海地区。《尚书·尧典》：分命羲仲，宅嵎夷，曰旸谷。

召石耳。李朏、伏琛不知召石即转儛，于是有神人召石之说，以惑后世，而古之名山，转湮没不彰矣。录山东新通志①

五龙山　在石岛西南五里，旧为朱子墩。牧云庵在其左，螯子圈列于右。以圈之左右两岸深入海中，形似蟹螯也。其北峰最高处即御皇顶。

马牙河　为古迹顶前诸山水之汇流，其上游为刀刃山东西两谷。西谷之水南流，凡大顶、二顶、三顶诸山谷及内外院之水，皆自西来注入；东谷为天山以西、瓢口以南诸水相汇，经塔山南，而莲花、石沟，自东北来会，又西南至乃子山头，与西谷水合并，注入担落山北之水，合流南下，经龙王庙及育龙宫东，又南至青埠岭村西。其注入者，有自西来之夏河、哈山村南河，折而东至三芦村门前，有长墉岭东西水流南下入之，至大芦村南，有石山诸谷水入之。在南岸，西有磨石、人石间之毛家庵河，东有刘子山北之郭家河、山南楚家河入之。自此马牙河已南折下流，称车道河。上游地势多山，水流湍急，旱则易竭，潦则易涨。沿流两岸平原虽阔狭不同，均计之，其阔不足二公里合三里半弱。近因河道淤塞，每逢淫雨，水势泛滥，田禾被淹没者，殆以十数公顷计公顷等一百六十三亩弱，年减半收。

马到河　在县南二十里，源出古迹顶山后汇众流，东入海。计长十余〈里〉。

沽河　在县南七十里，有二源：一出立驾山东南行，为百尺崖河；一出伟德山南流为龙河。再东南至沽泊合流，是为沽河。曲折至于竹岛南转口，流入海。此为全境最大河流。

崖头河　发源古迹顶前小寨村，经崖头镇东南至海崖村入海。

邢家河　在县南一百二十里，源出架子山，经河北村迤逦东折，由邢家南泊入龙门港。

① 录山东新通志：整理者注：志稿中引用《山东新通志》的这一大段文字，引经据典，是说明“召石”就是“朝儛”，“朝儛”取义于“朝日乐舞”。召石山与成山为一体。

吉屯河　在县南一百二十里，源出牛岭山，北经后港头村入龙门港。

宁津北河　在县南一百三十里，源出烟墩山，经问津桥入马家河汇流入海。

宁津南河　在县南一百三十里，源出牛岭山，东经桥上村及所前诸村，至徐家入龙湾洩水入海。

堼前河　在县南一百四十里，源出架子山，经季家、王家南流入海。

留村河　在县南一百三十里，源出架子山，经南夏家蜿蜒东流，折入南海。

邵家河　在县南一百二十里，源出朝阳洞山阴，经河东、原家、朋上诸村，折入凤皇港。

不夜河　在县西三十里，源出伟德山北麓山谷中，上游曰五龙河，形如瀑布，即前志八景之琉璃宝瓮，经埠柳村、不夜故城，北至威界茅子草[①]入海，计长二十余里。

滩里河　在县西南九十里，发源葫芦山西麓，经桑梓村至西滩郭家，有源出文登邹山之水来会合，流至小落村西，折南流入龙门港入海，计长四十余里。

三岔河　在县西南一百十里，源有三：一出文登石龙山前，一出峨石山下，一出文登乔家南河。三水合流，东至潮海庵前入海。

龙家河　发源于灰埠顶山麓，西北会张格河，又接东来之营洛河，至龙家村北流入朝阳港入海，计长九十里。

潭村河　在县南一百二十里，发源架子山，由石头河越谭村北折，至潮海庵南岸入海，计长十余里。

毒水河　在县南一百三十里，源出斥山，东流入海，即前志毒泉。

---

①　茅子草：应是“茅子草埠”。明、清时期成山卫所辖军屯地名，位于今荣成市北港西村与环翠区海西村之间。

寨前河　在县南一百二十里，发源于峨石山下，经寨前各村东折，与谭家村河北汇入海。

双榜河　在县南一百二十里，发源小天埔，经双榜泊共济桥，南入凤皇[1]港。

小龙河　在县南一百二十里，北起尹格庄南埔，虽旱不涸，经小龙入凤皇港。

小泊河　在县南一百二十里，源出峨石山前，由尹格庄南下入凤皇港，虽旱不涸。

斥山河　在县南一百二十里，发源于文境南斥山，经万寿桥东流入汾河港，入于海。

车脚河　在县南一百三十里，石岛北五里许，发源于南斥山里，长数里，东流入海。

石岛河　在县南一百四十里，发源于斥山深谷中，经石岛之北部东入大海。河堰虽短，水势颇盛。

姜家河　在县南一百四十里，源出石岛斥山南部之宋家口，河流迤逦如带，长七八里。其上流山涧中有石匣，俨如斗室，可容数人。夏日，人多沐浴其间。

石峡河　源出浔山之东及雨山之阴。西南至南台而水始盛。北行至桥头集，有文登之水自西来会，为文荣界河，北过孟家庄东流入石峡，又东至三元庙，由蒲湾入海，计长六十余里，今入威海区。

五渚河　前志作柘埠河，自文登境来，过温泉汤、崮山后入海，今入威海区。

按：五渚河或云即柘埠河。查文登志有柘埠河至温泉汤，合五珠河东流入海。是上游名柘埠河，下游为五渚河。五珠即五渚，珠渚声相近。

温泉汤　在县西七十五里，温泉都之得名以此。其泉涌出隐砂。

① 皇：应作“凰”。

而流出之温度，较诸普通水稍高，系含有硫黄质。有浴池，分官池、民池二处。今入威海区。

丁字沽河　在六区小岳家村南半里许，经村南东流入海，长亘三十余里。

百尺崖河　源出立驾山之南，至荫子夼人石山、马山后始大。又东至百尺崖下，崖岸壁立，颇称奇观，又南入六区境。

龙河　源出伟德山百丈口，西经大山口、集贤寺、崖西头，合众流而水始大，又南经岔崖为龙河，入六区境。

## 形　势　高下通阻　前代用兵陈迹　现时防地险要

山海环抱，岛屿错峙，得天然之形势。谈兵者，每以此为要区。在昔置寨设防，遗迹犹有可考，不仅以名胜古迹为诗酒流连之地，居斯土者扼其险要，思患预防，庸以扞卫①，虽蕞尔②邑，亦足以坐镇海隅焉。

荣成在山东之东偏，东、南、北三面皆悬插于海，昔所谓天尽头处。成山屹立，斗入海中，势如孤岛。旧本为成山卫地，西高东下，旧为天然之险阻，去省一千四百余里，陆路交通向不便利，惟乘桴浮海，得兼程前往。自胶济铁路成，行路者便之，自汽车设，尤便。边防扼要，自昔已然。明汤和沿海建设寨所及各屯堡，移民屯田，以备战守，陈迹具在，乡人犹约略能道之。清光绪二十年冬中日之役，日本兵由荣成之落凤港③登岸，遂陷县城。二十一年陷威海卫。和议定后逾年，日本驻兵始退。二十四年，英人租借威海屯驻海军，至民国十九

① 庸以扞(hàn)卫：用来作防卫。庸：通“用”。扞，同“捍”。

② 蕞(zuì)尔：形容小(多指地区小)。

③ 落凤港：应为落凤岗。

年，始得归还。在昔海盗猖狂，迭经掳掠，曾于石岛南岸建设炮台，以严海防。民国以来，土匪溃兵往往过此，又于西岸建设岗楼，以备攻守。险要之地，近以五区之杏黄口为最。盖自汽车开始绕道崖头集，而此口渐少行人。甲午之役，清军由此北上防倭。民国元年，党军由此南下剿匪。山下广袤数十公里，此口为必经之路。七区西鄙、南鄙有斥山之险，北部有高落山、四大墴之扼要，为陆路出入门户。甲子山位其中，崮山控其北，镆铘岛横亘南鄙，西与石岛隔岸对峙，为水路出入门户。石岛外更有水陆两路，亦属险要。水路有东褚岛，迤西如鸭湾、林家流、岩石湾、鹁鸽岛、新门港、主口、崮口、峨石圈、八河圈、八河港、慕家港。东西延袤三十余里，曲屈深僻，最易藏匪。陆路有四大墴，其地山径崎岖，林壑幽远，宵小之徒，往往作为巢穴。

东、南、北三面皆悬于海，成山卫所改置也。山东北濒海绝险，海水抱山头，南折似悬流，绝壑水底礁石，行轮者，咸有戒心。南有石岛口，乃商船往来停泊地，可容五六百艘，市廛茂密，其旁岛亦有居民，商船避风、渔舠出入口门十余处。养鱼池口，昔登战船，今为废地，然皆冲要险阻。陆路亦烟峦相错，溪谷回折，为海上天然奥区。录山东新通志

## 疆　界

辨方正位，体国经野，周官[①]详哉言之，盖以辨疆域定界线也。县境与文登犬牙相错。威海卫地，近归特区，其四至八到[②]，非复昔日之旧，爰分南北中三部，具载于篇。

① 周官：《尚书·周书》的篇名。

② 四至八到：是地理书写作的一种方法。用东西南北四个方位，表示区域的地界；用“八方”表示与他处的距离。

荣成县境为长三角形，分南、北、中三部。中部东西六十里弱；南部东西三十里弱；北部东西百三十里。东、南、西三极端皆锐形，入海宽仅数里。南北袤一百五十里，东、南、北三面滨黄海。自县城起，西至文登界六十里，西南至文登八十里。自英人租借威海卫画荣成西北七十余里地并入租界，今收回为威海行政区。荣成西界仅余三十里，今北部东西为六十里。

## 岛屿 名称 方位 面积 居民 形势

县境滨海，岛屿森列，登高四望，星罗棋布。旧著名者有刘公岛、镆铘岛，今则石岛，商舶萃集，尤为繁盛，爰汇集群岛一一纪之。

龙须岛 位于成山之西，为荣成湾之东岸。南北二滩，面积长一千四百公尺，宽一百公尺。北为陆地，有村八，名之曰东八村。

海驴岛 以产海驴名之，一名东华岛东华前志作冬华。在县东海中，距岸一千六百公尺。全岛面积东西长一百六十公尺，南北宽八十二公尺，高二百十一尺。四周怪石嵯峨，攀援不易，为海道险地。在昔耐冬花极盛，俗名花坨，今则剪伐无遗。无居民。

海牛岛 在不夜城北，以产海牛名之。

鸡鸣岛 在县西北海中，距岸约六里，与海驴岛东西对峙三十里，面积圆周六七里，有居民十余户。清康熙间，滕将军国祥剿海寇战亡于此。

青矾岛 在县西北，半海半陆，北对鸡鸣岛，东界朝阳港，面积一〈平〉方公里。六村计二百余户，产文石。

马山半岛 在县南十里，东伸入海，西北界养鱼池。清时成山汛衙署在焉，今圮。岛内居民十二村，均在山东麓①及养鱼池东岸。

① 山东麓：应该是“山西麓”。

遮岛　在县南二十余里，为里岛湾口外之屏藩，东南斜长里许，宽长半里，高四十尺，无居民，亦无可耕之地。

里岛　在县南三十五里，为商舶停泊之所，有大市集。里岛西有后里岛，在峨石山北。

北倭岛、中倭岛、南倭岛　在县南爱伦湾之北。

菉对岛　在县南七十里，全岛沙碛，东临桑沟湾，西南际卸口流，南北长十余里，东西平均宽半里余，居民三村六十一户。

雾岛　在菉对岛桑沟湾内，无居民。卸口岛在其南，再南有长岛。

鹁鸽岛　在县南九十里，桑沟湾之南，距南岸二十里许，面积约里余，无居民。再西有涡矶岛屹立海中。

褚岛　在县南陆程一百七十里前志作一百四十里，水程一百余里，西有斜渠。清咸丰九年，捻匪东窜，已破宁海。居民为御贼，计拟以褚岛为根据地，择扼要处横筑沙坝，坝外掘沟，引海水注之，以为濠。今潮来则为悬岛，潮退仍可登陆。一村居民数百户。

黑石岛　在县南一百四十里，褚岛西南，南北里许，东西半里，无居民，无草木。

镆铘岛　在县南陆程一百七十里，水程一百五六十里。南北平均约二里，西距海程十余里，为石岛口之东岸。岛之中南部多暗礁，置灯塔信号石于此。居民十二村，五百十六户。

大鱼岛　在县南一百四十里，位于石岛之西南。居民初仅数十户，今有二百六十户，大率以渔为业。东有宾岛，西有王家岛，孤耸削直，屹立水中。又西为码头嘴，人文登界。

石岛　在县南一百四十里，商舶云集，为县境商估萃聚之区。其地山脉纵横绵亘数十里，望之蔚然森秀。其主脉有二：一自东南蜿蜒西北；一自东北迤逦西南，两相衔接，势如围屏。春日自海中望之则林木丛杂，芳草鲜妍，恍如武陵渔人重覩桃花源也。

三岛子　在县南九十里，位于褚岛正北，悬居海中，三峰矗立，故称三岛。无居人，无草木。

炮台半岛　在石岛东南二里许，弯入海中，多暗礁，当航路之冲。其最险处曰牛石、曰黄石板。水流湍急，舟行过此，无不慎之。

日岛　在县西北一百里，刘公岛东口。清时北洋海军筑炮台，置要塞炮于其上。今入威海区。

刘公岛　东部在县西二百里，昔时有粮银两余，自清北洋海军驻此，人民迁移，粮银始停。今入威海区。

此外，有黑岛，高五十七尺；姬家岛高三十尺；成山头北黑岛高十尺；又发浪石高四十九尺；花斑石高三十五尺，亦附志之。

## 洋港及潮流　洋面港湾　潮汛时刻　大小潮涨退时刻

洋面港湾纷歧岔出，航行方向前志备载。潮汛时刻亦附记之。兹由采访所得，有可补前志所未及者缕晰详载，庸资参考。先民有言，询于刍荛①，傥亦可为航海者之南针耳。

月湖　俗名南小海，在县南三里，形如新月。荣成湾西端之汊港，水深四五尺，可通小帆船，东西长约六里，南北平均宽三里。

马山港　即养鱼池，在县南十里二区地界。港口东向，口门中间有草岛。其东曰小口，水浅礁多，仅通小舟；其西曰大口，水深二丈，可容大船。口内外有石坎三道，俗呼为铁门坎。外坎水深二丈余；内坎水深丈许，全港水深约二丈。清时成山汛巡船驻防于此，为停泊良港。西岸向有盐滩，今废。东西长四里，南北五里。沿岸曰本生、曰消水河，均可起卸货物。

朝阳港　在县西北十里。北曰朝阳口，沟通北海。以口中央划

① 刍荛（chú ráo）：指割草打柴的人。询于刍荛，意谓向当地老百姓采访、咨询。

分，东一区地，西三区地。港内水深及丈，惟港口狭浅，不能通行大船。东西长十余里，南北宽约五里。

金角港　在县南五十里，瓦屋石之南，爱伦湾之北。汊港不通舟楫。

豹花港　在县南六十里，爱伦湾之南汊港。青鱼滩之北，马牙河入海处。

卸口流　在县南七十里，南北约长十五里，东西约四里。竹岛在其间，为沽河入海处。往来帆船，经年不断。

龙门港　在县南九十里。东口外为鸫鸽岛，内分两歧，南出经慕家；西出经小落村，南至赵家，所谓港南港北者。以此南七区地，北六区地，地形成天然界限。

汾河港　在县南一百三十里，石岛湾之汊港。

逍遥港　在县西北五十里，逍遥河入海处。可泊小舟，今入威海区。

凤凰港南流口　在县南一百三十里，帆船每泊此，修理船只。

青鱼滩　在县南六十里。

荣成湾　形似仰盂，系龙须、马山两岛相抱而成。东西长二十余里，水深二十二尺至四十尺，可泊巨舰，在县东五里至三十里，极东曰龙口崖，渔船、商船汇集于此。甲午之役，日本军队即由此登岸，因是威海腹背受敌，不久亦陷。

荣成湾合军港之资格有三：一水深自二十四英尺至四十八英尺；一泥底，便于寄碇；一避风，便于停泊。民国成立，以旅大、胶、威均被外人租借，拟建为军港，后以胶、威交还，遂寝其议。

里岛湾里一作俚　在县南三十五里。石岛北唯一商市。西有峨石山以为屏藩，外有遮岛为之障蔽，内有石筑港渠，小船可资为起卸码头，惟东缺少岛屿，大风起，船只不安，能容帆船二百余艘。

开元湾　在里岛湾北。

石岛湾　在县南一百四十里，依山面海。镆铘岛与炮台半岛东西环抱，状类半月，为全县第一口岸。水深数丈，广袤二十余里，口外多暗礁，大船出入颇费周转。可容帆船五六百艘。有码头三，及电灯、电话、电报等建设，南北船舶必经之冲途也。

八河西圈　在县南一百十里，滩薄水浅，帆船入慕家港，盐船多乘潮盛出入，驳贩小舟亦时泊此。

崮口　在县南一百十五里，地处南崮山之背，贩粮小舟恒泊此。

住口　在崮口东，相距二三里许，帆船亦时泊此。

燕石湾　在县南一百三十里，位于马家寨后附近，渔舟多泊此。

林家流　在县南一百三十五里，东岸为沙汛一道，直抵楮岛，横亘七八里。沙中产沙参，水际产海带，可称利薮①。南有港，港水涨落，必经此流。帆船之装散载者必经此。

自八河西圈至林家流，五口东西相距不过二十里，比年来盗匪猖獗，往往藏匿于此。

楮岛鸭湾　在县南一百五十里，湾口北向，往来帆船多泊此，以候风。

石岛北油篓　在县南一百四十里，东有庙嘴，西连大陆，避风涛者多泊于此。

李丛嘴　在县东三十五里成山北，水深可泊巨舰，惟太狭小。

骆驼圈　在县东三十里，浪紧急，只可暂泊渔舟以避西北风。

凤皇湾　在斜口港之北。

爱伦湾　在瓦屋石、青鱼滩之间，西南东北长约十余里，中多暗礁，水流湍急，两端有金角、豹花两小汊港。爱伦湾之名，闻亦创始于西人

桑沟湾　在县南五十二里，寻山所之南，滨海曰砺江。昔之盐灶多在于此，近亦沿岸盐滩累累。全湾东西长二十余里，南为卸口流。

① 利薮(sǒu)：财富聚集的地方。薮：指人或东西聚集的地方。

铁底湾　四周都石底，因命此名。

青鱼滩　在县南六十里。

海有潮汛，其主因由于日月之吸力。月离地近，力大于日，又为吸引潮汛之重要原因。而风向之顺逆，风力之强弱，以及港湾之形势、位置，于潮汛之先后、大小，亦极有影响。故涨落时刻多随地而异。非有历年详细经验记录而平均之，不易得精确标准。今以其极简单普通而便于记忆者载之。

谚曰：初一、十五两旬海。言逢朔望日，可于侵晨、傍晚赴海滨取海产物；非言只初一、十五有两涨两落也。又曰初八、二十三正晌干。言逢上弦、下弦，午正则潮退也。又曰月出潮生，月晌潮涨。言月西潮离，言潮逐月为涨落也，但水具黏力，加以地之阻力，不能与日月同时并行，故涨落时刻，常较月之升坠为迟。如月晌潮涨，应涨不即涨，月西潮离，应离不即离也。

月过当头，约二十四小时四十九分钟一次。故自涨至涨，自落至落，其经过时间为十二小时二十五分，每一涨落，相隔为六小时十二三分。现月朔侵晨退潮，上弦日中始退，相去不过八日，相差已六小时，其故可知也。

准此以谈，则一般潮汛涨落时刻，可略计之如左表。[1]

① 如左表：因原稿为竖写，故分左、右，今改为横排，"左""右"可以理解为"以下""以上"。"如左表"即为"如下表"。下同。

## 大小潮涨退时刻表

| 类别 | 时刻 \ 日期 | 一 | 二 | 三 | 四 | 五 | 六 | 七 | 八 | 九 | 十 | 十一 | 十二 | 十三 | 十四 | 十五 |
|---|---|---|---|---|---|---|---|---|---|---|---|---|---|---|---|---|
| 潮 | 落 | 4时 | $4\frac{5}{6}$时 | $5\frac{4}{6}$时 | $6\frac{3}{6}$时 | $7\frac{2}{6}$时 | $8\frac{1}{6}$时 | 9时 | $9\frac{5}{6}$时 | $10\frac{4}{6}$时 | $11\frac{3}{6}$时 | $12\frac{2}{6}$时 | $1\frac{1}{6}$时 | 2时 | $2\frac{5}{6}$时 | $3\frac{4}{6}$时 |
| 潮 | 涨 | 8时 | $8\frac{5}{6}$时 | $9\frac{4}{6}$时 | $10\frac{3}{6}$时 | $11\frac{2}{6}$时 | $12\frac{1}{6}$时 | 3时 | 4时 | 2时 | 2时 | 2时 | 3时 | 4时 | 5时 | 6时 |
| 汐 | 落 | 4时 | $4\frac{5}{6}$时 | $5\frac{4}{6}$时 | $6\frac{3}{6}$时 | $7\frac{2}{6}$时 | $8\frac{1}{6}$时 | 9时 | $9\frac{5}{6}$时 | $10\frac{4}{6}$时 | $11\frac{3}{6}$时 | $12\frac{2}{6}$时 | $1\frac{1}{6}$时 | 2时 | $2\frac{5}{6}$时 | $3\frac{4}{6}$时 |
| 汐 | 涨 | 8时 | $8\frac{5}{6}$时 | $9\frac{4}{6}$时 | $10\frac{3}{6}$时 | $11\frac{2}{6}$时 | $12\frac{1}{6}$时 | 12时 | $1\frac{5}{6}$时 | $2\frac{4}{6}$时 | $3\frac{3}{6}$时 | $4\frac{2}{6}$时 | $5\frac{1}{6}$时 | $6\frac{1}{6}$时 | $7\frac{5}{6}$时 | $7\frac{4}{6}$时 |

| 类别 | 时刻 \ 日期 | 十六 | 十七 | 十八 | 十九 | 二十 | 二十一 | 二十二 | 二十三 | 二十四 | 二十五 | 二十六 | 二十七 | 二十八 | 二十九 | 三十 |
|---|---|---|---|---|---|---|---|---|---|---|---|---|---|---|---|---|
| 潮 | 落 | $4\frac{3}{6}$时 | $5\frac{2}{6}$时 | $6\frac{1}{6}$时 | 7时 | $7\frac{5}{6}$时 | $8\frac{4}{6}$时 | $9\frac{3}{6}$时 | $10\frac{2}{6}$时 | $11\frac{1}{6}$时 | 12时 | $12\frac{5}{6}$时 | $1\frac{4}{6}$时 | $2\frac{3}{6}$时 | $3\frac{2}{6}$时 | 4时 |
| 潮 | 涨 | 7时 | 8时 | 9时 | 10时 | 11时 | 12时 | 1时 | 2时 | 2时 | 2时 | 3时 | 5时 | 6时 | 7时 | 8时 |
| 汐 | 落 | $4\frac{3}{6}$时 | $5\frac{2}{6}$时 | $6\frac{1}{6}$时 | 7时 | $7\frac{5}{6}$时 | $8\frac{4}{6}$时 | $9\frac{3}{6}$时 | $10\frac{2}{6}$时 | $11\frac{1}{6}$时 | 12时 | $12\frac{5}{6}$时 | $1\frac{4}{6}$时 | $2\frac{3}{6}$时 | $3\frac{2}{6}$时 | 4时 |
| 汐 | 涨 | $8\frac{3}{6}$时 | $9\frac{2}{6}$时 | $10\frac{1}{6}$时 | 11时 | $11\frac{5}{6}$时 | $12\frac{4}{6}$时 | $1\frac{3}{6}$时 | $2\frac{2}{6}$时 | $2\frac{1}{6}$时 | $2\frac{1}{6}$时 | $3\frac{1}{6}$时 | 5时 | 6时 | 7时 | 8时 |

| 备考 | 谚语 | |
|---|---|---|
| 备考 | 谚语 | 初一、十五朝赶海。初七、初八正日海。初八、二十三，正晌午时干。十三、二十七起汛。十一、十二为死汛。二十四、二十五潮不动。<br>“所谓不动与死汛者退微而涨速也”。一日二潮四流。 |

## 潮汛涨落时刻表(一)

（先涨后落）

| 潮汛/午别/日期 | | 涨(尺) | | 落(尺) | |
|---|---|---|---|---|---|
| | | 上　午 | 下午 | 上　午 | 下　午 |
| 朔 | 望 | 0～20 | 0～45 | 6～32 | 6～57 |
| 初二日 | 十七日 | 1～9 | 1～34 | 7～21 | 7～46 |
| 初三日 | 十八日 | 1～58 | 2～23 | 8～10 | 8～35 |
| 初四日 | 十九日 | 2～47 | 3～12 | 8～59 | 9～24 |
| 初五日 | 廿日 | 3～36 | 4～1 | 9～48 | 10～13 |
| 初六日 | 廿一日 | 4～25 | 4～50 | 10～37 | 11～2 |
| 初七日 | 廿二日 | 5～14 | 5～39 | 11～26 | 11～51 |
| 上弦 | 下弦 | 6～3 | 6～28 | → | 0～15 |

## 潮汛涨落时刻表(二)

（先落后涨）

| 潮汛/午别/日期 | | 落(尺) | | 涨(尺) | |
|---|---|---|---|---|---|
| | | 上　午 | 下午 | 上　午 | 下　午 |
| 初九日 | 二十四日 | 0～40 | 1～5 | 6～52 | 7～17 |
| 初十日 | 二十五日 | 1～29 | 1～54 | 7～41 | 8～6 |
| 十一日 | 二十六日 | 2～18 | 2～43 | 8～30 | 8～55 |
| 十二日 | 二十七日 | 3～7 | 3～32 | 9～19 | 9～44 |
| 十三日 | 二十八日 | 3～56 | 4～21 | 10～8 | 10～33 |
| 十四日 | 二十九日 | 4～45 | 5～10 | 10～57 | 11～22 |
| 十五日 | 三十日 | 5～34 | 5～59 | 11～64 | — |

潮汛涨落,向有定期,录之如左:

初一、初二、初三日,己亥涨,寅申退。

初四、初五日,子午涨,卯酉退。

初六、初七、初八日,丑未涨,辰戌退。

初九、初十日,寅申涨,己亥退。

十一、十二、十三日,卯酉涨,子午退。

十四、十五日,辰戌涨,丑未退。

由镆铘及石岛之南,涨落同上所列。若由成山南及槎岛南,涨落照式均早半潮。

## 水　利　灌溉之利　运输之利

河流渐被是为水利。昔之循吏每以开渠为先,于是农利灌溉,商利运输,兆民赖之。县境农田半依山麓,取水维艰。惟商舶通行,运输良便。

农田全仰雨量灌溉,无所施。惟园圃近河岸者,或穿井汲取,或洩河流,可以稍得其利。以上灌溉

港口环列,海道无远弗届①。近则汽车通行,便于转运。以上运输

## 土　质　土质成分　地层深浅

土地之宜,周官辨之綦详。后世以此事付诸田夫野老,习焉不察,徒知膏腴之地为沃壤,垎埆②之区为石田,而不能究其土质之所以

① 无远弗届:不管多远之处,没有不到的。

② 垎埆(qiāo què):土地不肥沃。

然。于物产不无岁受其影响，是研究地壳之成立与地层之构造，不特为地质学家之所宜讲求者。

县境土质有山泊之分。山地沙多土少，泊地沙少土多。山地地层殊浅，下多矼[①]石；泊地地层较深，矼石颇少。

三区土质南部多沙土，其成分沙约占百分之八十，其余为黏土，颗粒粗糙，质地疏松，耕种颇为便利，但太瘠薄，所含养料不多，且水分渗漏甚速，易受旱灾。在农业上无甚价值，仅宜栽种花生、甘薯等。北部多下等壤土，由沙和黏土各半混合而成，既不失之松，又不过于黏，但欠肥沃，故岁收不见其丰。惟不夜、营洛、龙家等乡，近河岸之地，湿润肥美，地层又深，每年生产为本区之冠。至于黏土多之埴土[②]实不多觏[③]。六区土地硗瘠，砂砾居多，惟近河处，间有沃壤，又多患水溢。

## 气　候　气温　雨量　风向

气候有水陆之别，南北之殊。县境滨海又多高山，雨量、风向随时更变，合风雨表、寒暑表分年类记之，非仅为占候者之一助，亦航海、务农者之所宜知焉。

县境地居北温带，气候温和。多山陵冈阜，地势极为复杂，全县气候不能不少有差异。西部南山且距海较远，雨量缺乏，气候干燥，夏暑冬寒，亦均剧烈，稍具大陆性大陆性气候，因距海较远，海洋风不易达到，故空气干燥，寒暑变化较急。滨海之区，时受海水蒸气输入，故空气湿润，气候温和，所谓海洋性海洋性之气候，因受海洋风之影响，雨水较多，故冬不极冷，夏不极热。

---

① 矼(gāng)：石桥。此处应为“礓”(jiāng)，指土壤中的砾石。

② 埴(zhí)土：黏土。《释名·释地》：“土黄而细密曰埴。”

③ 觏(gòu)：遇见。

惟成山一带，以海面湿气弥空，东南气候风适亦起于此，时风挟湿气而来，大雾连绵，数旬不解。春秋两季，复多暴风。沿海有定期之风，名季候风，半年始一易向，当其转换之际，必悉其余力以逞威，故春秋时多暴风

风向春多南，而秋多北。雨量宜小而频。咸同间[①]多涝，光宣世[②]多旱，民国以来，风雨颇觉调匀。

又据县气象测候所报告云：荣成三面濒海，气候属海洋性。夏不甚热，冬不甚寒。统计全年温度，以阳历七、八月为最热，平均温度为摄氏表二十六度至二十七度；一、二月为最冷，平均温度为零度至二度。但炎夏极热，时有至四十度左右者；严冬极冷，时有至负十五度左右者。然冷热亦只三五日耳。右气温

春秋两季，冷暖无常，故大风最多，俗呼之为暴风。风过处往往沙飞石走，甚至木拔屋折，航海船只颠覆者，岁必数见。春季常在二、三月间，秋季多在八、九月间。右风

雨以夏秋为最多。冬季大雪，常在冬至前后，然无甚大量。至阴昙[③]之日，则占全年十之三四，尤以海雾为最多，每于春间，常竟日不消，渔人苦之，沿海不产小麦，亦以此。右雨

附气象统计表民国二十二，民国二十三年

① 咸同间：指清咸丰、同治年间。

② 光宣世：指清光绪、宣统年间。

③ 阴昙（tán）：阴天。昙：密布的云气。

## 荣成县政府第四科气象测候所民国二十二年全年各项气象统计表

| 项别 | 气压 | 气温(℃) | | | | | 天气状况 | | | | 雨量(mm) | | | | 全年风向数 | | | | | | | | | | | | | | | | | | |
|---|---|---|---|---|---|---|---|---|---|---|---|---|---|---|---|---|---|---|---|---|---|---|---|---|---|---|---|---|---|---|---|---|---|
| | mmHg | 月平均 | 绝对最高 | | 绝对最低 | | 晴 | 昙 | 阴 | 雨雪 | 全月总量 | 最大 | | 降雨日数 | 北 | 北北东 | 东北 | 东北东 | 东 | 东南东 | 南东 | 南南东 | 南 | 南南西 | 南西 | 西南西 | 西 | 西北西 | 北西 | 北北西 | 无定向 | 静 | 总计 |
| 栏次 | 月平均 | | 值 | 日期 | 值 | 日期 | | | | | | 日量 | 日期 | | | | | | | | | | | | | | | | | | | | |
| 月份 | 1 | 2 | 3 | 4 | 5 | 6 | 7 | 8 | 9 | 10 | 11 | 12 | 13 | 14 | 15 | 16 | 17 | 18 | 19 | 20 | 21 | 22 | 23 | 24 | 25 | 26 | 27 | 28 | 29 | 30 | 31 | 32 | 33 |
| 一月 | 69.82 | −2.9 | 8 | 9 | −12 | 12 | 13 | 10 | 8 | 6 | 24.5 | 9.5 | 2 | 6 | 36 | — | — | — | 1 | — | 7 | — | — | — | 19 | — | 12 | — | 49 | — | — | — | 124 |
| 二月 | 66.72 | −0.7 | 8 | 27 | −9 | 3 | 16 | 6 | 4 | 3 | 24.0 | 15 | 7 | 3 | 35 | — | 4 | — | 7 | — | 6 | — | 11 | — | 23 | — | 6 | — | 20 | — | — | — | 112 |
| 三月 | 66.44 | 2.2 | 14 | 29 | −9 | 5 | 15 | 10 | 6 | 4 | 23.0 | 12 | 22 | 4 | 23 | — | 10 | — | 4 | — | 21 | — | 14 | — | 1 | — | 7 | — | 39 | — | — | 5 | 124 |
| 四月 | 64.30 | 11.2 | 20 | 1 | 1 | 12 | 19 | 8 | 3 | 3 | 38.5 | 33 | 7 | 3 | 7 | — | 5 | — | 10 | — | 25 | — | 19 | — | 7 | — | 6 | — | 41 | — | — | — | 120 |
| 五月 | 58.18 | 17.9 | 29.5 | 7 | 6 | 4 | 17 | 9 | 5 | 3 | 75.0 | 30 | 2 | 3 | 8 | — | — | — | 17 | — | 28 | — | 28 | — | 10 | — | 7 | — | 26 | — | — | — | 124 |
| 六月 | 50.61 | 21.7 | 27.5 | 10 | 10 | 6 | 16 | 11 | 3 | 4 | 82.0 | 48 | 7 | 4 | 12 | — | 12 | — | 18 | — | 36 | — | 21 | — | 5 | — | 5 | — | 11 | — | — | — | 120 |
| 七月 | 48.83 | 27.0 | 37.5 | 19 | 16.5 | 7 | 17 | 12 | 2 | 4 | 86.5 | 50 | 28 | 4 | 5 | — | 8 | — | 19 | — | 38 | — | 39 | — | 3 | — | 1 | — | 11 | — | — | — | 124 |
| 八月 | 47.27 | 26.3 | 36.5 | 5 | 16 | 21 | 19 | 9 | 3 | 7 | 86.5 | 35 | 30 | 7 | 25 | — | 24 | — | 25 | — | 9 | — | 8 | — | 2 | — | 16 | — | 15 | — | — | — | 124 |
| 九月 | 40.58 | 24.6 | 35 | 9 | 14 | 14 | 22 | 2 | 6 | 3 | 58.0 | 31 | 11 | 3 | 24 | — | 22 | — | 17 | — | 7 | — | 2 | — | 22 | — | 8 | — | 18 | — | — | — | 120 |
| 十月 | 50.41 | 17.9 | 30 | 1 | 10 | 28 | 24 | 5 | 2 | 3 | 26.0 | 17 | 1 | 3 | 30 | — | 24 | — | 12 | — | 9 | — | 4 | — | — | — | 19 | — | 26 | — | — | — | 124 |
| 十一月 | 56.96 | 12.0 | 22 | 4 | 2 | 30 | 22 | 8 | — | — | — | — | — | — | 31 | — | — | — | 4 | — | 15 | — | 10 | — | 6 | — | 18 | — | 36 | — | — | — | 120 |
| 十二月 | 58.77 | 2.8 | 18 | 3 | −7 | 20 | 10 | 15 | 6 | 2 | 40.0 | 20 | 8 | 2 | 48 | — | 12 | — | 6 | — | 2 | — | 2 | — | — | — | 16 | — | 38 | — | — | — | 124 |
| 年合计 | 687.89 | 160.0 | | | | | | | | | 564.0 | | | | 284 | — | 121 | — | 140 | — | 203 | — | 158 | — | 98 | — | 121 | — | 330 | — | — | 5 | A<br>1460 |
| 百分比 | — | — | | | | | | | | | | | | | 19.5 | — | 8.3 | — | 9.6 | — | 13.9 | — | 10.8 | — | 6.7 | — | 8.3 | — | 22.6 | — | — | 0.3 | 100.0 |
| 年平均 | 57.32 | 15.3 | | | | | | | | | | | | | $\frac{\text{年合计}}{A}\times 100=$百分比 | | | | | | | | | | | | | | | | | | |

## 荣成县政府第四科气象测候所民国二十三年全年各项气象统计表

| 项别/栏次/月份 | 气压 | 气温(℃) | | | | | 天气状况 | | | | 雨量(mm) | | | | 全年风向数 | | | | | | | | | | | | | | | | | | |
|---|---|---|---|---|---|---|---|---|---|---|---|---|---|---|---|---|---|---|---|---|---|---|---|---|---|---|---|---|---|---|---|---|---|
| | mmHg | 月平均 | 绝对最高 | | 绝对最低 | | 晴 | 昙 | 阴 | 雨雪 | 全月总量 | 最大 | | 降雨日数 | 北 | 北北东 | 东北 | 东北东 | 东 | 东南东 | 南东 | 南南东 | 南 | 南南西 | 南西 | 西南西 | 西 | 西北西 | 北西 | 北北西 | 无定向 | 静 | 总计 |
| | 月平均 | | 值 | 日期 | 值 | 日期 | | | | | | 日量 | 日期 | | | | | | | | | | | | | | | | | | | | |
| | 1 | 2 | 3 | 4 | 5 | 6 | 7 | 8 | 9 | 10 | 11 | 12 | 13 | 14 | 15 | 16 | 17 | 18 | 19 | 20 | 21 | 22 | 23 | 24 | 25 | 26 | 27 | 28 | 29 | 30 | 31 | 32 | 33 |
| 一月 | 61.87 | 1.2 | 7.0 | 28 | −8.0 | 10 | 13 | 8 | 10 | — | — | — | — | — | 62 | — | 10 | — | — | — | 2 | — | 2 | — | 5 | — | 11 | — | 32 | — | — | — | 124 |
| 二月 | 60.96 | 0.8 | 15.5 | 21 | −8.0 | 19 | 14 | 12 | 2 | — | — | — | — | — | 33 | 1 | 2 | — | — | — | 7 | — | 6 | 2 | 7 | — | 15 | — | 33 | 6 | — | — | 112 |
| 三月 | 56.03 | 3.5 | 18.0 | 17 | −6.5 | 9 | 18 | 6 | 7 | 7 | 24.0 | 17.0 | 11 | 7 | 30 | — | 4 | — | 1 | — | 12 | — | 5 | 1 | 14 | — | 12 | — | 35 | — | — | — | 124 |
| 四月 | 55.16 | 10.5 | 22.0 | 16 | −2.0 | 1 | 12 | 14 | 4 | 3 | 25.0 | 11.0 | 11 | 3 | 41 | — | 4 | — | 5 | — | 10 | — | 23 | — | 8 | — | 5 | — | 24 | — | — | — | 120 |
| 五月 | 50.82 | 18.5 | 34.5 | 13 | 2.0 | 7 | 13 | 11 | 7 | 6 | 16.1 | 7.6 | 8 | 6 | 4 | 1 | — | 1 | 6 | 3 | 22 | 19 | 15 | 1 | 8 | — | 6 | 2 | 18 | 4 | — | 14 | 124 |
| 六月 | 45.40 | 22.0 | 35.5 | 13 | 8.0 | 1 | 8 | 16 | 6 | 10 | 144.3 | 49.4 | 28 | 10 | 3 | 2 | 1 | 3 | 7 | 1 | 23 | 4 | 15 | 5 | 16 | 1 | 2 | 1 | 14 | 6 | — | 16 | 120 |
| 七月 | 44.25 | 25.2 | 37.5 | 11 | 19.0 | 4 | 5 | 8 | 18 | 11 | 52.5 | 16.6 | 18 | 11 | 4 | 4 | 4 | 4 | 11 | 6 | 24 | 10 | 17 | 7 | 8 | 2 | 1 | 1 | 9 | 3 | — | 9 | 124 |
| 八月 | 47.20 | 25.8 | 26.9 | 4 | 10.9 | 13 | 9 | 7 | 15 | 9 | 25.1 | 4.0 | 28 | 9 | 26 | 1 | 2 | 6 | 3 | 4 | 16 | 7 | 13 | 6 | 9 | — | — | 1 | 16 | 4 | — | — | 124 |
| 九月 | 46.09 | 22.2 | 32.4 | 12 | 12.5 | 26 | 16 | 7 | 7 | 3 | 64.0 | 30.0 | 4 | 3 | 32 | 8 | 3 | — | 2 | 5 | 12 | 10 | 13 | 1 | 12 | 2 | 2 | — | 15 | 3 | — | — | 120 |
| 十月 | 55.62 | 15.8 | 26.9 | 7 | 4.0 | 29 | 13 | 13 | 5 | 6 | 28.0 | 18.5 | 13 | 6 | 25 | 9 | 2 | — | 1 | 1 | 9 | 3 | 8 | 1 | 17 | 2 | 13 | 1 | 19 | 4 | — | 9 | 124 |
| 十一月 | 57.42 | 8.7 | 21.0 | 15 | −3.2 | 29 | 7 | 14 | 9 | 8 | 38.9 | 24.6 | 1 | 8 | 11 | 3 | 4 | — | 1 | — | 2 | — | 9 | 3 | 8 | 1 | 25 | — | 24 | 7 | — | 22 | 120 |
| 十二月 | 61.82 | 4.1 | 17.0 | 8 | −3.0 | 1 | 7 | 17 | 7 | 6 | 38.1 | 17.2 | 31 | 6 | 21 | 8 | 24 | 1 | — | 1 | 2 | — | 10 | — | 10 | 1 | 11 | 4 | 14 | 5 | 2 | 10 | 124 |
| 年合计 | 642.14 | 158.3 | | | | | | | | | 456.0 | | | | 292 | 37 | 70 | 15 | 37 | 21 | 141 | 53 | 146 | 27 | 122 | 9 | 103 | 10 | 253 | 42 | 2 | 80 | A 1460 |
| 百分比 | — | — | | | | | | | | | | | | | 20.0 | 2.5 | 4.8 | 1.0 | 2.5 | 1.4 | 9.7 | 3.6 | 10.0 | 1.8 | 8.4 | 0.6 | 7.1 | 0.7 | 17.3 | 2.9 | 0.1 | 5.5 | 100.0 |
| 年平均 | 53.51 | 13.2 | | | | | | | | | | | | | $\frac{\text{年合计}}{\text{A}}\times 100=$百分比 | | | | | | | | | | | | | | | | | | |

## 乡　区　固有区域　自治区域　教育区域

周官五酂为啚[①]，即今日分区之权舆[②]，盖范围则易于稽查耳。然随时更置，往往改易，而自治教育区又各不同，近亦小变之。爰述始末，备稽考。

固有区域分六区：曰城厢区、曰第一、第二、第三、第四、第五、第六区。

自治区域分七区，于民国二十年成立，区、乡各级公所实行自治。改城厢为一区，一区至六区，递推为二至七区。二十三年区公所裁撤，乡镇及区域一仍其旧。

一区一镇四乡，东、南、北三面接二区界，东沙沟河，东南月湖，西北朝阳港口，北临海。

朝阳镇　武宁乡　康村乡　黄埠乡　西隆乡

二区一镇四十三乡，东成山角，南接五区界，西南古迹顶，西接三区界，北朝阳港西端。

华林镇　成山乡　东山乡　松场乡　蒲家乡　大岗乡
蔡家乡　丰年乡　三义乡　马山乡　石东乡　石西乡
郑家乡　宫家乡　墩东乡　岳家乡　曲格乡　窑山乡
镇海乡　泊子乡　法新乡　埔后乡　滨海乡　神堂乡
白云乡　金角乡　烟墩乡　又新乡　普育乡　文会乡
凤埠乡　燕国乡　杏林乡　杏春乡　杏南乡　石埠乡
沟崖乡　上埠乡　汉章乡　张格乡　从新乡　姚家乡

---

① 五酂(zàn)为啚(bì)：啚即鄙。中国周代地方组织单位：五家为邻，五邻为里，四里为酂，五酂为鄙。

② 权舆：草木萌芽的状态。引申为起始。

王家乡　庙院乡

三区一镇三十九乡，东接二区界，南接四区界，东南接六区界，西接威海界，北至海，东北青矶岛。

埠柳镇　上疃乡　不夜乡　凤头乡　黄山乡　港山乡
山后乡　墩后乡　泊周乡　北城乡　大西乡　小西乡
灰树乡　李家乡　旭口乡　龙家乡　芹夼乡　巍巍乡
坎地乡　营洛乡　蓦驾乡　下庄乡　车古乡　杭上乡
南蓝乡　北蓝乡　纸房乡　石桥乡　现都乡　梁家乡
虎台乡　邹家乡　黄沟乡　新成乡　孔家乡　进文乡
梁南乡　沙楼乡　南港乡　河西乡

四区二镇三十七乡，东接六区界，南接六区界，西接文登界，西北接威海界，东北接三区界。

崖西镇　荫子镇　博爱乡　兰村乡　共合乡　涧北乡
民治乡　长湾乡　爱国乡　松里乡　大贞乡　双顶乡
落西乡　和平乡　板石乡　育才乡　朱埠乡　建国乡
民有乡　福禄乡　雨山乡　立驾乡　集贤乡　明德乡
崇德乡　卧龙乡　西贞乡　民生乡　三民乡　埠东乡
大同乡　所前乡　至诚乡　小埠乡　大山乡　吉子乡
建设乡　南台乡　新庄乡

五区二镇四十三乡，东、南两面临海，西接六区界，北接二区界。

寻山镇　俚岛镇　黄宝乡　道南乡　三义乡　逍遥乡
花园乡　小疃乡　文新乡　颜岛乡　四合乡　北山乡
墩周乡　墩西乡　竹村乡　民治乡　亮福乡　五里乡
法新乡　龙家乡　马石乡　民有乡　南岛乡　后疃乡
峨石乡　民享乡　虎础乡　陈崖乡　十里乡　虎岭乡
迎石乡　青安乡　塔山乡　莱沟乡　双鼎乡　石山乡
马牙乡　席家乡　青鱼乡　罗山乡　嘉峰乡　大山乡

中金乡　白峰乡　潮海乡

六区三镇四十二乡，东南临海，东北接五区界，南至套河接七区界，西南接文登界，西北接四区界，北接二、三两区界。

崖头镇　小落镇　滕家镇　公议乡　十字乡　山河乡

隆峰乡　仝家乡　古迹乡　夏庄乡　甲夼乡　青义乡

家安乡　公成乡　海楼乡　宝船乡　屯岛乡　宁家乡

古塔乡　临海乡　雨脉乡　鲍山乡　河南乡　河北乡

蒲杨乡　互助乡　清安乡　共安乡　院埠乡　三合乡

闫埠乡　孤庵乡　三义乡　桑梓乡　葫芦乡　孔家乡

临河乡　守望乡　保安乡　同乐乡　回澜乡　卧龙乡

泥沟乡　西南乡　绿对乡

七区四镇三十一乡，东南临海，西接文登界，东北临海，西北龙门港，接六区界。

石岛镇　斥山镇　柳树镇　宁津镇　龙山乡　大同乡

青山乡　三民乡　震龙乡　河北乡　民有乡　慕家乡

民治乡　自治乡　四维乡　龙门乡　港西乡　明德乡

凤凰乡　维新乡　卧龙乡　五权乡　港阴乡　东海乡

山前乡　尚志乡　福海乡　张家乡　所前乡　万全乡

万备乡　玉琳乡　朝阳乡　滨海乡　镆铘乡

## 荣成县自治区乡镇村落面积户口总表一

| 区　别 | 乡数 | 镇数 | 村落数 | 面　积 | 户　数 | 口数 |
|---|---|---|---|---|---|---|
| 第一区 | 4 | 1 | 9 | 140 | 1605 | 8571 |
| 第二区 | 43 | 1 | 104 | 740 | 7789 | 43309 |
| 第三区 | 39 | 1 | 48 | 400 | 5071 | 27252 |
| 第四区 | 37 | 2 | 103 | 756 | 6404 | 32802 |
| 第五区 | 43 | 2 | 127 | 760 | 8146 | 48482 |

续表

| 区　别 | 乡数 | 镇数 | 村落数 | 面　积 | 户　数 | 口数 |
|---|---|---|---|---|---|---|
| 第六区 | 42 | 3 | 165 | 880 | 10800 | 59708 |
| 第七区 | 31 | 4 | 149 | 750 | 12675 | 73035 |
| 合　计 | 239 乡 | 14 镇 | 705 村 | 4426 方里 | 52492 户 | 293159 口 |

教育区域,自民国以来为图教育行政之便利,按自治区划分城厢、第一、第二、第三、第四、第五、第六等七学区。二十年十月,城厢区改称第一区,旧第一至第六区递改为第二至第七区等区,学区亦随同更变。

**荣成县自治区乡镇村落面积户口总表二** 民国二十四年改订

| 区别 | 乡数 | 镇数 | 村落数 | 面积数 | 户口数 |
|---|---|---|---|---|---|
| 第一区 | 1 | 1 | 6 | 与前表同以下仿此 | 同前表以下仿此 |
| 第二区 | 8 | 1 | 103 | | |
| 第三区 | 3 | 1 | 41 | | |
| 第四区 | 7 | 2 | 100 | | |
| 第五区 | 5 | 2 | 124 | | |
| 第六区 | 6 | 2 | 142 | | |
| 第七区 | 6 | 1 | 150 | | |

民国二十五年乡镇合并,区域不移,其乡镇村落名称录之如左方。

## 第一区

朝阳镇

县城内

城厢乡

| | | | | |
|---|---|---|---|---|
| 城后村 | 西北泊村 | 落龙湾村 | 康村 | 黄埠村 |

## 第二区

**马山乡**

| | | | | |
|---|---|---|---|---|
| 车祝沟村 | 小水河村 | 马山寨村 | 唐家庄 | 夏疃 |
| 大疃 | 张家庄 | 刘家庄 | 王家庄 | 蔡家庄 |
| 东公鹅嘴 | 西公鹅嘴 | 窑上村 | 黄埠山前 | |

**上埠乡**

| | | | | |
|---|---|---|---|---|
| 上埠头村 | 大庙院村 | 小庙院村 | 香山前村 | 古里高家 |
| 东张格村 | 西张格村 | 汉章泊村 | 郑家村 | 东姚家山 |
| 西姚家山 | 曲格村 | 东岳家庄 | 宫家庄 | 墩东夼村 |

**喜雨乡**

| | | | | |
|---|---|---|---|---|
| 泊子村 | 河西村 | 瓦房姚家 | 吴家疃 | 袁家庄 |
| 王家疃 | 李家庄 | 沟刘家 | 南盐滩 | 葛家村 |
| 北盐滩 | 墈后村 | 黄家庄 | 秦格村 | 后神堂口 |

**成山乡**

| | | | | |
|---|---|---|---|---|
| 落凤岗村 | 卧龙村 | 大西庄 | 小西庄 | 瓦房庄 |
| 沟西崖 | 东墈村 | 侯家庄 | 泊南崖 | 礼村 |
| 马家疃 | 大石家泊 | 小石家泊 | 东霞口 | 西霞口 |

**东山乡**

| | | | | |
|---|---|---|---|---|
| 大岗村 | 小大岗村 | 蒲家泊 | 郑家庄 | 皂角树村 |
| 松埠嘴村 | 马厂村 | 柳夼村 | 仙人桥 | 河口村 |
| 瓦夼村 | 冯家庄 | 北沙沟 | 袁家庄 | 蔡家庄 |
| 小墈顶 | 郭家庄 | 小墈南头 | 南沙沟 | |

**华林镇**

| | | | | |
|---|---|---|---|---|
| 林村镇 | 王家山 | 西利查埠 | 石山东 | 东利查埠 |

| | | | | |
|---|---|---|---|---|
| 凤凰崖 | 国家村 | 燕泊村 | 陈家村 | 小桥村 |
| 小泊村 | 石硼村 | 南台村 | 北台村 | |

**彩石乡**

| | | | | |
|---|---|---|---|---|
| 南马到河 | 苍耳崖 | 北马到河 | 寨子东 | 沟崖张家 |
| 前神堂口 | 白云洞 | 金角口 | 东崮村 | 曲家台 |
| 烟墩角 | | | | |

## 第三区

**联合镇**

| | | | | |
|---|---|---|---|---|
| 埠柳村 | 不夜村 | 河西村 | 上疃村 | 车古村 |
| 纸房村 | 打磨村 | 南蓝村 | 北蓝村 | |

**伟德乡**

| | | | | |
|---|---|---|---|---|
| 黄沟村 | 邹家村 | 虎台村 | 梁家村 | 小梁村 |
| 现都村 | 石桥村 | 万家河 | 孔家村 | 汤家村 |
| 宋家店 | 梁南庄 | 沙楼庄 | | |

**凤北乡**

| | | | | |
|---|---|---|---|---|
| 巍巍村 | 凤头村 | 下庄村 | 杭上村 | 营洛村 |
| 坎地村 | 蓦驾山 | 黄山口 | 南港西 | |

**环海乡**

| | | | | |
|---|---|---|---|---|
| 龙家村 | 旭口村 | 芦夼村 | 大西庄 | 小西庄 |
| 灰树村 | 李家庄 | 北城村 | 泊周村 | 港山后 |
| 墩后村 | 山后村 | | | |

## 第四区

**荫子镇**

| | | | | |
|---|---|---|---|---|
| 荫子夼 | 西下埠 | 后荫子夼 | 雨夼村 | 青现庄 |
| 前青顶 | 板石村 | 店子泊 | 林家槽 | 立驾山 |

东下埠　石妇人后　马台王家

**福禄乡**

福禄山　楚家庄　吉字埠　马家庄　百尺崖
塘子崖　松里村　陈家埠　车家庄

**小埠乡**

小埠前　庄上王家　后龙河　岔河崖　苑庄
埠东夼

**建设乡**

隋家　柯家　顶子石　丛家　土城子
胡家屯　桥南头　墙上岳家　墙上姚家　石硼子
万马庄　五甲　戴家庵　西双顶洼　东双顶洼
梁子埠　南流水古道　北流水古道　王官松

**崖西镇**

龙床　南崖西头　北崖西头　前高家庄　后高家庄
墙上张家　崖石　上庄　院东　小山口
大山口　新庄

**大贞乡**

大贞庄头　前宅库　小贞庄头　徐家庄　刘家庄
洛西头　后宅库　朱埠　上清观　前庵
后庵　管家　北车家庄　林道沟　林家庄

**南台乡**

南台村　所前泊　北子城　南子城　涧北头

**博爱乡**

留驾厂　小涧北头　朱家夼　南柳家场　北柳家场

**民治乡**

韩家地　姜家泊　于家庄　杨家沟　占家庄

| | | | | |
|---|---|---|---|---|
| 丛家庄 | 三家泊 | 潘家沟 | 卧龙村 | 长湾村 |

兰村乡

| | | | | |
|---|---|---|---|---|
| 兰村 | 家堂 | 小李家 | 蓝家庄 | 头甲 |
| 堡子后 | | | | |

## 第五区

寻山镇

| | | | | |
|---|---|---|---|---|
| 寻山所 | 牛口石 | 马家庄 | 吴家村 | 下河村 |
| 席家村 | 瓦房庄 | 蔡院村 | 万石墩 | 金家庄 |
| 青鱼滩 | 樊家庄 | 罗山寨 | 蔡家庄 | 嘉鱼汪东村 |
| 嘉鱼汪西村 | 卢家村 | | | |

三义乡

| | | | | |
|---|---|---|---|---|
| 道北于家 | 道南于家 | 前密文 | 道北刘家 | 小孙家 |
| 小李家 | 姜家村 | 神道沟 | 墩上宋家 | 乡宦庄 |
| 沟东崖 | 石桥村 | 龙家村 | 夼子河 | 后虎口 |
| 毛家庵 | 前虎口 | 寨子墩 | 迎驾山 | 石猴子 |

青安乡

| | | | | |
|---|---|---|---|---|
| 青安屯 | 冷家村 | 大黄家 | 黄家楼 | 赵家村 |
| 小黄家 | 河北村 | 河东村 | 圈杨家 | 大胪村 |
| 二胪村 | 三胪村 | 江林村 | 青埠岭后 | 哈山村 |
| 楚家村 | 莱沟庄 | 下郭家 | 上郭家 | 大横山后 |
| 大李家 | 小横山 | 逍遥山 | | |

亮福乡

| | | | | |
|---|---|---|---|---|
| 亮甲沟 | 东龙家 | 福台山 | 小乔家 | 北山东村 |
| 北山西村 | 竹村 | 张家村 | 褚家村 | 关家村 |
| 邓家村 | 大墩村 | 庄上宋家 | 大顶山前 | 苏家村 |
| 黄家庄 | 高家庵 | 小苏家 | 八里庵 | 大水河 |

**中金乡**

| | | | | |
|---|---|---|---|---|
| 大庄村 | 初家泊 | 山后王家 | 小埠村 | 于家庄 |
| 南倭岛 | 史家庄 | 倭岛王家 | 金角港 | 北倭岛 |
| 高家 | 瓦屋石 | 陈家庄 | 冯家庄 | 泊西崖 |
| 卧龙王家 | 项家寨 | 郑家村 | 小寨村 | |

**峨石乡**

| | | | | |
|---|---|---|---|---|
| 峨石山 | 杨家山 | 东墩村 | 东盐滩 | 后疃村 |
| 东庄村 | 关家屯 | 张家屯 | 桥子沟 | 柯家口 |
| 沟陈家 | 河崖村 | 颜家村 | 草岛寨 | 大疃村 |
| 小疃村 | 宫家山 | 颜家屯 | 北花园 | 南花园 |
| 凉水泉 | 小李家 | 小圈村 | 于家庵 | |

**俚岛镇**

俚岛

## 第六区

**古迹乡**

| | | | | |
|---|---|---|---|---|
| 雷家庄 | 马鞍埠 | 老鱼科 | 冷家 | 仝家庄 |
| 战家 | 隆峰村 | 小刘家 | 山河村 | 大夏庄 |
| 小夏庄 | | | | |

**永宁乡**

| | | | | |
|---|---|---|---|---|
| 甲夼曲家 | 甲夼孙家 | 甲夼马家 | 甲夼杨家 | 甲夼王家 |
| 夼北 | 不落埠 | 小圈 | 谭家庄 | 赵家庄 |
| 石棚闫家 | 卧龙村 | 前寨 | 藏村 | 后寨 |
| 石硼丁家 | 大蒿泊 | 小蒿泊 | 于家台 | 山河吕家 |
| 后苏格 | 前苏格 | | | |

**崖头镇**

| | | | | |
|---|---|---|---|---|
| 崖头 | 崖下 | 水门口 | 大丁 | 二丁 |

| | | | | |
|---|---|---|---|---|
| 三丁 | 青山后张家 | 青山后吕家 | 后泥湾 | 青山后丁家 |
| 刁家沟 | 岗西 | 鸭湾 | 后沟 | 前龙河 |
| 徐家 | 河北隋家 | | | |

**忠正乡**

| | | | | |
|---|---|---|---|---|
| 浦头 | 南墒 | 杨格庄 | 小河于家 | 大迟家 |
| 小迟家 | 海崖 | 楼下 | 台上林家 | 沽里 |
| 沽泊陈家 | 大泊子 | 小泊子 | 台上邹家 | 楚家庄 |
| 台上刘家 | 新庄 | 八甲 | 王家庄 | 郭家庄 |
| 小岳家庄 | 沽泊闫家 | 地宝圈 | 船坞 | 于家村 |

**正谊乡**

| | | | | |
|---|---|---|---|---|
| 大木庄 | 东蓝家庄 | 西蓝家庄 | 垛山姜家 | 刘家庄 |
| 丛家庄 | 小郭家庄 | 山马家 | 孤石杜家 | 后垛山 |
| 垛山周家 | 河西 | 杨官屯 | 回里 | 古格 |
| 孤石吴家 | 中岭后 | 西岭后 | 小卧龙 | 大卧龙 |
| 东塔后 | 西塔后 | 卧龙王家 | 大泥沟 | 小泥沟 |

**盘龙乡**

| | | | | |
|---|---|---|---|---|
| 李家屯 | 小北庄 | 于家庄 | 张家庄 | 孔家庄 |
| 解家 | 南山殷家 | 向阳埠 | 河崖 | 鲍村 |
| 南河北 | 姚家 | 大岳家 | 小岳家 | 打铁孙家 |
| 沟曹家 | 沟曲家 | 沟陈家 | | |

**滕家镇**

| | | | | |
|---|---|---|---|---|
| 滕家 | 南墒 | 康村 | 桑梓寺 | 桑梓 |
| 茂柞园 | 东滩郭家 | 西滩郭家 | 小落 | 不落岛 |
| 套河 | 大落 | 马草夼 | 下回头 | 柳家庄 |
| 罗家庄 | 西南牢 | 毕家屯 | 烟墩墒 | 鲁家 |
| 神道 | | | | |

**滨海乡**

| | | | | |
|---|---|---|---|---|
| 鲍家庄 | 崂山大疃 | 崂山二疃 | 崂山屯 | 斜口岛 |
| 宁家村 | 古塔 | 东庄 | 雨夼 | 脉埠 |
| 花山 | 闫家庄 | 北埠 | 中埠 | 南埠 |

## 第七区

**府海乡**

| | | | | |
|---|---|---|---|---|
| 张家疃 | 小南疃 | 大鱼岛 | 牧云庵 | 毕家屯 |
| 高家顶 | 姜家疃 | 映红山 | 西岚村 | 北沟村 |
| 东火塘寨 | 西火塘寨 | 车脚河 | 庄子夼 | 范周家 |

**保安乡**

| | | | | |
|---|---|---|---|---|
| 斥山镇 | 尹格庄 | 苏家村 | 盛家村 | 小泊村 |
| 殷家村 | 常家庄 | 汤家庄 | 刘家庄 | 大汛姜家 |
| 隋家庄 | 峨石山村 | 桥子头 | 方家村 | 阴亮村 |
| 刘家店 | 赛家村 | 王家村 | 赵家村 | 小西庄 |
| 东岛刘 | 东慕家 | 西慕家 | | |

**龙凤乡**

| | | | | |
|---|---|---|---|---|
| 双榜泊 | 大泊村 | 东窑村 | 沟王家 | 于家村 |
| 姜家村 | 上谭家 | 下谭家 | 桃源村 | 山前村 |
| 青明寨 | 河东村 | 原家村 | 于家庄 | 朋上村 |
| 邵家村 | 南庄村 | 干占村 | 东山村 | 石头河 |
| 潭村林家 | 潭村曲家 | 土山村 | 龙山前 | 孟家村 |

**龙海乡**

| | | | | |
|---|---|---|---|---|
| 青山前 | 八里王家 | 十里夏家 | 河北村 | 甲子山 |
| 茂山后 | 小夏家 | 八河王家 | 八河毕家 | 八河姚家 |
| 八河孔家 | 崮山前 | 楼底村 | 柳树镇 | 后港头 |
| 吉屯村 | 邢家村 | 台上村 | 谢家村 | 港西崖 |
| 龙山后 | | | | |

**津海乡**

| | | | | |
|---|---|---|---|---|
| 所后王家 | 南卧龙 | 北卧龙 | 洼俚村 | 所后卢家 |
| 小店村 | 林家流 | 马家寨 | 杨家村 | 小墩村 |
| 尹家庄 | 王家村 | 小河北 | 小西墘 | 马家村 |
| 张家村 | 涝滩子 | 马栏墘 | 东楮岛 | 止马滩 |
| 曲家村 | 徐家村 | 小河东 | 东钱家 | 于家村 |
| 杜家村 | 周家村 | 项家庄 | 桥上村 | 卢家庄 |
| 西钱家 | 小岔河 | | | |

**巽海乡**

| | | | | |
|---|---|---|---|---|
| 王家村 | 宁家村 | 季家村 | 殷家村 | 东墩村 |
| 大岔河 | 渠隔村 | 鞠家村 | 北场村 | 南港头 |
| 小南泊 | 苏家村 | 夏家村 | 小殷家 | 口子村 |
| 留村 | 南苑家 | 北苑家 | 东南海 | 西南海 |
| 吕家庄 | 后海崖 | 刘家庄 | 南洼村 | 南草场 |
| 西道村 | 炉台圈 | 金家庄 | 东楼村 | 西墘村 |
| 汤家庄 | 东墘村 | | | |

**石岛镇**

石岛

## 村　落

名称　面积　居民姓氏　户口多寡　有无客民　邻村县治各里距

村落由乡区而分，乡、区纪其总纲，村落于名称、面积、居民姓氏、户口多寡、有无客民、无不一一列表纪之，邻村县治各里距附之。居是村者，井里桑麻，各安其业，而奸宄[1]无由杂聚。于度地计民尤为便利云。

## 里　程[2]　分水陆两程

陆程自县城起至某村若干里，水程自龙须岛至某岛某口岸若干里。

古设里尹、里吏各职。明初因赋定役，曰里甲[3]。里居者设里社，于其里都重视之。近时轮轨交通，航行来往，遍诸全国，里数易稽，岂于乡里而反忽诸。兹分水陆两程，核其里数，于古者计里之法有相合云。

陆程自县城起，至蓬莱县即旧登州府治四百四十里。至济南山东省会一千三百八十里。至威海卫一百十里。

县城至城厢乡城后村一里半。至西北泊村三里。至落龙湾村四里。至康村三里。至黄埠村四里。以上一区

县城至马山乡至车祝簿村四里。〈至〉小水河村[4]，至马山寨村，均五里。至唐家庄七里。至夏疃八里。至大疃八里半。至张家庄九里半。至刘家庄十里半。至王家庄，至蔡家庄，至东公鹅嘴十一里。至西公鹅嘴十一里半。至窑上村五里。至黄埠山前村六〈里〉。

至上埠乡上埠头村十八里。至大庙院村、至小庙院村、至香山前村、至古里高家、至东张格村、至西张格村，俱十五里。至汉章泊村十

---

① 奸宄(guǐ)：违法作乱的人，亦作"奸轨"。

② 本卷附页："新乡区村落里程采访，诸君尚未送到，始缺之俟。访齐全再以加入。已与唐君又龄说明。"因此，下列里程有一些空缺。空缺处用□□□表示。

③ 明初因赋定役，曰里甲：指明初编造户籍黄册，作为确定赋役的依据，并实行里甲制度，保证赋役征收。据《明史》记载，里甲的编制为：以一百一十户为一里（在城曰坊，近城曰厢），推十户丁粮多者为里长，余一百户为甲，甲凡十人，岁役里长一人，甲首一人，董一里一甲之事。

④ 小水河村：原稿中也写作"消水河村"。

六里。至郑家村八里。至东姚家山、至西姚家山，至南、北曲格村十里。至东岳家庄、至宫家庄八里。至墩东夼村五里。

至喜雨乡泊子村十里。至河西村八里。至瓦房姚家九里。至吴家疃八里。至袁家庄、至王家疃七里。至李家庄六里。至沟刘家村十里。至南盐滩村九里半。至葛家村八里。至北盐滩七里。至墉后村、至黄家庄十里。至秦格村十一里。至后神堂十三里。

至成山乡落风岗村二十五里。至卧龙村三十里。至大西庄二十七里。至小西庄二十八里。至瓦房庄二十九里。至沟西崖、至东墉村、至侯家庄，俱三十里。至泊南崖二十九里。至礼村二十五里。至马家疃二十二里。至大石家泊二十里。至小石家泊二十九里。至东霞口十九里。至西霞口十八里。

至东山乡大岗村十里。至小大岗村十一里。至蒲家泊、至郑家庄、至皂角树、至松埠嘴、至马厂，俱十二里。至柳夼、至仙人桥，俱八里。至河口村、至瓦夼村、至冯家庄、至沙沟五里。至袁家庄、至蔡家庄、至小岗顶，俱五里半。至郭家庄八里，至小岗南头七里。至南沙沟□□里。

至华林镇林村集二十里。至王家山、至西利查埠、至石山东，俱二十五里。至东利查埠、至凤凰崖、至国家村、至燕泊村、至陈家村、至小桥村，俱二十里。至小泊村二十二里。至石硼村、至南台村、至北台村，俱二十三里。

至彩石乡南马到河、至苍耳崖、至北马到河村、至寨子东，俱二十里。至沟崖张家二十五里。至前神堂口、白云洞，俱十五里。至金角口、至东崮村，俱十六里。至曲家台十七里。至烟墩角十五里。以上二区

县城至联合镇埠柳村二十五里。至不夜村三十里。至河西村二十五里。至上疃村□□里。至车古村二十五里。至纸房村二十五里。至打磨村□□里。至南蓝村□□里。至北蓝村□□里。

至伟德乡黄沟村三十里。至邹家村三十里。至虎台村二十五里。至梁家村二十七里。至小梁村二十五里。至现都村二十五里。至石桥村二十五里。至汤家村、至宋家店,俱四十里。至梁南庄、至沙楼庄,俱三十五里。至孔家村三十五里。至万家河三十三里。

至凤北乡魏巍村十六里。至凤头村二十五里。至营洛村十五里。至南港西村三十里。至蓦驾山十三里。至下庄十六里。至杭上十六里。至坎地十六里。至黄山口村□□里。

至环海乡龙家村、至芹夼村,俱十六里。至港山后村、至墩后村,俱二十五里。至旭口村□□里。至北城村□□里。至泊周村□□里。至大西庄□□里。至李家庄□□里。至小西庄□□里。至墩后村□□里[1]。至山后村□□里。至灰树村二十里。以上三区

县城至荫子镇荫子夼、至西下埠、至后荫子夼,俱六十里。至雨夼村六十五里。至青岘庄、至前青顶,俱六十里。至板石村六十五里。至店子泊六十三里。至林家漕六十四里。至立驾山六十五里。至东埠□□里。至石妇人后七十里。至马台王家六十里。

至福禄乡福禄山五十五里。至楚家庄五十七里。至吉字埠七十里。至马家庄、至百尺崖,俱六十里。至塘子崖、至松里村,俱五十五里。至陈家埠、至车家庄,俱六十里。

至小埠乡小埠前村、至庄上王家,俱五十五里。至后龙河村、至岔河崖六十里。至苑庄六十一里。至埠东夼五十里。

至建设乡隋家村、至柯家村、至顶子石、至丛家村、至土城子村、至胡家屯、至桥南头村、至墉上岳家村、至墉上姚家村,俱六十里。至石硼子村、至万马庄、至五甲村、至戴家庵、至双顶洼,俱五十五里。至东双顶洼、至梁子埠、至南流水古道、至北流水古道、至王官松,俱六十里。

至崖西镇龙床村五十五里。至南崖西头村、至北崖西头村、至前

① 此处与本段前面重复,整理者删除。

高家庄、至后高家庄、至墩上张家，俱五十里。至崖石□□里。至上庄村、至院东村、至小山口村，俱四十五里。至大山口村四十里。至新庄五十里。

至大贞乡大贞庄头村、至前宅库村，俱五十里。至小贞庄头村、至徐家庄、至刘家庄、至洛西头、至后宅库村，俱五十五里。至朱埠五十里。至上清观村、至前庵村、至后庵村、至管家村、至北车家庄、至林道沟、至林家庄，俱五十里。

至南台乡南台村、至所泊、至北子城村、至南子城村、至涧北头村，俱六十里。

至博爱乡留驾厂五十五里。至小涧北头村、至朱家夼，俱六十里。至南柳家场、至北柳家场，俱五十五里。

至民治乡韩家地村、至姜家泊、至于家庄、至杨家沟村，俱七十里。至占家庄、至丛家庄、至三冢泊村、至潘家沟村、至卧龙村，俱六十里。至长湾村六十五里。

至兰村乡兰村□□里。至家堂□□里。至小李家□□里。至头甲□□里。至堡子后六十里。以上四区

县城至寻山镇寻山所、至牛口石村、至马家庄、至吴家村，俱五十里。至下河村五十一里。至席家村、至瓦房庄、至蔡院村、至万石沟、至金家庄、至青鱼滩村、至樊家庄、至罗山寨、至蔡家庄、至嘉鱼汪东村、至嘉鱼汪西村、至卢家村，俱五十里。

至三义乡道北于家、至道南于家，俱六十里。至前密文五十五里。至道北刘家、至小孙家村、至小李家村、至姜家村、至神道沟、至墩上宋家、至乡宦庄，俱六十里。至沟东崖村、至石桥村五十五里。至龙家村五十里。至夼子河村、至后虎口、至毛家庵、至前虎口、至寨子墩，俱四十里。至迎驾山四十五里。至石猴子□□里。

至青安乡青安屯、至冷家村，俱四十里。至大黄家、至黄家楼、至赵家村、至小黄家，俱四十五里。至河北村□□里。至东村□□、至

圈杨家□□里。至大胪村、至二胪村、至三胪村、至江林庄、至青埠岭后、至哈山村、至楚家村、至菜沟庄、至下郭家村、至上郭家村，俱四十里。至大横山后村、至小横山后村，俱三十二里。至大李家、至逍遥山村，俱三十五里。

至亮福乡亮甲沟四十里。至东龙家四十二里。至福台山二十九里。至小乔家村、至北山东村、至北山西村、至竹村、至张家村、至褚家村、至关家村、至邓家村、至大墕村、至庄上宋家、至大顶山前，俱四十里。至苏家村、至黄家庄，俱四十五里。至高家庵四十里。至小苏家村四十五里。至八里庵四十里。至大水河□□里。

至中金乡大庄村三十里。至初家泊村、至山后王家村，俱三十五里。至小墕村、至于家庄、至南倭岛村、至史家庄，俱四十里。至倭岛王家□□里。至金角港□□里。至北倭岛□□里。至高家□□里。至瓦屋石村、至陈家庄、至冯家庄、至卧龙王家、至项家寨、至郑家村、至〈小〉寨村[1]，俱四十里。

至峨石乡峨石山村、至杨家山、至东墩村、至东盐滩，俱三十里。至后疃村、至东庄村、至关家屯、至张家屯，俱三十里。至桥子墕、至柯家口、至沟陈家，俱三十五里。至河崖村三十二里。至颜家村、至草岛寨、至大疃村、至小疃村、至宫家山、至颜家屯，俱二十五里。至北花园、至南花园、至凉水泉村、至小李家村、至小圈村，俱三十里。至于家庵三十四里。

至俚岛镇俚岛三十里。以上五区

县城至古迹乡雷家庄四十里。至马鞍埠四十一里。至老鱼科四十二里。至战家村、至隆峰村、至小刘家村、至山河村、至大夏庄、至小夏庄，俱四十里。

至永宁乡甲夼曲家、至甲夼孙家、至甲夼马家、至甲夼杨家、至甲夼王家，俱四十里。至夼北、至不落墕、至小圈、至谭家庄、至赵家庄、

① 此处漏一“小”字。据前表填入。

至石棚闫家村，俱六十里。至卧龙村五十里。至前寨村五十五里。至藏村六十里。至后寨村五十里。至石硼丁家四十八里。至大蒿泊、至小蒿泊，俱五十里。至于家台四十五里。至山河吕家、至前苏格村、至后苏格村，俱五十里。

至崖头镇崖头集、至崖下、至大丁村、至二丁村、至三丁村、至青山后张家，俱六十里。至青山后吕家五十五里。至后泥湾村、至刁家沟、至岗西村、至鸭湾村、至后沟村、至前龙河村、至徐家、至河北隋家，俱六十里。

至忠正乡浦头村六十里。至南墠六十一里。至杨格庄六十里。至小河于家七十里。至大迟家、至小迟家，俱七十三里。至海崖村七十里。至楼下村六十五里。至台上林家、至沽里村、至沽泊陈家，俱七十里。至大泊子村、至小泊子村、至台上邹家、至楚家庄、至台上刘家、至新庄，俱六十里。至八甲村、至王家庄、至郭家庄、至小岳家庄、至沽泊闫家，俱七十里。至地宝圈、至船坞村，俱八十里。至于家村□□里。

至正谊乡大木庄□□里。至东蓝家庄、至西蓝家庄，俱七十二里。至垛山姜家七十五里。至刘家庄、至丛家庄、至小郭家庄、至山马家、至孤石杜家，俱七十里。至后垛山七十四里。至垛山周家、至河西村，俱七十五里。至杨官屯七十三里。至回里村、至古格庄、至孤石吴家，俱八十里。至东岭后村，至西岭后村，俱七十里。至小卧龙村七十三里。至大卧龙村七十五里。至东塔后七十三里。至西塔后、至卧龙王家，俱七十五里。至大泥湾、至小泥湾，俱九十里。

至盘龙乡李家屯八十里。至小北家、至于家庄，俱九十里。至张家庄九十一里。至孔家庄、解家村、至南山殷家，俱九十里。至向阳埠、至河崖村，俱七十里。至鲍村七十二里。至南河北七十四里。至姚家村、至大岳家、至小岳家，俱七十里。至打铁孙家、至沟曹家、至沟曲家、至沟陈家，俱九十里。

至滕家镇滕家集、至南堺、至康村、至桑梓寺、至桑梓村、至茂柞园、至东滩郭家、至西滩郭家、至小落集、至不落岛、至套河村、至大落村，俱九十里。至马草夼八十九里。至下回头八十八里。至柳家庄□□里。至罗家庄□□里。至西南牢□□里。至毕家屯□□里。至烟墩沟□□里。至鲁家村□□里。至神道村□□里。

至滨海乡鲍家庄、至崂山大疃、至崂山二疃、至崂山屯、至斜口岛、至宁家村、至古塔村、至东庄、至雨夼村、至脉埠村、至花山村、至闫家庄、至南埠，俱八十里。至中埠、至北埠，俱七十九里。以上六区

县城至府海乡张家疃、至小南疃，俱一百四十里。至大鱼岛村、至牧云庵村，俱一百四十二里。至毕家屯村□□里。至姜家疃一百四十里，至映红山□□里。至西岚村、至北沟村，俱一百四十里。至东火塘寨、至西火塘寨、至车脚河村、至庄子夼、至范周家，俱一百二十里。

至保安乡斥山镇、至尹格庄、至苏家村、至盛家村、至小泊村、至殷家村，俱一百二十里。至常家庄、至汤家庄、至大汛姜家、至隋家庄，俱一百十里。至峨石山村一百二十里。至桥子村一百十里。至方家村一百二十里。至荫亮村，俱一百十里。至刘家店一百十五里。至赛家村、至王家村，俱一百二十里。至赵家村一百里。至小西庄、至东岛刘家一百十里。至东慕家、至西慕家，俱一百十三里。

至龙凤乡双榜泊一百二十里。至大泊村一百二十二里。至东窑村、至沟王家，俱一百二十里。至于家村、至姜家村，俱一百四十里。至谭家村、至下谭家村、至桃源村，俱一百二十里。至山前寨村一百四十里。至青明寨□□□〈里〉。至河东村、至原家村、至于家庄、至朋上村、至邵家村、至南庄村、至干占村、至东山村、至石头河，俱一百二十里。至潭村林家一百十六里。至潭村曲家一百十七里。至土山村一百十六里。至龙山前、至孟家村，俱一百十里。

至龙海乡青山前、至八里王家、至十里夏家、至河北村、至甲子

山、至茂山后、至小夏家、至八河王家、至八河毕家、至八河姚家、至八河孔家、至崮山前、至楼底村、至柳树镇，俱一百二十里。至后港头、至吉屯村，俱一百二十五里。至邢家村、至台上村、至谢家村、至港西崖，俱一百二十里。至龙山后一百十里。

至津海乡所后王家村、至南卧龙村、至北卧龙村、至洼里村、至所后卢家村、至小店村、至林家流、至马家寨、至杨家村、至小墩村、至尹家庄、至王家村、至小河北村，俱一百二十里。至小林□□里。至马家村、至张家村、至涝滩子村，俱一百二十里。至马栏林一百二十五里。至东楮岛一百四十里。至止马滩一百二十五里。至曲家村、至徐家村、至东钱家、至于家村、至杜家村、至周家村、至项家庄、至桥上村、至卢家庄、至西钱家、至小岔河，俱一百四十里。

至巽海乡王家庄、至宁家村、至季家村、至殷家村、至东墩村，俱一百四十里。至大岔河□□里。至渠格村、至鞠家村、至北场村，俱四十二里。至南港头村、至小南泊村、至苏家村，俱一百四十里。至夏家村、至小殷家、至口子村、至留村、至南苑家村，俱一百二十里。至东南海村、至西南海村，俱一百四十里。至吕家庄、至后海崖村、至刘庄、至南洼村、至南草场、至西道村、至炉台圈、至金家庄、至东楼村、至西林村、至汤家庄、至东林村，俱一百五十里。

至石岛镇石岛一百四十里。

## 名胜及古迹

一山一水，一草一木，古之人著为诗文，盈编累牍。后过其地者，犹低回流连而不忍去。县境崇山突兀，壁立千仞，黄流〈海〉浩瀚，环绕三面。秦皇祠日，康成讲学，其遗迹犹有可考。爰搜罗采访以备载之，俾为揽名胜、寻古迹者之乡导云尔。

荣成山海环抱，形成一大自然界。前志纪荣成八景为：秦桥遗迹、不夜古城、牢山云洞、峨石瀛波、龙眼神井、琉璃宝瓮、花斑彩石、百丈盘崖。或以风景胜，或以历史著，均足表现地方胜概。宾[①]出日于成山，观海市于列岛。林泉则浔山独擅，岩壑则御驾尤美。登古迹顶而俯瞰众山，游砑峭泊而喷泉漱玉，逸致仙踪，均足引人入胜，非八景所得概括也。又如龙山之秀逸，伟德山之深邃，朝阳洞、文石滩各具幽致，足资探赏。余如荣成湾之苍山倒影，朝阳滩之毡袜倒影，暨崮山、龙门山、竹林洞都为胜境。荣虽偏僻，而其天然风景，实有足称述者。

秦桥在成山下大海中，有石柱二，随潮出没，相传为秦始皇鞭石成桥。见前志

不夜城在县西三十里。入古迹

牢山在县南七十五里，有石洞，洞口常有云气喷出，五色缤纷，迷漫到处，沿海岛屿时隐时见。

峨石山在县南三十五里，屹耸涯一望无际，远近帆船多泊于此。虽怒涛汹涌，而港内水波尚平。

龙眼井在县西南二十里，杏林村盘石上。圆径不盈尺，而深不可测，经旱不涸，泉水清冽，汲之不竭。

琉璃甕在浔山东十里山巅，有水，冬夏不涸，俗名神池。山高极险，岩石透明，颇以〈似〉琉璃。

花斑石在县南二十里，孤立海中，高数丈，层级而上，如宝座然。天生花纹灿烂如锦，潮落时可徒步而上。游人买舟前往，摩挲古石，叹为灵秀，每流连不忍去。

百丈盘崖在县南五十里，山崖盘旋而上，石蹬崚嶒，形势险峻，攀匪[②]易。参天古木，风景尤佳。

① 宾：此处通“傧”。引导、相礼。《尚书·尧典》：“寅宾出日。”宾出日于成山，意为在成山迎接日出。

② 匪：通“非”。文中凡表示“不容易”意思的“匪”，皆通“非”。

玉驾山在县南七十余里，崂山南二里，游人每到此观览，每赏其岩壑之美，以为仙境逸地云。见《荣成乡土地理》

浔山在县西南五十里。前志载：水出山腹，清洁澄泓，名圣水。王玉阳构庵其中。东抵苍龙山，南际赤凤岭，西及虎头崖，北接玉龟顶，丹嶂翠壑，具林泉之胜。庵前有元人诸碑记。

日观入古迹。

古迹顶为县境最高之山，登其顶而俯瞰群山如儿孙然。前志载："烟峦耸簇，云雾蔚蒸。真一邑之胜观也。"

竹林洞在县南一百二十里。前志载："海边深僻，有洞幽黑。相传一夕雷震所为。一名朝阳洞，南有青木寨。"见《荣成乡土地理参考》

梅花岭在县西南二十五里西山。见前志

温泉汤在县西，上流曰石头河，泉水涌出，隐沙而流，嗅之有硫黄味，较诸普通水温度稍高。有浴池，分官池、民池两处。夏季游人孔多。见《荣成乡土地理》

龙池在县南一百二十里，龙山南天门下。前志载：极旱不涸，信然。

文石滩在北海滨，东自青矶岛起，西至小海港止。东西长约十里，南北阔里许，石子大若拳，小若卵，形色不一，以黄地为最，其上往往著有各种动植物之形状。邑人王绳武曾得其一，黄地，三角形，上有红圈一，山三座，名之曰"海日照三神山"。相传苏东坡曾莅此，拾得文石纳袖中，其诗有"袖中有东海"句，即指此。附影片

天然石池，在俚岛西南虎础山花冈石上。石宽长约六七丈，池圆形，周围五尺余。满贮清泉，蓄鲤其中。相传终年不涸，乡人以为神物。其他如天门、望远台，亦颇有可观。

龟石在黄沟村西南落龙湾，其形如龟，长二寸余，首尾四支具备。龟首恰冲河流，阴雨前石罐水响，声闻数里，不出三日，其雨即至，如响斯应。若天旱，其验更显。

饮马湾在黄沟村西北石磊冈东南麓大石上，虽旱不涸，湾旁有马蹄遗迹，相传仙人饮马处。湾迤东有一石桩，高五尺许，俗云系马桩，云仙人系马处。他若宁家乡后半里，有雌雄两石羊，东西相距二十余丈；御驾山东南有窗石、马石、驮人石、船锚石，不可胜纪。

安子石在县南四十里马牙河东流南岸，崛然兀立，高不可攀。西行十数武[①]有石门，垒石为级，游者升降必由此门。登高望之，千态万状，随时迁变，洵古迹顶前一大伟观。

砑峭泊在县南四十里，高崖绝壁，兀然立深谷中，高二三丈，极鬼斧神工之妙。石壁光滑，壁离地丈许，有石穴喷出泉水，离壁一尺左右，汹涌直射，注于壁下涧中，沸腾如珍万斛，声潺潺然。冬温夏凉，清冽甘美，村落酿酒，来取汲之。涧外壁前，丹嶂如画，水天滉漾，苍松掩映，亦八景外之奇观也。

竹子庵在县南二十余里。明初杏林孙氏设义学于此，遗迹尚存。山阳多竹，故以名庵，取清幽也。群山环抱，冈峦起伏，与南阳媲美。

不夜古城建自楚莱子，相传日曾夜出于此。城久圮，惟城址尚可辨识。城内有不夜亭，为王莽所置，旧址无存。

朝阳亭在不夜古城内，宋庆历时所筑，朝阳名都以此。第城垣久圮，今所见者，只残砖断瓦。虽农人耕田，时掘得错刀、契刀等古币与石器，然亦不知保存《荣成乡土地理》。村南高阜，犹有城顶、官厅诸名。

附图

秦皇宫，前志载：在成山上，始皇东游时筑。明正德毁于火，土人为立小庙一楹。清道光年，道人徐复昌改筑大殿三楹，祀滕将军国祥。中日战后，增祀邓壮节[②]在前殿，后殿有像为王者仪制，其为始皇，抑为日主祠？无可考。

日主祠，前志载：在成山下海岸尽处，过祠不复有岸。今山下海

---

① 武：古代以五尺为一步。武是半步。

② 邓壮节：即北洋水师将领邓世昌。邓殉国后，清朝廷追谥“壮节”。

岸尽处并无祠宇，亦无废地。

饮马池在骆子头西，为始皇饮马处。《荣成乡土地理》

成山观，前志载："汉武帝筑，司马相如所谓观乎成山者也。《三辅黄图》二十二观之一。"今久废。附成山瓦拓片

郑司农讲学处，前志引《三齐纪略》：郑元[1]，字康成，居不夜城南山中教授。又伏氏记："崔琰前志作崔炎、王经，康成弟子，康成教授不夜南山，遭黄巾乱，与之挥涕而散。"前志亦引此。《后汉书·郑元传》：元，高密人，家贫，客耕东莱，学徒相随已百千人。按：东莱东至海，不夜正东莱地，南山为今之古迹顶。相传有郑康成读书处，或谓为集贤寺址，原名集贤院，今山之东犹有村曰院东。后无人居，始改为寺，证以不夜南山亦确。

温水台在县西南，金置。据山东新通志补

望海台，前志载：在城东，相传始皇筑以望海，今废。山东新通志载：在县东召石山下。

董樵栖隐处，在县西南二十五里。前志载有柳港、绿堆、梅花岭、鸣琴涧诸胜。

## 舆地志　名胜古迹（影片）

姚学海采访　梁荣兰摄

龙眼神井，居于山石之巅。若一拱之罐而盛水。水清而甜。深不可测，遇旱不干，久雨不溢，诚天地间一大奇观也。民国十七年三月，杏南台、杏北台、杏石硼、杏小泊、杏陈家、杏小桥诸村，捐资修建龙王宫于井之北，并于四周筑院墙，以为护围。其前更筑房舍，兴办

① 此段中的"元"字，实则是"玄"。清代因避讳康熙皇帝爱新觉罗·玄烨之名，改玄为元。本志照古书抄录。本次整理保持底本原状，不作更正。

初级小学，附近子弟来就学者，为数颇多。山南隔河而有戏楼，每年于三月三日，必演剧，行会人山人海，真个热闹非常。

龙眼神井(摄于正南)

花斑彩石全影(摄于东南方)

花斑彩石附近风景(摄于东南方)

花斑彩石南部(摄于正南)

董樵墓(墓在王家山村后董茔西北角)

右系隐士之像→

右系册页→

右系隐士之杖→

右系隐士之杯→

右系隐士之小木瓢↗

董樵谷像

石础寺建修于元英宗时，在距埠柳镇东南二里许之沟内。瓦房、草房共三十余间，内塑释迦牟尼、东天佛、西天佛、四大天王等泥神像。有庙产七十余亩。现由僧人耕种管理，而主权则操之于三区各乡。

石础寺（摄于东南方）

五龙河在纸房乡之西南，相距约计一里。相传昔年五龙栖息于此，因而得名。河自南来，受山之阻，折而东流，既出山，复折而北，水流粼粼，终岁不涸。河北山顶有小石庙，内有龙母泥塑像。河南有戏台，古时每年三月初，必演戏酬神。近数年，人民知识渐渐开通，此等迷信之事，亦无人肯为矣。

五龙河（摄于东南方）

石洞在邹家乡西南，距该乡村二里有奇，居山阳，口向南，洞内黑暗湿润，形似簸箕蛤，东西三丈有余，南北亦近三丈，最高处六尺许，天然一大石洞也。其北有四方石庙，坐北向南，于石硼上凿成。东西六尺，南北三尺，高四尺，当时修凿工匠錾得碎石一碗，主人赏给制钱一碗，其用钱之多寡，可以想见。内有三官石像，终年卤湿，传说自北海潮来，称“海上三官”。其西南，更有庙屋三间，内塑三官泥像，年久失修，今则坍塌，不堪窥视矣。

石洞全景

石洞洞口

石洞庙新建筑(民国二十二年建筑)

车古乡小学校舍正面影

青龙顶为龙母庙，位于二、三区之间。向系上埠头、张格、汉章泊(二区)、南、北蓝家(三区)五村轮流值年演戏，其会期在阴历三月三日。近数年来，人心开化，演戏之事，早已停止。所有庙产，已由该五村按股均分，充作各村学款，移无用为有用，诚善举也。

青龙顶

神仙沟，位于三区北段，龙家、旭口、芹夼、巍巍各乡之间，地处僻静清幽，故名神仙沟。有小台庙一座，内系龙母像。旧时以三月十五日为正会，演剧行香，颇形热闹。入民国来，人心开化，已废除矣。惟当民国十五年夏，有一段最可笑之事：初因芹夼村有好事者某人，无故造谣，谓神仙沟沟底小井湾，水可治病。于是营洛村某人，因染时疫，即往取而饮之，饮后，人问其是否灵验？某人自恃：说灵验吧，实在不灵验。说不灵验吧，自己作出此等迷信之事，又觉被人嗤笑，遂昧良〈心〉而强应之曰：灵验。由是喧传远近，数十里之外，持香提壶往取者，络绎不绝，但该井水不甚旺，而造谣人则隔日在夜间乘人不觉，由河内挑水一担注入之，如是者月余。后因造谣人说出真情，且有病者饮此水又皆无效，其事遂寝，而传为笑谈。由此可知，谣言之不可轻信也。

神仙沟

碑文：

维康熙三年岁次甲辰五月庚午朔越二十一日壬午，皇帝遣山东登莱道范，谕祭于湖广武陵县知县赠湖广按察司佥事袁梦吉之灵曰：烈士成仁，赍[①]志而殁。忠臣报国，捐躯以从。尔矢志忠贞，服官敬慎。值逆贼之起变，励臣节以弥坚，力守孤城，致身临难。朕用嘉焉，特颁祭典，造圹安葬，其钦承之。

袁梦吉之墓（在白云东之北）

① 赍(jī)：怀着、抱着。赍志而殁：志未遂而死去。

峨石山在五区俚岛西南约里许，山势耸翠，其前陡壁之下，有一大石洞，洞顶可透日光，洞下有广阔数十亩之湾曲，港渠环抱。在秋高气爽、明月皎洁之夜，山上景物倒映于水中，有如海市蜃楼之光怪奇离。本县八景中之“峨石瀛波”，即此也。

峨石山

凤山小学位于三区之中央。创始于清光绪三十二年二月，至宣统二年备案，命名为公立凤鸣高等小学堂；民国元年，改称荣成县乡立第一高等小学校；民国十九年六月，又改称荣成县第二区区立小学；民国二十年七月，又改称荣成县第三区区立小学；民国二十三年七月，又改称荣成县第三区立凤山小学。其中曾于民国十三年，添办县立师范讲习所一班，十四年冬毕业，十五年移于县里。又于民国十八年，添办县立成山中学一班，十九年春，教厅因学生数少取消。十九年秋，又用原款创办县立乡师一班，二十年春，又移于城内。但中学班，至今仍继续办理，所以救济一般无力升学而又不欲废学之贫苦子弟也。

凤山小学

旭口乡北之盐滩及鸡鸣岛

文石滩之一段及鸡鸣岛

文石滩在三区北海之滨，东自青矶岛起，西至小海港止，东西长约十八里，南北阔约里许。尽系大若拳小若卵之无棱石子所积聚，形色不一，以黄地为最佳；其上往往著有各种动植物之形象，偶得之辄以为奇，虽重值弗售者有之。昔旭口乡先贤王绳武先生，曾捡得一颗，黄地，三角形，上有红圈一个，山三座，渠名之曰“海日照三神山”。当时有北港西某富翁，欣赏之极，愿以八亩泊草易之，而弗得。其后，卒以殉葬。然如此类奇品，实不可多觏，故每有经多日之探寻，终不能获一有价值之文石，但骚人墨客及历任官员，时相往来，以冀宝石之幸获。足徵此石之著名矣。

荣成县续志卷之二

# 建设志(缺)

荣成县续志卷之三

# 政治志(缺)

荣成县续志卷之四

# 经济志(缺)

# 荣成县续志卷之五

## 教育志

教育随时代为转移，人才以观摩为砥砺，是以周官大司乐掌成均之法，以治建国之学政，而合国之子弟焉[①]。国学[②]外有郊学，有乡、遂之学，又家有塾，党有庠，术有序[③]，何其盛也。自科举设而无所谓学矣，科举者所以牢笼人才，俾天下英雄入其彀中[④]，有终老其身而不已者。清季知科举之不足以造士也，于是毅然变制，谕直省各县，设立学校，旋即废科举，俾士子胥从事于此，县境亦遂于清光绪三十二年创设学校，距今亦近三十年。虽中学尚未成立，而留学四方及东西各国大有人在，未始非教育开其基者，志教育第五。

---

① 语出《周礼·春官宗伯第三》。《周官》亦称《周礼》或《周官经》。成均，西周的大学。后人亦有称国子监为成均者。

② 国学：指以国子监为首的官学。郊学、乡学、遂学，清段玉裁《礼记·四郊小学疏证》："乡学盖在五十里近郊，郊学盖在百里远郊，遂学盖在远郊之外。"

③ 语出《礼记·学记第十八》："古之教者，家有塾、党有庠、术有序、国有学。"家，这里指闾，二十五户共住一巷为闾，家塾是闾中的学校。党，五百户为党，庠是设在党中的学校。术(suì)同遂，一万二千五百家为遂，序是设在遂中的学校。

④ 俾天下英雄入其彀(gòu)中：使天下英雄尽揽于其囊中。彀中：弓箭射程所及的范围，喻牢笼、圈套。这是唐太宗在一次科举取士后说的一句话。

# 教育制度

教育无古今,制度有古今,判而为二未能合而为一也。县境老师宿儒大率依据古法以教授之。自学校盛行,都讲求科学,全国一致,是宜追述往制以为掌故,并叙设校之大概,昭示来基。

## 一、科举教育与学校教育之嬗递

清代童蒙都就家塾,以十三经①为课本,杂以试帖诗②及律赋。课徒大率以四子书③命题,其平时研究,亦旁及于子史暨性理之学。厥后亦有习畴人学④者。其造士以书院为最。主院者为山长,由县礼聘老师宿儒任之,月有考试,列前茅者给膏火⑤鼓励之。大致以八股文、试帖诗为主,间有以经史辞章之学课生童者,督学使者取士亦以此。乡、会试⑥以四书、五经、策问分三场考试,其区别有文有武,其等差自

① 十三经:指《周易》《尚书》《诗经》《周礼》《仪礼》《礼记》《春秋左氏传》《春秋公羊传》《春秋谷梁传》《论语》《孝经》《尔雅》《孟子》十三部古代典籍,是儒学中最权威、最具参考性的经典著作。

② 试帖诗:诗体名,也称“赋得体”。起源于唐代,由“帖经”“试帖”影响而产生,为科举考试所采用。大都以五言六韵或八韵为排律,以古人诗句或成语为题,冠以“赋得”二字,并限韵脚。清代“试帖诗”限制尤严。

③ 四子书:即四书,指《论语》《大学》《中庸》《孟子》四部儒家经典。

④ 畴人学:古代天文历算之学。

⑤ 膏火:照明用的油火,指供学习用的津贴。

⑥ 乡、会试:明清科举考试分乡试、会试、殿试三级。乡试每三年在省城举行一次,取中者称举人。会试则在乡试后第二年春天在京城内礼部举行,取中者称贡士,殿试由皇帝亲自主持,分“三甲”录取。一甲三名赐进士及第。一、二、三名分称状元、榜眼、探花。二甲赐进士出身,三甲赐同进士出身。世人统称录取者为进士。

童生[①]以上有廪、增、附及五贡[②]、举人、进士。进士复有一、二、三甲之分，始按四书五经[③]及其高下而授之官。清光绪二十四年改制储才[④]，废制艺[⑤]诗赋，改试策论[⑥]经古[⑦]，以声光化电算学命题。三十年八月立停科举，有志之士都入学堂。讲舍宏开，生徒济济，蒙以养正[⑧]，于此基之。

## 二、学制沿革

清光绪三十年废蒙塾，书院改设学校。初等教育规定九年，计初等小学堂五年，高等小学堂四年，高、初级得单独设立。民国元年学制改订初等小学四年，高等小学三年。民国十二年，学制复改，计初等教育六年，取两级制，前四年为初级小学，得单独设立，后二年为高级小学，须与初级合设。儿童以修满前四年为义务教育终了。至民国十八年，本县始遵照办理，而高级小学以特殊困难仍有单设者。

民国二十二年奉令：除上述小学外，并设短期及简易小学，收容年长失学儿童，修业期一年。

中等教育方面，民国十七年创办初级中学，遵照十二年新学制修

---

① 童生：明清科举制度，凡习科举的读书人，不管年龄大小，未考取生员（秀才）资格之前，都称为童生或儒童。

② 廪、增、附及五贡：明初生员（即秀才）有定额，皆由公家给以膳食，称廪膳生，简称“廪生”。其后名额增多，增多者称“增广生员”，简称“增生”。又于额外增取，附于诸生之末，称“附学生员”，简称“附生”。清制略同。贡生，是挑选府、州、县生员中成绩或资格优异者入京师国子监读书者称贡生，意谓以人才贡献给皇帝。五贡，是清代对五类贡生的总称，包括恩贡、拔贡、副贡、岁贡和优贡。这五类都是正途出身资格。

③ 四书五经：四书即四子书。五经，指《诗》《书》《礼》《易》《春秋》五部儒家经典。

④ 储才：储备人才，指教育。

⑤ 制艺：也称“制义”。古代应制所作文章，其文体为科举考试制度所规定。明清两代一般指八股文。

⑥ 策论：古时指议论当前的政治问题，向朝廷献策的文章。清末科举废八股文，用策论代替。

⑦ 经古：训解或阐述古代经典。

⑧ 蒙以养正：出自《易 · 蒙》：“蒙以养正，圣功也。”指从童年开始就施以正确的教育。圣功也，是莫大的功德。

业期三年。至师范讲习所,向按各县通例修业期二年。

### 三、入学年龄之变迁

入学年龄随学制而变迁。清时,八岁以上入初等小学,十三岁以上入高等小学。入民国,小学年龄始定六岁至十三周岁。十二年,改为六岁至十二周岁。短期小学以十至十六足岁为限。至初中以十二足岁,师范以十五足岁为合宜。县境学生年龄均较此为晚。

### 四、课程沿革

清时,小学初级课程为修身、国文、经学、算术、体操五科;高级多历史、地理、格致[①]三科。民国元年后,取消经学,初级增唱歌、图画、手工三科。高级增英文一科,并改格致为理科。十四年,恢复读经,高级修身科改为公民科。十八年,旧有科目取消,改为党义、国语、社会、自然、算术、工作、美术、体育、音乐等科。二十二年,党义取消,增加公民训练及卫生两科,工作科改为劳作科。此外,各初级小学并随地方需要,加授尺牍[②],以适应用。初级中学课程为公民、体育、卫生、国文、英语、算学、自然、历史、地理、劳作、图画、音乐等科。师范讲习所就初中课程删除英语,外加各种教育科目。

### 五、各校班级编制

清时,小学初级均为单级,近年渐多复式编制。高级均采单式编制。初中、师范讲习〈所〉,除体育科外,均按年级分班教学。又各级学校男女生,自十八年后,均合校合班教学。

---

① 格致:"格物致知"的缩略语。语出《大学》,意为考察、探究事物的原理法则而总结为理性知识。原为儒家的哲学概念,清朝末年,提倡西学的人,用它作为物理、化学等自然科学的总称。

② 尺牍(dú):长一尺的木简叫尺牍,古人用以书写。后来借指书信。

### 六、学校行政组织沿革

清时,高级小学校设堂长一人,总理校务。并任监督一人监理之。民国元年后,监督取消,专任校长担负学校行政。十八年,校长下设训育、教务、事务各员。二十二年,训育、教务改设级任教员。初级小学向由各村公举学董负责行政,现改为管理员。师范讲习所所长负全校责任,下设训育、教务、事务各主任。民国二十二年取消,改设教导主任、事务员各一人,分别负责。

## 教育机关

教育向有专司其事者。自学校设而组织益严密矣。然三十余年来,几经更变,颇有沿革,即其机关亦判为二:一行政机关,一研究机关。分任其事,相辅而行,二者不可缺一云。

### 一、行政机关沿革及组织

清宣统三年以前,县设学署,为教育行政最高机关,以教谕一员主理署务,下设正副书〈记〉各一人分掌文案。清宣统三年,改学署为劝学所,设劝学员长一人,劝学员六人,书记一人。民国二年,劝学员长改为县视学员,劝学员改为区视学员。六年,复改县视学员为劝学所长,区视学员仍复为劝学员。民国十二年,劝学所改组教育局,设局长一人,视学员三人,事务员一人。十八年,新设县督学一人,视学员改为教育委员,事务员增至二人。二十年七月,分一、二两课办公,局长、县督学分兼课长,事务员改课员。民国二十二年一月,教育局并入县政府,列为第五科,局长改任科长,课员改为科员,减至一人,内设行政、视导两股,分掌科务。同时,单设教育经费委员会,主理全县教育经费事宜。

教育经费委员会为教育经费主管机关，于十九年十一月成立，初附于教育局，委员计教育局长、县督学及县政府、县党部、财政局、县立城区小学、县立中等学校代表八人，内部事务由教育局兼理。二十二年一月改科后，该会独立，直隶教育厅，主任委员一人，由第五科长兼任。委员除县政府及财政局代表裁撤外，另增第三科科长、民众教育馆长二人，并设会计一人处理之。

**历任主管人姓名略历** 清未详

| 姓名 | 别号 | 籍贯 | 出　　身 | 任职时期 |
|---|---|---|---|---|
| 陈德曾 | 荩臣 | 荣成 | 清增生 | 民国元年至十二年九月 |
| 王兆荃 | 华南 | 荣成 | 清附生，简易师范毕业 | 十二年十月至十七年二月 |
| 徐炳杰 | 德然 | 蓬莱 | 山东省立优级师范毕业 | 十七年三月至十八年九月 |
| 周　璋 | 孟祥 | 荣成 | 山东省立第四师范本科毕业 | 十八年十月至二十年六月 |
| 张辛奎 | 振西 | 荣成 | 山东省立第一师范本科毕业 | 二十年七月至廿三年十二月 |
| 商乃恒 | 谷吾 | 武城 | 山东省立第一师范数理科毕业 | 二十三年十二月十四日到任 |

学区沿革　民国以来，为图教育行政之便利，按自治区划分城厢、第一、第二、第三、第四、第五、第六等七学区。二十年一月，城厢改称第一区，旧第一至第六区，递改第二至第七等区，学区亦随改变。

**二、研究机关**

教育会　民国八年四月成立，会址在文庙明伦堂。会员由小学教员充之，共一百八人，按时开会，研究各项教育问题。民国十二年停止。

教育行政委员会　民国十八年十一月成立，委员五人，负责研究教育行政各项问题。初附于教育科，现隶第五科。

义务教育委员会　民国二十年九月，以委员九人组织成立，负责研究义务教育进行计划及实施方针。

注音符号委员会　民国二十年九月，以委员五人组织成立，负研究及推行注音符号专员[①]。

初等教育研究会　民国二十三年十月，奉教〈育〉厅令，组织县及学区初等教育研究会，藉以研讨初等教育问题，现正在组织中。

## 教育经费

设立学校，推广教育，经费其一也。是以孔子适卫与冉有车中商榷，亦以富先于教为言[②]，甚矣哉！有财始能以培才也。县境教育基金不过数万元，其他则学田租金、地丁附税而已，衷其出入[③]以调剂之，能有盈余。藉之普及，则造就人才，其裨益于地方，良非浅鲜矣！

### 一、来源

本县教育〈经费〉来源，计分基金息、学田租、地丁附捐、杂项收入等项，其概况分述于后。

基金息

县教育基金二万五千五百八十二元，年息三千七十元。又民国十九年秋，县府以教费支绌，令各区增筹教育基金三万元，但以未能即筹，经财政局议定，在基金未缴齐前，应得年息三千六百元，暂由各

---

① 员：应为"责"。

② 这句话出自《论语 · 子路第十三》。大意是：孔子到卫国去，看到当地人口众多，其弟子冉有问，人口众多需要增加什么？孔子说，使他们富余。冉有再问，富了以后呢？孔子说，使他们受教育。

③ 衷其出入：折中计算其收入支出。衷：正中不偏。

区逐年筹用。俟基金筹足,再行按章发放。该款历年列入预算,作正开支。

### 附:教育基金一览表一

| 名 称 | 款 额 | 年 息 | 说 明 |
| --- | --- | --- | --- |
| 宾兴学款 | 3913 元 | 470 元 | 清光绪三十二年,拨充旧县之宾兴小学基金,原计大明钱 16050 吊。民国二十年,收归县管,折合银圆如上数。 |
| 旧县立小学基金 | 6337 元 | 760 元 | 内计旧县立高等小学基金 17725 吊,县立女学基金 3070 吊,银 438 元,县立第一初小基金 800 元。民国二十年,收归县管,并收大钱,折合银圆共计如上数。 |
| 旧教育局基金 | 2336 元 | 280 元 | 内 1000 元于民国十五年由县府筹得,1336 元系文庙岁修学款。十九年,拨充教育局基金。 |
| 启文、承乾小学基金 | 3712 元 | 445 元 | 内 3468 元系旧私立启文小学基金,244 元系乡承乾初小基金,均于民国二十年收归县管。 |
| 鲁丰纱厂、炮舰捐基金 | 9284 元 | 1114 元 | 原由第三科经管。民国二十三年七月,拨作教育基金。 |

区乡村立小学基金,共七万八千三百四十六元,年息一万一千三百六十五元。

### 附:基金一览表二

| 类 别 | 款 额 | 年 息 | 说 明 |
| --- | --- | --- | --- |
| 已立小学基金 | 11300 元 | 1566 元 | |
| 乡村初小基金 | 67046 元 | 9799 元 | |

学田租金

县有学田二千二百八十九亩，其坐落及出租情形列表于左：

**附：学田一览表一**

| 坐落 | 亩数 | 年租额 | 备考 |
|---|---|---|---|
| 圣水庵 | 40亩 | 民国二年起，年租22吊。十六年，增至200吊。十九年，折洋50元。 | 原系圣水庵庙田，共230亩。清光绪二十六年，拨充成山书院学田。民国二年，发还190亩，作附近各村办〈学〉之用，余40亩作县有学田。 |
| 后龙河 | 2亩 | 民国二年起，年租2吊。二十年，增至1元。 | 该田原主无嗣，村人争执，经县拨作学田。 |
| 潮海庵 | 1506亩 | 年租约700元 | 原系乡立第五高等小学之田。民国二十年，收归县有。 |
| 城西北黄泥崖 | 606亩 | | 民国十六年，划作学田，俱系荒沙，尚未出租。 |
| 青山 | 141亩 | 年租约140元 | 原系县立第二小学及承乾初小学田。民国二十年，改归县有。 |

区乡村立小学学田一万七千四百六十一亩，荒山十六处，其出租情形列表于左：

**附：学田一览表二**

| 类别 | 亩数 | 年租额 | 备考 |
|---|---|---|---|
| 区立小学学田 | 223亩 | 235元 | |
| 乡村初小学田 | 17238亩 | 9660元 | |
| 乡村初小荒山 | 160亩 | 500元 | |

地丁附捐　自民国二年以来，年由地丁征收教育附捐，专充县教育经费，其历年征额及情形列表于左：

附：历年征收地丁教育附捐一览表

| 年　别 | 每年征收额数 | 说　明 |
|---|---|---|
| 民国二年至十二年 | 1700 元 | |
| 民国十三年至十四年 | 2200 元 | |
| 民国十五年至十六年 | 1700 元 | |
| 民国十七年 | 2850 元 | |
| 民国十八年 | 4000 元 | |
| 民国十九年 | 3460 元 | |
| 民国二十年 | 6170 元 | |
| 民国二十一年至二十三年 | 9050 元 | |

杂项收入　杂项收入种类甚繁，并时有变迁，其重要者列表于左：

附：县有杂项收入一览表

| 款　别 | 历年收额 | 备　考 |
|---|---|---|
| 契纸附捐 | 民国十三年至十七年，年收约百元，十八年增至 1400 元。十九年增至 3000 元。二十年增至 4800 元。二十二年后，减至 1000 元。 | 民国十七年以前，每张收钱 500 文。十八年，改收 2 角。 |
| 屠宰捐 | 自民国十五年起，年收屠宰附捐 100 元，又自十九年起，年收屠宰包商认捐 400 元，充贷费专款。 | |
| 祀孔祭品折价 | 自民国十九年起，年由屠户收缴 600 元，充贷费专款。 | |
| 补助 | 民国十九年，征收村捐补助 1400 元。又自该年起，年由财政局拨补补助费 1100 元。 | |

续表

| 款　别 | 历年收额 | 备　考 |
| --- | --- | --- |
| 盐亩捐 | 自民国二年起,年征盐亩附捐 1200 吊,作教育行政费。十六年,取消。 | |
| 学费 | 自民国二十年起,县立学校年收学费 3000 元,充县教育经费。 | |
| 公益捐 | 在民国十七年以前,县教育经费支绌,随时筹拨公益捐。 | |

## 附:区乡村小学杂项收入一览表

| 款　别 | 征　收　情　形 | 备　考 |
| --- | --- | --- |
| 学费 | 乡村小学经费,以学生纳费为大宗收入。历年均由各校按家境作标准,每生年均收四毛。 | |
| 村款补助 | 各小学经费不足,历年均恃各村临筹款补助。 | |
| 其他 | 有少数学校恃市房捐、海滩捐、盐场捐、房产捐等款开支。 | |

### 二、支配

民国十九年前,教费尚未统一独立.并无支配计划。二十年后,始由行政机关逐年根据需要,妥为支配,其项目及历年概况分述于后。

行政费:清时无可考。民国十六年前,年支约七百元。十七年迄二十三年,自一千七百元逐增至三千四百元,均由县教费开支。

中等教育经费:县立中学,民国十七年七月至十九年七月,年支一千八百元,由县征收地丁附捐,径拨该校应用。县立师范讲习所,民国十三、十四两年,年支地丁附捐五百元,不足由学费补充之。十九年八月,中学改办师范讲习所,年支经费三千六百元。二十三年,减为三千三百元。

初等教育经费：县立小学，清光绪三十年，设立小学，每年经费二千元。民国元年后，逐年扩充。至十九年，增至六千元。但均由各校自行支配，漫无标准。民国二十年，教员统一，始按班数平均分配，每年约一万四千元。县款补助：民国二年至十六年，年拨地丁附捐一千七百元，补助全县初级小学，以学生额数为分配标准。又二十年七月，县府议定，年拨区立完全小学津贴二千元，按班数分配拨发，以资补助。

区乡村立小学，除前项县款补助外，均由各校学田租、基金息、学费等项目，自行开支，不仰给于县款，亦不由行政机关支配，故不在县教育范围内。其历年数目，列入历年教育经费数目比较表内。

社会教育经费：民国二十年以前，无社会教育专款。二十年，始划拨社会教育经费一千四百元。二十一年，增至一千六百元。二十二年，增至一千九百元，均由县款支给。

贷费：民国十九年七月起，年由县教育费内，划拨贫苦学生升学贷费一千元，领款者二十五人，每人四十元。

预备费：自民国二十一年起，县教育费内，每年酌划预备费，以备临时开支之用。

## 三、保管

民国十九年以前，各教育机关及学校经费，均各自保管。民国二十年，教育经费委员会成立，始将县有教育费全部收归保管。所有各款收支处理及基金学田之发放出租，统由该会负责。至各区乡村镇学校经费，均由各校校长及管理员保管，县府间接负保护之责。

## 四、稽核

教费之稽核，始于民国二十年。凡各款之年度月份收支情形，均由教育经费委员会开会审查，呈报教〈育〉厅复核备案。各县立学校，亦各设经费稽核委员会，按月审查收支计划书，呈报教育经费委员会复核备案，以昭郑重。至各区乡村学校经费，均由各校校长及管理员负责稽核，按年公布，并由教育委员会随时审查之。

## 五、历年比较

历年教育经费数目比较列表如下：

| 年　别 | 县　款 | 区乡村款 | 总　计 | 备　考 |
|---|---|---|---|---|
| 清光绪三十年 | 1700 元 | | 1700 元 | |
| 三十一年 | 1700 元 | | 1700 元 | |
| 三十二年 | 2000 元 | 1100 元 | 1700 元① | |
| 三十三年 | 2000 元 | 1200 元 | 3100 元② | |
| 三十四年 | 2000 元 | 2000 元 | 3200 元③ | |
| 宣统元年 | 2000 元 | 2200 元 | 4000 元④ | |
| 二年 | 2000 元 | 6100 元 | 8100 元 | |
| 三年 | 2000 元 | 6200 元 | 8200 元 | |
| 中华民国元年 | 3200 元 | 6300 元 | 9500 元 | |
| 二年 | 5300 元 | 22000 元 | 27300 元 | |
| 三年 | 5300 元 | 26000 元 | 31300 元 | |
| 四年 | 5400 元 | 27000 元 | 32400 元 | |

① 原表是 1700，据前两数合计更正为 3100。

② 原表是 3100，据前两数合计更正为 3200。

③ 原表是 3200，据前两数合计更正为 4000。

④ 原表是 4000，据前两数合计更正为 4200。

续表

| 年 别 | 县 款 | 区乡村款 | 总 计 | 备 考 |
|---|---|---|---|---|
| 五年 | 5400 元 | 27500 元 | 32900 元 | |
| 六年 | 5500 元 | 28500 元 | 34000 元 | |
| 七年 | 5500 元 | 29100 元 | 34600 元 | |
| 八年 | 6000 元 | 29200 元 | 35200 元 | |
| 九年 | 6000 元 | 29600 元 | 35600 元 | |
| 十年 | 6000 元 | 31900 元 | 37900 元 | |
| 十一年 | 6300 元 | 32000 元 | 38300 元 | |
| 十二年 | 6500 元 | 32500 元 | 39000 元 | |
| 十三年 | | 34000 元 | | |
| 十四年 | | 36000 元 | | |
| 十五年 | | 37800 元 | | |
| 十六年 | 7000 元 | 45000 元 | 52000 元 | |
| 十七年 | 7200 元 | 54500 元 | 61700 元 | |
| 十八年 | 8380 元 | 65500 元 | 73880 元 | |
| 十九年 | 10930 元 | 69500 元 | 80430 元 | |
| 二十年 | 21600 元 | 75000 元 | 96600 元 | |
| 二十一年 | 28320 元 | 83900 元 | 112200 元 | |
| 二十二年 | 30380 元 | 90800 元 | 121180 元 | |
| 二十三年 | 28090 元 | 94750 元 | 122840 元 | |

# 小学教育

易首乾坤，继屯而序[①]。《蒙》曰：匪我求童蒙，童蒙求我[②]。又曰：蒙以养正，圣功也。信乎，古之蒙养教育，备于是矣！又考之《礼·内则》[③]：六年，教之数与方名。九年，教之数日。十年，出宿于外，学书计。朝夕学幼仪。十有三年，学《乐》、诵《诗》、舞《勺》[④]。皆小学教育也。县境小学始于清季，迄今逾三十载矣！校舍林立，生徒众多，造就英才不可偻指[⑤]数，自是岁有发展，吾知其必蒸蒸日上者。

县境小学教育，创于清光绪三十年。至民国二年，渐见成绩。自后，历年均有进展。其概况分述于左。

## 一、历年设学状况

清光绪三十年四月，就成山书院旧址，设官立高等小学堂，以资提倡。三十二年七月，复将七区龙山效乾书院，改办官立效乾初等小学堂，以后逐年增设，并历经变迁。迄民国二十三年，全县小学，计县立七处，区立三处，乡立、私立各一，共十有二。初级小学已备案者，镇立二，村立三百三十五，试办者三十三，共三百有七十。其历年学校学生数目及现有各小学沿革分布等，详于左列各表：

① 易首乾坤，继屯而序：意思是《易经》首列乾卦、坤卦，自屯卦以后，逐次排列。是先有天地，然后有万物。

② 《蒙》：即《易经·蒙》。《蒙》卦辞中有“匪我求童蒙，童蒙求我”句。意思是，是蒙昧的人来求我，我能以君子之心去接应。

③ 《礼·内则》：即《礼记·内则》。文中引用的一段话，大意为：孩子到了6岁，要教他们识数和辨认东西南北。到了9岁，要教他们知道朔望和干支纪日。到了10岁，男孩要离家跟随老师寄宿学校，学习识字和算术。早晚要学习洒扫进退的礼节。到了13岁开始学习音乐、诗歌和舞“勺”。

④ 舞《勺》：勺是一种乐舞，“古来成童者习之”。

⑤ 偻(lóu)指：偻，曲背。偻指，屈指可数。

## 甲、历年小学校数学生数一览表

| 年份 | 校数(所) | | 学生数(人) | | | | | 备考 |
|---|---|---|---|---|---|---|---|---|
| | 小学 | 初级小学 | 高级 | | 初级 | | 总计 | |
| | | | 男 | 女 | 男 | 女 | | |
| 清光绪三十年 | 1 | | 30 | | | | 30 | |
| 三十一年 | 1 | | 30 | | | | 30 | |
| 三十二年 | 4 | 1 | 30 | | 27 | | 57 | |
| 三十三年 | 4 | 3 | 35 | | 47 | | 82 | |
| 三十四年 | 4 | 6 | 50 | | 78 | | 128 | |
| 宣统元年 | 5 | 8 | 71 | | 120 | | 191 | |
| 二年 | 6 | 28 | 135 | | 420 | | 555 | |
| 三年 | 6 | 33 | 123 | | 572 | | 695 | |
| 中华民国元年 | 4 | 33 | 128 | | 589 | | 717 | |
| 二年 | 6 | 116 | 134 | | 3823 | 96 | 4053 | |
| 三年 | 7 | 137 | 153 | | 4204 | 82 | 4439 | |
| 四年 | 8 | 176 | 211 | | 5969 | 65 | 6245 | |
| 五年 | 8 | 212 | 207 | | 7151 | 88 | 7446 | |
| 六年 | 6 | 216 | 209 | | 7219 | 122 | 7550 | |
| 七年 | 6 | 231 | 220 | | 7379 | 100 | 7699 | |
| 八年 | 7 | 229 | 258 | | 7236 | 79 | 7573 | |
| 九年 | 7 | 235 | 297 | | 7181 | 41 | 7519 | |
| 十年 | 7 | 262 | 338 | | 8468 | 69 | 8875 | |
| 十一年 | 7 | 265 | 361 | | 8920 | 100 | 9380 | |
| 十二年 | 7 | 272 | 348 | | 9100 | 98 | 9546 | |
| 十三年 | 8 | 269 | 350 | | 9016 | 103 | 9469 | |
| 十四年 | 8 | 277 | 354 | | 9168 | 120 | 9642 | |
| 十五年 | 7 | 282 | 364 | | 9257 | 112 | 9733 | |

续表

| 年份 | 校数(所) | | 学生数(人) | | | | | 备考 |
|---|---|---|---|---|---|---|---|---|
| | 小学 | 初级小学 | 高级 | | 初级 | | 总计 | |
| | | | 男 | 女 | 男 | 女 | | |
| 十六年 | 7 | 290 | 371 | | 9260 | 151 | 9782 | |
| 十七年 | 7 | 301 | 362 | | 9657 | 180 | 10199 | |
| 十八年 | 8 | 302 | 342 | 20 | 9915 | 344 | 10621 | |
| 十九年 | 8 | 300 | 548 | 25 | 10662 | 714 | 11949 | |
| 二十年 | 10 | 311 | 893 | 39 | 11104 | 1422 | 13458 | |
| 二十一年 | 11 | 327 | 1021 | 45 | 12581 | 2149 | 15796 | |
| 二十二年 | 12 | 331 | 1030 | 45 | 13775 | 2185 | 17035 | |
| 二十三年 | 12 | 337 | 1027 | 50 | 14024 | 2240 | 17341 | |
| 说明 | 表列初级小学数，系已立案者，至试办各校并未列入。 | | | | | | | |

## 乙、现有各小学沿革表

| 校名 | 校址 | 沿革 | 备考 |
|---|---|---|---|
| 县立城内第一小学 | 城内 | 清光绪三十年，就成山书院改办，原称官立高等小学堂。民国二年，改称县立第一高等小学校。二十年，将县立模范初级小学并入，改称县立第一小学。二十三年，复改今名。 | |
| 县立城内第二小学 | 城内 | 原为县立第一女子初级小学，民国二年创办。民国二年，改称县立第三小学。二十三年，复改今名。 | |

续表

| 校名 | 校址 | 沿革 | 备考 |
| --- | --- | --- | --- |
| 县立青山小学 | 六区青山 | 原称公立宾兴高等小学堂,清光绪三十二年创办。民〈国〉二年,改称县立第二高等小学校。十九年,改称县立第二小学校。十九年,改称县立第二小学。二十三年,改称今名。 | |
| 县立寨前于家小学 | 七区寨前于家村 | 原为乡立第五初等高等小学校,民国四年成立。二十年归〈县〉办,列为县立第四小学。二十三年,改称今名。 | |
| 县立龙王庙小学 | 四区龙王庙 | 原为私立启文高等小学,清宣统元年成立。民国二十年,改归县办,列为第五小学。二十三年,改称今名。 | |
| 县立寻山所小学 | 五区寻山所小学所 | 民国二十年成立,原名县立第六小学。二十三年,改称今名。 | |
| 县立林村集小学 | 二区林村集 | 民国二十一年成立,原名县立第七小学。二十三年,改称今名。 | |
| 第三区立凤山小学 | 三区凤山 | 清光绪三十二年成立,原名公立凤鸣高等小学堂。民国二年,改称乡立第一高等小学。廿年,改称第三区立小学。二十三年,复改今名。 | |
| 第四区立崖西头小学 | 四区崖西头 | 民国八年成立,原名乡立第七小学。二十年,改称第四区立小学。二十三年,改称今名。 | |
| 第六区立河南陈家小学 | 六区河南陈家村 | 民国二十年成立,原名第六区立小学。二十三年,改称今名。 | |
| 成山乡立小学 | 二区成山乡 | 民国二十二年成立。 | |

续表

| 校　名 | 校　址 | 沿　革 | 备　考 |
| --- | --- | --- | --- |
| 私立明德小学 | 石岛 | 民国三年成立，名镇立第一初等高等小学。六年，高级停顿。十三年，恢复。二十年，改称石岛私立明德小学。二十三年，复今名。 | |
| 说明：除上列学校外，清光绪三十二年，孟家庄成立私立辅仁两等小学；宣统二年，不夜村成立公立两等小学，均于民国元年停办。民国二年，上埠头、营洛村各设两等小学，于民国四年、六年先后停顿。民国四年，宁津所成立两等小学，至民国十五年停办。内未列入。 | | | |

## 丙、现有初级小学分布状况表

| 区别 | 校数 | 校　址 | 备　注 |
| --- | --- | --- | --- |
| 第一区 | 5 | 朝阳镇　康村　黄埠村　武宁村 | 朝阳镇设初小二处 |
| 第二区 | 52 | 上埠头　马山寺　马山大疃　曲格村　东岗村　大石家泊村　蒲家泊村　石水河西村　汉章泊村　马到河村　沙沟村　金角口村　东利查埠村　西利查埠村　杏林陈家村　郑家村　沟崖张家村　礼村　小墕雨〈南〉头村　大岗村　前神堂口村　后神堂口村　墩东夼　东霞口村　西霞口村　杏林南台村　王家山村　落凤岗村　香山前村　庙院村　东姚家山村　白云东村　烟墩角村　宫家庄　秦格村　燕泊村　窑上村　祈雨顶　郭家庄　马家疃　东岳家庄　黄埠山前村　松埠嘴村　马山刘家庄　小泊石硼村　小石家泊村　古里高家村　河口村　唐家庄　马山下疃　柳夼村 | 东岳家庄设初小二处。马山下疃、柳夼二村为试办 |

续表

| 区别 | 校数 | 校　址 | 备　注 |
|---|---|---|---|
| 第三区 | 40 | 埠柳村　凤头村　车古村　南蓝家庄　营洛村　不夜村　巍巍村　龙家村　旭口村　北城村　邹家村　大梁家村　孔家村　虎台村　港山后村　泊子周家村　沙楼庄　黄沟村　杭上村　东下庄　坎地村　北岛大西庄　芹夼村　埠柳村上疃　纸房村　北岛李家庄　南港西村　蕎驾山村　梁南庄　宋家店村　汤家村　北岛小西庄　北岛灰树村　现都村　石桥子村　小梁家村　河西车家村　黄山口　山后鞠家　北蓝家店 | 黄山口以下各村均系试办 |
| 第四区 | 46 | 朱埠村　东板石村　台上村　山口村　所前泊村　五甲石硼　万马庄　大贞庄头村　小贞庄头村　棘子埠村　马台丛家村　流水古道村　岔河崖村　小埠前村　集贤寺村　前荫子夼　后荫子夼　兰村　卧龙戴家　洛西头村　塘子崖村　车家庄　后高家庄　福禄山村　大涧北头村　南子城村　庄上王家村　东双顶洼村　留驾厂村　东柳家场村　南柳家场　前青顶后村　管家村　三家泊村　立驾山村　头甲村　杨家沟村　于家庄村　新庄　墈上岳家村　东涧北头村　后龙河村　前高家庄　雨夼村　西双顶洼村　龙床村　北子城村 | 龙床、北子城二村系试办。五甲、石硼、万马庄合设一校 |
| 第五区 | 66 | 峨石山村　三胪村　罗山寨村　大胪村　颜家村　竹村　后王家村　草岛寨村　凉水泉村　东龙家村　西龙家村　俚岛后疃　关沈屯村　墈上宋家村　小疃村　郭家村　泊西崖村　大庄村　东庄村　倭岛王家村　乡宦庄　青安屯村　小黄家村　亮福山村　所西吴家村　墩西张家村　所后席家村　东北山村　圈杨家村　大苏家村　道南姜家村　道南于家村　道北刘家村　沟陈家村　青渔滩村　嘉鱼汪村　陈冯庄　马家庄　瓦屋石村　河北村　密文村　牛口石　迎驾山村　南郑家村　楚家村　冷家村　南倭岛村　青埠岭后村　柯家口村　白峰头高家村　初家泊村　大李家村　北花园村　桥子沟村　赵家村　江林庄　金角港村　菜园村　哈山村　小墈村　项家寨　南花园　夼子河　逍遥山　褚家　大顶山 | 项家寨以下各村均系试办 |

续表

| 区别 | 校数 | 校　址 | 备　注 |
| --- | --- | --- | --- |
| 第六区 | 80 | 崖头集村　滕家集村　小落村　海崖村　河北隋家村　院埠庵村　隆峰村　大落村　南岗村　桑梓村　回里村　孔家庄　青山后吕家村　东町村　石硼丁家村　小岳家村　茂柞圈村　垛山村　岗西村　夼北村　前龙河村　沽泊闫家　鲍村　臧村　东塔后村　河崖村　八甲王家庄　石硼闫家村　台上林家村　杨格庄　台上邹家村　泊子村　楼底下村　地宝圈村　青山后张家村　马鞍埠村　于家庄　马草夼村　牢山屯村　西河北村　大岗徐家村　西沽里村　古塔村　刁家沟村　坦埠庄　闫家庄　牢山大疃　河西村　李家屯村　雨夼村　浦头村　脉埠村　仝家庄　小泥沟村　甲夼孙家村　北山冷家村　薄落墉后村　蟠龙山村　滩郭家村　宁家村　山洞吕家村　大蒿泊村　西塔后村　蓝家庄　刘家丛家庄　康家村　台上刘家村　大泥沟村　水门口村　产马家　前苏格　滕家南冈　前寨　烟墩墉　大迟家　菉对岛　大夏家　下回头　岭后村　套河村 | 产马家以下各村均系试办。八甲、王家庄合办一校。刘家、丛家合办一校 |
| 第七区 | 81 | 宁津所村　斥山集村　柳树集村　所后王家村　所前王家村　上谭家村　下谭家村　洼里村　尹格庄　东山村　南庄　双榜泊村　土山村　崮山前村　渠隔村　小店村　河北村　石头河村　河东村　常家村　甲子山村　东窑村　八河毕家村　八河孔家村　八里王家村　青山前村　东火塘寨村　西火塘寨村　范家村　店子村　十里夏家村　盛家村　龙山前村　龙山后村　大泊子村　小泊子村　东慕家村　西慕家村　车脚河村　峨石山村　姜家疃村　张家疃　牧云庵村　所后卢家村　东岛刘家村　潭村曲家村　项家庄　徐家庄　小南疃　原家村　东墩村　镆铘岛大庄　干占村　苏家村　帽山后村　朋上村　留村　港头　周家村　沟王家村　岱兴岛　尹家庄　桃源村　东楮岛村　林家流村　桥上村　邢家村　潭村林家村　赵家村　山前寨村　钱家村　南夏家村　西南海村　吉屯子村　马茵岗村　马家寨　楼底下村　大汎姜家　鞠家　季家　西道村　金家庄 | 吉屯子以下各村均系试办 |

## 二、小学设备概况

全县完全小学,均有确定校舍。初级小学向多借用民房或祠堂,近年筹款自建者日渐加多。设备方面,完全小学于民国十九年后,渐见完整,如教室、教员室、宿舍、体操场、合作社、书报室及应用校具、简单标本、仪器均称完备。至初级小学,除教室、教员室、体育场及普通校具外,其他不无缺略。

## 三、小学毕业概况

设学以来,全校毕业生:高级三千三百三十八名,初级二万五千九百七十名。毕业后继续升学者百占十六七人,余以家境,别就职业。

## 四、小学教员服务概况

二十三年,调查全县教员:高级七十一人,初级四百三十六人,内曾受师范教育及经检定合格者,占十之五,余多系高小毕业及中学肄业资格。其待遇:高级月薪自十五元至三十四元,初级自八元至二十元。各教员教学成绩优良者,由县府开具事实,呈请教育厅发给奖金,以资鼓励。计民国二十二、二十三两年,领奖金者四人。

## 五、办学人之奖励

县府以各乡热心学务、著有成绩者,颇不乏人,特于二十三年订定有奖励章程,由县府调查成绩事实,发给各等奖状,以资鼓励。其捐资兴办小学者,则按捐额转褒奖之。

## 中学教育

小学为学生之初基，中学为学生之进步，势不可以缓也。县境曾经设立，后以师资缺乏短期毕业。兹又恢复旧议，积极进行，以宏造就云。

县境教育设施，以小学为主要，故教育当局致力于斯，而于中学教育未遑积习筹划。十七年秋，地方绅士鉴于小学毕业生渐多，外出升学不便，爰年征地丁附税一千七百元，就三区凤山创办县立成山初级中学，以宏造就。前后学生两班，共四十人。至十九年夏，以小学师资缺乏，呈准改办师范讲习所。近以感于需要，复有恢复初级中学之议，如何进行，尚待筹划也。

## 师资教育

教育改制，师资为先。单级养成①，尤宜注重。县境于清季，即设立师范传习所，并先后遴员赴省讲习。民国元年，设立单级教员养成分所及小学教员养成所、小学教员讲习所、党义教育训练班、县立师范讲习所、小学教员暑期讲习会，暨订定小学教员进修办法，具载于篇。

县境自教育改制后，境内小学次第设立，故于培养师资颇为注重。先后依次进行，其办理概况分述如左：

一、师范讲习所，于清光绪三十二年举办，是为师资教育之创始，

① 单级养成：指单级教员的培训。所谓单级教学法，是清末由日本引进的，实为复式教学的一种，即以初等小学四个年级的学生组成一个学级而施行的教学方式。

学员四十人，三个月毕业。

二、民国二年二月，县署遴保学员三人，赴省立单级养成所肄业，并倡导有志升学者，投考师范学校，以造优良师资。

三、单级教员养成分所，于民国元年十一月及二年六月，先后举办两期，学员以高小毕业及曾充教员者为合格。第一期一班五十二人，修业半年。第二期两班，修业半年者，一班四十二人；修业一年者，一班六十人。毕业后，分派各校供职。

四、小学教员讲习所，于民国四年三月学办一次，抽调各乡教员七十八名，来所讲习三个月，毕业仍复原职。

五、党义教育训练班，于民国十八年冬，由教育局与县党部共同主办，招考小学教员入班训练，藉以灌输党教知识。经费由地方筹拨。先后两班共八十人。训练期各四十日，毕业后仍复原职。

六、县立师范讲习所，最先于民国十三年，由地方绅耆筹办，校设三区凤山，修业期二年，毕业学生共二十七人，至十五年一月停办。十九年七月，复将县立成山中学校改办师范讲习所。二十年二月，以校址偏僻迁于城内，借用文庙闲房为校舍，并增加经费，充实设备，以期发展。先后毕业学生三班，共百有四人。现仍继续办理，以广造就。其历年概况列表于左：

| 年份 | 校址 | 学生数 | 教职员数 | 经费数 | 备注 |
|---|---|---|---|---|---|
| 民国十三年 | 三区凤山 | 27人 | 4人 | 800元 | |
| 十四年 | 同上 | 同上 | 同上 | 同上 | |
| 十九年 | 同上 | 40人 | 5人 | 900元 | 本年八月，由初中改办，故经费为半年数目 |
| 二十年 | 城内 | 80人 | 7人 | 3600元 | |
| 二十一年 | 同上 | 77人 | 7人 | 同上 | |
| 二十二年 | 同上 | 71人 | 7人 | 同上 | |
| 二十三年 | 同上 | 54人 | 5人 | 3380元 | |

七、县府为发展小学教员教学知识，并陶冶其品性，于二十三年，拟订小学教员进修办法，呈经教育厅核，通饬遵行。

八、小学教员暑期讲习会，于二十三年七月举办一次，以研究现代教育知识、改进教学方法为宗旨，学员五十人，讲习期二十天，期满仍供原职。

检定小学教员，亦所以改进师资。本县在民国十五年前应考六次。十九年后应考四次。其历年合格人数，开列于左：

民国十年二十二人。民国十一年四人。民国十二年四人。民国十三年三人。民国十四年五人。民国十五年十人。民国十九年九人。民国二十一年七十人。民国二十二年九十人。民国二十三年八十七人。

## 义务教育

乡里儿童大半失学。县教育局提倡义务教育，岁有调查，犹恐其不实也，复分区调查之，又考核学校地点是否适中，并督促增加学额，且有短期小学之计划，行见教育可期普及而无遗憾云。

县境历年义务教育之主要工作为：调查学龄儿童、创办及整顿初级小学、筹短期小学等。办理概况分述于后：

### 一、调查学龄儿童

学龄儿童以前年按户口约计一次，不甚确切。自民国十九年起，始分区实行调查，以期详确。其历年数目列表如左：

| 年　别 | 在学 | 失学 | 合计 | 备考 |
|---|---|---|---|---|
| 民国十九年 | 9890 人 | 25522 人 | 35412 人 | |
| 二十年 | 12741 人 | 23849 人 | 36590 人 | |
| 二十一年 | 14887 人 | 22131 人 | 37018 人 | |
| 二十二年 | 15807 人 | 21681 人 | 37488 人 | |
| 二十三年 | 16055 人 | 20635 人 | 36790 人 | |

## 二、创设初级小学概况

县境初级小学校数、学生数，虽年有增加，惟失学儿童仍不在少数。自二十年九月，组织义务教育委员会，对于义务教育，逐年拟具详细计划，遵照实施。又因以前各村自由设学，位置多不适中，故于新设初小，务按各村需要，力求匀布，以免偏枯。其历年设学数目，已载小学概况表内，不复述。

## 三、整顿旧有初级小学

县境旧有初级小学，学额多不充实，经费亦欠充足。自十九年以来，竭力督促增加学额，最以二十五人为限，并令扩充经费，以期稳固。

## 四、筹设短期小学之计划

县境年长儿童颇多失学。二十二年秋，拟订实施短期义务教育分年计划，以便筹设短期小学，藉资补救，惟以限于经济，尚无成效。

# 女子教育

自世俗重男轻女，而女子之失学良多。学校兴而女子亦孜孜于学矣。县境依山滨海，清秀之气，薄于太空，因之文人学士萃集于其间，即女子亦有工于讽咏以鸣于时者，是其提倡较他县为易。尤冀推广办法，俾女子一体从事于学校云。

## 一、发展状况

县境女子教育囿于习俗，发展较缓。历年虽时有女学之设，惟多未能持久，收效甚微。而省方于民国十二年秋，复限制男女合校，女子教育因益萎。至民国十七年，地方风气渐开，当局力倡男女合校，劝导女子入学。乡村漠视女子教育之观念渐见改变。迄今女子求学者年有增加。统计：十七年，全县女生一百八十名。二十三年，已增至二千二百九十名。最近，县府复订有优待女生办法及推广女子教育办法，通饬施行，以期普及。其办法具列后方。

## 二、女学之兴替

民国二年，筹设县立第一女子初级小学于城内，以资提倡。同时上埠头、仝家庄、埠柳村各设女子初等小学一处。五年，东岳家庄增设一处。七年秋，上埠头、埠柳村、仝家庄因经费困难，中途停顿。十六年，河南陈家增设一处。十七年秋，地方拨款，就县立女子初级小学扩充高级。此后各乡初等小学男女兼收，已无须单设女学。迄二十年秋，河南陈家女学亦并入该村完全小学。至历年女生数目，已载明小学概况表。

## 荣成县小学优待女生办法

一、本办法遵照教育厅训令第三二四五号订定之。

二、凡全县之乡村市镇,年满六周岁之幼女,得由各闾邻长劝导入学,并一例减收学费三分之一,以资优待。

三、学生家庭,如学董调查确属贫寒无力求学者,须酌量减收学费二分之一或全部免收。

四、各初小女生有志升学者,其考试成绩与男生相等时,得尽先录取女生,以示提倡而便普及。

五、本办法自呈准后施行。

## 荣成县推广女子教育办法

一、本办法依据县组织法第五条之规定订定之。

二、凡年满六周岁之女童均宜入学,以求男女教育机会平等而重义教。

三、凡乡闾邻长之学龄女童,均应尽先入学,以示提倡。

四、住户有地满十五亩以上者之学龄女童,应即入学。

五、住户有地满二十五亩以上、其学龄女童有二人以上者,应同时入学。

六、住户如无土地而动产满五百元以上者,其学龄女童得依第四、第五两条之规定入学。

七、凡无土地财产之住户,其学龄女童应由乡长或初小管理员设法劝导入学。

八、女生入学,其费用得依照本县优待女生办法办理。

九、区乡闾邻长均有督促女生就学之义务。

十、凡年届学龄之女童,其家长藉故不使入学者,一经查出,立即究罚,并强迫入学。

十一、年长失学之女子请求补习者，得酌量收容。

十二、各村初级小学为实施义教之区，应男女兼收，不得有所歧视。

十三、各村初级小学如有因学童过多，得用二部编制。

十四、本办法如有未尽事宜，得随时修正之，并呈报备案。

十五、本办法自呈请教育厅核准公布施行。

## 职业教育

求学之目的，期于有用，而谋生其一也。然既曰谋生，自以职业为重。统计之，曰农、曰工、曰商备矣；析言之，则屈指不能穷，是大都具有专门之性质，非普通学所能括者。县境人士有志于此，诚为少年谋生计者，新辟一途径云。

本县对于职业教育，仅随时保送，并劝导学生外出升考各种职业学校，积极设施。最近感于县境农、林、渔、盐等业，急待专〈门〉人才指导改进，故有兴办职业教育之议，惟尚未见诸实施耳。

## 民众教育

教育以普及为主，民众教育其一也。然民众大都以自食其力为主，即其家之子弟，亦相率劳农无暇及此。且寻常学费及纸、笔、书籍，尚有力不能胜者。计惟有公家补助，置书若干部，定报若干种，以备民众之观览焉。其学校定以短期或一年，或百日，或三月，于农隙举行之,益之以武术,谨之以卫生,其庶有豸乎!①

县境对于民众教育,在前虽亦提倡,但未特别注重。自民国八年始与学校教育一并重视,其办理情形如左:

### 一、县立图书馆

民国五年,县署拨款在南关内建房三间,设通俗图书馆兼阅报讲演事项,馆务由教育局兼理,内藏图书四百三十册,订报三种,阅览人日约五、六名。至二十年八月,并入县立民众教育馆。

### 二、县立民众教育馆

民国二十年春,地方拨款五百七十四元,筹办民众教育馆,当以房舍无著未能实现。二十年八月,始另筹款项四百四十元,改建南关外戏楼,合并旧图书馆组织成立。自后按年划拨民众教育馆专款,归该馆应用。及二十二年七月,以馆舍狭隘,另在南关外赁房十一间,以资扩充,组织、设备亦力求完整。现计藏书五千七十七册,订报四种,仪器模型共百有二件。阅览人日约四十余名。近奉令,全县民众教育统归该馆办理,以专责成。

### 三、阅报所

民国二十三年,县府令石岛、俚岛、龙须岛各地商会,各设阅报所一处。

### 四、民众学校

本县民众大多务农,民众学校为便于招生,除县办外,多于农隙学办,农忙即行停止。乡村民众学校教员均由小学教员兼充。学款

① 其庶有豸乎:这个问题基本上可以解决。豸(zhì):通“解”。解决。庶,此处为差不多、大体的意思。

充裕者，酌供学生书籍。其历年校数、学生数如左：

十八年春，各机关附设八处，学生一百六十人，三个月毕业。

十九年，县设民众学校一处，学生四十人，一年毕业。

二十年春，各村小学附设一百三十九处，学生二千八百九十二名，三个月毕业。

二十一年春，各村小学附设八十处，学生一千五百八十人，三个月毕业。

二十二年春，各村小学附设七十六处，学生一千五百五十人，三个月毕业。

二十三年春，各村初小附设八十九处，学生一千七百九十人，一百天毕业。

此外，民众教育馆长期附设民众学校，先后毕业学生一百五十人。

## 五、体育概况

民国五年二月，县署保送学员二人，入省立武术传习所肄业，以示提倡。二十年五月，地方筹款四百七十元，辟东关荒沙并购附近民田，建筑公共体育场。当时填补过半，划有田径及各种球场，每日运动者约三十人。二十一年七月，拨归民众教育馆管辖，改称民众体育场。仍随时填补，以竟全功。

国术方面，乡村农隙，颇有延师学习者。现民众教育馆设有国术训练班招生练习。本年，县府并有筹设国术馆之议，尚在进行。

## 六、卫生教育

本县对于卫生教育，前未注意讲求。自民众教育馆成立始，随时指导宣传，并施种牛痘，举行婴儿健康比赛会，以示提倡。

民众教育馆之组织系统，民国二十年，分为五部：曰健康部，民众体育场属焉;曰游艺部,有陆海空军棋、数学棋、陆军棋、围棋、象棋、乒乓球属焉;曰讲演部,临时讲演、巡回讲演属焉;曰阅览部,儿童乐园、阅所、图书阅览室属焉;曰事务〈部〉,文牍、庶务、会计属焉。民国二十四年,分为七部:曰公民、曰艺术、曰健康、曰生计、曰家事、曰语文、曰事务。

职员

馆长:刘国珉,浙江省立水产专科学校毕业。

馆员:张锡绅,荣成县立第一小学毕业。

馆员:刘乃武,同上。

馆员:王福田,同上。

馆员:闫鸿海,同上。

馆员:李祖慭,同上。

以上俱本县人。

健康部主任:□□□聊城人,山东省国术馆毕业。

游艺室,民国二十二年成立。

## 私办教育

古之教育,家有塾,党有庠,术有序,国有学,其对于学校也若是。余意当时国学国立之,术、序则公立之,家塾、党庠则私立之,若一一归之于公,则筹费谈何容易。今中国学校私立者鲜。县境虽小,犹有出私财以兴学者,此即教育发达之端倪也,吾当铸金事之。[①]

① 铸金事之:为他塑铜像,早晚陪侍左右。(汉)赵晔《吴越春秋·勾践伐吴外传》:"越王乃使良工铸金,象范蠡之形,置之左侧,朝夕论政。"

## 一、创办者及沿革

清宣统元年，第四区荫子夼姚景星及丛书声出资创办私〈立〉启文小学。至民国二年，收归县办，改称县立龙王庙小学。又民国三年，石岛商会创办镇立第一小学，民国二十年，改称私立明德小学。

## 二、学生数

私立小学学生自创办迄今，由五十人续增至二百二十人。

## 三、经费数

私立启文小学常年经费六百元，由基金会三千余元发商生息充之。私立明德小学常年经费二千三百元，由石岛商会拨用。

# 荣成县续志卷之六

## 选举志

古者取贤敛才，或以德进，或以事举，或以言扬，非一端已也。自科举兴而一偏于文字，往往有穷年累月没世无闻者。科举废，学校设，人各以其才见，奇伟之士则有得学位、列仕进、任公职、选议员者。县境宿儒名宦，代有其人，后学振兴能世厥业，是宜汇列，以为楷模。其褒奖及前代之封赠荫袭附焉。志选举第六。

### 科　贡

三年大比，多士宾兴，秋赋得人，春官联捷[①]，蔚乎盛哉。亦有既禀称事[②]、贡诸成均[③]，各有出身，藉以筮仕[④]，亦一时之选也。兹依科第先后序列，以著于篇。

---

① 明清两代每三年在省城举行一次乡试，称大比。因在秋季举行，故称秋试、秋闱。次年春季在京城举行会试，称春试、春闱。文中秋赋、春官也是指此。

② 既禀称事：禀（bǐng），《说文》：赐谷也。既禀称事，即公家按你的岗位和能力发给钱粮，指成为官吏。

③ 贡诸成均：成均，古之大学，为官设最高学府。此处指输送到京师国子监深造。

④ 筮（shì）仕：古人将外出做官，先占卜问吉凶。后称初次做官为筮仕。

## 选举表

| 科　目 | 进　士 | 举　人 |
|---|---|---|
| 清道光十五年乙未恩科① | | 陈秉信　字子符，号庆堂，见前志 |
| 清道光二十年庚子恩科 | | 陈象霈　字傅霖，号吉农，见前志。霈作沛 |
| 清道光二十一年辛丑恩科 | 陈象霈<br>陈秉信 | |
| 清道光二十三年癸卯 | | 孙福海　字补堂，顺天乡试<br>张云泽　原名云霈<br>王境　字熙宇 |
| 清道光二十九年己酉 | | 胡锡瑛　字白华 |
| 清咸丰九年己未 | | 李健鹏　字少南 |
| 清同治元年壬戌并补行辛酉科② | | 陈象灏　号春浦 |
| 清同治九年庚午并补行丁卯科 | | 孙葆田　字佩南<br>于廷诰　字凤衔。武闱 |
| 清同治十二年癸酉 | | 孙叔谦　字六皆<br>孙宝珊　字蕴川，寄籍承德府朝阳县 |
| 清同治十三年甲戌 | 孙葆田 | |
| 清光绪元年乙亥恩科 | | 鞠正色　字华秋<br>于贰之　字仲樽 |
| 清光绪二年丙子 | | 张贤符　字筠亭 |
| 清光绪六年庚辰 | 张贤符 | |
| 清光绪八年壬午 | | 闫大奎　号筱峰 |
| 清光绪十一年乙酉 | | 姜海峰　字涵青 |
| 清光绪十四年戊子 | | 李景沆　字少初<br>李寅龄　字宾旸 |

① 恩科：科举制度每三年举行乡试或会试，称为正科。若遇皇帝即位及皇室庆典加科，称恩科。恩科始于宋代，明清亦用此制。如恩科与正科合并举行，称恩正并科，按两科名额录取。

② 同治元年壬戌并补行辛酉科：乡试、会试都是每三年举行一次，若朝廷因故未能按时举行，事后补行，称为补行科。

续表

| 科　目 | 进　士 | 举　人 |
|---|---|---|
| 清光绪十六年庚寅 | 李寅龄 | |
| 清光绪十七年辛卯 | | 刘继晏　字樵西　顺天乡试 |
| 清光绪十九年癸巳恩科 | | 邵树铭　字锦华　顺天乡试 |
| 清光绪二十八年壬寅并补行庚子辛丑恩正并科 | | 刘作镛　字序东<br>陈象沄　号云汀 |

## 恩　贡[①]

宋士仁　洪克明字峻堂　刘树模字伯师　钟魁然
吕维翰　鞠作基　汤伟仁字一峰　郭登云字蔼卿
刘炳煦字镜堂　张学南字召棠　岳寅唐　刘人豪字朗垣
李元祥　于鉴微　曲文龄字郁堂

## 拔　贡[②]

胡锡瑛清道光己酉　李光馀清咸丰辛酉　孙季咸清同治癸酉
栾在镐清光绪乙酉　梁世煃清光绪丁酉　张俊采、张国琪均清宣统己酉

## 副　贡[③]

胡锡珊清咸丰乙未　陈思曾清光绪辛卯

① 恩贡：明清定制，凡遇皇室庆典，根据府、州、县学岁贡常额，本年加贡一次作为恩贡。

② 拔贡：清制，初定六年一次，乾隆中改为十二年一次，每府学二名，州、县学一名，由各省学政从生员中考选，保送入京，作为拔贡，经朝考合格，可充任京官、知县或教职。

③ 副贡：清制，在乡试录取名额以外列入备取的，可直接入国子监读书，称为副贡。

## 岁 贡①

| | | | |
|---|---|---|---|
| 孙增益字鸣谦 | 田凤羽 | 吕登鳌 | 刘作瀚 |
| 于世昭 | 孙显祥字农古 | 丛 干 | 鞠鸿义 |
| 王积芳 | 栾在藻 | 李 縚 | 栾本大 |
| 闫 瀛 | 张及炜 | 张 维 | 殷家盛 |
| 李慕棠 | 张凤诏 | 张星福 | 毕铉儒字醇斋 |
| 王嘉晋字锡蕃 | 王嘉谟号台东 | 张 默字季铭 | 张庆灏字幼海 |
| 王嘉益字子谦 | 王寅清号竹樵 | 王示先字小坡 | 张 炌 |
| 程学中号小川 | 姜钟岳字延芳 | 解彤恩字绍伯 | 王兆璐字瑞泉 |
| 刘树岱 | 孙荣珽 | 韩书海 | 韩士仁 |

## 优 贡②

陈象霈清道光丁酉　姜玉桂

## 例 贡③

| | | | |
|---|---|---|---|
| 李镇寰字颐峰 | 王学翊 | 鞠振海字日升 | 梁锡坤 |
| 车允义 | 梁瑨森 | 王道源 | 胡廷凤字巢阿 |
| 唐鸿业字子伟 | 王继曾 | 梁理森 | 孙士林 |
| 梁玮森 | 梁世焯 | 王继植 | 袁正诰字次典 |
| 王焕文 | 王焕章 | 梁世焜 | 梁秉教 |
| 梁孔悦 | 梁世煜 | 王绪远 | 王继朴 |
| 梁炳藻 | 张凤纪 | 陈象瀛号登甫 | 张若庆 |

① 岁贡:明清两代,一般每年或两三年从府、州、县学中选送廪生升入国子监读书,因称岁贡。大都挨次升贡,因此有“挨贡”的俗语。

② 优贡:清制,每三年由各省学政从儒学生员中考选一次,每省不过数名,亦无录用条例。同治年间规定,优贡经廷试后可按知县、教职分别任用。

③ 例贡:不由考选而由生员援例捐纳,故称例贡,不算正途。

| | | | |
|---|---|---|---|
| 解忠诚字棣棠 | 王道源 | 岳　遇 | 张惠庆 |
| 姜秉乾 | 刘鸿谟 | 于昌道 | 于昌遂 |
| 于　濠字钟溪 | 岳　珊 | 解梯青字崮峰 | 解忠诚字竹筠 |
| 张云路 | 王绥远 | 李一恕字敬斋 | 王永修字秋亭 |
| 于贺之 | 于宝之 | 张庆曾 | 闫庆华 |
| 张莲峰 | 王学潜 | 郭丕甲字景汾 | 张其僴 |
| 张云瀚 | 于贤之 | 于实之 | 迟国楹 |
| 张其俸 | 汤丕治字显卿 | 张锡彤字燕宾 | 陈象沅号芝庭 |
| 于赟之 | 刘培华 | | |

| | | | | | |
|---|---|---|---|---|---|
| 王继荣 | 王学端 | 孙葆良 | 孙廷翰 | 孙惟道 | 龙士秀 |
| 周世官 | 李云官 | 孙士琅 | 曲　瑗 | 曲　瑨 | 刘作霖 |
| 刘作栋 | 刘作翰 | 刘人之 | 刘鸿诰 | 姜书田 | 以上俱诸生① |
| 梁　舟 | 梁　栋 | 梁之敬 | | | 以上威海区诸生 |

## 学　位　大学专门以上毕业生附

学位非易几②也，必其中外学术冠绝于当时，又经历异域留学有年，始可以得褒奖。县境学风蔚起，人才杰出，出洋者甚多，所谓博士、硕士、学士者，不乏其人，因汇录之。而以大学专门以上毕业者附焉。

李方琮，字锦章，清宣统元年派遣留英。初入伯明翰大学政治经济科，继改入里治大学理科，得理学学士学位。继入研究院，专攻应

① 诸生：即生员、秀才。明清时经考试录取而进入各级学校的生员，有廪生、增生、附生、例生等，统称诸生。

② 非易几：不是轻易可以得到的。几，近、及。

用化学，得理学硕士学位。后被聘为伦康克木敦及高二制革厂任总工师。回国历充山东省立工业试验所所长、鲁案督办公署庶务科长兼筹备接收青岛委员会第二股股长、胶澳农业试验场场长、胶澳督办公署外交秘书兼化学试验所所长、胶澳商埠外交科科长、青岛大学主任讲师。现任青岛市政府建设委员会委员及青岛市观象台海洋科科长。曾于民国十六年，经山东督办公署保举，准以国务院简任职存记，并奖给三等嘉禾章。

李方城，字汉屏，清宣统元年派遣留英，入牛喀司达伦大学矿学科，得理学士学位。继入研究院，得理学硕士学位。后在握胜敦煤矿公司充工程师，得英国矿学会金质奖章。回国后，历充开滦煤矿公司工程师、磁县怡利煤矿公司总理兼总工程师及中和煤矿公司总理兼总工程师。曾任两湖巡阅使署顾问及国务院参议。

梁国常，国立北京大学毕业，得理学士，海军部荐任职。

杨连荣，北京畿辅大学毕业，留学美国陆军地宝大学毕业。北平军事委员分会处副官，武汉副司令部参谋。

鞠承颖，字思敏，庠生，北京大学毕业。

鞠承寅，字敬之，北平大学毕业。

刘国瑶，字仲台，内政部警官高等学校毕业。

唐裕麟，字景芳，内政部警官高等学校毕业。

陈瑞圃，内政部警官高等学校毕业。

袁鸿文，字子郁，由庠生考入山东全省警务学堂官班毕业。

李方岳，字伯南，由廪生入山东优级师范毕业，赏给举人七品小京官。

刘培源，字鉴清，由廪生入山东优级师范毕业。

鞠同善，字子玉，由武庠生入山东武备学堂毕业。

李申之，字锡町，烟台海军学堂毕业。

袁方乔，字宇南，烟台海军学堂毕业。

李中华，字莲峰，上海持志大学政治科毕业。

孙德耕，字育民，北平大学毕业。

孙桢本，中国政法大学毕业。

孙秉钧，国立北平交通大学毕业。

王可举，民国大学法科大学专门毕业。

董兆瑨，中国北平法政大学专门部法科毕业。

曲显功，北平清华大学毕业。

鞠振海，北平国立大学法科毕业。

沈春霆，山东公立商业专门学校毕业。

车敷霆，山东公立商业专门学校毕业。

车吉庆，烟台益文英文专科毕业。

姚培化，工业专门学校毕业。

梁德琳，中国大学商科专门毕业。

鞠锡从，中国大学商业专门毕业。

鞠锡让，北平大二学院[①]机械工程科毕业。

梁嗣模，大学专门毕业。

王宝廷，北平朝阳大学毕业。

梁国柱，北平交通大学毕业，威海卫邮务局局长。

梁燡，东北航空学校毕业。

梁炜，国立北京法政大学毕业。

梁兴栋，交通大学毕业。

刘大桢，字干卿，北京朝阳大学法科毕业。

闫书古，字文叟，北平民国大学毕业。

陈培兰，字淑畹，北平清华大学毕业。

---

① 北平大二学院：疑为北平大学工学院之误。国立北平大学，是民国时期南京教育部设立的大学组合体，由隶属于一个校名的五个学院构成，分别为：医学院、农学院、工学院、法商学院、女子文理学院。

李悫堂，字穆斋，山东省立大学正科二类毕业。

滕书同，字译斋，德国柏林大学选科医学专门毕业。

曲滦生，此即曲显功之号，北平清华大学毕业。

许维遹，北平大学毕业。

姜忠奎，北平大学毕业。

梁兴栋，字宇初，交通大学毕业。

梁嗣模，字子范，清华大学政治系毕业，德国福郎府大学经济博士。

姚元谦，法学士。

鞠国实，法学士。

于钟岱，法政大学毕业。

张百亿，北京大学毕业。

单汉卿，北京大学毕业。

王业室，北京法政大学毕业。

曹树芝，字兰亭，烟台海军学校毕业。

## 附纪

于鼎基，光绪年中学毕业，以岁贡奖。

梁德政，上海中华职业讲习所毕业。

## 仕　进

学优则仕，古有明训。印累绶若[①]，代不乏人。文武分途，联翩[②]直上。其有宦迹者，别书之，余则汇次记载，俾后之人，知某某出身之

① 印累绶若：成语。形容官吏身兼数职，声势显赫。

② 联翩：鸟飞的姿态，断续而迅疾，意为连续不断。

阶及布政之所，及百世而下，犹得景仰前哲云。

梁萼涵见前志，后官至山西、云南巡抚①。

于颐发见前志，后官至淮阳兵备道②。

于昌进见前志，后官至宿北里河同知③，署淮海兵备道。

梁芸滋见前志，后官至湖南永顺府知府④。

梁玉森见前志，后官至江苏川沙厅⑤同知。

梁淑森见前志，后官直隶安平县知县⑥。

梁桐滋见前志，后官直隶涞水县知县。

梁楙滋见前志，后官直隶房山县典史⑦。

陈桐，任江西乐平县知县见前志，后加同知衔。

陈秉信，以进士授知县，签分湖南告近⑧，改掣直隶，任元氏、邯郸、灵寿、湖南龙阳、耒阳、泸溪等县，加同知衔。

---

① 巡抚：古代偶有派官员至各地巡抚之举，但非专设之官，明代始专设巡抚，清代正式以巡抚为省级地方政府长官，总揽一省军事、吏治、刑狱等。从二品。清代例兼兵部侍郎衔，为正二品。

② 兵备道：全称整饬兵备道。明朝在各省重要地方设置的整饬军务的按察司分道。道员通常由按察司副使、参政、佥事充任。负责分理区辖务，监督地方军队，管理地方兵马、钱粮、屯田，维持地方治安等。清朝设置，乾隆时定为四品，多由守、巡二道加兵备衔兼任。兵备道集军事、监察大权于一体，成为明清时期一项重要的地方管理制度。

③ 同知：即“同知某府事”“同知某州事”的简称。明、清定为知府、知州的佐官，分掌督粮、缉捕、海防、水利等。州的同知，则称为州同。同知与通判又可成为地方厅一级的长官。

④ 知府：即知某府事，简称知府，为府一级的行政长官。清代知府一般为从四品。

⑤ 川沙厅：厅是清代在新开发地区的一种行政建置。其长官为同知或通判，有直隶厅和散厅之别。直隶厅与府、直隶州平行。散厅与散州和县平行。川沙厅为清嘉庆十七年(1812)析上海、南汇二县置，属松江府。1912 年改置川沙县。

⑥ 知县：唐代称佐官代理县令为知县事。明代正式用为一县长官的名称。清代相沿不改。清代为正七品。

⑦ 典史：元始置，明清沿置。为知县下掌管缉捕、监狱的属官。不入品阶，但如无县丞、主簿，则由典史兼领。

⑧ 告近：清代官员因任所过远不能迎养父母者，请求改任近地，谓之告近。

陈象霈，以进士签掣刑部主事[①]，补浙江司主事，升陕西司员外郎[②]，江西司郎中[③]。以军功保举，任湖南衡永郴桂兵备道。

张云霈，以举人大挑[④]，任直隶文安、顺义、平谷县知县。

孙福海，以举人历任湖北随州、谷城、汉川、天门、汉阳、钟祥、兴国各州县。

李健鹏，以举人大挑，任广东澄迈、石城、文昌、海康等县，加同知衔。

孙葆田，以进士签掣[⑤]刑部主事，改知县分安徽，任宿松、合肥县知县。

孙叔谦，以举人任河南杞县、阌乡知县，光州直隶州。

张贤符，以进士授知县，签分四川，任南部双流、屏山、乐山、荣昌等县，汉州知州。

李寅龄，以进士签工部主事，记名[⑥]总理各国事务衙门章京[⑦]，改外务部主事。

李景沆，以举人大挑，署甘肃两当县知县，阶州直隶州加同知衔。

王继曾，员外郎衔，工部都水司主事。

于贤之，新城县教谕[⑧]，龙泉县知县。

---

① 主事：明代定主事为各部司官中最低一级。清代相沿，进士分配到各部，须先补主事，以后递升员外郎、郎中。官阶为正六品。

② 员外郎：原指设于正额之外的郎官。隋代于尚书省各司置员外郎一人，为各司的次官。唐宋沿置，与郎中通称郎官。皆为中央官吏中的要职。明清各部仍沿此制，以郎中、员外郎、主事为司官的三级，得以递升。员外郎简称外郎或员外，通称副郎。官阶为从五品。

③ 郎中：为各部尚书、侍郎、丞以下的高级部员。清代郎中为正五品。

④ 大挑：清乾隆十七年（1752）定制，四科（嘉庆五年改三科）不中的举人，由吏部据其形貌应对挑选，一等以知县用，二等以教职用。每六年举行一次，名曰大挑。

⑤ 签掣：即掣签、抽签。特指明代后期沿袭至清代的吏部选授迁除官吏的方法。以竹签预写所选机构、地区及姓名等，杂置筒中，吏部掣签分发。文中的“签分”“签”都是这个意思。

⑥ 记名：清制，官吏有功绩，交吏部或军机处记名，以备提升。

⑦ 章京：官名，为办理文书事务的官员，是堂官的重要助手。

⑧ 教谕：元、明、清县学皆置教谕，掌文庙祭祀，教育所属生员。清代县学教谕为正八品。

于实之，江苏江都县知县。

闫庆华，以军功保举，署河南陈州府知府，特授许州直隶州①。

岳遇，观城县训导②，巨野县教谕。

王学孚，博平县教谕，改知县分四川，任蓬州知州③。

张云路，陵县教谕。

田霖清，光绪中由国史馆供事④议叙⑤，选直隶盐山县典史。

王学升，兵马司正指挥，历任中、东、南三城⑥。

张祥符，江苏川沙厅同知，金坛县知县。

陈思曾，河南许州州判⑦，加六品衔。

张宝符，浙江即补驿丞⑧，署竹山司巡检⑨。

栾在沣，湖南平江县长寿司巡检。

于厚载，湖南横岭司巡检，直隶平山县巡检。

陈福绪，南城副指挥⑩，加六品顶戴。

周鸿基，广东合浦、高仰司巡检，代理昌化县知县。

---

① 直隶州：明清地方行政区划名，略次于府，有属县，因直属于省，故名直隶州。不隶属于省而隶属于府的州，通常称属州或散州。清代直隶州，知州初为从五品，乾隆时改为正五品。

② 训导：明清府、州、县学皆置训导，协助同级学官教育所属生员。县学训导为从八品。

③ 蓬州知州：蓬州(今四川蓬安县)为散州，清代散州与县平级，知州为从六品。

④ 国史馆供事：国史馆的书吏。清代在京官署中的各房科管理事务的，都称供事。大体上不属于正式编制人员。任职满一定年限，经所在官署考核合格者，可转为低级官员。

⑤ 议叙：清制，对考核成绩优异的官员，交部核议，奏请给予加级、记录等奖励，称为议叙。

⑥ 兵马司正指挥，历任中、东、南三城：此处指五城兵马司，明代在南北两京设置。清代在北京设置，隶属于都察院。中、东、西、南、北五城兵马司，设指挥各一人，正六品；副指挥各四人，正七品。

⑦ 州判：即“州通判”。通判，为府州的副长官，辅佐知府、知州处理政务，并有监察官吏之权。宋代为控制地方政府而设置。清代各州的州判，分掌粮务、水利、防海、管所等事务，品等为正六品。

⑧ 驿丞：明清之制，各州县的驿站均设驿丞，掌管驿站中仪仗、车马、迎送之事。清代驿丞官秩为未入流。

⑨ 巡检：官署名巡检司，官名巡检使，省称巡检。始于五代后唐庄宗。明清时，凡镇市、关隘要害处，俱设巡检司。主官为巡检，正九品。

⑩ 南城副指挥：即五城兵马司中的南城副指挥。

洪炳然，安丘景芝镇警长，代理安邱县事。

李葆兰，由军功代理晋州直隶州。入民国历任陕西米脂、绥德县知县。调神木未到任。

龙文泽，湖北安陆府潜江县高家场巡检。

于赞，四品衔，江苏南河淮安府河务同知。

于昌迪，江苏高邮州州同①，扬河通判。

于宝之，两淮海州分司运判②，江苏候补道③。

于寿之，提举④衔，东河、下河通判，河南黄门同知。

于锡祉，浙江运库大使⑤，平阳县知县。

梁宝森，云南大理府知府，加盐运使⑥衔。

梁世焜，字浦生，清廪贡，中书科中书⑦，选用刑部郎中法部宥恤司、江南科管股宥恤司⑧。京师审判庭候补。四品衔。直隶热河理刑司⑨。

---

① 州同：清代州的同知，即"同知州事"，简称"州同"，为知州的佐官。清代高邮州为散州，不辖县，其州同为从六品。

② 两淮海州分司运判：盐官名。清乾隆二十八年(1763)置。掌两淮海州各场盐策政令。辖盐课司大使三名。秩从六品。

③ 候补道：清制道员(四品)为捐官条例中规定的最高一级，但道员实缺有限，捐纳道员一般无缺可补，仅能得到差委。此种道员称为候补道。

④ 提举：官名。原意是管理。宋代以后设立主管专门事务的职官，即以提举命名，如清代有盐课提举等名号。其官署称提举司。

⑤ 大使：官名。原来多指特派出巡的大臣。元制，管盐区的为场大使，管仓库的为仓大使。明清沿置，遂变为低级官吏之名。

⑥ 盐运使：官名。始设于元代，明清沿置。其全名为"都转盐运使司盐运使"，简称"运司"，为从三品官员。

⑦ 中书：官名。清代沿明制，于内阁置中书若干人，掌撰拟、记载、翻译、缮写。或由举人考授，或由特赐。

⑧ 选用刑部郎中法部宥恤司、江南科管股宥恤司：此处关于梁世焜的任职，由于涉及清末管理体制改革，表述不是很清楚。刑部，清末改革后称法部。宥恤司，为法部的八司之一，掌办理赦典、颁降条款、清理庶狱并复核江苏、安徽、江西、福建、浙江、湖南、湖北刑事民事案件。置郎中三人，正五品。此处的刑部郎中，即法部宥恤司郎中。梁后来又被派委宥恤司江南科管股长官。

⑨ 直隶热河理刑司：清代刑部按省区分司。此处的理刑司，指理刑清吏司郎中，是官职名。

姚景星，三品衔，候补同知。吉林农安县知县。

姚元谦，单县知县。

梁世昌，五品衔，两淮余西场盐课大使[①]。

梁德孝，牟平县知县。

王日隆，贵州仁怀县典史。

梁德封，蓝翎五品衔[②]，浙江海防巡检。

于贵之，江苏吴县主簿[③]。

于质，江苏高邮州石堡司巡检，桃源县典史。

于英基，江苏如皋县典史。

梁世祚，蓝翎五品衔，代理江苏通州吕东司巡检。

董兆瑨，费县、莘县、蓬莱县县长。

张正仁，黑〈龙江〉省拜泉县地方法院检察官，河南商丘县法院检察官。

张孔萼，新城县教谕。

梁瑨森，刑部江西司员外郎。

张庆瑗，江苏华亭、青浦、奉贤、山阳、崇明、元和县知县，署拓林通判。

陈秉介，直隶大名分防卫河县丞[④]，顺德府经历[⑤]。

---

① 盐课大使：官名。明清两代于各盐场、盐池设盐课司，设盐课司大使一人，简称盐课大使，掌盐场生产及盐税征收事宜。

② 蓝翎五品衔：清制，武职五品以上，以孔雀翎为冠饰，称花翎。六品以下为鹖(hè)鸟翎，称蓝翎。戴蓝翎而授予五品衔，是因功得到的格外赏赐。

③ 县主簿：明清时在知县以下设主簿，负责出纳官物、销注簿书。为知县的佐官。正九品。

④ 直隶大名分防卫河县丞：即直隶省大名县分防卫河的县丞。贯穿大名县的卫河曾是大运河主航道。县丞，为知县的佐官，掌管文书、仓狱、粮马等。明清县丞为正八品。但清代只在一小部分县中设县丞。

⑤ 府经历：官名。明清时知府衙门内有经历司，掌上下文移，出纳文书。主官为经历，秩正八品。

梁玮森，户部陕西司行走[①]员外郎。

陈象瀛，顺天府通判，北路府厅同知[②]，四品顶戴。

陈福绪，南城副指挥。

王学潜，兵马司副指挥。

陈思曾，河南许州州判[③]。

梁董森，江苏旧江司巡检。

岳元和，浙江慈溪县分司[④]。

梁赞为，甘肃阶州税科司大使[⑤]。

李际清，吉林州吏目[⑥]。

刘培源，荣成县民政长[⑦]。

王可举，天津法院检察官[⑧]。

孙德耕，甘肃、宁夏地方法院推事[⑨]。

刘得清，登州标水师前营千总[⑩]。

---

① 行走：清制，临时调充某次职务而尚未给以正式官衔者，即称在某处或某官上“行走”。行走员外郎，指临时调任员外郎。

② 北路府厅同知：清代北京地区称顺天府。顺天府辖区划为东、西、南、北四路厅。北路厅同知驻沙河镇巩华城，分管昌平州、顺义县、怀柔县、密云县、平谷县。

③ 许州州判：即许州通判。清代许州（今河南许昌）为直隶州，州通判为正六品。

④ 浙江慈溪县分司：清制盐运司下设分司，属运同、运副或运判管辖，管理分司的盐务。

⑤ 税科司大使：明清负责地方税收的官员。清代隶属道、府的税科司大使为从九品，隶州、县者为未入流。甘肃阶州为直隶州，阶州税科司大使当为从九品。

⑥ 吏目：官名。金代始设，元、明、清沿置。清代于各州设吏目，从九品，掌司奸盗、察狱囚、典簿录等。

⑦ 县民政长：辛亥革命时县的行政首长。

⑧ 法院检察官：即审判厅检察官。清光绪三十二年（1906），清政府仿西方国家“三权分立”原则改刑部掌司法行政，改大理寺为大理院，为全国最高审判机关。全国县以上设审判厅，各审判厅设检察局，设检察长、检察官。该年颁布的《大理院审判编制法》第12条规定：检察官于刑事有提起公诉之责。检察官可请求用正当之法律。检察官监视判决后正当实施。

⑨ 法院推事：清末改革司法，大理院及各级审判厅都设推事。分为受命推事（接受审判长命令实施审判）和受托推事（接受其他法院委托实施审判）。地方审判厅推事，京师从五品，各地从六品。

⑩ 前营千总：官名。明代设置。清代绿营军制，营设守备，守备下有千总，为正六品武官。

唐元魁，清登州镇标水师前营把总[①]。

刘仁绪，武庠生，登州镇标后营千总。

袁宜增，清登州镇标水师营把总。

曹维屏，登州水师后营外委升千总[②]。

王庆恩，登州镇水师前营额外外委。

曲中和，登州水师营千总，荣成水师营游击[③]。

吕旺，山东黄运河营千总。

赵连甲，登州镇文登水师营外委。

刘志贤，武庠生，登州、胶州水师营把总。

刘志智、刘殿甲、刘靖忠均登州水师额外[④]。

袁振昌，登州水师营外委。

吕义成，六品顶戴，荣成水师营额外外委。

曹鸿德，六品衔，登州水师左哨把总。

刘忠芸，字香阁，武庠生，守御所千总[⑤]。

张庆震，守御所千总。

鲁廷弼，六品衔，山东抚标登营协天桥汛经制外委[⑥]。

---

① 前营把总：清代绿营军制，营以下为汛，设把总分领，职位次于千总，为正七品武官。

② 外委升千总：即由外委千总提升为正式千总。外委：清代的额外低级武官，有外委千总、外委把总，职位与千总、把总略同，但待遇较低。后又有经制外委和额外外委之分，前者为编内人员，后者为额外委任人员。

③ 游击：官名。清代的游击为从三品，次于参将，分领营兵。

④ 登州水师额外：即登州水师营的额外外委。

⑤ 武庠生，守御所千总：武庠生即武秀才。守御所千总：清代为漕运总督所辖守御所的主官，从五品，掌屯田及漕运等事。

⑥ 山东抚标登营协天桥汛经制外委：抚标：巡抚直辖的军队。协：即协镇或协台，是清代副将的别称。此处指副将管领的军队。汛：清代绿营军制，营下为汛，设把总分领。鲁廷弼应为六品衔的经制外委把总。天桥汛在今辽宁省丹东市。

袁培英，蓝翎四品衔，北洋海军提标[①]尽先补用守备、实缺千总。

杨云栋，字俊堂，五品蓝翎，千总。

吕振明、张松林，均登州水师营左哨把总。

袁培卓，准尉官，海圻军舰巡查[②]。

袁培礼，字用和，海军部军乐队长。

袁世绪，字光裕，渤海海军陆战队团长。

李芳龄，字兰亭，渤海海军[③]陆战队营长。

李申之，长江舰队[④]参谋长兼代司令，濬蜀兵舰舰长，接收烟台海军营校各机关事宜主任等职。

梁春浦，保定军官学校毕业，混成旅炮兵营营长，福建陆军旅长。

丛培棠，河南洛阳第三师随营学校毕业，海军上尉营副。

杨云忠，海鹤兵舰舰长。

杨承兴，海燕兵舰舰长。

杨得基，字荩臣，海圻军舰副军士长，璧光军舰副长[⑤]。

李祖功，字叔植，山西陆军学兵团、陕西军官教导团、庐山军官训练团先后毕业。历充连长、少校副官、团副、中校副官、中校参谋、军械处长。

石忠亮，字明生，楚谦军舰总教习，海军部临时参谋长、司令，利

---

① 北洋海军提标：提标，提督的别称。此处指北洋水师提督署。北洋海军提标尽先补用守备、实缺千总，意思是其为北洋水师提督署的尽先补用守备、实缺千总。实缺：清代定制，以额定的官职，正式任命者为实缺。

② 海圻(qi)军舰巡查：海圻号是清政府1896年从英国购买的巡洋舰，是当时中国吨位最大的军舰之一。巡查是舰上低级军官名称。

③ 渤海海军：即渤海舰队，是民国时期主要海军力量(中央海军、东北海军、广东海军、渤海舰队)之一。

④ 长江舰队：清宣统二年(1910)，清政府将全国四支舰队(北洋舰队、南洋水师、福建水师、广东水师)统一改编，分为远洋舰队和长江舰队。辛亥革命爆发后，海军支持革命，在晚清海军的基础上诞生了民国海军。

⑤ 璧光军舰副长：程璧光曾被孙中山任命为海军总部长，长期统领海圻舰。疑璧光军舰副长与海圻军舰副军士长是一回事。

琛军舰舰长。

吕福彩,字吉五,海圻兵舰正教习、天津水师巡防汽船管带[①]、津乙轮船管带,蓝五品顶戴,尽先把总[②]。

袁方乔,字宇南。由烟台水师学堂、南京雷电学校毕业。历升海琛军舰军需二副,海圻军舰协长、副长、舰长,升东北海军第二舰队[③]代将舰队长[④],调青岛港务局局长。

李任山,名鉴智,以字行,渤海舰队陆战队第二营军需官、第二团书记长。调充海圻军舰书记官,调升东北海军第二舰队部同少校书记官,改充海军第二舰队司令部驻青办公处书记官长。

滕书同,陆军少将,国民革命军第二集团军总司令部高级医务主任,调充副处长,兼充驻洛汴[⑤]、济宁各医院院长。

曹树芝,字兰亭,烟台海军学校毕业,南京海军鱼电枪炮学校毕业。历任海圻军舰航海正,海军总司令公署少校参谋,代理海琛军舰二长,升江利军舰二长,升调永翔军舰中校舰长。

## 公　职

儒生学古入官,各展所长,为国家出力,此筮仕者,得志之秋也。亦有怀抱利器[⑥],未得以时发展,厕于曹掾间[⑦],此所谓庶人在官者。

---

① 管带:清末新军制,统辖一营的长官称管带。海军的舰长也称管带。

② 尽先把总:即尽先补用把总。

③ 东北海军第二舰队:东北海军是北洋政府时期,由东北张作霖、张学良奉系集团建立并控制的海军部队。其第二舰队是其收编渤海舰队后组建的。以海军少将袁方乔为舰队长,驻长山岛。

④ 代将舰队长:应为“少将舰队长”之误。

⑤ 洛汴:河南洛阳和开封地区。开封古称汴梁。

⑥ 怀抱利器:怀中抱着锋利的武器,借指具有杰出的才能。

⑦ 厕于曹掾(yuàn)间:混杂于一般办事人员中。厕:参与,混杂在其间。曹掾:部曹、掾吏。原为官员的僚属,后来词意向胥吏转移,此处指官府中一般办事人员。

是县境揆文奋武[①]不乏其人，爰汇集之，俾知斯人，亦尝出而问世云。

张永禄，衍圣公府启事官[②]。

张积泰、张善礼，均圣庙署知印官[③]。

李春湘，美国工业专门学校毕业。在美充铁路工程师。清粤督岑春煊[④]招之回国，专折保荐，以道员用，督办津浦铁路。

李方琛，简任职、存记[⑤]。

于鉴微，候选[⑥]教谕。

陈秉俭，国子监肄业，期满候选教谕。

姜毓桂，候选训导。

王嘉晋、栾本大、栾在藻、王嘉谟、张惠庆、郭丕甲、王继朴、王道源、王兆璐，均候选训导。

王寅清，五品衔，候选训导。

梁世煜，五品衔，候选训导。

钟蔚然，五品顶戴花翎，同知衔。

王家益，五品衔。

陈象溥，就职直隶州知州。

---

① 揆(kuí)文奋武：成语。意为施行文教，振奋武事。揆：度量、考察。揆文：度量王者之文教而行之。

② 衍圣公府启事官：衍圣公，是宋仁宗赐予孔子后裔的封号。衍圣公府是孔子嫡系后裔的官邸，俗称孔府。衍圣公府内有启事厅，设正四品启事官一员，六品启事四人。负责衍圣公府的内禀外达、上传下达。

③ 圣庙署知印官：孔府仿朝廷六部设立六厅：管勾厅、百户厅、典籍厅、司乐厅、知印厅、掌书厅。知印厅掌管文书印信，设正七品知印官一名。

④ 清粤督岑春煊：即清末两广总督岑春煊。

⑤ 简任职、存记：简任是民国时期的选官制度。分为特任、简任、荐任、委任四种。特任由大总统直接任命，部长省长多为特任。简任须报中央政府批准，且须由大总统任命。各部次长、司长，各省厅长等，多由简任官担任。简任职是说取得了简任官的职位。存记，是清朝选官制度，官员欲得实缺，需经保举，并于吏部登记，称存记，以按班选补。

⑥ 候选：清制，内自郎中、外自道员以下的官员，凡初由考试或捐纳出身，以及原官因故开缺依例起复，皆须到吏部报到，听候依法选用，称为候选。

闫大奎，拣选[①]知县。

陈象灏，签分湖北，补用知县。

张云栋、陈象涑、于厚彬、陈福纶，均候选府经历。

张云卿，即补[②]盐运判。

陈象沅、张云逵，均光禄寺署正[③]。

于赆之，候补[④]同知。

张云淦，候选同知

张星炳，候选同知。

陈象源、陈象湖、陈象沄，均议叙[⑤]同知。

陈象澎，湖北即补分司。

张赞符，布政司理问[⑥]。

张凤诏，候选主簿。

张赐符，翰林院待诏[⑦]。

张俊采，候选直隶州州判。

张云桂，候选布政司经历[⑧]。

张庆珏，候选布政司经历。

---

① 拣选：清代谓在官员中选择任用。

② 即补：清代凡属特用班、即用班的官员，不入月选之班，遇缺即由吏部带领引见，奉旨率先补授各缺。

③ 光禄寺署正：清代光禄寺署有太官、珍羞、良酝、掌醢(hǎi)四署，每署置署正一人，从六品。

④ 候补：清制，没有补授实缺的官员在吏部候选后，吏部再汇列呈请分发的官员名单。根据职位、资格、班次，每月抽签一次，分发到某一部或某一省，听候委用，称为候补。但也可以出钱免予抽签，自由指定到某处候补，称为指省或指分。

⑤ 议叙：清制，于考核官吏之后，对成绩优良者给以议叙，以示奖励。议叙之法有二：一加级，二纪录。另外，由保举而任用的官吏也称议叙，如议叙知县、议叙同知。

⑥ 布政司理问："布政司"全称"承宣布政使司"，主管一省行政。内设布政司理问所，理问是理问所官员，清代为从六品，掌勘核刑名诉讼。

⑦ 翰林院待诏：清代翰林院内部组织有典籍厅与待诏厅。待诏厅掌缮写、校勘之事，额设满汉待诏各 2 人。从九品。

⑧ 布政司经历：清代布政使司，设经历司经历一人，正六品，与布政司都事分掌文移之出纳。

陈秉受，候选县丞

于春荣，候选县丞。

陈福绶，户部员外郎，加四品衔。

张树荣，候补县丞，同知衔，分指[①]江南试用，历充承审员[②]及查荒委员。

张树桢，候补县丞，分指河南，改指浙江补用[③]。历充办理会稽酒捐局差遣及北京监兑漕粮差遣，后办理海运局，保升知县，加五品衔。

张树榛，候补县丞，加五品衔。

姜毓祥，五品衔。

张福绅、闫瑞桓、闫廷瑞，均议叙同知。

闫廉清，候选府经历。

闫顾清，布政司理问。

王焕文、王焕章，均员外郎衔。

王绪远，候选运同[④]。

王式通、王式曾、曲珣，均候选县丞。

孔传习，太医院，六品衔。

杨麟祥、陈福绵、陈廷锡、岳逢咸、陈福绍、周培基、张临符、张维岳、陈琪森、张吉岩、刘培英、刘培埙、张贞符、姜麟祥、钟金奎、曲允广、胡恩禧、孙廷佐、袁丹卿、王淑，均鸿胪寺序班[⑤]。

---

① 分指：即指分。见“候补”条。

② 承审员：清末，在未设审判厅（法院）的各县，由县知事兼理司法，代表县知事受理诉讼的专职人员叫承审员，也叫承审。

③ 补用：候补使用。此处指捐官的候补。

④ 运同：官名。为同知盐运使司事的简称。清代在盐运使之下，置分司运同、运副。盐运使从三品，运同从四品，运副从五品。

⑤ 鸿胪寺序班：明清时鸿胪寺主要职掌为朝祭礼仪之赞导。序班为鸿胪寺的基层官员，从九品，通常负责朝会和宴飨及各项活动中侍班、齐班、纠班及传赞等。

王绥远，考取巡检，举孝廉方正[①]。

刘培华，乡饮大宾[②]。

张云步，议叙五品衔，候补巡检。

于瓒之，两淮候补盐运司同知。

于赠之，两淮盐巡检。

张云阶，翰林院待诏。

于贽之，两淮盐运经历。

陈象淜，湖北即补分司。

于厚彬，候选府经历。

陈福纶，候选府经历。

于万基，南河候补同知。

于昌遂，江苏候补直隶知州，补用知府。

于贶之，江苏县丞。

于资之，浙江候补同知。

于贯之，翰林院孔目[③]。

于员之，河南候补典史。

于赈之，提举衔，候选盐经历[④]。

于庄基，江苏候补县丞。

于芳基，两淮候补通判。

梁理森，候选知州。

梁世焯，候选中书科中书。

① 孝廉方正：清代特诏举行的制科之一。自雍正时起，新帝嗣位，诏直省府、州、县各举“孝廉方正”，赐六品章服，备召用。

② 乡饮大宾：即乡饮宾。乡饮是古代一种庆祝丰收、尊老敬老的活动，一般乡饮都选德高望重的长者数人为乡饮宾，与当地官吏一起主持此活动。

③ 孔目：孔目原指档案目录，后来作为掌文书的吏官名称。明清时期只在翰林院设孔目，为低级事务人员，从九品。

④ 盐经历：清代于都转盐运使司下置经历，俗称盐经历，秩从七品。

梁德周,候选府经历。

从芳滋,候选县主簿。

梁琯森,直隶候补典史。

梁炳藻,两淮即补盐巡检[1]。

梁玢森,赏戴蓝翎同知衔,江苏即补知县,过班[2]候补知府。一说任江都县,未确。

梁熙钺,宿迁县督销局总办[3],蓝翎五品衔,候补知县。

梁震为,两淮试用盐巡警。

梁世照,知府衔,河南候补同知。

梁代光,指准[4]两淮盐课大使。

梁世祯,同知衔,候选知州。

梁世礼,提举衔,两淮候补通判。

梁世绪,蓝翎候选主事。

梁世銮,员外郎,候选光禄寺典簿[5]。

梁世联,花翎指分两淮盐掣同知[6]。

梁世焜,提举衔,候选州同。

梁世炬,盐提举衔,候选布政司理问。

---

① 两淮即补盐巡检:两淮,指两淮都转盐运使司,驻扬州,掌管淮南、淮北盐务,兼辖行盐地方该管州县及下河水利。盐巡检,指两淮都转盐运使司的巡检。

② 过班:清代中下级官员有种种班次,外官因保举或捐纳而升迁官阶称过班。道员为最高班次,称道班,知府称府班;同知、通判、知州、知县称通同州县班;佐杂称佐杂班。由即补知县升迁班次为候补知府,即称过班。

③ 督销局总办:督销局:清后期,在产盐、销盐的省份设立督销局。其主管官称总办或督办。

④ 指准:指派准予担任某种官职。

⑤ 光禄寺典簿:光禄寺,秦始置光禄寺,初始掌宫廷门户,是皇帝的侍卫,后历经演变。清代的光禄寺是掌管宫中膳食、朝廷祭享、筵席的机构。光禄寺设有主簿二人,从七品上。

⑥ 花翎指分两淮盐掣同知:花翎:清制,武职五品以上,文职巡抚兼提督及派往西北两路大臣,以孔雀翎为冠饰,称花翎。规定很严格。但第一次鸦片战争后,因国库空虚,竟有了捐翎例制,花翎为7000两实银,蓝翎为5000两实银。指分:见指省条。掣同知:经吏部掣签后委任同知。

梁世炯，候选詹事府主簿[①]。

梁世烇，候选直隶州州判。

张凤诏，候选主簿。

张星，候选同知。

张寅采，清廪生，绥化府税务局总理，黑龙江财政局总务科长，黑龙江民政司总务科长，黑龙江库玛尔河金矿局局长兼沿江矿务督办，现都金矿局局长，吉林省木税局局长。

李绪鋆，字谷生，清附生，山东法政学堂、财政学堂、监狱学堂[②]毕业。历任蒙阴、荣成县管狱员、县议员。

李绪铨，字未堂，清附生，山东全省自治研究所[③]毕业，朝阳大学[④]修业。荣成地方自治研究所教员、筹备自治会办事员、城厢议事会议员[⑤]。

刘学灏，字若梁，清附生，山东全省自治研究所毕业。荣成地方自治研究所教员、筹备自治会办事员、城厢议事会议员。

王镇，字程九，民国九年由北京大学矿科毕业。历充山东化分矿质局局长、省立矿业专门学校校长、全国经济委员会办事员。

---

① 詹事府主簿：清沿明制，设詹事府，为辅导东宫太子的机构。康熙五十一年（1712）废太子，此后历朝不再立太子，詹事府变为翰林院的辅佐部门。詹事府内设主簿厅，有满、汉主簿各一人，掌文移，从七品。

② 山东法政学堂、财政学堂、监狱学堂：山东法政学堂，于清光绪三十二年（1906）由山东巡抚杨士骧和提学使连甲筹议创办。开办伊始，设立速成班，又办有五个讲习班和二个司法班及审判夜班、财政夜班等。学制一年半。1912 年，学堂更名为山东第一法政专门学校。查清末山东未有财政学堂、监狱学堂。疑为山东法政学堂财政讲习班、司法讲习班之误。

③ 山东全省自治研究所：为推行君主立宪，1909 年 2 月，根据清廷谕令，山东巡抚袁世勋在省城设立山东全省自治研究所，从各州县抽调的 200 多名人员入所培训。1909 年底毕业，分别返回各州县筹办地方自治研究所。1910 年 3～4 月间，各州县地方自治研究所陆续开办，授课时间 8 个月。1912 年 2 月清帝退位，研究所停办。

④ 朝阳大学：民国时期著名法科大学。1912 年创办于北京。1950 年并入中国人民大学。

⑤ 城厢议事会议员：1910 年 4 月，清政府民政部令先于各省繁盛城镇设立议事会、董事会。至 1911 年 10 月，山东省有 70 个州县成立了议事会和董事会。民国三年（1914）袁世凯下令停办各级地方自治，县议会遂被解散。

袁鸿文，字子郁，清廪生，山东全省警务学堂[①]毕业。历任曲阜、莱阳巡警区官。

周璋，字孟祥，青州第四师范毕业。历任荣成教育局局长、海阳、阳谷县政府第五科[②]长。

王士正，荣成县第二区区长，成山中学校长，东方中学校长。

王肇炎，荣成县第一区区长，未就职。

王缵三，代理第二区区长。

刘培颐，字万龄，自治员。

李允正，圜桥子，字砥庵，号谈瀛、海客。自治员。

李述之，字继堂，清庠生，自治员。

曲容之，县督学。

曲允广，清附生，鸿胪寺序班。历充荣成县劝学所劝学员、地方自治筹备处处长。

曲廷桢，字干臣。县议事会议员，荣成县政府第三科科长兼地方财政监察委员会委员长。山东济南民生银行监察委员会监察员。

龙启通，山东省立第一师范毕业、山东省地方行政人员训练所教育班毕业。历任文登、范县、胶县教育局局长。胶县、牟平县政府第五科科长。

龙振仑，清庠生，荣成县地方财政监察委员。

董兆义，福山县一等警佐[③]。

王可举[④]，天津法院监察。

张辛奎，字振西，荣成县政府第五科科长，曲阜县政府第五科科长。

---

① 山东全省警务学堂：应为山东警务学堂，清光绪二十九年(1903)四月创办。

② 县政府第五科：1933 年，民国县政府裁局设科，原教育局改为第五科。

③ 一等警佐：警佐是民国时期的警衔，从高至低为警监、警正、警佐。

④ 王可举：此条与前面重复，今依原稿，不予删除。

姜万盛，县督学①。

张德曾，号进忱，清增生，荣成劝学所②所长。

陈焕塽，号朗如，荣成劝业所③所长、实业局局长、第六区区长、代理荣成县教育局局长、建设局局长。

栾钜奎，字筱园。吉林省谘议局司选员④。

梁宇，烟台警察厅秘书长。

梁彝，山东省议会议员、直鲁军⑤招抚司参议。

丛华滋，县议会议员，道⑥自治学员，县自治讲习所所长。

李学沆，道自治学员，县自治教员。

于宝翰，字竹园，黑龙江萝北县佛山镇卡官⑦。

鞠承敬，字心一，邹县教育局长，湖北陆军第三十军官军士教导队教官，福山、招远党务特派员⑧，荣成党务整理委员。

梁兴州，字象山，警监学校毕业。威海卫正华务司秘书主任，威

① 督学：又称视学。负责视察、监督及指导学校、教育行政机构及其他教育部门工作的专业人员。清光绪二十三年（1906），学部奏定各级劝学所设视学一人。1913年改称督学。

② 劝学所：清末民初地方推广教育的机构。清光绪三十二年（1906）设，后各省存废不一。民国四年（1915）北洋政府公布《劝学所章程》后，各县普遍设立，设所长一人，佐助县知事办理全县教育行政事宜。下设劝学员二至四人，书记一至三人。民国十二年（1923）改称教育局。

③ 劝业所：北洋政府设置。民国六年（1917）后，直隶、山东、陕西等省，在各县设置劝业所或实业公所，多由各地士绅主办。民国十四年（1925），北洋政府批准《县实业局规则》后，各省普遍设立县实业局，直属于省实业厅。设局长一人，商承县知事掌理全县地方实业行政，下设劝业员或事务员若干人。

④ 谘议局司选员：谘议局是清末立宪运动中成立的省级民意机构。咨议员选举是中国历史上第一次民意代表选举。清廷退位后，各省谘议局改组为省议会。司选员的职责是协助地方组织选举工作。

⑤ 直鲁军：指由奉系直隶督办李景林与山东督办张宗昌两部组成的直鲁联军。

⑥ 道：此处指登莱青胶道。作为山东省的分守道，是省布政司的派出机关，辖登州府、莱州府、青州府和胶州直隶州。1913年废。

⑦ 黑龙江萝北县佛山镇卡官：萝北县境东北以黑龙江为界与俄罗斯隔江相望，卡官为管理边境关卡的官员。

⑧ 党务特派员：与下文的党务整理委员、党部组织部部长，都是指国民党党部的官员。

海临时市党部组织部长。

张正仁，黑龙江呼兰县承审员。

李天桢，字松圃，候选汉州同。

李中元、李中奎、李人杰，俱武庠生，千总职衔。

吕学海，陆军部供职，赏给六品顶戴。

唐世文、田忠清，均把总。

刘培山，北防海防教练员，六品军功顶戴，把总。

李与龄，字云亭，蓝翎五品衔，北洋海军尽先千总。

李金标，登州广武营，五品蓝翎经制。

杨云栋，字俊堂，五品蓝翎，千总。

袁德，把总。

袁永吉，千总。

张襄符，江苏守备。

杨中成，字辅臣，千总衔。

杨升，字献廷，五品顶戴，通永镇北塘营存营外委。

邵纬武，以军功赏给蓝翎五品衔。

蔡志明，字之铭，中央陆军二十六师军需处军需官。

## 议　员

自清季设立议院[①]，百度维新，各县奉行，群集会议，上自京师，迄于省会，下自州县，达于乡镇，都设议会。其制度虽采诸东西各国，而

① 清季设立议院：指清宣统二年(1910)设立的资政院。

实与《周官·小司寇》,“致万民而询之[①]”之说合。民国以来,亦踵行[②]之,地方人士有从事于此者,胥为地方利病计,不可以不书。

## 县议会议员清宣统三年

议长:陈德曾

副议长:袁桂芬

议员:李景沆、刘若梁、胡廷相一区、刘建中、鞠振海二区、丛书声、孙炳星、鞠世英三区、杨云宗、张镜海、李象宝、杨席臣四区、闫葵之、张树湘、张维岳五区、于肇基、卢世臣、王业彬六区。

## 县参事会参事员

参事员:姜炳奎、王肇埙、梁秉中、张伯仁。

右议员额二十四人内,选正副议〈长〉各一人,别选参事员四人。

## 民国县议会议员民国元年

议长:王继植

副议长:袁桂芬

议员:李景沆、胡恩禧一区。刘宗山、曲廷桢二区。鞠世增、孙炳星、丛华滋三区。杨云宗、刘大桢、杨席臣、李鸿炳四区。闫葵之、张维岳、张树湘五区。栾在丰、于肇基、王柞昆、毕炳序六区。

参事员:梁秉中、王肇埙、李绮、姜炳奎。

众议院议员:当选姚元谦,后未召集。

省议会第二届议员:姚元谦。

省议会第三届议员:梁彝、梁德孝。

---

① 致万民而询之:《周官·秋官·小司寇》:“掌朝外之政,以致万民而询焉。一曰询国危,二曰询国迁,三曰询立君。”

② 踵(zhǒng)行:继续施行。踵:脚后跟,比喻追随前人的脚步走。

# 褒 奖

褒奖之说，所以彰德而劝功也[①]，自古已然，匪自今始。近世以来，间亦有此[②]，具征实迹，非属空谈。若前代之封赠荫袭[③]率属具文档案，累累不胜抄录，大都下以是求，上以是应而已[④]。然有其举之，莫或废也，因亦附之于篇。

梁萼涵，以捐备军饷，优诏奖谕[⑤]。

姚景星，以捐学奖给"乐善好施"，奉旨建坊。

从书声，以捐款兴学，奖五品顶戴，守御所千总衔。

王绪远，一等金质嘉祥章[⑥]。

王维植，一等银质嘉祥章。

梁镇谦，充湖北混成旅炮兵营书记官，给六等文虎章[⑦]。

王南岳，字炳嵒，独力办淑仪初级女子小学。民国十三年，省长熊[⑧]奖给银质三等奖章，县长吕奖给匾额。

---

① 所以彰德而劝功也：用来表彰德行从而鼓励建立功业的。劝：提倡、鼓励。

② 间亦有此：断断续续地也有这样的事。间：间隔一定时间。

③ 封赠荫袭：封赠：封建时代皇帝赐予官员父母、祖上及妻室以爵位名号，存者称封，死者称赠。荫袭：因先辈有勋劳或官职而受封、得官。荫：树荫，意为受到树荫的遮护。袭：承袭。

④ 大都下以是求，上以是应而已：大都为下面有这样（指封赠荫袭）的要求，上面也用这个来满足下面的人而已。

⑤ 优诏奖渝：朝廷颁发褒美嘉奖的诏书。

⑥ 嘉祥章：1918年后北洋政府教育部颁发的捐资兴学奖章。其《捐资兴学褒奖条例》规定，捐资至100元、至300元、至500元，分别颁给银质三等、二等、一等奖章；至1000元、至3000元、至5000元，分别颁给金质三等、二等、一等奖章。

⑦ 文虎章：北洋政府颁发的勋章。共分九等，分别授予陆海军中有战功或劳绩者。其中，一至二等授予上等官佐，三至六等授予中等官佐，七等以下授予士兵。

⑧ 省长熊：指时任山东省省长熊炳琦。

胡学铭，捐赀[1]创办武宁乡初级小学。民国二十三年，省政府褒给五等奖状。翌年，复捐赀建筑校舍，省政府晋给五等奖状[2]。

胡学潜，捐资创办武宁乡初级小学。民国二十三年，教育厅褒给甲等奖状。翌年，复捐资建筑校舍，省政府晋给五等奖状。

胡廷梁，字东宇，捐资创办武宁乡初级小学。民国二十三年，教育厅褒给丙等奖状。翌年，复捐资建筑校舍。民国二十四年，教育厅褒给丁等奖状。

刘宗山，字伯初，民国元年，任不夜乡劝学员。十三年任教育局董事，县立第二高等小学〈学〉董，现充凤山小学监察委员。民国二十三年，邱县长给予"办学有成绩"之甲等奖状。

刘崇显，清庠生，字耀光。凤山小学常务委员，民国二十三年，县长邱给予"办〈学〉有成绩"之甲等奖状。

曲廷桢，民国十六年，县长吕奖以"古厦独支"额。民国二十三年，县长邱给予"办学有成绩"之甲等奖状。

李人文，以捐款办学，由省府奖给三等银质褒章。

李佐棠，以捐款办学，由省府奖给三等银质褒章。

陈焕璭，山东督理省长会奖二等蓝色奖章，山东建设厅长奖给三等奖状，山东民政厅长传谕嘉奖二次。

于宝翰，字竹园，以办匪功，省长颁予二等奖章。

栾钜卿，号梅臣，以捐房作学校，山东教育厅长奖给一等嘉祥章。

李宝璧，字圜桥，号璞斋，以硕德奉大总统明令，颁给"里党垂型"匾额。

---

① 赀：同资，下同。

② 五等奖状：民国十八年(1929)南京国民政府颁布《捐资兴学褒奖条例》，规定凡个人或私人团体捐资500元以上者、捐资1000元以上者、捐资3000元以上者、捐资5000元以上者、捐资1万元以上者，分别授予五等、四等、三等、二等、一等奖状。

李正身，以孙健鹏贵①，赠②奉政大夫③。妻于氏、张氏赠宜人④。

李明修，字献廷，以子健鹏贵，赠奉政大夫，以孙寅龄贵，晋赠中宪大夫。妻孙氏赠宜人，晋赠恭人。

李健鹏，字少南，清咸丰己未举人大挑，任广东澄迈、石城、文昌、海康知县，加同知衔。诰授奉政大夫，以出继于寅龄贵，封中宪大夫，妻王氏封恭人。

李仲鹏，字少伯，增贡，翰林院待诏。以子寅龄贵，赠中宪大夫。妻袁氏封恭人。

李嶲龄，字朴卿，太学生，以弟寅龄贵，貤封⑤中宪大夫。妻于氏封恭人。

李文堳，字阶平，以孙景沆贵，赠奉政大夫。妻胡氏、孙氏、鞠氏、王氏赠宜人。

李元鋙，字玉山，以子景沆贵，赠奉政大夫。妻马氏封宜人。

杨世璋，封奉直大夫。妻李氏、曲氏封宜人。

陈旃，号扶南，以侄孙象沛贵，貤赠中宪大夫。妻岳〈氏〉貤赠恭人。

陈桂，号丹厓，庠生，以侄秉信贵，貤赠文林郎。妻于氏貤赠

---

① 以孙健鹏贵：因为他的孙子李健鹏显贵。

② 赠：清代以封典给官员本身称为“授”，其曾祖父母、祖父母、父母和妻室存者称“封”，已死者称“赠”。一品官曾祖父母以下均有封典，三品以上封其祖父母以下，七品以上封其父母以下，九品以上仅给予其身。

③ 奉政大夫：文职散官。明清两代，官员都是按实际职务享受待遇。散官演变为一种纯粹的荣誉，只是用来显示恩宠，本身没有官位和待遇。清代文官分大夫、郎、佐郎三种。大夫为五品以上官员，郎为正六品至正八品官员，佐郎为从八品以下官员。大致如下：一品（正、从）光禄大夫、荣禄大夫；二品（正、从）资政大夫、通奉大夫；三品（正、从）通议大夫、中议大夫；四品（正、从）中宪大夫、朝议大夫；五品（正、从）奉政大夫、奉直大夫；六品（正、从）承德郎、儒林郎；七品（正、从）文林郎、征仕郎；八品（正、从）修职郎、修职佐郎；九品（正、从）登仕郎、登仕佐郎。

④ 宜人：古时命妇封号之一。《明史·职官一》：“一品曰夫人，后称一品夫人。二品曰夫人，三品曰淑人，四品曰恭人，五品曰宜人，六品曰安人，七品曰孺人。”清沿明制。

⑤ 貤封：貤（yí），同“移”。貤封、貤赠，谓将本身和妻室的封诰移赠给先人。

孺人。

陈楫，号巨川，太学生。以子秉信贵，赠文林郎，以孙象沛贵，晋赠奉直大夫。妻张氏封孺人，晋封宜人。

陈枢，以侄秉信贵，貤封文林郎。妻张氏貤封孺人。

陈桐，诰授[1]奉直大夫，以侄象沛贵，貤封朝议大夫。妻钟氏貤封恭人，妾顾氏、柴氏貤赠孺人。

陈秉仁，诰封[2]奉直大夫，晋封朝议大夫、中宪大夫。妻卢氏、连氏、金氏诰赠宜人，晋赠恭人。

陈秉义，貤赠中宪大夫。妻王氏貤赠恭人。

陈秉智，号杏堂，增生，貤赠朝议大夫。妻张氏、龙氏、张氏貤赠恭人。

陈秉信，诰授奉政大夫，貤封朝议大夫。妻孔氏、刘氏、于氏封恭人。

陈秉介，敕授修职郎，妻宋氏封孺人。

陈秉静，号穆堂，貤赠征仕郎，妻张氏貤封孺人。

陈象润，号维辛，貤赠奉政大夫，晋赠中宪大夫。妻闫氏貤封宜人，晋封恭人。

陈象沛，诰授中宪大夫。妻张氏、杨氏诰封恭人。

陈象沅，诰封朝议大夫，貤封中宪大夫。妻王氏封恭人。

陈象瀛，诰封中宪大夫。妻孙氏封恭人。

陈象溥，敕封征仕郎。

陈象汾，号笏卿，诰封奉政大夫。妻张氏诰封宜人。

陈象瀚，号云帆，诰封朝议大夫。妻林氏诰封恭人。

陈福绶，诰封朝议大夫。妻李氏诰封恭人。

陈福绪，敕授承德郎。妻张氏封安人。

---

① 诰授：朝廷以诰命授予封号。

② 诰封：明清时对官员及其先代妻室授予爵位封号时，五品以上称诰封，六品以下称敕封。

闫泽，字雪泉，以子廉清贵，赠奉直大夫。妻李氏封宜人。

李一升，以孙际清贵，貤赠儒林郎。妻梁氏貤封安人。

李绪，以子际清贵，封赠儒林郎。妻张氏、孙氏封安人。

闫庆华，诰授中宪大夫，晋封通奉大夫。妻杨氏诰封夫人。

闫淑清，庠生。以曾孙庆华贵，貤赠通奉大夫。妻于氏貤赠夫人。

闫世泽，清庠生。以孙庆华贵，貤赠通奉大夫。妻张氏貤赠夫人。

闫元清，增生。以子庆华贵，诰封通奉大夫。妻张氏赠夫人。

闫世俊，清武庠生。以侄孙庆华贵，貤赠通奉大夫。妻刘氏貤赠夫人。

闫世杰，以侄孙庆华贵，貤赠通奉大夫。妻孙氏、汤氏、于氏貤赠夫人。

张仪密，以孙积贵，赠文林郎。妻王氏赠孺人。

张成吉，以子积贵，赠文林郎。妻闫氏赠孺人。

张成德，以孙善礼贵，赠文林郎。妻王氏赠孺人。

张希仁，以子善礼贵，赠文林郎。妻王氏赠孺人。

张玉玺，以侄其修贵，貤封文林郎。妻汤氏赠孺人。

钟蔚然，字峰青，诰授奉直大夫。

张玉琢，以子其修贵，封修职郎。妻许氏赠孺人。

王元基，以子学升贵，封朝议大夫。妻于氏封恭人。

王元鳌，以侄学升贵，貤封承德郎。妻邹氏、张氏、鞠氏封孺人。

王元耀，以侄学升贵，貤封承德郎。妻梁氏、张氏封孺人。

王元翰，以孙继曾贵，晋封朝议大夫。妻李氏、于氏封恭人。

王继曾，以子焕文贵，封资政大夫。妻林氏封夫人。

王位东，以孙焕文贵，晋封朝议大夫。妻于氏封恭人。

王学海，以甥孙葆元贵，貤封奉政大夫。妻陈氏封宜人。

王继焯，以子肇坛贵，封文林郎。妻胡氏封孺人。

王学彦，以孙肇坛贵，封文林郎。妻岳氏封孺人。

王学潜，以子继植贵，封朝议大夫。妻戚氏、金氏封恭人。

王道源，以子继彬贵，封儒林郎。妻汤氏封安人。

王继璟，以弟继彬贵，貤封儒林郎。妻于氏封安人。

于颐发，诰授朝议大夫，晋封通议大夫。

于昌达，敕授修职郎，诰赠资政大夫。

于昌进，诰授资政大夫。

于昌遂，诰封通议大夫。

于赞，诰封朝议大夫。

于宝之，诰授朝议大夫，晋封通议大夫。

姚毓璟，诰赠通议大夫。

梁兰滋，诰授忠宪大夫。

梁萼涵，诰授资政大夫。

梁芸滋，诰授朝议大夫。

梁璟森，敕授承德郎，晋封朝议大夫。

梁桐滋，敕授文林郎，晋赠朝议大夫。

梁玉森，诰授奉政大夫。

梁宝森，诰授中议大夫，晋封通奉大夫。

梁理森，诰授奉直大夫。

梁瑨森，诰授奉直大夫。

梁淑森，敕授文林郎，晋封朝议大夫。

梁玮森、诰授奉直大夫。

梁世祯，诰授奉政大夫。

梁世礼，诰授奉政大夫。

梁世炬，诰授奉直大夫。

梁世烺，诰授朝议大夫。

梁世照，诰授朝议大夫。

梁世联，诰授奉政大夫，晋赠朝议大夫。

梁世昌，诰授奉政大夫。

梁德封，诰授奉直大夫。

梁斑森，貤赠中宪大夫。妻王氏赠恭人。

梁玢森，诰授奉政大夫。

梁瑛森，诰赠中宪大夫。妻张氏赠恭人

梁熙钺，诰授奉直大夫。

张贞符，敕授登仕佐郎。

梁璐森，貤赠奉直大夫。

张云桂，诰赠奉政大夫。

梁炳藻，诰授奉直大夫。

张庆珏，敕封儒林郎，貤赠朝议大夫。

姚景星，诰授通议大夫。

张星炳，增生，敕封文林郎，晋赠奉直大夫。

高连俊，诰授承德郎。

张云鹄，赠文林郎。

张景福，增贡，貤赠文林郎。

于偓，以外孙王学孚贵，貤赠修职郎。妻杨氏赠孺人。

张庆瑶，赠奉政大夫。

张锡符，貤赠登仕佐郎。

张庆保，赠奉政大夫。

张星勋，貤赠文林郎，晋赠奉政大夫。

张信符，赠承德郎。

姜毓梓，诰授奉直大夫。妻梁氏封宜人。

姜毓桂，诰授奉直大夫。妻王氏、栾氏封宜人。

姜麟祥，敕授文林郎。妻孙氏封孺人。

于蜀微，字云亭，以子厚载贵，诰赠征仕郎。妻董氏赠孺人。

杨世璋，诰封奉直大夫。妻李氏、曲氏封孺人。

姜丕源，清武庠生。敕授武德骑尉[①]。妻宋氏封宜人。

姜祝年，清武庠生。敕授武略骑尉。妻张氏封孺人。

杨秉钦，以孙升基贵，诰封武德骑尉。妻姜氏封宜人。

杨云泗，以子升基贵，诰封武德骑尉。妻王氏封宜人。

刘士旷，以孙得贵，赠武信佐郎。

刘世瑚，以子得贵，赠武信郎。

唐廷英，以孙元魁贵，赠武信骑尉。

唐丕贞，以子元魁贵，赠武信骑尉。

唐清海，以子世良贵，赠奋武校尉。

唐和平，以子世文贵，赠修武校尉。

田中文，以子凤池贵，赠武略骑尉。

田凤羽，以弟凤池贵，貤赠武略骑尉。

曲之申，以孙中和贵，赠武翼都尉。

曲长功，以子中和贵，赠武翼都尉。

曲中成，以弟中和贵，貤赠武翼都尉。

田涵增，以子忠贵，赠修武校尉。

袁秉耀，以孙培英贵，赠昭武都尉。

袁任，以子培英贵，赠昭武都尉。

刘得，以子孔熙贵，赠武略骑尉。

王嘉增，以子思忠贵，赠修武校尉。

刘玺，以子仁绪贵，赠奋武校尉。

---

① 武德骑尉：武散官名。清代武职官员品阶，分将军、都尉、骑尉、校尉四种。正、从一品：建威将军、振威将军；正、从二品：武显将军、武功将军；正、从三品：武义都尉、武翼都尉；正、从四品：昭武都尉，宣武都尉；正、从五品：武德骑尉、武德佐骑尉；正、从六品：武略骑尉、武略佐骑尉；正、从七品：武信骑尉、武信佐骑尉；正、从八品：奋武校尉、奋武佐校尉；正、从九品：修武校尉、修武佐校尉。

袁文灿，以子宜增贵，赠武信骑尉。

曹秉学，以子维屏贵，赠修武校尉。

王通，以子恩庆贵，赠修武佐校尉。

赵延清，以子连甲贵，赠修武校尉。

曹维元，以子鸿德贵，赠武略佐骑尉。

鲁吉祥，以子廷弼贵，赠武略佐骑尉。

刘心铭，以致远军舰炮首，遂〈随〉舰长邓公世昌殉甲午之难，予以云骑尉[①]世职。

蔡德胜，五品衔，充哨官。中日之战，调凤凰城张领部下兼帮带，力战阵亡。加守备衔，予以云骑尉世职。

邵纬武，随僧王[②]在高唐州剿捻殉难，予以云骑尉世职。子国铭承袭。

---

① 云骑尉：清代世爵名，为正五品。爵位承袭除特殊的世代罔替外，通常是一代减一等，袭次既尽，世爵也就取消。

② 僧王：指清廷的亲王僧格林沁，在山东曹州高楼寨与捻军作战时阵亡。

# 荣成县续志卷之七

## 人物志

《诗》有云:高山仰止,景行行止,虽不能止,心向往之[①]。盖后人之践履[②],必以前人为依归。递嬗相仍[③],又足为后人之表率。是以一言一行常奋发兴起与古争衡,不肯谓古今人不相及也。前志以宦迹、行谊、文学、侨居、流寓、列女、艺文、瑞征[④]编次,兹小变其例,亦大致从同,其有可为楷模者,庸表仪型[⑤],俾资矜式[⑥],志人物第七。

---

① 《诗》即《诗经》。《诗·小雅》中只有前八个字。《史记·孔子世家》引"诗",发展到包括后面的内容。高山,喻高尚的品德。景行,大路,喻行为正大光明。大致的意思是崇高的品行,要人仰视,不禁按照他的举止作为行为准则。

② 践覆:行走的足迹。此处指行为。

③ 递嬗(shàn)相仍:递嬗:依次更替,逐步演变。相仍:相继,连续不断。

④ 瑞征:吉祥的征兆。古人认为有些自然现象为吉祥的征兆。

⑤ 庸表仪型:庸:需要。表:表彰。仪型:做楷模、做典范。

⑥ 俾(bǐ)资矜(jīn)式:俾:使。资:用、用来。矜式:敬重和取法。意谓使之敬重和取法。

# 乡　贤

古有功德于民者，则祀之。又云，殁而祭于社[①]，重之也。时移势易，后之人纵谈往哲，犹啧啧称道之。盖其平昔之所施行，深入于人心，有浃髓沦肌[②]之感。庸志崖略[③]，俾为后人之圭臬[④]焉。

王寅清，字震圃，号竹樵。清岁贡，嘉晋子。咸丰辛酉，捻匪[⑤]东窜文荣两县，御于昆嵛山口。寅清合大众，选壮丁，备糇粮砺器械，轮流出戍，力肩其钜。又以人心皇[⑥]惑，倡议槠岛西偏围为墙，长里许，外掘壕沟，引海水注之，为万一有警退守之地，人心稍安。光绪壬子[⑦]，岁大饥，寅清为乡里贷富室金以购粮，按户计口授室，乡之贫民得免于饿殍[⑧]。是年，奉令沿海种树，寅清董其事，购秧鸠工[⑨]，月余竣，上褒奖之。

李卿云，号霭峰。清太学生，遇事敢任。清光绪甲午，倭军破县城，地痞流氓蠢蠢欲动。卿云走要[⑩]毕登瀛、姜炳奎及各村首事，联庄

① 殁(mò)而祭于社：殁：病死、死亡。社：古代把土神和祭祀土神的地方、日子和祭礼都叫社。死亡以后能在社祭祀，是非常贵重的礼节。

② 浃(jiā)髓沦肌：也作“浃髓沦肤”。浸透肌肉，深入骨髓。

③ 崖略：大略，梗概。

④ 圭臬(guī niè)：指土圭和水臬。古代测日影、正四时和测量土地的仪器。一般用圭臬比喻某种事物的标尺、准则和法度。此处指“榜样”“楷模”的意思。

⑤ 捻匪：清廷对捻军的污称。捻军是太平天国时期北方的农民起义军。

⑥ 皇：此处同“惶”。恐惧。

⑦ 光绪壬子：清光绪朝没有壬子年。壬子年为民国元年(1912)。查《荣成市志》(1999 年 11 月版)应为光绪丙子年(1876)之误。

⑧ 饿殍(piǎo)：饿死的人。

⑨ 鸠(jiū)工：鸠，聚集。鸠工：聚集工匠。

⑩ 走要：要：古同邀。走要：奔走邀约。

守望。于是,选丁申约[①],日练勇于小天墉。曰:以此敌忾,固为不足,以此弹压,尚为有余。幸倭寇不南,则桑梓无忧矣。邑之南鄙,卒赖宁谧[②],斯人之力也。

姜炳奎,字星五,号左桥。清太学生,本进孙。性朴实仁厚,乐施与,有大父风。宣统初,匪氛蜂起,奎捐赀购械,倡办团练,联庄守望,尝亲率乡勇,直抵贼巢,歼匪首清余党,闾阎[③]赖之。辛亥政变,邑无主宰,与刘鉴清等共策危局。旋以文荣愚民群起,阖邑骚然,幸奎独以联庄会坐镇之,搢绅巨子多所保全。民国元年,文登土匪邴长发等,胁乡民数百,啸聚峨石山,意将要[④]奎,以谋不轨。适革〈命〉军驻龙山,往击之,遂窜走。兵欲追剿,奎力主之乃止。是役也,微奎一言,民无噍类[⑤]矣。六年,山东军务善后公债发行,奎携债券归,只与一二同志贷款自任,绝未摊诸各村。后公债停还,鬻产偿之[⑥],乡里幸免其累。生平癖嗜花石,善为人排解。邑侯之宰斯邑者,莫不敬礼焉。初,清季变法首重学校,奎先办一校以为倡,邑侯上其事,登州知府高文祺题"嘉惠士林"四字,以褒之。

## 邑庠生张世清《祭姜星五文》

呜呼!城荒不夜,洞暗朝阳。耆英罢会,星宿韬芒。方欣大老八旬,年同渭叟[⑦];又弱华宗[⑧]一个,系出齐姜。噩耗传来,余窃悼友朋多故,俚词奠去,人争称功德难忘。父老集而告余曰:在昔尘飞原野,世变沧桑。成山氛恶,渤海澜狂。巨奸脱网,小丑跳梁。昼窜夜惊,尽

---

① 申约:重申缔盟。

② 宁谧(níng mì):安定平静。

③ 闾阎:里巷内外的门。泛指平民老百姓。

④ 要:古同邀。此处指邀击,即中途截击。

⑤ 噍(jiào)类:本意指能吃东西的动物,特指活着的人。

⑥ 鬻(yù)产偿之:变卖家产来偿还。鬻:卖。

⑦ 渭叟(sǒu):指姜子牙。姜子牙曾钓于渭水之滨,因此被称为渭叟。

⑧ 华宗:华夏宗族。因炎帝姓姜,姜子牙为炎帝后裔,故文中这样说。

是风声鹤唳。东剽西掠，无非雨弹云枪。谁集泽中鸿雁，谁驱路上豺狼，谁怀一片婆心，为闾里抑强扶弱；谁洒满腔热血，为国家除莠安良。公则愤然发指，耸然气昂，计剿除以弭盗，严团体于同乡。两目悬珠，能烛奸何难扶隐，一身是胆，不茹弱岂复吐刚。如兔奔而鹘落，如雀逐而鹰扬。遂使枭雄魄夺，鼠窃踪藏。市安阛阓[1]，农拥仓箱。居民环堵，行客裹囊。出水火而登衽席，脱倾危而履康庄。此孰非公之广施，其福荫普度以慈航。他若解纷排难，应变安常，群言不尽，累牍难详。盍即大端事业，借为吊古文章。余曰唯唯听君陈述，增我悲伤，情非阿好，事本昭彰。惜陈迹竟成空梦，叹斯翁如过驹光。当此节临天贶[2]，岁在敦牂[3]，与人世而长辞，魂游东海。任孙曾之号泣，身赴北邙[4]，谨遵舆论，并写衷肠。谀墓非韩公吏部、蔡氏中郎[5]。众志恳诚，冀暂停夫旌旆；英灵契合，庶来契夫酒浆。

## 邑庠生毕炳序撰《姜公星五禫[6]祭文》

尝谓不能补救于社会者，必不能见称于一时，必也功德在人。闻望素著者，乃能令人称道弗衰也。如吾乡姜公星五，生而奇异，幼而孤苦，稍长延师就傅，无可称述。中年之后，清末失政，事多纷更，官府不胜其烦，爰于各乡择其优秀者，襄办地方政治，公当其选。同事者多以保护身家为念，独公留心民事，兴办公益，初不计及于身家。

① 阛阓(huán huì)：街市。市场的围墙曰阛，围墙的大门曰阓。

② 天贶(kuàng)：天贶节，农历六月初六日。宋真宗大中祥符四年正月诏以六月六日天书再降日为天贶节。贶：赠、赐。

③ 墩牂(zāng)：古称太岁在午之年为墩牂，意为是年万物盛壮。

④ 北邙(máng)：山名。即邙山，因在洛阳之北，故名。因自古汇聚帝王将相的陵墓，被认为是最适合穴居之地。

⑤ 韩公吏部、蔡氏中郎：唐代韩愈晚年官至吏部侍郎，人称韩吏部。东汉蔡邕，曾任左中郎将，世称蔡中郎。

⑥ 禫(dàn)：古时丧家除服的祭祀。

延至民元[1]以前，人心浮动，盗贼蜂起，一夕数惊，乡里稍有身家者，辄被抢劫，官府不能制。公乃倡联庄会，清查盗薮，捕灭盗首。不数年而盗风以靖，其为公也何如哉！次则，创办学校。当前清末叶，学风颓败，凡属时彦宿儒，莫不墨守旧调，斥学校为外教。公独首创一校以为之倡，然后家喻户晓，极尽开导之力，虽屡受摈斥不顾也。迄今学校林立，人才辈出，多登公之门，拜公之堂，奉公为圭臬，亦可为食士之报云。他如排难解纷，息事宁人，恤孤怜贫，种种善举，犹其德之小焉者也。吾因之有感矣。夫治世之君莫不用武以戡乱，兴教以育才，一如公之平盗而兴学也。公虽未际风云，大展经纶，而为治之具体，固已于乡里兆其端矣！吾等亲友实亦受其帡幪[2]于无形者，私情公谊，不容缄默。仅就所知，略述梗概，而为之辞曰：不雕不琢，烂漫天真。谋不在食，忧不在贫。音容虽杳，硕德犹存。令我戚友，难舍难分。今值禫祭，略伸微忱。神其有灵，来格来歆。

## 邑拔贡张国琪撰《公祭姜公星五文》

太学生姜公炳奎，字星五，号左桥，铜岭望族也。自先世徙居荣成双榜泊村，祖太学生富有公，父缉人公。富有性豪爽，登郡总镇朐山武公迎吉，未显时曾受富有恩。急公好义，姜氏家风然也。星五幼丧父，母毕氏，延师教读，垂三十年不倦，星五恂恂作儒生。宣统初，时势变迁，风鹤四警。云光六区商办团练，推星五为长。星五时一子培镇已亡，而以祖风好义，遂捐私忧急公益，振衣奋起，剿除寇匪，乡里以安。由是凡公益事，每身亲之，而不惮劳瘁。今则钟秀已婚，而生子鸿文、鸿章、鸿词、鸿藻，孙曾蔚起，晚景可娱，忽于庚午六月初四日，寿八十而溘然长逝，谨祭以文，其辞曰：

呜呼先生！成山著望兮渭水钟英，乡閭颂德兮妇孺知名。彼则

① 民元：民国元年。

② 帡幪(píng méng)：帐幕，在旁的称帡，在上的称幪，引申为覆盖、庇护。

曰满腔血热兮，此则曰两袖风清。是徒炫先生劳绩兮，而未喻先生苦情。试设身以处地兮，将魂动而心惊。冲幼兮含悲失怙[1]，壮强兮痛抱丧明[2]，登堂兮只依慈竹，履庭兮未树芳荆，触目兮弱羸寡妇，绕膝兮匍匐孤婴。此即有同室之斗兮，何暇奔救而冠缨。呜呼先生！以公益为重兮，以私忧为轻；闻巨奸而愤怒兮，广众思而集成。如秦客[3]兮发冲冠帻，如宋贤[4]兮胸有甲兵。如野猎兮穴探猛虎，如海翻兮浪吼奔鲸。遂使豺狼莫敢当道兮，鸿雁息其哀鸣。商贾兮趋市，农夫兮乐耕，居民兮安堵，旅客兮游行。出同乡于水火兮，皆先生忍其愁闵而为众经营。呜呼先生！转屯为豫兮，由困而亨；桑榆未晚兮，兰桂交荣。正无忧于内顾兮，可进策乎治平。何归宗于太岳兮，遽促驭乎佳城。月方纪未兮，岁适在庚，停云北望兮，落日西倾。写君怀兮奠君酒，魂其归来兮，飨此一罂。

于灏发，字樵松，号叔淳。清候选经历，慷慨好施。咸丰辛酉、同治丁卯，捻匪两次东窜，灏发亲领乡兵，赴西山防御，不皇[5]起居。殁后数十年，犹藉藉人口[6]云。

毕天绶，字蕴彩。清太学生。性任侠，慷慨有气节。咸同[7]间，捻匪东窜，天绶率民众协乡团，往堵扒山口，地方赖以宁谧。

王维潢，字莲舫。清庠生。性豪迈，遇事敢任。光绪丙子，岁大饥，饥民攫食于富家，饱则飏去，饥则复来，习为常。且皆妇孺老幼，驱之不去，无所施其技。潢素洽于众，乃力劝富民出赀代赈，以赡不足，卒之富者不病，而贫者得饱其腹。乡里有争执者，必为之剖决解

---

① 失怙(hù)：《诗经·小雅》："无父何怙？无母何恃。"后指死去父亲。

② 丧明：古代子夏死了儿子，哭瞎眼睛，后指丧子。

③ 秦客：指战国时赵国蔺相如出使秦国，完璧归赵的故事。

④ 宋贤：宋范仲淹担任西北边防主帅，西夏不敢犯，谓范仲淹"胸中有甲兵十万"。

⑤ 皇：此处通"遑"。匆忙不安定。

⑥ 藉(jí)藉人口：藉藉，本为众多纷乱的样子，此处谓人们到处传告。

⑦ 咸同：清咸丰、同治年间。

劝冰释而后已。清末，胡匪蜂起，襄办联庄会，指授都动中机宜。与匪有染者，虽至戚近族无稍贷，人服其公。

孙铭，村人也。清光绪间，与孙丕和、孙鹏义、孙兆学、孙兆顺、孙鹏庆，埋界石于道旁，防外人之占越，为英人侦知，阻之不服，遂与战于道头村之野。

孙法朱，字文菴。幼而嗜学，俨若成人，入高等小学，每试辄冠其曹。杜县长紫宸颇器重之，特制奖章，以示鼓励。毕业后，升省立第一师范学校，益自刻厉。民国八年毕业时，日本进兵青岛，迫我承认二十一条件。法朱激于义愤，慨然倡议，组织各界救国团体，以抵制之。奔走呼号，不皇寝馈，忧劳交迫，致以呕血。殁时，年才二十有七。济人靡不咨嗟痛惜云。

张伟清，岁贡。甲午之役，宵小乘机，潜谋作乱。伟与张贤符、张贞符、张佑符、张贽符、陈象淦、闫英等，共谋维持，始免于难。

李明经，字黼堂。清国学生，都司衔。道光十六年，大饥，济人甚众。殁后，邑侯卢给"睦姻任恤"①四字，表其间。

张玉玺，字君垣。清太学生。家素封②，仗义疏财，多善举。道光间，岁饥，玺赈济之，文荣饥民，赖以全活者甚多。

王水涵，字文涛。性豪爽，急公好义，至老不衰。邻里乡党中鳏寡孤独之无告者、嫁娶丧葬之无赀者，辄扶助之不遗余力。清同治十二年，邑侯李以"齿德俱尊"③四字，表其间。

王维曾，字省吾。清附贡，工部主事。光绪二年，大饥，出粟周济难民，四十里内嗷嗷待哺者，胥赖以存活。他如设义学，捐祭田，人皆啧啧称道之。

---

① 睦姻任恤：为儒家六行（孝、友、睦、姻、任、恤）中的四个字。睦：和睦宗亲；姻：善视姻亲；任：勇担大义；恤：行善积德。

② 素封：无官爵封邑而富比封君的人。即没有官职爵位的富人。

③ 齿德俱尊：年龄和德行都很高。

胡锡珊，字香海。清贡生，州同。镛次子。光绪二年，大饥，锡珊指囷输粟贷于民，立焚其券。教授书院，所得薪脯，备粥以活穷黎，人咸德之。

沈怀福，字绥之。清太学生。性孝友，慷慨好义，旅京师。乡里之贫乏无告者，必多方周恤之。光绪二年，大饥，施米活人甚众，其子若孙能世守其训。

王自贞，字正一。家素封，好施与。清光绪二年，大饥，出赀助赈，多所全活。亲族贫困，授田而薄其租，稍歉则免之。鳏寡者，恤之丧葬，不给者资助之。终其世，族人无废事、无冻馁。次子茂隆，字云卿，继志述事，一踵成规，精于医而不以医名，乡人重之。

## 邑举人姜海峰《公祭王云卿文》

呜呼！大道沦胥，微言放失[①]。十室之邑，众喙狐鸣，一哄之中，异端蜂起。仁义路塞，莫恤嗷嗷之哀音；圣贤泽湮，谁挽茫茫之坠绪。维公瑯琊旧族，东海华宗，英年好德，中岁博施，俭于己而厚于人。象贤兼能绳武[②]，遗乎今而合乎古，昌后即以绍先。初视寝膳，继奏埙篪[③]，驹光爱挚，燕翼泽长。加以青囊[④]术擅，岐黄[⑤]理精，痛痒相关，抚摩则匍匐以往，形骸不隔；拯救则贫富无殊。苟在门而问症，则安

① 微言放失：精深微妙的言辞丢失了。

② 绳武：《诗经·大雅·下武》："昭兹来许，绳其祖武。"后世因称继承祖先业迹为绳武。

③ 埙篪（xūn chí）：古代的两种乐器，二者和奏时声音相合，因此比喻为兄弟亲密和睦。继奏埙篪，是说能继承其兄长的遗志。

④ 青囊：指医术。是古代医家存放医书的袋子，借指医生、医术。

⑤ 岐黄：指医术。是岐伯和黄帝并称，医家奉为始祖。中医经典《黄帝内经》的《素问》篇，多用黄帝与岐伯问答的形式写成，故后来把岐黄作为中医的代称。

步以当车。庶几齐之元忠[①]，唐之敬舆[②]矣！迨桑榆晚景，运会迍邅[③]。值经籍煨烬之余，正编氓[④]陷溺之日，爰乃闲卫[⑤]薪传，弥缝绝业；古处衣冠，师承山斗。谋贻式谷[⑥]，向西席以殷勤；教凛率章，奉东山为矩薙[⑦]。正当花甲之年，方期武丁之寿，谁料天不慭[⑧]遗，哲人溘逝。百身莫赎，悼神理之茫然；万祀难追，怅遗型之杳矣！在他人临风想望，为生死骨肉而沾襟，而我辈凭吊欷歔，为世道人心而陨涕。幸有蛾术[⑨]之胄，联步鲤庭[⑩]之趋，朝轫将发，美玉待沽。龙潜豹隐，荆璞隋珠，九原无憾，难与美俱。望停鹤驾，鉴此区区。

王焕文，字质臣。清增贡，候补郎中。光绪二十八年，小泊村火，全村成焦土。焕文出粟救济，乡人德之。

孙显玫，字子玖。清国学生，义勇廉朴，乐善好施。民国四年创办小学于神堂口村中，并捐赀为常年经费。九年，大饥，赈济之，全活甚众。乡人书“惠周桑梓”四字以酬之。十二年，又饥，复助赈，大总统颁予一等奖章。初显玫在京师久，庚子政变，京师骚动，陈京兆雨苍，以显玫能孚众望，委为五城街道协办，以劳勚[⑪]叙保县丞。越二年，委为五城捕务会办，屡获要犯。奏保准补县丞，后以知县用。已

① 齐之元忠：见《北齐书·李元忠传》。李元忠未做官以前，专心研习医术，“性仁恕，见有疾者，不问贵贱，皆为救疗”。

② 唐之敬舆：唐代陆贽，字敬舆。才华出众且非常清廉。

③ 迍邅(zhūn zhān)：《易·屯》：“屯如邅如。”迍、邅，都是行走艰难的样子。比喻困顿失意。

④ 编氓(biān méng)：编入户籍的平民。此处指老百姓。

⑤ 闲卫：《左传·照公六年》：“闲之以义。”闲，为约束之意。卫，禁止、限制。此处指约束自己。

⑥ 式谷：《诗·小雅·小宛》：“教诲尔子，式谷似之。”式谷，以善道教子，使之为善。

⑦ 矩薙(jǔ tì)：标准、榜样。此句中的“东山”，指东晋谢安。

⑧ 慭(yìn)：愿。宋秦观《曾子固哀词》：“天不慭遗一老兮，固缙绅之所伤。”

⑨ 蛾术(yǐ shù)：亦作“蚁术”。出自《礼记·学记》“蛾子时术之”。术，通“述”，学习。后因以蛾术比喻勤学。

⑩ 鲤庭：《论语·季氏》载，孔鲤“趋而过庭”，遇见其父孔子，孔子教训他要学诗、学礼。后以“鲤庭”谓子受父训之典。

⑪ 勚(yì)：劳苦。

西立宪，被举为京师总议事会议员、总董事会董事。明年，复被推为议长，筹设学校、宣讲所、牛痘局、阅报所。后京师戒严，人心浮动，乃倡办民团，以补军警之不足，地方乂安①，民咸德之。

许庚和，清庠生。性朴厚，冠履不粥②于市，皆家中女工所制。族有困乏者，力所能济，无不周给。且善于解排，邻里得以相安无事，村人咸重之。

闫丰之，字礼堂。清增生，以善书名。民国元年，被选为下级自治会议长，声誉隆起。性慷慨，轻财好义。卧龙乡后村，有官产百余亩，县长杨售诸民，直③颇廉。丰之悉数承买，按原价分售邻村之贫民，一乡感之，以"德孚梓里，品学兼优"，表其闾。

王作德，字子明。清太学生。居心厚，勇于善。村中不举火者，皆仰给焉！其业师王作均老而贫，为购地，俾其家得耕种。村中设学校，举为校长，历年捐赀补助之。

于昌廷，字士平。清候补县丞。光绪间，办义仓，有劳勩，给五品顶戴。

董连贵，民国二年，助沙楼村小学基金一千余元，贫穷无力者之子弟，得以免费。村民德之。

丛书声，字筱东。清武庠生。性慷爽，好施与。宗族交游之贫乏者，常周之。乡里有争执，辄以鲁连④自任。为邑绅数十年，官民咸目为公正。光绪三十三年，与姚景星创办启文两等小学，捐银三百两。丛姓子弟得赖以免费入学。事经东抚上闻，奉旨赏五品衔，以守御所千总用。殁后，乡人以"德被桑梓"额其门。

戴云丰，农人也。幼贫，为人佣以老，目不识丁，而颇崇学校。晚

---

① 乂(yì)安：太平，安定。

② 粥(yù)：同鬻，本义为"卖"，引申义为"买"。

③ 直：同"值"。直颇廉：价格很便宜。

④ 鲁连：鲁仲连，战国末期齐国人，曾说服赵、魏两国联合抗秦，助田单复兴齐国。以善于为人排患解难而闻名。

年村人办学，苦无校舍，以居室捐助，别僦[1]屋以居之。是亦慕武训之所为，而力不逮者。

栾钜卿，字梅臣。热心公益，以房舍七间，捐为桑梓学校。

梁芝云，字兰生。热心兴学，心力尽瘁。学校经费拮据，苦心筹划，不辞艰苦。以一身办学数十年，村中子弟，实受其益。

郭丕甲，字景汾。清庠生，后从事于商。光绪之季，地方创设商会，公推为总理。时以学校为重，乃与张俊采、陈播臣、刘培源创办宾兴学校，寻举为乡学务公所议长。又创办明德小学、慎余小学及日余半日学校，其经费皆一身肩之。

## 文登拔贡蒋成翰《郭公景汾传略》

郭公丕甲，字景汾，号绍仪。荣成籍，居文登云光乡郭家村。云光为一邑之胜，西连铁槎，南望苏门，大海襟带于其间，回澜鼓荡，若欲发乾坤之秀而鸣山水之奇。居是乡者，文采彬彬，人才蔚起，岂非天地之钟育独厚于斯欤？公生而岐嶷，稍长就傅读，能明大义，不欲以文人自命，而其文章乃愈不可以掩。弱冠游邑庠，每试辄列前茅，士大夫方以远道勖[2]之。既而悲失怙，遽灰壮志，乃弃儒而商。谓：赐[3]也，货殖结驷连骑，亦足以广交天下士，何事咿唔呫哔为也。光绪之季，朝廷渐重商务，荣邑石岛控引南北，商业日盛，地方人士会议创办商会，公被举为总理。凡所以保护商人，拓展商略，兴利除弊，莫不赖之。是时，学校甫兴，创办殊难，公谓教育所以瀹民智，培人才，不可缓也。于是以商界之巨子，开学界之先声，与张君瑞三、陈君播臣、刘君鉴清等，创宾兴高等小学校于青山。今荣邑学校林立，此实其先

① 僦(jiù)：租赁。

② 勖(xù)：勉励。

③ 赐：即端木赐，字子贡，孔子得意门生，善经商，货殖结驷连骑，富致千金。有“君子爱财，取之有道”之风。

导也。而以言造就之宏，办理之善，则又必曰青山焉！寻被举为是乡学务公所议长，士林之望咸归之。公久于石岛，于天后宫兴办明德小学校，于家设慎余小学校，于邻村斥山设日余半日学校，其经费皆出于一己之捐助，不以累他人，公之热心兴学也如此。公生于光绪二年，卒于宣统二年，得年三十有五耳。抱才不遇，隐身阛阓间，然且能造福桑梓，为一乡之保障。使天假之年，其措施必大有为，乃造物不仁，遽夺斯人以去，惜哉！

孙士林，字槐街，清附贡。性和平，与世无忤，乡邻有争者，力为排解。其林木禾稼，有窃取者，为所见则尽与之。业师张殿甲，贫老无依，延至家，待之忠且敬，及卒，为之具衣衾棺椁葬之，寿至八十余。子炳星，字立堂。清增生。有父风。殁后，乡人以“古道堪师”四字，额其门。

毕德序，字慎修。好善举。清末，路政不修，德序每与族人谦序，举畚荷锸，沿路修整，平高填洼，不遗余力，道中瓦砾亦悉除之。尝自谓窘于财，不窘于力。然劳力甚矣！殁后数十年，其子畯臣出赀修七星桥，盖亦善承父志者。

姜鹏年，号渭川。清候补县丞。性悃愊无华[①]。石岛附近桥路，都鹏年监工修造。民国元年，鹏年协同族长毓让及少芳、望年、锦年、镛年等，建筑姜氏宗祠。

袁桂芬，字丹卿。清庠生。鸿胪寺序班，以孝闻。乡人重其廉明，推为董事，兼宣讲员。善排解，一方赖之。地方设议会，又推任副议长。能除积弊以福民，其他联庄兴学，沿海植林，皆其卓卓者。

**李申之，县议事会副议长，鸿胪寺序班，长平发起人。《袁公碑》**

公讳桂芬，字丹卿。生而聪颖，长益奋勉，甫入邑庠，旋保序班。

---

① 悃愊(kǔn bì)无华：至诚而不虚浮。悃愊：至诚；华：浮夸。

尝曰：读书志在圣贤，业帖括吾弗为也[①]。承欢[②]尚有菽水，游远方予岂忍哉！于是笔耕舌耘，以供甘旨。昏定晨省，弗离庭闱，用劳用力，不诺不趋，此内行之著于家庭者也。既乡人重公廉明，推为董事。邑宰以公淹博[③]，聘作宣讲。排难解纷，一方利赖，劝忠教孝，四民景从。乡党绝争讼之风，里巷兴㧑谦[④]之化。此功德之著于乡里者也。迨逊清退位，民国肇基，博采群言，县则设有议会，老成取决。公因推任议长，权轻重，严出纳，预算力期其精确。审先后，辨利害，议案务求其福民。积弊尽除，旧邦维新。此事迹之著于区县者也。且仁者有后，竞蓬勃而兰桂齐芬，明德必昌，绍箕裘而功业愈显，此阴骘之著于后昆者也。至沿海植林，六品膺酬庸之赏，联庄兴学，十村感树人之功，尤其小焉者也。乃星沈南极[⑤]，群惊薤露[⑥]之歌，而寿祝麦邱[⑦]，亦征大德之报。既归真于天上，自无憾于人间。申之忝列姻末，夙蒙垂青。哀硕德兮凋零，吾将安仰；想遗容而悽怆，涕泗横流。虽在野之彦，史册无征，而仪式作碑，传世勿替，古之道也。今亦宜然。夫中郎之称有道，自谓都无愧辞；延年之诔泉明，用以旌其亮节。谨援前例，勒此贞珉，景行昭铭，以诏奕祀铭曰：

海如玉带，山似金鞍。山海钟秀，公生其间。半耕半读，养志承欢。讲诗习礼，可兴可观。立身处世，磊落造端。光前裕后，毕竟儒冠。哲人其萎，闻者悲酸。世风不古，来日大难。辅翼指导，心力畴担。瞻望前辈，涕泗潸潸，愿公默佑，长平长安。

---

① 业帖括吾弗为也：语出《明史·熊廷弼传》，比喻不做迂腐不切时用的事情。帖括：科举考试的一种形式。

② 承欢：指侍奉父母，使之欢喜。

③ 淹博：知识、见闻广博。

④ 㧑谦(huī qiān)：谦逊。

⑤ 星沈南极：即星沉南极，喻人逝世。沈：文中除姓氏外，皆通“沉”。

⑥ 薤露(xiè lù)：薤露之歌，指西汉李延年改编的一首诗，中有“人死一去何时归”句。

⑦ 寿祝麦邱：春秋时，齐桓公到麦邱，看到一个83岁的老人，命老人用自己的高寿为齐桓公祝福。此处用麦邱喻高寿。

李文垲，字竹山。清庠生。天性恬淡，雅好读书，无志于仕进。晚年犹静坐一室，以经史自娱，从不干预外事，人以为正直君子。

洪克明，字峻堂。清恩贡，候选教谕。历游河南、湖北各幕府，清操凛然。晚年旋里，授读义塾，敦品励行。邑侯与乡里人士咸钦重之。

张秉善，字余庆。清国学生。处乡里以和，性好善。乐施与其妻兄孙福海，尝劝为援例纳粟，以入仕途，藉展抱负，秉善抱高尚之志，隐居园林，培养花木，独得鸢飞鱼跃之天然真趣。其手植玉兰、冬花，迄今百余年，犹欣欣向荣云。

孙道修，字南峰。性谨严，规行矩步，人不敢干以私。喜奖掖后进，遇佳子弟则称道之不绝口。精书法，习阴阳家言，从未以自售。论者以正人君子目之。

姚毓璟，字慕唐，号希宋，文兴子，清庠生。孝友端方，谦冲和易，待人无我，共推敦品励学之士。其教授乡里，成就尤众。子景星，吉林农安县知县，自有传。

李景期，字秀菴。乐善好施，至今乡人重之。孙天府出仕，有政声，人皆谓厚德之报云。

姜礼文，性慷慨。村邻有穷困孤儿幼子，辄收为育养。乡邻无赀失学者，即力为之助，不求偿，因是乡里多敬礼之。

于鹏翔，字仲南，清庠生。品学优长，乡里矜式，设塾讲学，不计束脩。诸生王家均贫而嗜学，无力给膏脯，饮之、食之、教之、诲之，家均竟以成名，鹏翔之力也。

王业彬，字东堂。清庠生，性质直。民国初，缙绅士子避难石岛者，多保全之。

陈象瀛，字登甫。顺天府通判。精于医，名重京师。好施与，乡里德之。清光绪二年，荣成大饥，村人绝食，乃捐俸赈恤，赖以生活。

四年，阖村公送"为善最乐"四字额，以志不谖[1]。

王简清，字在庭，清岁贡。诱掖[2]后进，多所成就。道光辛丑，宁福营官弁往荣成海口，预防英夷，雪夜遇风，几濒于危。简清呼众拯救，幸而得免。韩都阃[3]云祥以"急公好义"额酬之，其门下士，亦有"均沾化雨"额，以志遗泽云。

## 宦 迹

儒生出任天下事，当为国家效其绩，以抚驭斯民，俾各得其所，泄泄沓沓[4]之谓何？县境士风浑朴，一秉至公，出身加民，往往能力持严介，衡文取士，牧民断狱，无尸厥官[5]，宦辙所经，歌讴载道，其亦可为邦人表率乎！

梁萼涵，字心芳，号棣轩。清嘉庆二十五年进士，改庶吉[6]。道光二年，授编修，充功臣馆纂、国史馆协修。五年，充顺天乡试同考官。九年，记名御史。十年，补授福建道监察御史，奏参海阳知县张兆祥，骫法[7]作脏各款，论如律。十一年，充河南乡试副考官，奏请杜保举冒滥之弊。又奏参宛平知县唐宗泰审案草率疲玩。十三年，升户科给事中，巡视南城，旋擢光禄寺少卿。十六年，授浙江按察使，平反施锦心冤狱，全活甚众。迁甘肃布政使。二十年，调云南布政使。二十二年，擢山西巡抚，查明山西被水被雹情形，请蠲缓抚恤。二十三年，奏

---

① 谖(xuān)：忘。

② 诱掖：引导、扶植。

③ 都阃(kǔn)：指统兵在外的将帅。

④ 泄泄沓(tà)沓：弛缓、懈怠。

⑤ 尸厥官：出自《尚书·夏书·胤征》，指昏乱糊涂。

⑥ 庶吉：翰林院庶吉士，官名。

⑦ 骫(wěi)法：枉法。

夏县六州县歉，请常平仓谷，以资接济。又奏右玉等十三厅州县，市粮少，未便采买请缓，至秋成后补买归仓，均如所请。二十五年，调云南巡抚，途次因病告归。二十九年，以在山西巡抚任内，裁汰交城县贡余皮张陋规，廷议谓为廉节自爱，奉旨召用。寻以骽①疾免。咸丰三年，命办理本籍捐输事宜，以捐备军饷优诏奖谕。常诫子孙曰：居官纵有善政，莫非职分所当为，若身后墓志行述，俱非吾志。即所作诗文，亦不得刊布。其务实不求名如此。八年卒。著有《伯孟书斋稿》。《国史》《山东通志》均有传。

张庆瑗，字新溪。以知县分江苏。清道光三年，江南苦潦，奉令赈灾，同事者及太守县令，皆倚庆瑗为重，苏枯润涸，地方藉以安辑。后任华亭县知县，以廉干称。其教民也以孝弟为先。尝谓孝弟本于天性秉彝②，人所同具，皆由牧民者不克③随时讲求，以致赋畀④之良，不胜其物欲之诱。是以货财则私于妻子，干餱则愆于家庭，甚至诟谇成风，阋墙肇衅，予深耻之。故所至必多方提倡、剀切晓谕焉！

孙福海，字补堂，一字镜寰。世居不夜村，即周莱子所筑不夜城之旧址也。始迁祖曰九旺，至四世祖文盛。清乾隆时，以开垦朔方⑤致富，遇贫苦者，赒恤之不少吝。朔方人号曰：孙善。后归，逮⑥玄孙，五世同堂，详载前志，是为福海之曾祖。福海寄籍宛平县学廪膳生。道光二十三年，顺天乡试举人。咸丰三年，拣发湖北以知县用。总督吴文节公，奇其才，延诸幕府，深资参议。巡抚胡文忠公，尤器重之。历署随州、谷城、汉川、天门、钟祥县、蕲州、兴国州事。而尤以随州、

① 骽(tuǐ)：腿。

② 秉彝：执持常道。遵守普遍的道义。

③ 克：能。不克，不能。

④ 赋畀(bì)：给予，特指上天赋予的权利、品德。

⑤ 朔方：北方。此处指东北地区。

⑥ 逮：至、到。

谷城、钟祥劳勚为最。光绪元年卒。子葆源,同知衔,指省[①]江苏试用知县;葆田,进士,安徽宿松、合肥县知县;叔谦,举人,知河南虞城、阌乡、武陟、祥符、杞县、光州事;季咸,拔贡。《山东通志》有传,葆田、叔谦、季咸自有传。

## 录《山东通志·孙福海传》

孙福海,字镜寰,一字补堂。荣成人。道光二十三年,顺天乡试举人,以知县发往湖北补用。咸丰三年到省。四年夏,署随州事。六月,武昌陷,时大军驻德安,粮台在襄阳,随州适当冲区。奉文增设驿传,备办军器。五年,武昌重陷,随大营驻德安,冬署谷城县。六年冬,襄匪起事,时提标兵以军饷不继欲为变。福海多方镇抚,乃假贷以济之,兵卒以辑。七年春正月,卸事,百姓立碑颂之。夏四月,署汉川县。莅任甫一月,政声大起。八年夏,粤匪[②]再犯湖北,连陷黄安、麻城等县,武汉戒严。福海时已卸任,专办民团。秋八月,署天门县。天门本湖北名邑,自兵燹后,迭经水患,民生无聊。福〈海〉为兴修钟祥狮子口堤,百姓赖其利。先是,邑中征册被焚,胥吏因缘为奸,福海乃为书数千言,上之大府,力陈钱漕积弊,并请核办,巡抚胡林翼从其议。在任三年,集众安民,兴学教士,一以实心实政,天门人为立生祠。旋因公罣吏议,二年夏,开复原官。五月,署汉阳县事,县有镇曰汉口,荆湘吴豫之间一大都会也。值中国与西人立和约,中外趋商者日益众。福海遇事持正大,诸西人皆敬畏之。又因汉镇无堡砦,居民频警寇患,乃建议就湖边筑堡一千九百数十丈〔堡〕。而民利之事,无大小皆立予判决。日坐厅事,阅文书,夜分不懈。明年,大军克复金陵,湘军遣还,过汉者以数万计,供应无缺。秋九月,复署钟祥县事。

---

① 指省:清代行捐纳制,士民捐资取得官员资格后,再出一笔费用,指定到自己希望的省份去候补,叫"指省",也称"指分""分指"。

② 粤匪:清廷对太平天国起义军的污称。

五年冬，贼渠任柱、赖汶洸率众数万，由豫寇楚，犯〈黄〉安[①]，至则陷天门，趋钟祥，遂窥郡城，居民恇惧。与知府某同心协力，严加守御，募丁壮为团勇，合城中兵二千人登陴固守。福海夜草羽书敌楼上，驰诸路求援，目不得交睫者五十余日。会巡抚曾国荃驻德安，檄总兵伍维寿等来援，击胜之，贼惧乃东走。是年秋，汉水溃钟堤，偕当事劝完工，及筹办赈济事，邑人立碑纪其绩。旋署蕲州，复署兴国州。兴国接壤江西，商贾辐辏，民情素号难治。于是德威并用，民大悦服。光绪元年，赴崇阳办茶厘，事竣回省，遽患痰喘。入冬后病渐亟，遂卒于省，年七十有七。

孙葆田，字佩南，福海次子。清同治甲戌进士，授刑部主事，改知县，铨授安徽宿松。后调合肥。有朝贵家之从人，倚权势，以殴人死。葆田性刚毅，凡事皆实事求是，不为阿附，检验得实，论如律，遂自免归。历主山东尚志堂、河南大梁书院。张勤果公抚东，奏请续修《山东通志》，延为总纂。勤果公薨，遂中辍。其后，东抚杨文敬公，复请主志局，遂订志例，从事采访三年，成书百余卷。宣统二年，归里度岁。明年正月，无疾卒，年七十有二。《清史稿》及《山东通志》均有传。

## 录《清史稿·孙葆田传》

孙葆田，字佩南，福海次子。清同治十三年进士，授刑部主事，改知县，铨授安徽宿松。勤政爱民，日坐堂皇，妻纺绩，室中萧然如寒士。调合肥，大学士李鸿章之傔人[②]，横于乡，以逼债殴人死。葆田检验尸伤，观者数万人，恐县令为豪强迫胁，验不实。葆田命仵作[③]曰：

① 〈黄〉安：原稿此处只有“安”字，查天国志任柱传，应为“黄安”，故补“黄”字。

② 傔(qiàn)人：侍从。

③ 仵(wǔ)作：旧时官府中检验命案死尸的人。

“敢欺罔者论如律。”得致命状，人皆欢噪，谓包龙图复出，谳[①]遂定。有御史劾葆田误入人死罪，诏巡抚陈彝按之，卒直原谳[②]。葆田遂自免归[③]，名闻天下。逾数年，安徽将清丈民田，巡抚福润疏调葆田主其事，辞不赴。贻书当事，言清丈病民，陈清赋之要：“熟地报荒者，当宽其既往，限年垦复。平岁报灾者，当儆其将来，分年带征，弊自可除，无事纷扰。”时以为名言。葆田故从武昌张裕钊受古文法，治经，实事求是，不薄宋儒。历主山东尚志堂、河南书院，学者奉为大师。巡抚张曜疏陈其学行，赐五品卿衔。中外大臣迭荐之，诏征不出。宣统三年卒，年七十。著有《校经室文集》《孟志编略》《两汉传经考》等书。

## 录历城毛承霖《山东通志·孙佩南先生附传》

孙先生葆田，字佩南，登州府荣成县人。寄居潍县。父福海，道光癸卯举人，湖北知县。先生少嗜学，笃好左、国、韩、柳、欧、苏[④]之文。既随父之官，受古文义于廉卿张先生，遂得进窥归方堂奥[⑤]。时单伯平学博，讲学于济南，先生归复从之游，因文见道，蔚为儒者焉。同知庚午举于乡，甲戌成进士。观政刑曹。光绪初元，以忧[⑥]归，家贫积累，乃以改外请[⑦]。八年，选授安徽宿松县知县，以经术为治行，翕然[⑧]称循良。十一年乙酉，分校江南乡试，调署合肥县知县。合肥多勋臣子弟，率倚势为不谨，以挠有司之法，号难治。先生一以公明处

---

① 谳(yàn)：审判定罪。

② 卒(zú)直原谳：最终维持原判。

③ 遂自免归：于是辞职归乡。意谓虽维持原判，但孙葆田由此看出官场黑暗，于是辞职。

④ 左、国、韩、柳、欧、苏：指《左传》《国语》、韩愈、柳宗元、欧阳修、苏轼。

⑤ 遂得进窥归方堂奥：于是得以领会(古文义)的规范和深奥的意旨。归方：建筑的施工规范，借指事物的规范。堂奥：房屋的深处，借指事物的奥秘。

⑥ 忧：即“丁忧”。古代官员父母去世，须辞官回里，为父母守制，称“丁忧”。

⑦ 外请：请求外放，任地方官。

⑧ 翕(xī)然：形容众人言论、行动一致。

之，皆不敢干以私。会有县民某，逋[①]巨室租，巨室嗾豪奴威索，殴县民致毙。先生闻其事，立往验治。当是时，巨室方以利啗[②]死者家，希罢讼，而又狃[③]于有司之莫敢谁何也，殊不以屑意。民亦习知令之畏巨室也，道路藉藉，虑死者不获直[④]。及先生至，依法验得殴伤状，民则大喜过望。奴前致辩，复痛予笞，众益踊跃欢呼，无不额首颂神君者。于是先生具其狱径白大府，同列者多为先生危，而皖抚陈公独韪[⑤]之。未几，巨室将摭他事中[⑥]，先生遂引疾归。于时直道犹伸，先生既以文行著称，又以强项名天下。去官后，疆吏礼聘，日至其门，先生辄婉辞谢之。后乃应山东巡抚张勤果[⑦]之招，主尚志堂讲席，日训诸生，以敦本务实。辛卯乡试，得举多人，咸以为教泽所致也。十六年，勤果公奏请续修《山东通志》，延先生为总纂。未逾年而勤果公薨于位，继其任者，不复以局事为急。时先生弟六皆[⑧]官于河南，先生乃往视之。大吏闻知，留主大梁书院，旋聘为大学堂监督。未几，六皆君殁于光州，先生护其丧归潍县，一门孤嫠[⑨]，皆赖以存活。用此累益重，家亦益贫，而先生处困境，于辞受取与之节益介，然无所枉桡，由是学者识与不识，翕然推服之。海城李公之抚东[⑩]也，尤重其学行，奏请于朝，奖以五品卿衔。至丁未冬，东抚杨文敬公，复请主志局，乃携幼孙来，与法容叔征君商订略例，访求通才相助。既而法征君归道

① 逋(bū)：逃亡、拖欠、拖延。此处指拖欠。

② 啗(dàn)：用利益引诱。

③ 狃(niù)：因袭，拘泥于、碍于。

④ 直：此处指公正、正义。

⑤ 韪(wěi)：是、对。

⑥ 摭(zhí)他事中：摭，本义是拾取，此处指摭罗，即罗织。摭他事中，是罗织罪名牵涉到别的案件中。

⑦ 张勤果：张曜，谥勤果，曾任山东巡抚。

⑧ 六皆：孙葆田弟孙叔谦，字六皆。

⑨ 孤嫠(lí)：孤儿寡妇。嫠：寡妇。

⑩ 海城李公之抚东：抚东，指巡抚山东。海城李公：指李秉衡，海城人，曾任山东巡抚。

山[1]，先生独为其难，顾以采访稽覈[2]。阅三寒暑，仅成书百余卷。宣统二年岁暮，先生将归度岁，承霖适奉存古学堂监督之檄，先生亦膺教务长之聘，遂就与商定规则。乃别不十日，遽于辛亥正月朔日，卒于潍，年七十有二。赴至会垣，官绅士庶罔不以明德殂谢相叹息，不仅承霖两代契交数年，晨夕为之唏嘘不置也。先生伟躯干，轩眉广颡，举止严重，虽盛暑长服不去身，平居不为戏谑。然与友朋辈谈往道古，娓娓千言不倦。其以诗文请业者，循循善诱，必使人心悦意解而后已。天未曙即起，秉烛读仪礼、四子书以为常。乐友朋而不喜声气之交，在都日唯与吾师宗室盛伯羲祭酒，暨福山王文敏公、黄县王松溪太史过从，以道义相砥砺。暇则萧然一室，与先哲像设相晤对而已。工诗古文辞，而不受谀墓之金。其人有可称则欣然执笔，从其请；非其人即绝不为。性慷慨好施，笃于内行，修脯[3]所入，为亡弟理宿逋[4]，为群从赡寡弱，又复分济贫寒，不稍靳惜。尤好刻古籍以饷后学，如《孙明复集》、杜氏《春秋会义》、黄氏《读礼日钞》、赵氏《孟子注》等书，皆节衣缩食之所留遗也。先生无子，以弟之子兼祧[5]而以孙寿麟为之后。生平著作已刊者《孟志编略》，其校《经室文集》六卷，刊于吴兴刘氏者，乃殁后同人搜诸其家为之编辑。其他文字杂录，散佚不知凡几也。今《山东通志》稿本初就，先生已前卒，因撮举崖略，俾后之景仰耆德者，知是书为先生所经始也。

孙叔谦，字六皆，福海次子。清同治癸酉举人，历知河南虞城、阌乡、武陟、祥符、杞县、光州事，有循声。其治阌乡也，创筑石坝以御水灾，民德之，为立生祠于武陟。能先事预防，水不为害。补光州，涡阳

---

① 归道山：出自《冷斋夜话·东坡和陶诗》，是死亡的意思。

② 稽覈(hé)：查考核实。覈：同“核”。

③ 修脯：旧时称送给老师的礼物或酬金。

④ 宿逋：积累的拖欠债务。

⑤ 兼祧(tiāo)：一个男子同时继承两家宗祧。兼祧人不脱离原来家庭的裔系，兼做所继承家庭的嗣子。

饥民及息县土寇谋掠光州，以有备，贼不敢犯。又修弋阳书院，以课士。置扶光阁，广购书史，纵人入览，文风蔚起。庚子之役，联军入京师，州属息县、商城伏莽[①]，欲乘间作乱。叔谦单骑巡行村落，谕以利害，众皆窜逸。明年，卒于任。《清史稿》《山东通志》均有传。

## 录《清史稿·孙叔谦传》[②]

孙叔谦，山东荣成人。同治十二年举人。光绪十四年选授河南虞城县知县，改补阌乡。既受事，创筑石坝，御濒河泛滥之患，民生祠之。调补武陟，武陟当沁水入河之处，数溃决，坏民田庐。叔谦先事设防，水不为患。二十一年，举大计卓异，调补祥符，旋署杞县。二十四年，升补光州，时涡阳饥民为乱，息县土寇谋掠光州。光州既富实而武备又虚，居民大扰。叔谦捐金治城募敢士，克日训练，严举乡村保甲，清奸宄之源，屹然有备，贼竟不敢犯。则大购书弋阳书院以课士，学风渟然。贫者施绵衣钱米，以裕足岁之谋，遂无冻馁忧，陈许饥乡人携老扶幼来州就食，奸人多诱买其孥[③]，叔谦严禁之，筹赈以济。晨起则听讼堂皇，人自谓不冤。二十六年，京师有联军之难，款议未集而州境息县、商城边楚皖，故多伏莽，欲乘间作乱。叔谦单骑赴二县巡行村落，谕以利害，所至民聚观之，皆曰：吾父母来矣！虽夙号桀骜者，亦感其诚，由是奸徒皆窜逸。二十七年卒。

## 录《山东通志·孙叔谦传》

孙叔谦，字六皆，荣成人。父福海，举人，官湖北知县。叔谦，同治十二年举人，选河南虞城县知县，改补阌乡。创筑石坝，以御河患，民立生祠。调补武陟，邑当河沁之交，数决溃，坏民田庐。叔谦先事

---

① 伏莽：潜藏的盗寇。

② 查现在《请史稿》未见《孙叔谦传》，此处所录，不知出处，故且存疑。

③ 孥（nú）：子女，也指妻子和儿女。

设防，水不为害。举卓异，调祥符升光州直隶州知州时，涡阳饥民为乱，结息县土寇谋掠光州，州号富实而武备久虚，居民惊扰。叔谦捐金治城，募勇敢，严保甲，屹然有备，贼不敢犯。修弋阳书院以课士，广购书史，纵人入览，文风大振。陈许饥民来州就食，奸民多诱买其孥，叔谦严禁之，筹赈以济，晨起则听讼堂皇，人自谓不冤。二十六年，京师有拳民之难，而州境息县、商城边楚皖[①]，故多伏莽，欲乘间作乱。叔谦单骑，赴二县巡行村落，谕以利害，所至民聚观之，皆曰：吾父母至矣！虽夙号桀骜者，亦感其诚，由是奸徒皆窜逸。二十七年卒。国史列循吏传。

李健鹏，字少南。清咸丰己未恩科举人。辛未大挑一等，分广东，叠次分校[②]，粤闱极称得士。历署石城、文昌、海康县事，后补澄迈县知县，所至以勤政爱民称。旋为谗言中伤，以赃私罢职，厥后至不能成行[③]，始知其诬。子寅龄成进士，乃扶之归。

梁世焜，字浦生，瑨森子。清廪贡，中书科中书选用刑部郎中。光绪二十三年，刑部改并司法部，派宥恤司江南科管股、宥恤司江西科主稿上行走，旋派充京师地方审判庭候推事，奏派热河都统衙门办事司员。三十四年，派清讼局命案股委员。宣统元年，派审判筹备处调查科科长。二年，禽[④]获著名巨匪胡一江，案内出力，奏保赏加四品衔。

姚景星，字筱慕。清庠生。毓璟子。光绪时，由实录馆以州吏目即补县主簿，分吉林。历任伊通州吏目、双城厅典史、新城巡检、山河屯府经历。勤政爱民，有政声。其在山河屯也，值庚子之乱[⑤]，俄兵

① 边楚皖：与湖北省、安徽省交界。

② 叠次分校：指其在广东多地为官，历经考核。

③ 不能成行：指因为官清廉，连回家的路费都没有，故回不了家。

④ 禽：同“擒”。

⑤ 庚子之乱：指1900年，八国联军进犯北京。因1900年是中国农历庚子年，故称庚子事变、庚子之乱。

至，大吏争避，景星与俄将争辩不少让，卒赖以安，士论重之。二十九年，授农安县知县，抚流亡，辟荒芜，政尚宽大，而治匪则严。于士子力劝习新学，以储实用，并以赀分别送入省府各学堂。二年，调署磐石，民为之立“去思碑”，以纪德政。至磐石一如在农〈安〉时，有天主教徒，恃主教护符，欺压良善，历任以投鼠忌器优容之。景星一绳之以正义，民教胥安。任满调省，擢即补同知。归里后，义举甚多。以学校甚少，创办启文两等小学校，附近子弟得以免费。事闻山东巡抚，奏准奉旨建坊以旌之。子元震能继父志，乡里重之。

## 山东省政府秘书长、建设厅厅长、滕县李庆施《筱慕姚公传》

姚景星，字筱慕。庠生。毓璟公长子。幼承家学，端重有法度，性刚毅，不苟言笑。光绪八年，以实录供事，恭录穆宗毅皇帝圣训，校勘完竣，出力赏六品顶戴，州吏目即补县主簿，分发吉林。历任伊通州吏目、双城厅典史、新城巡检、山河屯府经历。勤政爱民，所过有声。任山河屯府经历，时值庚子之乱，俄兵将至，大吏争避，公独抱城亡与亡之旨，不肯去。与俄将分庭抗礼，折冲樽俎[①]，卒致阖境无扰，人民安堵，士论重之。二十九年，授农安县知县，到任后抚辑流亡，开辟荒芜，案无流滞，民鲜冤狱。虽政尚宽大，而治匪则严厉不稍贷。于士子之优秀者，广为培植，力劝其改习新学，以储实用，并以资分别送入省府各学堂，盖预知科举之将废也。在任二年，调署磐石县。去之日，人民攀辕卧辙，祖饯[②]数十里，有痛哭失声者，为立“去思碑”，以纪德政。抵磐石，为政一如在农时。邑有天主教徒，恃主教为护符，欺压良善，历任以投鼠忌器类予优容。公则力反所为，一以正义为指

① 折冲樽俎(zūn zǔ)：折冲，击退敌人战车；樽俎，古代盛酒肉的器皿，借指宴席。在宴席上击退敌人，意谓在谈判中制敌取胜。

② 祖饯(jiàn)：古代饯行的一种隆重仪式。祭路神后，在路上设宴为人送行。

归[①]。主教干谒[②]，拒不纳，教徒为之敛迹。任满调省，擢即补同知。公服官二十载，以端正勤能为大僚所器重。而治狱精审，尤负盛誉。居省时，辄委为将军府帮审、吉林府承审等职。凡疑难大狱，悉以授公，而公亦平反实多。年五十七，告病回里，恺悌慈祥，乐施尚义，凡戚族里党中之婚嫁丧葬，贫不能举者，辄周济之。而对于士子之优秀无力赴试者，尤必力助资斧，不少吝。时荣邑乡小学，仅有宾兴一处，公以贫寒子弟多，不能远道求学为虑，首捐纹银一千二百两，创办启文两等小学校。于是附近子弟均得免费入学，里人至今赖之。事闻于上，经山东巡抚奏准，奉旨建坊，额题"乐善好施"，以旌善举。卒年六十，远近哀之。子元震，字伯起，太学生。以启文经费不敷，校舍渐隘，续捐银五百两，建筑费四百千，论者谓其能承父志云。

陈秉信，字子符，号庆堂。清道光十五年举人，二十一年成进士。以知县分湖南，告近改掣直隶。时陈氏人文蔚起，秉信乡、会榜俱与其侄象需同捷。他如秉介、秉俭、秉受及象瀛、象溥、象灏、象涑、象沅、象源、象湖、象澐、象淜兄弟叔侄都入仕途，诚一时之盛也。初任直隶、元氏、邯郸、灵寿，有循声。后回湖南知龙阳、耒阳、泸溪县事。其知耒阳也，尤有政绩，将改组[③]，邑人士联名乞留。以侄象需授衡永郴桂道，例当回避，乃调知泸溪。《耒阳县志》有传。

### 录《湖南耒阳县志·陈公秉信传》

陈秉信，号庆堂。进士。同治元年，知耒阳县事，俭以养廉，刑清政简，诣乡勘验命件，山岭沿途食粥，惟书差数人相随，民不知有夫马累。邑人士闻将解组，值乡试，联名禀请大吏乞留。以侄授衡永郴桂道，应回避未允所请，不胜去思。

---

① 指归：主旨，意向。此句意为以正义为准则。

② 干谒（yè）：干，求取；谒，见。指为某种目的而求见。

③ 改组：改派他地为官。组，系官印的丝带。

陈桐，字峄南。例贡，济阳教谕。以卓异任江西乐平县知县，多善政，邑人德之。去任时，公送“清廉勤慎”四字，悬于堂。

张贤符，字筠亭。清光绪二年举人，六年成进士。以知县分四川，历充乡试同考官，任南部屏山、乐山、荣昌知县，汉州知州。时匪有名为红灯照[1]者，焚杀劫掠，闾阎骚扰，乱日益滋。贤符下车伊始，即创办镇武军，躬率士卒，剿平匪患。在任一载，廉洁自持，循声大著，民皆德之。时双流县焚毁教堂，前任某褫职[2]，以贤符继之。贤符接办交涉，法人条件苛刻，贤符据理力争，抗不允许，大吏畏势承认，遂致仕归。归后，见村西文昌阁颓圮，捐赀修之。

洪炳然，字灼亭，星叔子。清庠生。法政学校毕业。性正直，心慈祥。任安丘景芝镇警长，代理安邱县事，奉道委赴石岛查办渔税，渔户误会，聚众凶殴，炳然身被重伤。道宪派轮严首要[3]，炳然恪遵父命，不忍以报祸桑梓，力请罢究，保全甚大。未几，炳然因伤殒命，部颁恤金千元褒奖之。时父母在堂，吴渔川观察永挽以联，语云：“拼一死，排难解纷，侠比仲连，桑梓获安，终瞑目；问三生，来因去果，嗟同伯道，椿萱何托，倍酸心。”

王宝山，字耀崑。貌魁梧，有干略。幼隶军籍。甲午中日之战有功，补千总。入民国，擢任安武军统领。时江淮间，盗氛方炽，调防定远淮河间，剿抚兼施，恩威并用，防区得以安谧。加陆军中将衔，简任将军府将军。

蔡德胜，幼从军，以功充哨官。清光绪二十年，中日之役，调凤凰城帮带。与日人力战阵亡。加守备衔，予以云骑尉世职。

邵纬武，清庠生。有成子。十八岁隶军籍。咸丰间，奉僧王调赴淄川，征讨捻匪，以军功加五品衔，赏戴蓝翎。同治十二年，捻匪又

① 红灯照：义和团运动中以女青年为主的组织。清廷后污称为“匪”。

② 褫(chǐ)职：革职。

③ 派轮严首要：派兵船来严查首要。

起，复经僧王调升营官，率马步队在高唐州小井庄力战，身先士卒，众寡不敌，遂阵亡。时年才二十三岁。予以云骑世职。无子，以弟宝森子国铭为之嗣。

张贤符[①]，字筠亭。清光绪丙子举人，庚辰进士。以知县分四川，历充乡试同考官，任南部屏山、乐山、荣昌知县，汉州知州，调任双流。官汉州时，红灯照匪为乱方烈。贤符初下车，即创镇武军，躬率士卒，剿平匪患，循声大著。继任双流县时，前任以乡民焚毁教堂去职，贤符继办交涉。法人条件苛刻，与之力争，抗不允。大吏畏势承认，遂致仕归。

## 行　谊

人伦之至，孝弟[②]为先。然为父母者，必有以教导之。而后孝亲敬长之道始家喻而户晓。跻乎，此则家庭皆有贤子弟也。推而至于一乡一邑，凡谊所应为者，皆不避艰险，挺身而出，必求达其目的而后已。县境虽僻小，至性过人者，犹大有自然之流露。在今日，当以凤毛麟角视之。

李明修，字献廷，清太学生。性敦厚谨严，幼失恃，事父与继母以孝闻。兄弟五，奉父命析居。明修以叔弟殁，其妇寡，两季俱幼，以田宅三分之，修与仲弟同居，无所取。堂上甘旨[③]，一身任之。初修未弱冠[④]，游京师，为从兄黻堂纪纲商业，至是有年，赍[⑤]金归，命仲置田宅。

① 此处与上页“张贤符”重复，考虑有些内容不同，故存于此。

② 孝弟：即孝悌。

③ 堂上甘旨：堂上，指父母。甘旨：饮食。

④ 弱冠：古代男子二十岁行冠礼，表示已经成人，但体未壮，所以称弱冠。后泛指男子二十岁左右为弱冠。

⑤ 赍(jī)：怀抱、带着或给予。此处为带着。

及返里，又悉以予仲而自赁庑以居之。子健鹏，清咸丰九年举人，仲鹏，庠生。

卢光墀，性端谨，无厉色，无违言，少颖悟。后以贫辍读就商，其师王寅清每为之惋惜。兄取妇悍，兄懦不能制。弟性躁，妇姑嫂叔，时有勃谿[1]，墀常长跪母前，俟母霁颜[2]，然后起。久之，嫂欲分爨，墀请两分之。父母之养，墀独任焉。厥后母年八十，父年百岁，甘旨之奉，服事之虔，丧葬之如礼，悉墀是赖。

刘炳煦，字镜堂。清恩贡。事继母以孝闻，尝讲于体乾书院，一时俊秀多出其门。

姜毓瓒，号卣堂。清太学生。幼孤，事继母未尝废礼。偶有小过，长跪哀求。侍母疾，未尝解衣就寝，孝行闻于乡里。后为继母请旌建坊。晚年议修族谱及祠堂，未及进行而殁。

姜玺，性纯孝，捕鱼养亲。每逢亲怒，长跪母前，俟颜霁乃起，后于海中遇狂风，沈于水以殁。闻者莫不哀悼之。

姜丕田，号书臣。清庠生。事亲孝，以勤俭自励继述先业。济人之危，倾囊无吝。晚年子孙绕膝，人以为孝感所致。

姜毓梓，字琴斋。性孝友，事庶母如母，待兄弟无歧视。持家严谨，外言不入，内言不出。

姜钟岳，原名延芳。清岁贡，候选训导。以孝友闻，讷于言，发愤读书，乐以忘食，文名重一乡。生徒济济，南乡之列庠序者，多出于门下。

姜毓谦，字益堂。性温和，以孝友闻。父母殁，与弟毓让同处，友爱弥笃，终其身如一日。族人甚敬重之，谓能守吾家大被之风者。壮年失耦，不再娶，委子女与弟妇战氏。治家严，对于公益，最热心焉。

姜本进，字富有。清太学生。性慷慨，好施与，拯危济贫，唯恐不

① 勃谿（bó xī）：家庭中的争吵。

② 霁（jì）颜：怒气消散，面色转为平和。

及。初业儒以贫服贾[①]。尝至海州，有武迎吉者，告贷于旅次，数为推解，久亦渐稔，遂助以资斧劝之从戎。迎吉遂从军，后官至登州镇，曾造门请谒。进贫时，曾与兄本盛析爨。及起，家兄已早逝，遗子一，流徙辽东，遣人觅归，为之议婚，胥以其贫却之。进曰：侄犹子也，是吾之责，慨与沃田五十亩，立券附婚书，乃联姻。今兄裔繁衍，乡里称盛举焉。

姜麟祥，号瑞甫，字少芳。清庠生，鸿胪寺序班。父毓梓，蚤卒。无子，本生父毓桂以祥为兄后。性孝友，工诗古文辞。事母以孝闻。母氏梁，性严峻，稍拂意，必谯责。祥辄跪母前自疚。初祥在京师，为父母暨本生父母请五品封典，寝疾，衣冠备，封轴尚未到。其母曰：封轴不至，有敢以五品服加吾身者，是为不孝。翌日，祥奉封轴归，母笑颔之，其明大礼有如此。母殁，哭之哀。同县孙葆田称为孝子。时有殷某，幼而痴，遇祥致敬礼，无狂态，人皆谓一诚感之也。晚年，杜门不出，惟督子孙读书。尝〈曰〉：世愈乱，学愈不可不讲。平居最喜读《汉书》，习天文。尝言天垂象，确有征验云。胶州柯劭忞为之撰墓志铭。

## 萧县徐树铮[②]《姜少芳先生家传》

先生讳麟祥，字瑞甫，少芳其号也，姓姜氏。自明季避乱山东荣成县石岛，遂家焉。世业儒，曾祖元信，祖丕田，皆诸生，父毓桂亦以诸生贡成，均候选训导，学行播远迩。先生潜心经史学，究天人其渊源，皆有自也。事亲孝，服勤奉养，不矜矜作意，而自然有合于古所云为人子而能竭其力者之所为。父疾，昼〈夜〉侍恒逾月废寝。及居丧毁瘠几殆世。父毓梓早卒。世母梁宜人，以先生后之，其事宜人如所自出。遇人接物，一本于诚。乡里有辩执，往往得先生一言砉然各解

① 初业儒以贫服贾(gǔ)：起初读书后来因贫困经商。贾：商人。

② 徐树铮：江苏萧县(今属安徽)人，中国近代史上的政治、军事人物，北洋军阀皖系名将。

以去。见人贫乏不克自存，即非素识，亦推解恐后。里有狂而痴者，裸身嚣骂，无或敢近。一日，先生出，遇诸涂，痴则拱立道左，俨然礼貌，盖惠感之所入者深矣。光宣之际[①]，荧惑[②]守箕[③]浃辰[④]，又绕帀[⑤]心宿[⑥]而没。先生状至遑遽，谓人曰：箕者后妃之府，心者帝王之座。荧惑两犯之殆，不免大咎奈何？闻者迂笑焉！俄而哀诏下，孝钦皇太后、德宗景皇帝[⑦]相继殂落，人又色然异，谓言之非诬也。先生澹遗荣利，怀蕴明哲，知世乱将至，持躬益简讷，应事益戒慎。辛壬鼎革[⑧]，无智愚贤不肖，争抵掌论政，先生独退，然若不自胜，恐或有闻其名。吏绅数议征举，咸谢不应，自是杜门高卧，非亲旧深相知，罕获谋面。晴明之夜，或徘徊步月，或登高仰眺天象，间亦曼声吟诵，微畅所适，兴怀所寄，虽旁立莫及知。惟闻州郡立学校，崇艺术，周孔之经，概废不讲，尝与耆老扼腕太息，以为害于而家，凶于而国，必自此矣！因相戒子孙读书必以六经为先。壬戌秋九月十六日卒，年六十有八。子忠埒、忠塾、忠壁、忠奎、忠型、忠珪。忠埒早殇，忠奎淹通经学。

徐树铮曰：天之于人，固不能忘情也，则垂象以见吉凶焉。自欧西艺事兴世，欲尽取天之所为，一一而人知之而人能之，于其所不得知，所不得能，幸古之人先已窥见。天之至隐，特揭吉凶之例，以天之不忘情，示人蕲[⑨]共见。天之信而有征也，则群哗然，谥[⑩]之曰迷。呜呼！古之人宅心忠厚，忧世至远，讵彼浅见之夫所可望哉！夫日亏月

① 光宣之际：即清光绪、宣统年间。
② 荧惑：火星。
③ 箕：星宿名。二十八宿之一。
④ 浃辰：古代以干支纪日，自子至亥一周十二日为“浃辰”。
⑤ 帀(zā)：绕。
⑥ 心宿：星宿名。二十八宿之一。
⑦ 孝钦皇太后、德宗景皇帝：指慈禧太后、光绪皇帝。
⑧ 辛壬鼎革：即辛亥革命。1911 年为辛亥年，1912 年为壬子年，故合称“辛壬”。
⑨ 蕲(qí)：祈求。
⑩ 谥(shì)：此处意为“称为”。

食,躔度差贷,钟鼓无所事其救,古之人宁不知之,顾必曰:适见于天君,后为之素服。夫亦欲致戒于临民者之心,俾及时修荡群官六宫之职事焉耳。夫日月亏食,其期必不能皆当于可适之实然亟兢兢焉,应之以修荡之衷,固于人无害,而天之所甚愿也。推之星孛震电,山崩川竭,孰非然者。然则今之所哗,愈以见古之知天信天,其知其仁,有不可及,何者?彼非有所侫也,亦默体天心之所在,不能忘情于人焉耳。吾于经训见之矣!然先生亦非忘情于人可知也。吾于先生未及识,识忠奎辛酉之春。吾既走海隅,密书[①]抵胶州柯先生劭忞、新城王先生树楠,请为延师授经儿辈,且云:愿得老宿颇似两先生者,树铮将父子同事之。于是两先生并逾七十矣,共介忠奎。至年甫二十有五,貌充霭粹然可挹,既闻先生行事大略,趋庭有训,则亦良不足异。世弃周孔耻言礼仁,峨峨庙朝曾无一人焉知尚经谊。于是人与天隔绝愈远,而乱靡有究,忧心惸惸,吾与先生同此弗释矣!汉明不作,冀重见辟雍临讲[②],百官被服,儒素亿万,〔亿万〕圜桥[③]而观听,势已必不可能。吾意汲引儒士,诱掖之使从政,反经以兴,庶民识涂轨之径者,忠奎即其选也,特吾方播越风尘,行吾之言,未知何日邦之执政;孰能行此,又未知何人。此吾所为累欷而不置矣。

姜锦年,号绣庵。清太学生。事继母以孝闻。性敦厚,讷于言,喜读善书。亲族有辩执者,辄尽心力而劝息之,未尝稍动声色也。晚年协同族众振亭、子丰、伯艺、叔明、辑五等,续修族谱,以重追远之举,其淳厚之德,乡里多敬慕之。

唐鼎元,字肅臣。清太学生。性温和,事孀母以孝闻。弟德元

---

① 皖系军阀失败后,徐树铮曾遭北洋政府通缉,逃亡日本,故文中有“既走海隅”和“密书”等语。

② 辟雍临讲:东汉明帝亲临太学讲解儒家经典。辟雍,周代太学名。后指读书或文人聚集的地方。

③ 圜桥:周代太学,周围环水,其上架设的桥即称“圜桥”,有四门,以桥通。《后汉书·儒林传序》:“飨射礼毕,(明)帝正坐自讲,诸儒执经问难于前,冠带缙绅之人,门而观听者盖亿万计。”

殁，其妻李氏守节抚孤。鼎元敬其贞操，善遇之以成其节。生平善青乌术[①]，又精推拿，活乡里小儿无算，远近称善人。子倬云、犹子栋云，亦精推拿术，长孙石麟以第一名游邑庠，鼎元犹及见之。时有两世节孝，五世同堂之赞语，盖纪实也。宜乎人以为厚德之报云。

## 邑进士李寅龄《祭唐熏臣文》

昔君烈祖，丕扬武勋。终明之世，世诵清芬。乃及王父，修德维勤。笃生吾子，绍美能文。言耻出口，行防辱身。少事寡母，纯孝著闻。长抚弱弟，友于克敦。棣华殒月，荆树埋尘。影沈雁侣，音断鸰原。慈闱茹痛，非君何申。孀孤孑立，非君何存。君有至性，人无闲言。俭而弗陋，朴而弥真。耸峰共峭，阳和比温。和悦满室，肃雝[②]在门。芳风晻蔼[③]，善气絪缊[④]。如金之粹，如兰之馨。哀此幽旻，有道是亲。如何茫昧，歼我古人。海阔云黯，天高日昏。少微匿彩，太素归神。里巷心悼，行路沾巾。鹤去不返，蝇吊[⑤]无因。云胡不痛，贤哲中湮。我心忉怛，载瞻榆枌。敬陈奠馈，以慰子魂。

许赓䜩，清庠生。少失怙，䜩及弟妹皆以母为依倚。后母老且多病，䜩辍学事母，暇辄教诲弟妹。弟妹长，又为之料理婚嫁，母寿至高年卒。

鞠俊猷，幼从其父，往辽东垦荒，因家焉。适父外出，为胡匪所虏，猷亲诣匪所乞代。匪持刀恫吓，猷泣曰：吾弟三皆幼，依父为命，无父则俱转沟壑，无我则毫无所损。匪义之，乃释其父，而质其子。父归，贷金赂匪乃得还。后父母年八旬，偶有疾不食，猷亦食不下咽。

---

① 青乌术：又称“堪舆术”，是风水学的又一名称。

② 肃雝(yōng)：出自《诗经·周颂·清庙》：“于穆清庙。肃雝显相。”肃，严肃恭敬；雝：和谐。

③ 晻蔼(ǎn ǎi)：《楚辞·离骚》：“扬云霓之晻蔼兮，鸣玉鸾之啾啾。”晻蔼：遮蔽、笼罩。

④ 絪缊(yīn yūn)：古代指天地阴阳二气交互作用的状态，也用来形容云烟弥漫、气氛浓盛的景象。

⑤ 蝇吊：源出“青蝇吊客”。谓死后萧条，只有青蝇相吊。

未几，父母相继卒，哀毁骨立，几至灭性。其所谓大孝，终身慕父母者欤。

李廷纶，字恩堂。原籍胶州。性和蔼谨默，勤俭笃诚。事亲孝，与人慈，里中有贫苦无依者收养之，疾病无告者，医疗之。立身处世，矜式一乡。年七十有二卒。子培之、述之、申之、葵之。培之，死于光复之难。述之，清庠生。申之，隶海军。培之自有传。

## 长沙易克臬《李恩堂先生传略》

先生讳廷纶，字恩堂，荣成李氏也。原籍胶州。乾隆五十七年，其二世祖成祥、成瑞两公，随管永和之[①]成山汛把总任。来荣成未几，成祥公回籍，成瑞公常驻防次，遂迎养其亲于水师营房之侧，为始〈祖〉焉。先生其六世孙也。洪杨之乱[②]，其族从军者多，辄赴国难，大忠至性，萃于一门。父讳奉，大乱粗平，疮痍未复，弃儒而商，以殖其业。先生年甫十三，辍学随侍，驰驱燕鲁之间，栉风沐雨，惨淡经营，不数年，而门祚一振。年十七，孙夫人来归，阃内外雍雍如也。年三十八，奉公弃养，先生哀痛逾恒，柴毁骨立。年四十六，吕太夫人弃养，告窆[③]之日，尽礼尽哀，观者如堵，咸为惋悼。诚所谓忠孝传家者矣。子四。长培之，性倜傥好交游，死于光复[④]之难。次述之，性谨笃，弱冠入庠，教授乡黉，多所陶铸，不幸而死于疫。次申之，性狷介[⑤]，习海军，为吾乡先导。次葵之，性拘谨，恪守先业。无女，抚甥袁氏如女，女亦事之如父。孙男十一。长早逝，其五殇。孙女十一，曾孙女二。明德之后，必昌其信，然乎！先生性和蔼谨默，勤俭笃诚，事亲孝，与人慈。里中有贫苦无依者，辄收养之，疾病无告者，辄医治

---

① 之：往，到。

② 洪杨之乱：指太平天国运动。

③ 窆(biǎn)：埋葬。

④ 光复：指辛亥革命荣成光复。

⑤ 狷(juàn)介：此处指性情正直、洁身自好，不与人苟合。

之。立身处世，矜式[①]一乡，体素健，常言：八十后归老田园，优游岁月，不意今夏忽患腿痹，于六月二十五日抱病归里。克臯等视疾，见其腿虽浮肿，而精神矍铄，言笑如恒。方以大德必寿卜之，孰意别未三日，竟于二十九日戌时飘然西逝，时年七十有三。呜呼！生荣死哀，盛德不朽，先生有焉！乡之人挥而志之，或亦老成传之后世也夫。

孙季咸，名葆鍼，以字行，又字宜卿，福海季子。清同治十二年拔贡，性至孝，年二十七，居母忧以毁卒。乡人闻于朝，以孝子旌。

王裕玺，性椎鲁，少失怙，佣工以养母。有妹，骙[②]体臃肿，不能自理衣履饮食，夫贫外出，惟母是赖，实仰于玺。玺日为佣主操作，夜则沿海岸觅海带草为母暖炕，余以易钱，佐母甘旨。偶得馈遗，必乘间奔送于母前。妹亡母殁，丧葬如礼。后念无兄弟子嗣，恐先人不血食，复佣数年，积有盈余，自备后事，并置田二亩，延族邻为书券，永作祭田云。

孙志贵，家綦贫，以肩挑小贩养寡母。有余则以甘旨进，邻里咸啧啧称道之。

曲文龄，字郁堂，清恩贡。少读书，能刻励亲老，家事壹听命于其兄。入则承欢膝下，出与群从暨门弟子讲学，视世俗所慕泊如也。乡人讼曲直，每出一言，即涣然冰释。事关学校，则持之必坚，以是咸敬重之。子：璟，庠生。琪，国学生。璜，廪生，鸿胪寺序班。璜自有传。

## 清进士李寅龄《曲先生墓表》

邑之西，有峰翼然曰凤山，依山之西麓以居者，孙农占明经显祥[③]，为老师宿儒，成就甚众。而其门人郁堂先生，尤称笃实君子云。

① 矜式：此处指示范和楷模。

② 骙(ái)：傻。

③ 孙农占明经显祥：贡生孙显祥，字(或号)农占。明经：清代贡生的别称。

先生讳文龄，字郁堂，荣成曲氏。考桂彬八品寿官[①]，妣孙氏，生子二，长曰士龄，先生其次也。少读书，能自刻厉，补县学附生，旋食廪饩，亲老家事，壹听于兄，入则承欢，出与诸子群从暨门弟子昕夕讲学不厌，视世俗所慕泊如也。乡人讼曲直是非，往往决以片言，涣然冰释。遇事关学校大体，则持之必坚，自邑侯学博及同侪后进以是咸钦重之。年五十八考取恩贡生，候选教谕。光绪三十二年十二月三日卒，春秋七十有五。配梁孺人。子：璟，附生；琪，监生；璜，廪生，鸿胪寺序班。孙五人，之巘，附生。曾孙六人。明年，梁孺人亦卒，合葬于凤头村西南山之阳。宣统元年，其门人王君、继植等，议刻石墓上来乞文。忆余束发从乡先辈游，至今三四十年，见有坐无倚，立无跛[②]，如先生者几人乎！有语不妄发，如先生者几人乎！然此犹不足以尽先生。先生之言曰：学不务本而以文胜，此士习之靡也，易箦[③]之夕喃喃焉，与其子璜证明《礼》“末有原”之义[④]，无一言瞀[⑤]乱，非笃于学而信于心者耶？呜呼！是真不可及已。大率前言往行，有可传而不可尽传者，由于无纪述故也。余是以不辞匽陋，为先生溯承师承，并著其生平之大凡，俾来者有考焉。

洪瑶光，字星叔。清廪生。宣统元年，举孝廉方正。家素贫，事母孝谨。兄瑾光，殁于粤。瑶光赴粤扶柩归葬。弟瑜光，应乡试不

---

① 寿官：明代始置，为朝廷奖励“德行著闻，为乡里所敬服者”所设的荣誉职位，最初受赐年龄为百岁，万历后降为70岁。

② 坐无倚，立无跛(bǒ)：出自《礼记·曲礼》“立无跛、坐无箕”，意谓行为端正守礼。

③ 易箦(zé)：箦，竹席。易箦，更换床席。指人之将死。

④ 《礼》“末有原”：指《礼记·文王世子》篇，其中有“食上，必在，视寒暖之节，食下，问所膳；命膳宰曰：‘末有原’，应曰‘诺’，然后退”。意思是周文王做太子时，侍奉父亲，每顿饭端上来时，文王都要察看饭菜的冷热。饭菜撤下来时，一定要问吃了多少，同时交代掌厨的官员，吃剩的饭菜不要再端上去。听到对方回答是，才放心离开。

⑤ 瞀(mào)：目眩，昏乱。

返，瑶橐饘[1]徒步往觅不可得。久之，闻福山道上有独行冻毙者已瘗[2]矣，询悉状貌与弟合，启土沥血验之，舁[3]还。弟无子，以己之子为后。既与群从析居，自取最薄。生平简易和平，至论事可否，及规戒朋友过失，侃侃不少屈。遇讼争者婉劝之，不听则厉辞正色，指陈利害，必和解而后已。其为人谋类如此。至于教人，尤谆谆以敦伦立品为先，游其门者，率循循有规矩。古所谓乡先生殁，而祭于社者，其庶几乎。著有《惺塾尺牍》四卷。

赵清福，少失怙，两弟幼，家綦贫，奉母教维谨，提掖幼弟，诚意诰诫之。尝操小舟往来港湾，运载博资，以供母。母治家严，未或假以辞色，稍拂意，鞭挞随之，福辄委曲承顺，惟恐失母欢。家人有过，福跪乞免。母尝迁怒于福，批颊有声，时福年七十，侍母侧如婴儿。甘旨之奉，无少间断，母未食，从不先举箸。有所得虽事冗，必奔送母前。弟清普长，遣就外傅游邑庠。年七十四，先母卒，弥留时，犹以未能终养为大憾事。

于丕之，字竹舲，清候选典史，昌迪子。幼失怙，笃友。〔于〕长兄贤之，卒于龙泉，柩停十载，贫不能归，乃悉罄田产，扶柩回籍。仲兄赓之，客京师八载未归，丕之又负赀往寻，与之归。归后积劳成疾，仲兄日询问，丕之乃叹曰：未能先兄成名，今先兄卒，是不恭也。后兄先丕之四日卒。

毕序义，孤贫未娶，兄早析居。义赴朝鲜业负贩，归置田二十亩，立门户，成家室焉。兄子庶兰妻亡，贫不能续，义以己产分半与之，乃续娶。后义复至朝鲜仍旧贯[4]，年六十始回里，居柳树镇。镇为赴石岛之冲，有青云、渡云二桥将圮[5]，义独赀建筑之。数不敷变产以偿，

① 橐饘(tuó zhān)：橐，袋子。饘，稠粥。此处指带着食物。

② 瘗(yì)：掩埋。

③ 舁(yú)：共同用手抬。

④ 旧贯：旧例，指重操旧业。

⑤ 圮(pǐ)：倒塌。

未尝告贷劝募焉。

姜一才，事亲至孝，自幼及壮，出告反面[①]，未尝稍懈，时人以为难。

姜元信，号中孚。清庠生。勤于学，夜常忘寝，事继母以孝闻。

邵宝森，字木三。事亲孝，家甚寒，常典衣鬻器，供甘旨。阖邑称颂，悬额于其门。子国铭，字瑞卿，幼出继伯父纬武，为之后，清典史；初寒苦，与妻子共负而奉亲最丰，离家经旬，则食不下咽；有父风。乡里称孝，题额于其家。

刘培源，字鉴清。清廪生。少失怙，事母至孝。初在家塾，即慷慨仗义，有豪杰气。及长，潜心经史，雅嗜理学，尤心折阳明[②]，以是做事，必求实践。岁甲午祸起东瀛，我师败绩。培源遂致力于新学。庚子乱后，力劝邑人士出而就学，并创设宾兴学校，立劝学公所，公举为劝学总董。一月间，成立高初学校数十处。时，省垣新设优级师范选科，培源投考入校。其于保矿会、国民捐，皆以为当务之急。毕业后，公举为登州中学及师范两校校长。辛亥秋，武汉起义，举国响应，济南、烟台同时独立。培源与校中诸同志亦奋发蓬黄间，后中辍。是年冬，登州府知府孙熙泽，饬荣成县独立。烟台左雨农，光复宁、文、荣之前队至，公举培源为民政长。左统兵回烟台，内变者乘其空虚，蜂拥而起，遂遇害，后祀烈士祠。

## 李方琮《刘鉴清先生行状》

先生姓刘氏，讳培源，字鉴清，荣成马山寨人。生于清同治九年十一月十八日。性沈毅明果。幼失怙，事母至孝。举止端方，言笑不

---

① 出告反面：《弟子规》：（于父母）“出必告，反必面”，意思是出门要告知父母，回来要面见父母。

② 阳明：指明代思想家王守仁。因其曾筑室故乡阳明洞中，世称阳明先生。王阳明反对程朱理学，提出“致良知”学说，提倡“知行合一”“知行并进”，影响很大。

苟，乡里咸推重之。方从塾师读，即慷慨仗义，急人之难。侪辈中，每遭非礼，辄代鸣不平。先生之疾恶如仇，盖出于天性也。稍长，习举子业。及冠，补县学弟子员。未几，即食廪饩，文学为诸生之冠，然先生之意不在此也。遂乃潜心经史，雅嗜理学，最后心折阳明，一意推崇之。尝谓先进学问道德，非资空谈，端在实践，所学必期实用。居家课读，订有《槐荫日记》，虽事涉琐屑，无不备录，以验德业之进否。凡经解语录，有益于身心者，悉楷书详钞，昕夕无间，历数十年如一日。尝与友人论学云：始基当在有恒，循序渐进，自达于炉火纯青之候。是知先生于理学，盖已三折肱[①]矣！甲午岁，祸起东瀛，我师败绩，黄海沿岸备受涂炭。海内志士，痛心国事日非，起而提倡维新。先生悉以昔日钻研旧学之精神，致力于新学。奈僻处海隅，风气梗阻，和之者寥寥。迨庚子乱后，国几不国，当道以停科举，兴学校为救亡之策。先生不惮烦劳，力劝邑人出而就学，并尽力联络，倡办公益。遂于本县青山设宾兴学校，继又创办劝学公所，当被举为劝学总董。一月之间，经营擘画，不遗余力，成立高初学校数十处。旋因地方风气不开，既艰于筹款，又不为异己者之所谅，虽以县宰贾公紫庭之左右维护，而此劝学所终归于解散。办学诸人皆为之气沮。而先生之志益坚，倾向新学，仍不稍衰。时东省新设优级师范选科，先生以应试，晋省投考入校。同舍生百数十人，道德学业以先生为最，师友间俱器重之。戊申夏，五矿案[②]起，东省人士组织保矿会，全校推先生为代表。昼则奔走，夜则筹画。彼时所致，当道[③]及海内外函牍，多出先生之手。岁己酉，东省学界发起国民捐，先生以此为当务之急，竭力提倡，裨益党国，厥功甚伟。迨山东谘议局成立，内部庞杂，政见分

---

① 三折肱（gōng）：此处指"三折肱为良医"的古语，即多次折断手臂终成良医。喻经历多次挫折最终成功。

② 五矿案：指 1908 年（农历戊申年）山东人民为收回德国华德矿务贸易公司霸占的茅山等五处矿产而发起的斗争。

③ 当道：当时的地方长官。

歧，先生目击心伤，联合同志致书以诘责之，毫无顾忌，其严正有如此者。庚戌夏，先生毕业于师校，被同乡举为登州中学及师范两校校长。兼筹并顾，动无遗策，日与腐旧之官绅相接，遇事虽间有龃龉①，然以先生之诚信，素孚彼辈，终为之屈服②。辛亥秋，武汉起义，举国响应，济南、烟台同时独立。先生与校中诸同志亦奋起蓬黄间，当以东抚张广建、警监吴炳湘首鼠两端，摧残民党。先生遂由登州至济南，从中斡旋，图局势之进展，虽逮捕党人时有所闻，先生与诸同志秘密进行，未尝稍懈。每抵掌谈当世事，未尝不慷慨叹息，泣数行下也。是年冬，先生东归省亲，适值登州光复军起义。十二月初六日，烟台军政府王传炯及前清登州府知府孙熙泽电饬荣成县独立。正筹办间，烟台左雨农光复宁、文、荣之前队，乘船登岸，十一日左右亦至。招集阖邑绅商开会，筹画善后事宜，当公举为荣成县民政长。先生自受任以来，与诸同志惨淡经营，夜以继日，以兴利除弊为标的。凡正直之士，俱引为腹心；平素之豪猾，虽具有势力者，亦摈弃之而不取。然先生之祸机，即伏于此矣！未几，左雨农统兵回烟台，荣成警备空虚，奸民由此生心。故吏袁子京，勾结城内及南乡之劣绅数辈，阴谋起事，妄造蜚语，煽惑民众，乡愚无知，遂盲从蜂拥而起。先生初闻讯，即招集城议事会筹商一切，并致函乡分议事会，共筹抵御之策。不意议员未至，而乱党所聚益多。城内旧有之警察，为旧城守张某之部曲所诱，亦为之内应。同志等以事机迫切，环请先生暂行出走以避之。先生慨然曰：余受众付托，守土有责，城存与存，城亡与亡，何避为？且地方秩序端赖吾辈维持，苟为身家计，使全县秩序紊乱，将何以自安乎？诸君其各努力，勿以余为念。未几，乱党入，执先生与其僚属，以铁线穿手，缚县学之庭柱笞楚之。此辛亥十二月二十四日夜间事也。翌日晚，先生骂贼不屈，遂遇害。同时与先生死难者，有曲

① 龃龉(jǔ yǔ)：上下齿不配合。比喻意见不合，不融洽。

② 此句的意思是刘培源的诚信，向来为他们所信服，终于向刘培源让步。孚：为人所信服。

君渭纶、李君培之、李慕棠、李宪棠兄弟及张〈映〉埙十余人。荣成之新党，遭此摧残，县政之革新计划完全破坏，反动宣传造成恐怖，全县为之骚动，而先生之乡尤甚。当城之未破也，有素厚于先生之同志李先生，闻乱将起，急于二十二日赴告于先生，并慨然以赴烟台请援自任。遂夤夜西行，由威转烟，晋谒胡都督，备陈荣成危急。胡督为所动，复派左雨农及警卫队队官刘熙棠，乘澄海军舰来弹压，于二十六日始至，事已不济矣！然乱民闻革命军至，遂哄然四散。左君登岸部署后，复回烟，留刘队官驻屯马山寺，暂维治安。翌年正月十四日，南乡乱民又起，聚众数万，进攻马山，当为刘君所败，地方幸未至于糜烂。当时，李先生等又以县政无人负责，终非常策，不得已又冒险赴烟请愿。胡都督瑛于十五日派民政长杜公紫庭，率兵两队乘船赴荣，以资剿抚。从此荣成之局始渐安定。杜公任事之后，除暴安良，雷厉风行。未几，捕获乱党首领袁子京、李青生及戴四、刘六等，遂寘[①]之法，以慰先生之灵。其余先生未竟之志，杜公皆为完成之，吁亦难矣！先生之学与行应表扬者久矣！兹因党史馆征集先烈事迹，谨为具状以闻。

曲璜，字渭纶。清恩贡，文龄子。性沈毅，心坦白。游学京师，感时局变迁，每拊膺慷慨，崭然露头角。丁父艰[②]归里，遂联合同志创设凤鸣学堂。时县议会成立，被选为议员，凡关于地方自治，莫不实事求是。遂扩充学校，提倡天足，禁止鸦片、博簺[③]，办联庄会，著《辟佛说》，上级社会无不推重之，而阴为跋扈者所忌。越三年，风气大开，流言少息，又组织阅报室、宣讲所，文明治化，风行一时。武汉起义，跃跃欲试，适士绅推为劝学员长，赴省研究教育。时省垣人士谋独立，璜与焉。未几，独立取消，遂愤而旋里。未数日，代理都督杜派招

---

① 寘：同“置”。

② 丁父艰：即丁忧。父亲亡故后回家守孝。

③ 簺（sài）：古代的一种博戏，此处指赌博。

抚使左雨农，东下荣邑，以之光复。璜以造就人才为急，愿担任教育，左招抚及同志坚持不允，群推为司法科长。履任三四日，即将积案秉公判决，父老兄弟皆以为得人。有嫉之者，遂布流言惑众听。时叶长盛攻黄甚厉①，烟埠空虚，已裁官吏，乘夜起事，肆行杀戮，以洩私愤，遂遇害，年四十有二。遗稿甚多，其《恳告同乡诸君为地方自治之预备浅说》八则，尤为不刊之论②云。后入祀烈士祠。同时有邑庠生刘建中，字子方，曾同创办凤鸣学校。左军来时，亦随诸烈士筹备军政府中事宜，几遭此难。后被选为不夜乡乡议会副议长，荣成单级教员养成分所长，年七十二卒。

李培之，字育生。廷纶长子。辛亥冬，民军光复烟台，招抚使左雨农来荣时，群推刘培源为临时民政长，培之竭力襄助，惟恐不逮③。未几，反动派起，揭竿执梃，与诸志士为仇。培之适归家省母，里之怯懦者，慑于贼，阴告语之，遂遇害，时年三十有六。后入祀烈士祠。

## 袁方乔《李烈士培之传》

烈士姓李，讳培之，字育生。荣成城南马山人，原籍胶州。乾隆初年，其始祖随菅氏之成山汛守备任，因家焉。父恩堂，服贾旧都。烈士幼承母训，聪颖异常儿，及长，整理家务，井井有条。性倜傥，好交游，清浊无所失。虽学书不成，而豪侠有大志，居恒排难解纷，强弱皆悦服。对于地方公益，尤孜孜不怠，乡人咸器重之。曾设肆里岛镇，拟致力于商务，又以不耐与市侩争短长，不久即弃去。辛亥冬，民军光复烟台，左公雨农招抚东牟各县，来荣成，群推刘君鉴清为临时民政长。鉴清者，予大姊丈弟，亦予幼时经师也。烈士以通家故，竭

---

① 叶长盛攻黄甚厉：1912 年 1 月，徐镜心等人率革命军攻占登州、黄县，莱州总兵叶长盛奉山东巡抚张广建令，率军急攻黄县，阻止革命军西征。后被革命军打败。

② 不刊之论：刊，砍削，删改。不刊之论，不可改变的言论。

③ 不逮：不及。逮：及、达到。

力襄助，惟恐不逮。未几，反动派起，威胁乡愚，揭竿执梃，与诸志士仇。烈士之昆弟诸子，闻风悉逃，眷属避未及，困于贼中。烈士悬念老母，不忍远离，暂匿近山中。闻贼北去，归家省亲，里之怯懦者，慑于贼威，恐遭池鱼殃，阴以告贼，遂被捕。于十二月二十六日遇害。时年仅三十有六耳。配袁氏，予三姊也。子二，长学珊，早世[1]。次学珍，时随予游。以烈士之侠义肝胆，效忠革命，足为国人所矜式，使天假以年，勋业必有可观者。乃竟壮志未遂，遽戕贼手[2]，其人可敬，其遇可哀。今去烈士殉难之日，已阅廿有余载。予每怅触前尘，不禁有余痛焉。赞曰：死有重于泰山，国殇其一也。而生前之利禄爵位皆虚荣耳，曷足道。窃见夫腰朱紫席丰厚者，当其赫然一时，谁不曰某也贵，某也富，及其殁也，泯然无闻，与草木同朽腐，曾鸿毛之不若。独为国捐躯者可以名垂宇宙，历千古而长存，盖士以得其死为重，观于君而益信。

于伯源，字小庄。为海圻军舰巡查。辛亥革军光复荣成，伯源首先赞助，遂为反对者所害。其妻李亦及于难。时有农人王甲科，贫无立锥地，而性颇好义，剪发令下，家（甲）科先剪辫发，为之倡。卒以是得祸，至以躯命殉。其他李三奇、李大诰、于锺和、于连基俱殉难。都入祀烈士祠。王甲科，烈士祠作王科甲，误。知事杜佐宸为之作碑记。

李慕棠，字子孺。从弟宪棠，字子原；惇棠，字子厚，宪棠次弟；怃棠，字觉庵，宪棠之从弟，都殉难。子景炜、昌炜以救父亦被害。

## 山东建设厅科员、文登于敦复
## 《李烈士慕棠、宪棠、惇棠、怃棠事略》

李慕棠，字子孺，年五十七岁，前清岁贡生。荣邑耆儒少庸先生绍之长子也。幼丧母，事亲以孝闻。稍长，天资颖敏，过目成诵，人咸

---

① 早世：意为过早地死去。

② 遽（jù）戕（qiāng）贼手：突然遭贼人残害。

以神童目之。食饩后，邑令孙公深器重之，孙公解组，千里走书延往济垣，教其子弟。在济入考泺源书院。每试辄高列，而赋命蹇涩[①]，屡荐不解[②]，名流惜之。后因不惯官场酬应，遂解馆旋里，舌耕[③]养亲，怡怡如也。光绪三十二年，与弟心棠入黄县师范。当时任教职者，皆东瀛留学知名之士，中多革命党人，而君尤深契[④]民主之说。毕业后，邑令贾公令其四出劝学。三十三年正月，因与从弟宪棠等在集贤寺劝学，几为反对者所殴。是年，县立小学延为教员，对革命宣传甚力。三十四年，出游辽沈，充宽甸高小教员，时对诸生演说，以为非推翻腐败之满清，不能保存民族；非打倒旧日之专制，不能恢复民权。并不时出游，遇有明清用兵遗迹，则嘘唏凭吊，不能自已。时安徽革命巨子某君，因起事失败，亡命辽吉，君与之往来尤密，其赠某君诗有句云：欧风美雨猖狂甚，破碎山河賸夕阳。忧国之忧见乎词矣。宣统三年，武昌起义，君回籍，努力宣传，并联络同志为义师内应。是故荣邑光复，君与张君映埙[⑤]之力居多。不幸为反动者所注意，是年十二月二十二日乱起，二十四日晚君被获，二十五日缚至城内。二十六日破晓，就义于城西门外。子二，长景炜[⑥]，年三十八岁，因救父被害；次昌炜，年十四，因父兄被获，牵衣宛转号哭不去，亦被害。父子三人毙命一朝，呜呼惨矣。

宪棠，字子原，年四十岁。前清庠生。邑明经如南先生縚[⑦]之长子，而慕棠烈士之从弟也。少时天资颖悟，美容仪，长身玉立，有璧人之目。及长，酷嗜舆地、算术、格致之学。光绪二十八年，入登州中

---

① 蹇(jiǎn)涩：迟钝、不顺利。

② 屡荐不解：多次被推荐但都得不到任命。

③ 舌耕：旧时指授徒讲学者以口说谋生，谓之舌耕。此处指教师。

④ 深契(qì)：原意为深厚的交情，此处有特别赞同的意思。

⑤ 埙：读 xūn。

⑥ 炜：读 wěi。

⑦ 縚：同“绦”，读 tāo.

学。三十一年，升入山东省立高等学堂，旋转入省立师范。毕业回里，与从兄慕棠同出劝学，在集贤寺几为反对者所殴。旋被邑令贾公延为青山高小教员。君平日每以为革命伟举，首须从事宣传，唤醒民众。又以为宜从事小学入手，播散种子，宽以岁月，方可收效。君之由高等而转入师范，由劝学而就小学教员职，此之由。当时风气未开，民智闭塞，君对于新学及革命主义，逢人宣传，娓娓不倦。知者称其为热心，不知者目之为叛党、为风狂。究竟知者少，反对者多，而君遂肇杀身之祸。在职数年，莘莘学子颇多成就。至宣统三年，被选入省立单级养所肄业，由慕棠君介绍，得与革命诸人暗通消息。毕业回里，与从兄慕棠及烈士张映埙等，从事宣传、联络革命工作，为反动者所忌。十二月二十四日晨起，被获。二十五日与刘、曲、张、于诸烈士同就义于城西门外。子一，通炜。女二。

惇棠，字子厚，年二十九岁。宪棠君次弟。天性慷慨，事亲曲尽孝道。幼读书，长业农。因从事革命工作，与诸烈士同时遇害。子一，达炜。宪棠君季弟慤[①]棠，字穆斋，是年，在大学毕业，被害未死，午夜逃出。

忼棠，字觉菴[②]，慕棠、宪棠烈士之从弟也。父邑宿〈儒〉茗轩先生绮。茗轩先生博学笃行，为乡里重。有子三人，长忠棠，季懿棠，俱业儒，仲即烈士。仪容修伟，巨口方颐，声若洪钟，目光炯炯如电。生而孝友，幼读书，知大义。年至十五六，因母病不忍远离，乃弃儒务农。嗜技击，富胆略，慷慨有大志。素以忠义自期许，好谈古今义侠事，至快意处，则眉飞色舞，恨不得与古人相周旋。诸兄在外肄业归家，谈中山先生革命伟举，则不禁神往。民元前一年，荣邑光复，烈士四出宣传，劳瘁弗辞。十二月二十四日，为乱徒所获，与诸烈士囚禁狱中。时诸人被获，皆以铁条穿手，有痛极而泣者，君大呼曰：何泣为？吾辈

① 慤：读 què。
② 菴：同庵，读 ān。

今日之流血，正所以开风气也。仍忍痛而谈，旁若无人。二十五日晚，与诸烈士就义于城西门外。时年仅二十有二耳。子一，玉炜。君之革命思想蓄之久矣！二十岁时，诸兄外出就学，君赠以诗，自言其志云。

论曰：李氏与余世为婚姻，其家教素严。诸烈士于余为兄弟行，平日皆循循守法度，罔敢少渝。孰知其一遇国难，即激昂奋发若是哉！非先辈训迪有方，其何能此？呜呼！黄肠[①]已毁，碧血长埋，回首前尘，能无痛乎！

张映埙，字伯仁，清庠生。死于光复之难。子鸿奎、宾奎、宗奎及族弟映云，都从死。宗奎未婚妻丛氏，以夫婿及翁俱殉国，仰药殉。

## 于敦复《张映埙烈士事略》

张烈士映埙，字伯仁，年四十四岁。前清庠生。幼失怙，母夫人教之成立，循循规矩，不失尺寸，性和平，乐易近人。与李姓诸烈士，三世同里闬，亲睦异常。光绪三十一年，邑人公推为董事，于邑中公益，举办极力。三十二年，入本县师范传习所。宣统三年，被选为上级议员。荣邑光复，因下乡宣传，为反动者所忌。十二月二十四日被获，以铁条穿手，驱迫至城。二十五日，与诸烈士同就义于城西门外。枪击未死，君大骂曰：贼奴，毙人尚不能中要害，乃欲作乱乎！又连击之，遂毙。子四，鸿奎、宾奎、宗奎、宜奎。鸿奎，字宾秋，入登州中学，肄业后，又就近入威海安立甘中学学习英文。因光复时，与诸烈士同事宣传，并下乡劝捐募勇，为反动者所忌，被获从死。宾奎，幼读，长业农。宗奎，年十四，因父兄被获，趋前救护，凶徒呼之不去，亦死。宗奎未婚妻丛氏，年十五，闻翁婿殉国，仰药殉。宜奎幼。族弟映云因助君下乡募勇，与九岁之幼子俱被获从死。工人王甲科因赴城送

① 黄肠：古代一种极隆重的葬具，以柏木黄心严密地堆叠在棺外，故曰黄肠。黄肠已毁指烈士已亡。

信，亦被害。

论曰：君就义时，母夫人犹在堂，目睹惨状，悲哉！然君之一门，子死其父，妇死其夫，忠孝节义，彪炳罕觏[①]。幼子宜奎，今已蜚声学界，卓然成立。于民国十六年五月间，手击父仇立毙，人皆啧啧称叹，谓君有子。呜呼！君可瞑目于泉下矣！

张赟符，清廪生，工绘画。革命之役，与弟赏符同死于难。入祀烈士祠。

## 于敦复《张赟符、张赏符烈士事略》

张赟符，字竹塍。清廪生，工绘事。凡写花卉、人物、毛羽、草虫等，莫不意态生动，形状逼真，尤精乐律。遭清末造与弟赏符努力革命，辛亥同死于难。

李方岳，字伯南。清庠生。山东优级师范学堂毕业，进京复试及格，赏给举人七品小京官。革命之役，备历艰险，积劳成疾卒。

王宝晃，字西园。北京朝阳大学法政专科毕业。辛亥革命，土匪蜂起，几及于难，终以避地而卒于吉省。

孙法朱[②]，字文庵。山东省立第一师范学校毕业。时日兵进兵青岛，法朱倡议组织救国团，忧劳交迫，呕血卒。时年二十有七。

## 鞠维慈《孙法朱小传》

孙烈士法朱，字文菴，山东荣成不夜村人。幼从同里孙廷翰茂才[③]游，勤苦嗜学，俨若成人。民国初元，考入荣成县立第一高等小学校，每试辄冠其曹。县长杜紫宸，颇器重之，特授奖章，以示鼓励。毕

---

① 彪炳罕觏（gòu）：彪炳，此处取彪炳史册意；觏，遇见。全句谓其事迹光辉照耀着史册并且十分罕见。

② 孙法朱事迹，在本卷·乡贤中有记载。因内容不完全相同，故存。

③ 茂才：秀才的别称。

业升入山东省立第一师范学校，深幸求学得所，益自刻厉。民国八年，期满卒业。时日本进兵青岛，迫我承认二十一条，即世所称“五四运动”是也。烈士激于义愤，自念国之不存，身于何有，慨然倡议组织各界救国团体，奔走呼号，不遑寝馈。烈士体素孱弱，有咯血疾，至是忧劳交迫，吐血不止，竟于是年五月十六日溘然不逝，时年仅二十七耳。济垣各界闻耗，特开追悼大会，与祭者达数万人，靡不咨嗟痛惜云。

## 文学

圣门四科，殿以文学，尚已①。县滨东海，地近邹鲁，遗风当犹有存者。乡里贤达，著书立说，代不乏人。汇而志之，以为后人之模范，文风远播，其在斯乎。

李文墀，字阶平，清廪生。性颖悟，少见赏于何星槎学使。食饩②后，踬③名场，遂弃举子业，潜心于义理之学，汇集各书，穷加研究，于四子讲贯尤精。《悦心集》一编，采入《登州府志》及《山东省志》。工书，得之者，多珍重之。

于昌运，字菊农。清道光八年副贡。十四年举人，拣选知县。精韵学，暇则〔手〕《周易》不释手，穷究吉凶悔吝之奥蕴，不以进取为事。撰《诗经正韵》及《菊农诗集》。

---

① 圣门四科，殿以文学，尚已：孔子的弟子分为德行、言辞、政事、文学四类（即四科），文学排在最后。这四科都是很高尚的。

② 食饩（xì）：指明清时取得享受廪膳补贴资格的生员，亦即成为廪生。饩：粮食或饲料，也指生肉。廪：米粟之类。

③ 踬（zhì）：被绊倒。引申不顺利。踬名场，在科举考场上不顺利。

## 于昌进《菊农先生墓志》见文登志

于昌运，字菊农。道光戊子副贡，甲子举人，拣选知县。赋性孤高淡泊。少从父兄宦寓清江浦，处纷华征逐之场，而座无谈客，时人罕识其面。惟博览群书，尤潜心于根底之学。自撰《诗经正韵》及采辑各家易注数十万言，附以心得，能发前人所未发。卒年四十，有《菊农诗集》。

岳轨数，字槐园。增广生。博览经史，长于考据。精研小学[①]，辨别入微。著有《韵府注略》梓行。

李光余，字旭堂。清咸丰辛酉拔贡，候选教谕。品行、学术以端方渊博鸣于时。工书，尤善篆隶。叠主文登文山、荣成成山书院讲席有年，成就后学甚众，士林诵之。

鞠正色，字华秋。清光绪乙亥恩科举人。选定陶县训导。性端方笃实，肫然有古风。在任十年，以身作则，士风丕变。归里后，主讲成山书院，成就甚多。乡里钦感之。

张贻符，字燕汀。著有《小山吟草》。

栾在藻，字子鱼，清光绪壬寅岁贡，候选教谕。少失怙，家綦贫，依母氏闫纺绩得资，从师读。在藻潜心经史，得以成其名。著有《客馆鷇音[②]》四卷。

于昌迪，字心农，颖发子。任江苏高邮州州同、阳河通判。年未四十即退居林下，吟咏自娱，著有《学庸顺讲》《晏如亭诗稿存》。

王家益，字子谦。岁贡。讲学成山书院有年，造就多士，人谓之桃李盈门云。

刘作镛，字序东。清光绪壬寅恩正并科举人。博综经史，旅京师与孙佩南、柯凤荪相过从。徐相国世昌器重之，聘为教授，督其子侄

---

① 小学：汉代称文字学为小学，隋唐以后，成为文字学、训诂学、音韵学的总称。

② 鷇(kòu)音：小鸟出卵时的鸣声。

辈,拟代刊其著作以传世。后为火所毁,遗稿无存,惜哉!

张俊采,字瑞三,号艺芸。清宣统元年拔贡。治《三礼》[1],于《仪礼》特详,又长于小学及畴人学。工诗词古文,精书法。著有《六书类钞》一卷、《小学入门》一卷、《仪礼丧服经传记钞》一卷、《篆隶石刻文钞》一卷、《微积学补释》四卷。

张国琪,字玉堂,又字子珍,号蕤生。清宣统元年拔贡。特躬端谨,笃学力行,事亲能先意承志,乡里称孝。兄弟析爨后,弟病殁,孤寡不给于用。复合爨,为之教养十有七载,诸犹子赖以成立。晚年积学邃密,淹通经史,为东海宗匠,生徒成就者众。著有《周易集解》《春秋集说》《纲鉴联珠》《槎左山房集》各若干卷,其《河源考》《河道考》,穷源溯流,洵足补人之阙云。

## 柯劭忞[2]《公祭张君玉堂文》

呜呼张君!积学能文而犹笃于伦常,薄世俗之兢骛浮荣,乃独甘抱残守阙于穷乡。倘士大夫能尽效君之所为,则异端邪说何至如今日披狂。君家本微,世务农商。始问业于邹君西京,继受诗文之法于姜氏父子,曰延芳、少芳,钻研则寒暑无间,出入而顾视不旁。识者已觇为斯文之重器,殆不仅服其日知而月无忘。年二十五,遂入邑庠。事亲课蒙,念在梓桑,及贡成均声闻益彰。负笈从学之士,每多来自远方,而君之刻苦自励,一如童时,未尝稍怠傲于毫芒。殚精经史,泛及骚、庄[3],河源、河道之变,悉探其始而挈纲。顾自不肯出以问世,而潜缄之于书囊。始君奉其尊人之命,与弟析产分炊,而视弟之艰难窘迫,恻然如重病之在肝肠。凡馆谷之入,必竭力以相扶将。弟亡之

① 《三礼》:指《仪礼》《周礼》《礼记》三书。

② 柯劭忞(1848~1933):字凤荪,山东胶州人,清末民国官吏、学者。历任翰林院编修、京师大学堂总监督、清史馆代馆长。独力编著《新元史》,负责总成《清史稿》。

③ 骚、庄:《离骚》和《庄子》。此处指辞赋和老庄之学。

后，孤嫠数口，君咸抚之，仍始同爨而异房。迨其男既婚，女既嫁，衣食能自为谋，于是又复分爨，使各自食其余庆。恩斯，勤斯，十有七年如一日，非笃于天性而孝养兼粹者，其孰能当。天地寥寥，今古茫茫，瞻世变未知胡底，益令老成之凋谢而中有余伤。

## 宋琳《张国琪墓志铭》

呜呼！善父母为孝，善兄弟为友，自古立身扬名，未有不资孝友而成者。如琳友张公蕤生，其庶几乎！公讳国琪，字玉堂，蕤生其号也。世居文邑东王门村。自幼贫苦，不能延师。公父修职郎霈泽公，虽自习商业，而每见读书人必加敬焉！非爱众而亲仁乎！及见荣邑西京邹先生甚喜，即命公师事之。于是公夙夜不懈，旋即入泮，时年二十有五。公因贫乏养亲，甘旨不给，不得不课读于桑梓。琳自少与公志意相洽，慕公品学，诚足师承，命弟冈事之。二年而公辞归，且曰：余早失恃[①]，父老妻病，弟又析居，奉养不能无缺。况椎牛而祭，不及酒一盅，此不绋[②]与丹书，何如菽水俱全，余恐悔之晚矣！故决然辞去。及归后，多有受业于公家者。公好饮酒，饮多醉，醉常污，虽冰雪中亦必躬自浣涤，此何异于汉石建为郎中令，归而窃涤乎？宣统己酉秋，公得选拔。未归，而公父已病，及公归，一夕间父子言欢，诘旦殁。一时邻里乡党莫不云：公之父平素尊师重道，及公孝德之报也。公父殁前一月，弟国瑁已亡，孤儿寡妇，家徒四壁，公遂招与同爨，而仍异居，如是者十九年。迨诸姪均已完娶，始令各爨。事似平庸，而当世之人所难能也。不惟当世之人所难能，即千古而上亦所罕见。且当干戈扰攘之际，伦常乖舛之秋，斯人若在，庶可作中流之砥柱，挽狂澜于既倒。乃昊天不吊，竟于壬申二月初四日辰刻，溘然长逝。公通十

① 失恃（shì）：失去母亲。

② 绋（fú）：大绳，特指牵引灵柩的大绳。此句的意思是不能为父母送终，即便是给父母封赠，也不如在父母生前供给饮食。

三经，精于《周易》《春秋》，著有《河源、河道考》、古诗文若干卷，子有《撮要》，史有《纲鉴联珠》，距生于同治四年五月二十七日丑时，春秋六十有八。配王氏，子宝贤，早已成立，在外课读数年。孙三，幼读。女二，长适南桥头刘，次适沽泊陈。侄六人，长宝田，服务石岛商会。未及含殓。琳前闻公病，正月二十日躬往探视，见公精神未倦，尚与握腕谈笑，不意即为永诀之日，呜呼！爰为之铭曰：

子孝兄友成世界，谁欤颠倒不为怪。三纲五常忽然坏，天宝为之命运坏。先生孝友诚可爱，抱经见圣升堂拜，高文典册垂金薤①，黄河千年清可待。恐此人兮未必再，请碣其原志所在，冢旁草生尽书带。

刘大桢，字干卿。好古劬学，闻见渊博。专治法律学，被聘为山东省立法政专门学校及山东大学法科主任教授七八年。穷探深索，法理精邃，久为法界所推重。著有民法、债权、亲属继承各编讲义，刑法、刑事、政策讲义。

于驷门，字绍江，书锦子，清增生。性情鲠直，不茹不吐。村中创办小学校，多赖其力。著有《战事纪略》二卷。

张云路，字鹏程，又字挹青。清增贡。陵县教谕。工诗，尤长五律，上法郊岛②，近师高密二李③，为岳石村赓廷入室弟子。惜诗稿半多散佚。弟云标，字晓山，工诗。云淦，字绮庵，工书。

于赓之，字怡泉。清附贡。昌迪子，困耳重，自号为文昌侍者，诗入廉泉诗社。

鞠鸿义，字子佩，号喻堂。清宣统二年岁贡。幼颖悟，年十岁闻里人谈圣贤事，心焉慕之。年二十，游邑庠，食饩后，主讲各书院，与曲璜、张俊采友善。初学使赏其文，留佐学政，以家贫亲老辞。既得贡，陈提学使书“明经在师”额诒之。民国元年，与曲璜等秘密光复，

---

① 薤(xiē)：此处指《薤露》，相传为齐国东部的挽歌。

② 郊岛：唐诗人孟郊、贾岛的合称。

③ 高密二李：指乾隆年间的高密人李怀民和李宪乔。是当时高密诗派的领袖人物。

奔走号召，足迹遍南北。及曲遇难，义以身免者，诸门弟子维护之力也。及父母相继见背，庐守终制，遂赴都，以所草兴治策要，上袁大总统文，凡十三万言。后东出山海关，止于安东。东人延为公学教习，旋以叔父作德殁于吉林，星夜北上扶柩返。于是课农桑，劝忠孝，倡仁让，恤孤独，创办学校，兴导公益，远近称化焉。居家常以忠、孝、敬、恕、忍、早、理、劳、书、谦十字以为训。时其孙国实已十余龄，在校归，必为之缕解经义，寒暑假日使尽经史若干页。晚年至威海英人所立之安立甘堂、乐祉堂，延为汉学教师。正华务司庄氏士敦甚敬慕之。间岁庄氏回国，馆于栾氏。未几，庄复来威，冒雨来见，约作英伦游，义拂須莞尔曰：余老矣，荷不忘老朽，惠使华英两国久久无相害，则铭感多多。临行赠义甚厚，义一无所取。庄感叹去。年六十有八卒。著有《成山诗文集》《训孙金言》。卒之后，门人私谥为正伦先生。子道远，以孝闻。孙二：国实、国衡，实法学士，有声当时。

## 徐祖善《正伦先生纪念文》

祖善恭膺国府特命绥抚威海，之明年节署，例有法制委员会之组织，益以地处枢要，外交繁重，谨敦聘在本埠创办国文、法律专科学校之校长鞠国实先生，藉备顾问。处游日久，知先生之所以渊宏，皆其先大夫明经鞠鸿义老先生之教也。又为语明经一生事，钦仰莫名。会公之各通显弟子，以公之逝世已及三载，哀慕无已。于民国二十三年七月十日集于威滨，举行纪念，共以公之去也，不可以无谥，集议佥同，恭以“正伦”为徽[①]。公学阐性道，纯孝清正。济世为怀，不以畏老而自惜；浩气冲斗，节抗北庭之强豪。承先续绝，传诗礼之正脉；春风普化，感海外之通僚。颐处则雅越富春，立言则旨超闵洛，又岂区区之可言尽耶。至于公之懿行，名论文辉宛在，公不朽矣！夫何以谓之正也，曰：至道之将沦，赖公而庆复也；何以谓之伦也，曰纲纪废弛，赖

① 徽：徽号，光辉的称号。

公而重振也。碌陋不文，躬际盛典，谨系之以颂曰：

堂堂华国，皇皇至道，时际晚近兮，日剥而日浇[①]；东鲁哲人之再起兮，阐起以弥昭。日兮，明兮，月兮，朗兮，正伦先生之风兮！月炳而日耀。

刘厚本，字源泉。清庠生。性忠厚，以诗鸣于时。

岳元祉，字介夫。清增生。游学京师，受业吴云麓先生，得经学渊源，尤精于古文。云麓先生常奖许之，以此有声。云麓先生，乙未进士。

张庆堂，清廪生。性和蔼，通古谐俗，为邑名儒。

苗日新，字涥然。清庠生。性廉介，寡交游。工于诗文，为登郡教授刘清源所赏识。

张贞符，清庠生。有隽才，编秧歌数十种，多有寓意。移风易俗，此其权舆。

## 艺 术

形而上[②]者谓之道，形而下者谓之器。儒生读书万卷无所用，不如精一艺以成其名。矧今日美术传布中外，为人所重视者乎？县介山海之间，灵秀所钟，人才辈出，各能擅一长，以鸣于世，是亦不可泯没者。爰综叙之，俾后之人，有所矜式云尔。

林懋仁，字静斋，清庠生。工书，精韵学。及殁，有得其片纸，珍之如拱璧。

---

① 日剥而日浇：越来越薄弱。剥：剥落。浇：薄。

② 形而上：与形而下相对。形而上，指无形的或未成形的东西；形而下，指有形或已成形的东西。唐李鼎祚《周易集解》，认为形而上为用、为道，形而下为形质、为体、为器。《易·系辞上》："形而上者谓之道，形而下者谓之器。"

毕登瀛，字仙洲，清庠生。工大草，所书十七帖，亦见重于人。

张锡诚，字信堂，清太学生。以孝友称，工八分。其弟锡诏，工绘画。某机关函试题为“深山藏古寺”。诏画“山水万重有一僧出汲”，冠其军。

姚安之，字禹堂，清庠生。鸿胪寺序班。性豪爽，遇事敢为，乡人无敢犯以非礼者。暇取颜柳名帖，心摹而神效之，得其奥妙，遂名重一时。晚年右臂以劳废，乃更为左书。其古朴之气尤胜于前，遂以左书名。

姜凤林，号蔼人，清庠生。为文登张书甲之高足弟子。以善书名。

陈象溥，字晓泉，清副贡。博学善书，尤以十七帖为最，人争宝之。

刘作翰，字少屏，清增生。以善书鸣于时。

李墨林，工山水，布局谨严，出笔超逸，人皆爱之。

张虞采，字縡卿，工绘画，精书法，善摹钟鼎砖瓦文。

张寅采，字敬安，工书法，而于绘画人物尤长。

张赟符，字竹塍。工书画，尤精音乐。

张万采，与弟莅采，均以雕刻瓷器名。

刘培埙，字菊塍，号仁山，清庠生。鸿胪寺序班，恩贡，炳煦子。性孤高耿介，不为流俗所染。试秋闱不售[①]，乃肆志于医，博览群书，折中众说。后游燕都，复得名医指授，精于伤寒、瘟疫，全活甚众。卒年七十余。

杨培仁，字心存，清庠生。以医鸣于时。

孙曰福，字肯堂。以医名邻里。有疾病者，辄为诊治，概不求报，其尤无力者，则并以药与之。尝设药肆，不数年即散施以尽，人笑其愚。

---

① 试秋闱不售：参加会试未考中。售，施展。

孔昭明,以医世其家,后得秘传,为人治病,全活无算。

王嘉标,字世芳。轻财好义,精于医,活人无算。年九十三卒。

周福亭,业操舟,在海上久。一日,至劳山,阻风。舟中人有精于解化铅铁术者,谓以符箓可救人生命。福亭信仰之,遂以其术授福亭。民国十六〈年〉,石岛商团以剿匪中枪伤者二人,枪子皆深入,延福亭施以符箓之术,枪子自创口流出,二人均无恙。其祝由科[①]之流亚欤。

王友禹,字海山。以武术冠登、莱、青三郡。清光绪初,赴北京围场寺,昼夜练习。越三年,復走沧州,得神枪之秘。复回京,寄食某贝勒门下。时有巨盗康小八,蹂躏北数省,友禹乃白贝勒以捕之。不旬日,小八竟为友禹擒,贝勒奖厉之有加。后以拳匪乱,归里。

王佐宸,商于石岛。精六爻[②],问吉凶者踵相接,又好谋善断。商会之抚盐警拒强寇,毅然无顾虑者,皆佐宸为之先决也。

## 侨寓

残山剩水,往往有畸人逸士栖隐于其间。后之人凭吊登临,每低徊流连而不忍去,非重其地,重其人也。县境不夜城南山,有汉郑康成教授处,其弟子崔炎、王经与之俱〈莱阳〉[③]。莱阳董樵,明诸生,甲申后,避世乱,弃家率四子居东海之西山。其乡人曲庶就樵隐,掖县赵士喆亦偕二子来。至今犹称道之不绝口。世有其人乎?当绣丝铸

① 祝由科:也称咒禁科、中医十三科等。中国古时治病十三科中的一科,是包括中草药在内的借符咒禁禳来治病的一种方法。

② 精六爻(yáo):精于占卜算卦。《易》卦之画曰爻。六十四卦中,每卦六画,故称六爻。借指算卦。

③ 此句意思为:郑玄隐居于不夜城南山,教授生徒,其弟子崔炎(崔琰)、王经与他在一起。“莱阳”二字应为衍文。

金以奉之。

木棠，字伯泉，宁海诸生。少负气节，游京师，与燕赵间豪俊往来，意气勃发。清咸丰辛酉，捻匪扰东牟，避乱养马岛，时岛中难民多，为贼窥伺久，势将举发。岛中人大惧，棠安慰之。是夜，浮海请兵驱逐，捻乃四散，岛民始安。后流寓石岛，与姜瑞麟及诸名士往还者累年。工诗，善丹青，精墨兰，人得其尺幅什袭[①]珍之。

## 栖霞林小山《木伯泉传》

木伯泉、棠，宁邑诸生，山左名士也。少负义气，诣京与燕赵间豪杰交游。南至金陵，周览大江上下诸名胜。年逾花甲，泛舟粤海之南，洪涛中挂帆弥月，有“放怀今古失英雄”之句，其襟怀有如此者。咸丰辛酉，发捻扰东牟，避乱养马岛。岛横亘十余里，居民剧多，潮退时有旱路可出入。蓬、黄、福、栖诸难民云集岛中，贼眈眈视为奇货。岛内人扶老携幼，无可趋避。伯泉安慰岛人，夜驾扁舟如烟台，冒锋冲火，购火药数百斤回。当夜返棹，请兵救援。都尉衔武生杨蔚林握手赠诗，有“热血一腔和水流”七字。四鼓抵岸，见法国领事官作包胥之哭，血泪沾衣，情词悚听，即荷允俞拨火轮船带兵救之。莱邑上舍生[②]陈云厓、宁邑上舍生张允卿慷慨假千金，外复醵金[③]一千两，聘粤省艇船并到，伯泉代执桴鼓，炮声震天，贼闻胆寒，率众南窜，岛中数万生灵俱全活于白面书生之手，其生平抱负可想见矣。伯泉善丹青，尤精墨兰，得其尺幅藏什袭，抑知铁面老子未必无梅花赋也。若第以毛锥小技为伯泉重，浅之乎窥伯泉矣！著有《浮海请兵》诗。

---

① 什(shí)袭：亦作十袭。把物品一重重地包裹起来。后称珍藏某物为什袭而藏。

② 上舍生：清代为监生的别称。

③ 醵(jù)金：大家凑钱。

# 列　女

夫夫妇妇，人伦大纲，从一而终，不改其节尚，已后之人，导扬懿媺[1]，每藉之以维持礼教。若以此重大责任寄之于女子一身者。县境风俗敦厚釐尔[2]，女士每以贞烈自矢，之死靡它[3]，是宜汇为一编，用昭来叶。其贞女、才女、贤妇、孝妇、节妇、烈妇，各以其类归之，而夫出不归，白头贞守者，亦附焉。

拔贡孙季咸妻柯氏，胶州人，蘅女。季咸居母忧以毁卒，乡人闻于朝，以孝子旌，自有传。氏精辞章学，孝子殁，守节二十余年。卒，旌表节孝。著有《思古斋诗钞》《楚水词》各一卷。

右[4]旌表节孝才女而有著作者

于鸿陆妻宋氏、子业侧室罗氏、孙灏侧室王氏、曾孙昌逢妻邢氏，俱守节。玄孙琿妻王氏，琿殁，王氏殉。五世四人以节闻。王氏以烈著，王氏自有传。

右一门四节

鞠所先妻王氏、弟顺先妻杜氏、法先妻曲氏，都守节数十年，亲族以"钟郝遗额"悬于堂。

右一门三节

唐鸿才妻王氏，高锡女。夫卒，氏年二十八守节。奉舅姑[5]抚二

---

① 懿媺(yì měi)：懿，美好，多指道德；媺，美，也指人情之美。

② 釐尔：此处"釐"通"赉"(lái)，赐予。《诗经·大雅·既醉》："釐尔女士，从以孙子。"意谓天赐你贤士，追随你的子孙。

③ 以贞烈自矢，之死靡它：发誓坚守贞烈，至死不变。《诗经·鄘风·柏舟》："之死矢靡它。"意谓至死不变。"矢"通"誓"。

④ 右：原稿为竖写手抄本，故以"右"表示"以上"。

⑤ 舅姑：公婆。古代两个氏族世代通婚，彼此嫁女，实际上是姑舅结亲，故有此称呼。

子成立。少子德元，娶於李。德元殁，氏年亦二十八，与其姑苦节以终其身。后姑、妇同旌表。

## 清进士李寅龄《唐母王孺人墓志铭》

节母姓王氏，荣成处士王高锡之女。归于唐，夫讳鸿才，生子二，次德元蚤世，长即故国子监生鼐臣先生讳鼎元者。寅龄方七岁，出就外傅，师事鼐臣先生，既以礼登堂谒拜，阃奥[①]之间，靡不稔习。尝见其少长熙熙，惟节母是怡；外内悚息，惟节母是惕。井灶湢[②]浴，必整必洁，箕、帚、盘、盂各有定位。时方稚昧无知，但稍稍心焉识之。及长，得诸先生所称述尤详。盖节母结缡不数岁而寡，上有舅姑，下有两孤子，以事以葬以抚以养以教，勤劬[③]甚矣。洎[④]遭幼子之丧，新妇涕泣矢守，所以晓譬之、慰安之，殆无不至。居恒[⑤]自宾祭庆吊以至日用纤屑，条分缕析，经画井井。时復率子妇以下同操作，虽皲瘃[⑥]弗恤，虽骫骳[⑦]弗辞，节母盖无一日之得以少宽纾焉，少休息焉。先生每述及此，辄哽咽不能言。于是，始叹节母之志之行艰苦卓绝，纤悉周详，匪仅如曩[⑧]时，粗所见者已也。其后，寅龄筮仕京曹，幼陵秀才适至京师，时节母年八十有余，吾师已逝世，而师母梁孺人暨节妇亦皆六十、七十矣！诸孙诸曾孙之昏[⑨]嫁有子者，殆无虚岁，食旨日以繁。寅龄因问幼陵以家事，则曰："和悦者如故，谨遬[⑩]者如故，以俭以约，

---

① 阃奥(kǔn ào)：本指内室深处，此处指整个家庭情况。

② 湢(bì)：浴室。

③ 劬(qú)：劳苦。

④ 洎(jì)：到，及。

⑤ 居恒：也作居常，平时、平日、日常。

⑥ 皲(jūn)瘃(zhú)：皲，因干燥寒冷而皮肤开裂。瘃，冻疮。

⑦ 骫骳(wěi bèi)：曲折。此处指弯腰驼背。

⑧ 曩(nǎng)：从前，过去的，以往。

⑨ 昏：同"婚"

⑩ 遬(sù)：此处是"密"的意思。《管子·小匡》："别苗莠·列疏遬。"谓苗之疏密当均列之。

裁冘[1]而缉匿。"节母之劳肄如故。于是益叹节母为真不可及也。乌虖,世之皎皎峣峣[2]以节著者众矣,然或激厉于一时所处之境,犹且顺以易,若乃震撼挫折,忧悲伤迭,乘而不眩,历七十年、六十年之久而不渝,其难为何如耶?其贤为何如耶?鲁公父文伯之母[3]有言曰"君子能劳,后世有继[4]。"夫节母可谓能劳者矣。诚使后之人绳绳缉缉[5],益思砥行立名,以昌其业,以光大其门闾,以新节母之令德于无穷,而吾师九京未竟之志,其不亦甚慰矣乎?乌虖,此寅龄之所以志也。节母生嘉庆二十三年正月九日,以光绪三十二年十二月七日卒,春秋八十有九。明年二月,长孙倬云以祔[6]其祖之墓葬焉。倬云,鼒臣先生子;次孙栋云,监生,节妇子。于寅龄为族姊,与节母同旌表如例,孙女一人。曾孙,男八人;长曰石麟,附生,幼陵其字也。女四人。玄孙,男一人,女一人。铭曰:

境有亨,有屯贞[7],其德在人,福之者天。天乎无言,其眎[8]此贞寿之门。

## 清进士王景禧《节母唐母王孺人墓表》

光绪三十二年十二月初七日,唐节母王孺人卒,明年春将葬焉。其曾孙石麟谨撰状以书达于济,乞景禧文表诸墓。景禧受而读之曰:

---

① 冘(yóu):犹豫不定。此处引申为可用可不用之意。

② 皎(jiǎo)皎峣(yáo)峣:皎,洁白;峣,高峻。意谓清白高洁。

③ 鲁公父文伯之母:公父文伯,姬姓,名歜(chù),鲁国季悼子之孙。其母是敬姜,世称贤母。《国语·鲁语》中很多篇目都是说她对儿子的教训。

④ 君子能劳,后世有继:是说忧劳可以兴邦立业。

⑤ 绳绳缉缉:前后相承,延续不断。

⑥ 祔(fù):此处指合葬。

⑦ 境有亨,有屯贞:屯卦为易经的卦名,亨、贞是卦辞。亨,顺利通达。屯,万物初始,险象环生,然而前景光明。贞:正。

⑧ 眎:"视"的异体字。

是宜有表也，虽不文其可辞？[①] 按状：节母姓王氏，荣成处士王高锡之女，年十八适唐君鸿才。二十八君以疾卒。子鼎元，监生，先节母十五年卒。德元早卒。孙倬云、栋云，监生。孙女一人。曾孙，男八人，石麟其长也，附生。女四人。元孙，男一人，女一人。唐君之逝也，父母皆存，长子甫九岁，少者孩耳。节母泣血，柴立茹蘖[②]，自盟益屏绝华饰，专心力以奉舅姑，生能尽礼，殁能致哀。抚二子，爱劳备至，语言动止中规中矩。节母性宽而栗。其于人，无过也，虽婢仆傭奴，无疾声厉色；有过，虽亲爱如二子，必诫必饬无所假借。其后，于子妇亦然，于诸孙诸曾孙及妇莫不皆然。少子之逝也，妇李氏悲泣不自胜，弱孙在襁褓中，节母无昼夜躬为调护，以慰荐其心，以成其节。妇梁氏曲体节母意，不忮[③]不争；李氏亦谦抑，自下娣姒[④]之间无纤芥嫌隙。长子之逝也，节母内恸于心，外犹自抑制。凡寝兴启闭出纳之节，督责日益严。时复与孙妇以下同操作，有不中程度者，口讲手授，终日无倦容。或指少而羸者，以嬉曰："汝侪[⑤]不吾若耶，胡乃惫耶。"当是时，节母年且八十矣。计十年二十年以来，婚嫁之役，荐至不绝，食指多至二倍且四三倍，裁羸補绌，无大拮据之虞者，皆节母力也。节母与李氏既先后请旌于朝，至是石麟以第一入黉宫[⑥]且有子矣。邦人称贺为之，署其门曰"两世节孝""五世同堂"，纪实也。又后八年，节母以八十九乃终。云：夫世多喜矫激绝特之行，顾使节母当日或愤激而死，即不死或矫矫自异，淡然不以家事厝意[⑦]，则其于宗祊之绝续、门户之废兴、舅姑之养与子妇之教，所关系者为何如？至于一再遭子之

---

① 虽不文其可辞：我虽然没有文采但也不可推辞。

② 蘖(niè)：树木的嫩芽。

③ 忮(zhì)：嫉妒。

④ 娣姒(dì sì)：此处指妯娌。兄妻为姒，弟妻为娣。

⑤ 侪(chái)：辈、类。汝侪，你们。

⑥ 黉(hóng)宫：古代的学校。

⑦ 厝(cuò)意：厝，放置。厝意，在意，放在心上。

丧，其又能搘[1]拄与否，益不可知矣！呜呼！自众人观之，晚节之荣有光耀焉。自知道者观之，独其事亲教子，克己持家，颠撼困挫不眩不折，历六七〈十〉年如一日，是则不可能者已，是则不可朽者已。铭曰：

昔闻松柏岁寒后彫，今观节母圣言弥昭，抑又闻之流水不腐，节母之寿实符斯语，以贞以勤，以康其身，以昌其门。有曾有玄，维山峨峨，维石啮啮。刻铭于兹，以告来哲。

毕荆妻宁氏、弟苔妻王氏，先后守节。

## 王陆《毕氏一门双节碑》

闻之妇人以节称，妇人之不幸也。而于不幸中历遭不幸，乃于守节中愈见守节。节妇氏宁，大观女，年十九适毕公应令之长子荆。未及三年而荆卒。氏铭心截发，劝舅置侧室孙氏，生苔及芬。苔娶王氏，保声女。越二年，苔卒，王氏年十九。未及朞[2]，孙氏亦殁。二氏奉舅姑鞠养幼叔，同凛冰操数年，舅姑继殁，殓葬如礼，惟二氏之任。至道光十四年，王氏年四十一卒。宁氏年六十有七，芬欲为二氏请旌，而家什弗裕。夫从弟蓄姪曰远，先为竭资，又致意亲族。坊成后属为文。予念二氏之生平愈历愈苦，而二氏之贞节愈苦愈彰，尤宜称于世云。

毕天经妻林氏，汝舟女，夫亡抚子德成，守节。娶妇张，生子续泽。德成服贾盐城病殁，母哭子恸自缢死。张抚续泽，守节。后，娶妇周，生其英、其芸。续泽又以病亡，周缢死棺侧。张又抚两孙成立。两世双节继以一烈，林氏又以恸子不得其死，惨哉。周氏自有传，邑人王陆为林氏作碑记。

姜毓梓妻梁氏，侧室李氏。梁守节三十八年，李守节五十年。

---

① 搘(zhī)：柱。搘拄：象柱石一样撑住。

② 未及朞(jī)：不到一周年。朞，同"期"。《礼记·丧服小记》："期而作丧"。此处为丧服尚未除之意。

## 姜忠奎《祖母暨庶祖母节孝碑记》

先祖母梁宜人，同邑优廪生梁公星堂之女也。年二十归吾王考[①]奉直大夫琴斋公。后十三年而奉直公卒。时堂上姑老膝下无儿，不忍效匹妇沟渎之为，隐痛含辛，抚夫弟岁进士、奉直大夫延芳公之长子、文林郎鸿胪寺序班加四级少芳府君为嗣，养育教诲，卒成闻人。今胶州柯劭忞《文学》尝铭其墓曰："其治行惟孝与弟，其治学惟经与史者也。"宜人幼端惠，颇识字知书，通晓仁孝大义。其事舅姑也，惟虔以敏，朝夕膳羞、问寝侍疾、纤悉劳悴之事，倾身任之[②]，从无所遗。其理家政也，锱铢必谨。义所当费，虽巨资不以为惜。其待族党也，寒者衣之，饥者食之，贫而不能学者资之。而自持其身必方以严，居心必慈以仁，故生则人畏之而爱焉，病则省之而慽焉，卒则哭泣之哀而思焉。年七十三。庶祖母李氏，幼以洪杨之乱，家室散亡，流离失所，鬻为歌[③]，不自详其籍贯。姿性极慧，能视意于无形，听语于无声，而秉志贞洁。居恒郁然自闵。吾王考见而怜之，纳为侧室。进则随嫡以事舅姑，退则以其事舅姑者事夫与嫡。委婉因应，无几微之失。年二十六，吾王考卒，号泣思慕，勺饮不入口者数日，彻去簪珥，壹意事嫡。晨奉盘匜[④]，夜省床褥，疾侍汤药，四十年如一日。而自御俭约，衣必补缀，食必粗粝。年七十犹尝纺绩，往往夜深不休，或劝止之，则曰：民生在勤，不可怠也。年七十有六。光绪二十六年，并旌表于朝，吾父在时尝欲刻石记德，未及而殁。今吾母恐久而坠，失吾父之志，不得遂焉！命忠奎述之。忠奎谨以素闻诸家者、复参以族中长老所称道者，择其贞静慈孝大节，镵石以垂不朽焉。

---

① 王考：祖父。

② 倾身任之：一人全力担当。

③ 鬻（yù）为歌：被卖为歌女。

④ 匜（yí）：古代盥洗时舀水用的器具，形状像瓢。

王希孟继室解氏，二十九岁守节。弟思光，妻张氏，二十五岁守节。

## 张国琪《王节母解氏碑》

节孝解氏，荣成崮山前村附贡忠诚公女，同邑河东村儒童王公希孟继室也。希孟讳懿光，以字行。祫先公太学生，父殿甲公，邑庠生，累世读书，其治家之法肃词严，与忠诚公均为一乡之望。氏本闺训，以尽妇道。脱缨[1]时年二十有一，奉舅姑及祖舅姑，乡里无间言，尤足慰高堂之心者。希孟原配刘氏，鸿胪寺序班培英公女，卒，遗一男昭炜，甫二岁，而氏视如己出，教养无不至。未几，夫仲氏思光亦娶，娣姒偕好，有钟郝[2]风。乃天道难测，希孟竟以苦读成疾，一卧不起，氏年二十有九也。时姑连氏已殁，舅多疾。祖舅姑垂老，泣谓曰："汝冢妇[3]也，宗祠为重，勿弃孤而殉，以重吾痛。"氏顺变节哀，毅然以仰事俯畜自誓。阅数月，而祖舅姑继殁，思光寻亦亡。又六年，舅复辞世，氏率孀娣及夫季弟愈光葬祭胥以礼。其一身之大节，尤在供馔以教子，即以教孙。昭炜生两男矣，依然孺慕之本性，日者造舍，谓余曰：读光绪己亥《会典》，节妇自三十岁以前守节至五十岁者，准予旌表。我母今五旬矣，愿属文以勒诸石，因述其母养之隆，训诲之苦。呜咽移时，余与希孟同砚[4]有年，氏之异行旧尝得诸乃祖舅与舅，今观昭炜之恪慎恳诚，尤信《汉书·列女传》陈文矩妻李穆姜，以继室而守节，其抚前妻子陈兴，史氏称之。昭炜哲嗣[5]也，诚非兴比，而氏则与李穆

① 脱缨：指成婚。古时女子许配人家后，用缨（丝绳）束发，成婚时由新郎亲手解下丝绳，称脱缨。

② 钟郝：《世说新语》载，晋王浑妻钟氏、其弟王湛妻郝氏，皆有德行，妯娌相爱雍睦，治家有礼。

③ 冢（zhǒng）妇：嫡长子的正妻。

④ 同砚：旧称同学为同砚。

⑤ 哲嗣：对别人儿子的敬称。

姜等乃叹。忠诚公、祫先公之教家有法而并叹。诗书之泽，足以饬纪纲、敦伦理于靡穷也。谨叙其厓略如右。

## 张国琪《王节母张氏碑》

天地之气运，不能有剥而无复[1]。当其复也，群汇滋荣，人咸庆化日光天，享骀荡融和之福，而不知实自冻雷积雪、阴谷沍寒，历尽屯难闭塞，而后得有今日也。此其义吾得之于王节母。节母张氏，文登南下河村人。家世业儒，本经训为家范，氏之娴习有素矣。年十八脱缨于荣成河东村庠生王公业聪次男儒童思光。时当重庆太学生祫先公老夫妇犹在堂也。氏为妇、为孙妇极得欢心。居无何，姑连氏辞世，兄公儒童懿光复亡，而祫先公夫妇又相继弃养。运数之剥已为特甚，孰意天道难测，所天[2]以勤学积劳，亦溘然长逝，氏年二十五岁也。遗孤长昭炳，甫六岁；次昭烂，甫三岁。如此呱呱者将谁属乎？况衰舅多病、幼叔靡依，傥以死相殉，何以告无罪于地下？爰毅然节哀，与孀姒解氏日夜颠摒挡百苦，一家内老幼枯集，呻吟声、啼哭声，闻者为之泣下。而氏则奉事长育，不以险阻而少挫其志。阅数载，舅以寿终。夫弟愈光纳妇，两男渐亦授室而抱子矣。家道日昌，孙枝林立。斯时也，课读课耕，观禾稼之登，听琴书之韵，年享耆艾，苦节而始臻甘节云。琪不才与氏之夫、若子若孙均叨同砚，闻知颇悉哲嗣，复为痛述生平，丐以文而勒诸石。余曰：嘻！今乃知天道之果足信也。否极斯泰，困极而亨，特非艰贞其守，斡旋于屯难闭塞之时者，无以造骀荡融和之境也。而士君子每难之于节母者，诚可以风矣。

刘宏秀妻蔡氏，旌表，立碑入祠。

刘歧玉妻〔氏〕蔡氏，守节。歧玉，宏秀子。氏与姑同旌表。立碑

---

① 有剥而无复：只有衰落而无复兴。剥，剥卦。象征剥落，不利于有所前往。复，复卦。象征阳气复生，亨通。

② 所天：指丈夫。

入祠。

栾本愚妻于氏，已旌。

栾照文妻王氏。照文，本愚子。已旌。

王承铃妻萧氏，已旌。

王灏光妻周氏。灏光，承铃子。已旌。

孙有坊妻梁氏，有碑。

孙士学妻刘氏。士学，有坊子。有碑。

梁杍林妻张氏，夫亡守节。

梁士斌妻郭氏，夫亡守节。士斌，杍林子。

杨秉一妻刘氏，夫亡守节。

杨玉铭妻李氏，夫亡守节。玉铭，秉一孙。

马世德继室于氏，夫亡守节。

马云柽妻孙氏，夫亡守节。云柽，世德子。

王玉亭妻刘氏，夫亡守节。

王述善妻鞠氏，夫亡守节。述善，玉亭子。

许曰锦妻岳氏，夫亡守节。

许可则妻曲氏，夫亡守节。可则，曰锦子。

梁奉诏妻张氏；孙某妻常氏。

于灏发妻某氏、侧室赵氏。

右一门双节

姜维清妻毕氏，年二十三，夫与夫弟维靖同染时疫，浃辰[①]殁。氏与娣同守节。后，娣殉，翁姑继逝，氏丧葬尽礼，抚孤炳奎，教之成立。卒年七十四。光绪十一年旌，入祠。

## 文登岁贡王芥青《姜节妇毕氏碑》

氏，毕世学公女，年十六适太学生本进姜公长男维清。本进晚年

① 浃(jiā)辰：古代以干支纪日，称自子至亥十二日为浃辰。浃辰殁，是说十二天内相继死亡。

起家,性豪爽,喜士类。维清及弟维靖幼业儒,试童子军。朐山武公迎吉少年受本进恩,时镇登郡,为之延誉当路,籍有声。不幸与弟同染时疫,浃辰殂谢,娣毕氏殉。姜氏不绝如线。时,氏年甫二十三,奉翁姑,抚呱呱遗孤炳奎,内外井井有条。未几,翁姑继逝。翁临终出白金一锭授氏曰:"好藏之,留以旌吾贤妇。"炳奎稍长,氏追继翁志,设家塾,延师教读,垂三十年不倦。居恒禁炳奎不令至繁华地,偶以事出迟归,走要之使相继于路。一切耕织琐务锐自任,不以累炳奎读。炳奎亦恪守慈训,恂恂作书生,务正业,亲正人,应试率列前茅。及孙培镇胜衣[①],亦令同父就傅一[②]。出入稽查,贷严如师,盖氏以保家为守节要务,读书为保家良方,故殷勤培植,延及两世,欲以垂诸无穷。一时乡里言义方者,咸推为第一,阿翁称贤妇不虚也。今年届六[袠[③]]秩[④],邑侯以状上请,奉旨入祠,爰勒石以志不朽云。

姜毓璞妻毕氏,性德女。璞殁,氏守节,抚孤,延师教之,为之娶妇,女字李氏。年六十八岁卒。

## 邑岁贡张默《姜节妇毕氏碑记》

太安人毕氏,性德公之女,太学生姜公毓璞妻也。结婚未娶,翁先殁,而姑讣又至,氏匆匆拭泪,麻绖于归。年甫十五而主中馈[⑤],营葬事始终无失。相夫子以治家亦井井有法,虽成人奚异哉。生一男一女,男名祝年,女字李氏,伉俪十余载,毓璞公遂赴玉楼召[⑥]矣。延师教子,凡姪辈之困于物力者,皆招之就业而奉馔朿[⑦]金,惟氏一力供

① 胜衣:指儿童稍长能穿戴成人衣冠。

② 就傅一:跟随同一个老师。

③ 袠(zhì):同帙。书画外面包着的布套或用于装套的线装书。此处疑为衍字。

④ 秩(zhì):十年。六秩,60岁。

⑤ 中馈(kuì):指妇女在家里主管饮食等事。

⑥ 赴玉楼召:相传唐代诗人李贺将死,见使者召其为玉帝的白玉楼作记。后因称文人早死为玉楼赴召或玉楼修记。

⑦ 朿(cì):木刺。从上下文的联系看,应为"束"之误。束金,指付给教师的薪酬。

之。既长，娶妇张氏，生一男名忠翰。复以祝年身弱，令其习武，一举而入武庠，复纳赀入都，例授武略骑尉之职。是时也，拊怀中之襁褓，心慰含饴，睹膝下之簪缨，乐同戏彩，作善者降祥，此其验矣。孰意有定者理，无定者数。丁卯秋，祝年又以疾亡，而氏亦以思子过悲，减食成疾。卒于同治十年十一月初七日，距生于嘉庆九年五月初二日，享寿六十有八。甲戌冬，其孙忠翰以墓碑请予为之文，故述其崖略，以垂不朽云。

姜丕绪妻王氏，年二十夫殁，氏欲殉，亲族咸止之，遂拭泪事舅姑，以其侄毓〈椿〉为嗣，年七十八卒。有碑。

## 邑庠生姜毓桐《姜节妇王氏碑记》

氏，王公汉之女，姜公丕绪妻也。幼而婉淑，年十五于归[①]。事翁姑备色养[②]，昕夕无惰容，虽成人〈弗〉及也。丕绪公读过劳，寝疾不起。时，氏二十有二岁，意欲殉夫，亲族咸止之，曰："翁姑日暮，奉养无人，是亦不孝。"氏拭泪曰："是吾责也。"遂取夫从兄之子毓椿为嗣。上事下抚，恳恳不倦。数载后，翁姑俱殁，葬之以礼。可谓养生送死，两无憾矣！教子读书爱之如己出，既成立，娶于氏，生一男三女，半生苦心差少慰矣！乃无何，子亡；又无何，妇亡。遽遭此变，实所不解。暮年零丁，抚幼孙又不辞辛苦。及长，为之成室。一生大节，实有功于姜门，是不可以不传，故为之述其厓略如此。同治十一年正月二十九日卒，年六十有八。乡之人嘉其志，为请旌表[③]，勒诸石以志之[④]。

张及厚妻王氏，年十九于归。翁姑老且病，夫又有足疾，氏代尽

---

① 于归：旧时称女子出嫁为于归。《诗·周南·桃夭》："之子于归，宜其室家。"后因以出嫁为"于归"。

② 色养：谓以愉悦的颜色尽奉养之道。

③ 旌(jīng)表：封建社会对于所谓忠孝节义之人，由朝廷官府以立牌坊赐匾额等方式加以表扬，叫作"旌表"。下文中的"旌"也是"旌表"的省称。

④ 勒诸石以志之：勒，刻。诸："之于"。志：记。意谓把其事迹刻在石碑上以记载下来。

子职维谨。越一载，翁姑殁。又四载，夫亦亡。抚遗女苦守，继侄映埰为嗣。卒年八十。清光绪五年旌，有碑。

李绚妻刘氏，年十九，夫亡。姑先卒，翁重听，氏善会意，侍奉维谨，先后营丧尽礼。姒岳氏、姚氏蚤殁，遗男女六人，氏抚之成立，并督嗣子忻棠以成名。年八十有八卒。清光绪十三年旌，有碑。

李縉妻孙氏，年二十六夫亡，遗子一女一俱幼。氏上事两世翁姑，下抚子女，孝慈皆尽。子恒棠成名，女出嫁。孙氏卒年八十有八。清光绪十三年旌，有碑。

李纹妻张氏，年十九夫亡。时翁姑卧床不能转侧，氏侍奉左右，昼夜弗离，邻里称孝。及卒，哀毁尽礼，路人感泣。一女早夭，抚嗣子恪棠成立。卒年九十有五。清光绪二十三年旌，有碑。

李海龄妻王氏，年二十二夫亡。孝事翁姑，丧葬尽礼，嗣子停堂早亡，抚谟炜成立，并继侄伸棠为嗣，以昌夫宗。现年六十有六。

闫永贵妻宋氏，年二十二夫亡，事祖姑及翁姑以孝闻。继侄缙为嗣，早亡，抚孙奉世成立。现年八十有六。有碑。

毕某妻刘氏，宏来女。生子二岁夭，生女七月夫殁，以翁姑老，孝事之，终其身。邑岁贡刘炳煦为之撰碑记。

王承金妻姜氏，丕和女。夫殁，氏将以身殉，家人苦劝之。抚夫弟永炼子泳先为之后，教诲成立。清咸丰六年旌，刑部主事陈象沛为撰碑记，勒诸石。

田庆春妻王氏，年二十五守节。事尊长循礼，抚养嗣子，教如严父，慈踰所生。年六十七卒。殁之日，邻里无不惋惜。清光绪二十九年旌。

新泰教谕袁荫梧侧室赵氏，年二十守节。事翁以孝闻，抚子成名。年七十八卒。清同治九年旌。

曲永弼妻胡氏，清光绪十七年旌，入祠。

沈怀琨妻于氏，年二十七夫亡，苦节。岁贡刘谦吉为撰文立碑。

王南祥妻孙氏。刘长庆妻彭氏。姚懋功继室杨氏。梁本立妻姜氏。王敬典妻袁氏。王兆礼妻鞠氏。彭君元妻林氏。刘遇禄妻王氏。栾本立妻于氏。刘广昭妻孙氏。王甲仁妻刘氏。董士杰妻林氏。刘世瑗妻彭氏。刘宗子妻闫氏。梁宗文妻于氏。姜庆年妻张氏。于世恭妻王氏。陈云逵妻岳氏。李克信妻宁氏。孙正顺妻夏氏。岳廷官妻徐氏。王长顺妻鲁氏。王景清妻李氏。张荣甲妻席氏。沈育珍妻杨氏。陈象洲妻郭氏。以上均有碑

金焕妻张氏,遇滨女,二十三岁守节。毕登瀛为之作碑记,勒石。

张全寿妻孙氏。彭有乾妻梁氏。于进德妻彭氏。王家太妻杨氏。刘鹏绪妻杨氏。刘鸿绪妻王氏。李绍裔妻蔡氏。周士惠妻吴氏。洪瑜光妻胡氏。徐学诗继室岳氏。张孔嘉妻宋氏。张鸿传妻杨氏。张贤传妻姜氏。王年庆妻梁氏。袁任妻赵氏。曲琛妻汤氏。李明经侧室于氏。李明伦侧室宋氏。于仪妻龙氏。于侗妻刘氏。岳允杰妻李氏。李元镕妻马氏。姜椿年妻常氏。周士读妻姜氏。姜文升妻程氏。闫廷玉妻王氏。卢长安妻毕氏。梁斑森妻王氏。于树恩妻高氏。褚培茂继室迟氏。姜丕华继室张氏有坊。栾照庆妻闫氏。梁瑛森妻张氏。周振鹭妻岳氏。姜毓铭妻于氏。杜凤清妻滕氏。陈秉庸妻毕氏。陈象润妻闫氏。孙丕忠妻刘氏。高思温妻刘氏。岳元吉妻鞠氏。褚培榛妻张氏。李泽东妻王氏。于府兴妻赵氏。姜怀庆妻倪氏。

右旌表节孝

刘学成妻孙氏,十九岁于归,越十载夫殁。贞静贤淑,劬劳辛勤。年六十卒。大总统题“竹孝松贞”四字,并褒辞荣之。

## 邑拔贡张俊采《节孝刘孙氏碑》

节母刘氏,后神堂口乡饮耆宾凤仪公女,东崮村刘公玉福子学成妻也。于归,翁已前卒,奉姑李维谨。二十九岁夫殁,子国文甫十龄,

国佐生才四十五日，孀姑在堂，呱呱在抱，无涯之戚莫此为甚。母于事畜[①]之余，更复择师课子，无少疏懈。比姑殁，母已年逾四旬。而国文昆仲恪遵慈训，壹志求学，士林中卓著声称祢[②]，微节母其谁与归？至督傭耕作，置田筑屋，犹其余事耳。国文娶妇曲，患精神病，与母同年卒，生子三。继娶杨，生一女。国佐娶妇李，亦多病，于〈曲〉殁之翌年卒，生一女。继娶郑，生子一。凡孙男之逮事节母者，抚弱之事，皆一人任之。劬劳所极，疫疠交乘，竟于民国八年七月二十八日感疾以卒。呜呼，母之行若无异于人者，然而，事衰姑，教幼子，抚弱孙，四世之任萃于一肩，谓非有金石之心、贞静之德，曷克臻此。然能坚忍辛勤三十余年而不懈，此求之士大夫亦不多见。吁，可以志矣！

李宝莹继室曲氏，夫殁，三子都幼，以纺绩盈余，毕男女婚嫁事。大总统题褒"节励松筠"额旌其门。

## 李申之《李节母曲太孺人传》

母氏曲，雒县善化绅士之长女，吾乡李先生宝莹之继配也。先生初娶王氏，生男一女二，男允正在襁褓中即命为其长兄后，未几，王氏以疾卒。先生遂聘太孺人室焉。当洪杨乱后，海疆未靖，先生寄身戎行，不暇内顾，薄俸之给，仅足自赡。太孺人入门食苦，了无怨尤，相敬如宾，动必以礼。十年间，生丈夫子三，鞠育顾复，劬劳备至。方庆他年成立，稍舒眉皱。而遭家不造，忽霣[③]所天，抚痛哭气绝者再。时长男鉴普甫七岁，次鉴智甫五岁，三男鉴哲甫三岁，藐然诸孤，教养需人，乃饮泪含辛以善卒后。卒以纺绩盈余，毕男婚女嫁事已。而鉴智学业成就，名重当路，历游南，以馆谷养亲，援例呈请褒扬。蒙大总统题褒"节励松筠"匾额一方，以旌其门。时民国六年，太孺人六十有二

① 事畜：本义为饲养畜禽，引申为养育人口。

② 祢(mí)：古代对已在宗庙中立牌位的亡父的称谓。"称祢"意谓对得起死亡的父亲。

③ 霣(yǔn)：古通"殒"，死亡。

岁也。生平寡言笑，耐劳苦。晚年家给稍裕，未一衣帛，而推解无吝色，课诸孙读，如昔课子时。虽时患咳逆，犹未肯以病而稍图暇逸也，殆以勤苦俭约终其身者欤！年七十有八，于民国二十二年二月十二日丑时卒。子三，孙男三，孙女四，曾孙一。乡人之悲其遇，闵其志，嘉其行，敬其节。因择太孺人淑德之可指者，谨为立传，用励末俗。爰为之赞曰：

蚤丧所天，泣涕涟涟。誓与俱死，积泪倾泉。以有诸孤，余生难捐。断机尝胆，乡里称贤。其心任只，其心塞渊[①]。髧髦[②]苦节，四十八年。三凤声洪，铮似金钟。孙枝蔚起，矫若游龙。富贵福泽，萃于厥躬。播兹壸[③]范，流泽无穷；敬为此赞，有炜管彤[④]。

张汝增妻江氏，年二十四守节。孝事翁姑，抚侄琮为嗣。大总统褒扬，给额立碑。

唐元才妻杨氏，尚华女。夫捕鱼遇险身亡，氏守节，抚侄为嗣，有碑。

刘书田妻鞠氏。岳汝润妻王氏。以上均有碑

王焕章妻宋氏。刘培仁妻杨氏。刘培忠妻田氏。刘培极妻李氏。刘培嘉妻吕氏。陈继曾妻孙氏。梁守乾妻曲氏。庠生梁茂林妻丛氏。梁士斌妻郭氏。

右民国褒扬节妇

孙士嘉妻刘氏，清华女。嘉隶扬威军舰，大东沟之役殉，年三十二。子一，元鸿才四岁。氏以夫殉国亦欲殉其夫。翁姑以大义责之，

---

① 其心任只，其心塞渊：《诗经·邶风·燕燕》："仲氏任只，其心塞渊"。任：可以信托。塞：实；渊：深。意谓思虑切实深长。

② 髧髦（dàn máo）：出自《诗经·鄘风·柏舟》："髧彼两髦。"髧，头发下垂的样子。髦，男子未冠之前垂至眉毛的短发。髧髦苦节，指为自己的丈夫守节。

③ 壸（kǔn）：古通"阃"，内室。

④ 有炜（wěi）管彤：即彤管有炜。语出《诗经·邶风·静女》。原意为形容女性的红润美丽。此处指赞美女性的美德。

得不死。

## 清庠生姚学海《孙节母碑》

节母刘氏，后神堂口村先贤刘清华之女。适店南村孙盛林之子士嘉。幼娴闺训，年十七于归。时士嘉已以身许国，服兵役于扬威军舰矣。故伉俪虽笃，而国家念重，夫既以马革裹尸自任，氏亦以立志报国相勖[①]。未几，中日失和，大东沟之役，士嘉竟与扬威同时牺牲，时年二十有二。遗一子，名元鸿，年方四岁。氏痛哭之余，自念所天已失，国势又岌岌不保，偷生实不如速死，故屡思悬梁仰药以殉。既而翁姑相与责曰："夫死国难，荣莫大焉！汝必欲舍身相从，则吾祖孙三人将赖谁以奉养抚育？"氏闻言乃恍然拭泪，勉矢柏舟[②]之志，含辛茹苦，井臼自操。对翁姑则菽水承欢，使白发堂不至伤悼过情；对弱子则以养以教，使得至于成人。所最不慊[③]于心者，元鸿年近大衍[④]而兰芽尚未茁耳。翁于夫死之翌年即去世，姑去世才十余年，各丧葬尽礼，乡党交称焉。今值续修县志，采访节孝，邑人念氏之三从四德皆备，恐久或湮没，无所藉以风励末俗，爰于民国二十四年二月，属海撮述其事，勒诸贞珉，以垂不朽云。

孙兆瑞妻王氏，显璋女。夫殁时年二十一，忍死事翁姑。姑殁，翁卧床不起者三年，侍奉不稍懈。节孝二字，足以当之。

## 清举人邵树铭《节妇王氏碑》

节妇王氏，岳家庄王公显璋女。秉性贞静，自幼许字官家庄孙公兆瑞。于归后，敬尽妇道，里党皆称其贤。未几，夫殁，无子，年二十

① 勖(xù)：勉励。

② 柏舟：《柏舟》为《诗经》中的一首诗。《诗·鄘风·柏舟序》："柏舟，共姜自誓也。卫世子共伯蚤死，其妻共姜守义，父母欲夺而嫁之，誓而弗许，故作是诗以绝之。"后以此表示守节。

③ 慊：此处读 qiè，满足，满意。

④ 大衍：《易·系辞上》："大衍之数五十。"年近大衍即年近五十。

一，痛不欲生。既而复自念曰："吾夫殁矣，而翁姑齿衰，谁为事之？弟妹年幼，谁为抚之？一死岂足以塞责乎？"是以茹苦含辛，忍死守节，经营家计，备极劳瘁。殆姑逝时，翁得痿疾不起者三年，氏亲侍汤药，涤濯溺器，不稍懈，此真承其夫未竟之志者矣！呜呼！氏之节也，如冰如霜；氏之孝也，有始有终。今亲族采其事迹，勒诸贞珉[①]，洵足发潜德之幽光云。

刘可仲妻杨氏，十九岁于归。越五载，夫殁。抚侄允志为嗣。年八十卒。

## 清增贡、北京中国大学法科得业士鞠振海《节母刘杨氏碑》

节妇杨氏，荣邑城南峨石山村杨公世卿女也。幼失恃，自娴女则，年十九归北马到河村为刘公荣惠之次子妇。初入门时，翁在堂，姑已早世。夫君可〈仲〉亦为病所缠。越五载，所天亡，当取夫兄可伦之次子允志为之嗣。时允志才四岁，氏教养备至，爱逾己出。迨允志年近弱冠，为娶妻孙氏，生二女。女及笄，俱适邑望族。又为纳侧室李氏，生二女一男，女尚待字，男五岁即夭折。是氏之向平愿未了也。翁年八十一岁谢世，氏奉事之三十一年，又亲视含殓，丧葬礼悉以身任之，时诸大夫国人无不矜式咸思，为请褒扬，以彰坤德而修女史。讵氏于国历之一月二十日竟斋志而殁，享寿八十。会葬时，戚故痛悼之下，不胜钦仰，聊尽乡微谊，将氏之生平节略，勒诸贞珉。是为书。

鞠连甲妻孙氏，夫殁无子，以侄登云为之后，抚养如己出。登云事母孝，乡里称其贤，惜早死。姚学海为之撰碑记。

曹书洪妻刘氏，日林女。夫故，遗子一女一。子才九岁，女未及周。是年子殇，抚夫兄书清之子谦为嗣。年十四又殇，氏忧愤卒，以谦弟让奉祀。鞠振海为之撰碑记。

武生毕锡珮继室于氏，明夫女，年二十八守节。

---

① 贞珉(mín)：石刻碑铭的美称。

## 邑廪贡岳赓廷《毕节妇于氏碑》

节母姓于氏，文邑候选典史明夫女。年二十二归荣邑武生毕公锡珮为继配。生一女，而锡珮殁。殁之十四日，子淇生。时母二十有八也。母尝以不逮事翁为恨，奉孀姑王朝夕不怠。问寝视膳、苛痒抑搔，皆身任之，不以分妯娌。锡珮殁有加凡三十年而姑卒。淇伯父锡类以侄之无父也，每过爱之，母则抚字之下不废督责，以母道兼妇道焉！尝谓子曰："宁拙而贫，勿黠而富。"与为文字而荡检踰闲，宁为朴民而谨身寡过。故虽未尝从事学问，然循循田野，里党推为正人，母氏教也。且天性仁慈，兄弟叔侄之间，必分多润寡，未尝以吝啬闻，可不谓巾帼而贤明者欤。母卒于嘉庆庚午，寿六十有五。乡人以德与节之不可泯没也，公表诸谨述其梗概，如是。

王汀妻唐氏，守节三十一年，事姑以孝闻。无子，抚犹子[1]成立，年四十七卒。

## 清举人金镛《王节妇碑》

节妇唐氏，王汀之妻。毓秀名门，相攸[2]右族[3]。年居及笄[4]，方庆鹿车对挽[5]。归未逾岁，不意鸾镜[6]忽分。惟时青灯独对，痛死者几不欲生。白首尚存，怜生者又不忍死。破涕为笑，以妇代夫，枕边之血泪常新，庭前之婉容如故。得欢心于愁苦，依然见东海之风，佐洗

---

① 犹子：《礼记·檀弓上》："兄弟之子，犹子也。"后因称侄子为犹子。

② 相攸：语出《诗·大雅·韩奕》："为韩姞相攸。"相攸，指择婿。

③ 右族：古代以右为上，汉魏以后称大族为"右姓""右族"。此处指王姓。

④ 及笄(jī)：笄，结发上簪。旧时称女子15岁为及笄，亦指女子已达到出嫁的年龄。

⑤ 鹿车对挽：鹿车，古时一种小车。东汉鲍宣的妻子在鲍宣辞官后，与鲍宣一同拉着鹿车回归乡里。后来用以比喻夫妇同心，安贫乐道。

⑥ 鸾(luǎn)镜：妆饰有鸾鸟图样的镜子，指梳妆镜。鸾镜忽分，喻夫妻离散。

腆[1]以针黹[2]，何必谱《南陔》之什[3]。迨至孀姑〔就〕既殁，犹子已成，兴吾宗于他时，待后之责方竟。念良人于地下，殉夫之愿始偿。冰雪为心共，凛操同松竹，从容就义，自甘梦入龙蛇[4]。得年四十七岁，守节三十一年。彤史杨芬[5]，文宗嘉其卓节；柏舟媲美，里党感其懿行。谨书事实用勒碑阴。

张有恕妻于氏，蓝田女，守节三十余载，年六十一卒。

## 王境《张节妇于氏碑》

节妇，于公蓝田次女也。适同邑庠生张公宝斋幼子有恕，年方十七岁。秉心醇壹，制行柔嘉，婉娩听从。幼凛母教，脯修榛栗[6]，长娴妇仪。迨家运中蹇，夫婴痼疾，侍昼夜而无懈，药必亲尝，念踵顶[7]之可捐身。惟求代命同鸾孤，誓殉夫于地下；念切乌哺[8]，奉哀亲于堂前。青年荼苦寥辛，已历三十余载。白首风清玉洁，倏届六十一年。永矢靡他之志，克坚不二之心。而且诚以待人，邻里钦其和睦；礼以绳已，宗党慕其端庄。远迩亲疏，啧啧欣传一口；众寡小大，津津乐道同音。义无愧于礼，宗德堪勒诸碑石焉。

钱御松继室萧氏，二十岁于归，二十九岁守节。

---

① 洗腆（tiǎn）：语出《尚书 · 酒诰》："厥父母庆，自洗腆，致用酒。"腆，丰厚。谓置办洁净丰厚的饮食。多指用来孝敬父母和款待客人。

② 针黹（zhǐ）：也作针指，指各种针线活。

③ 《南陔（gāi）》之什（shí）：《南陔》是《诗经》篇目第四卷《小雅 · 鹿鸣之什》的最后一篇。有题目无内容。《诗经 · 小雅 · 南陔序》："南陔，孝子相戒以养也。"后用为奉养和孝敬双亲的典实。

④ 梦入龙蛇：龙蛇是一种蛇的名称，常夜间活动，故喻隐匿、退隐。这里有一个人忍受寂寞的意思。

⑤ 彤（tóng）史杨芬：彤史，古代宫中的女官名，掌记宫闱起居等事。因其所用彤（红色）管笔，故称彤史。这里指记载女子事迹的史书。杨芬：散发芬芳的气息，与"流芳"类似。

⑥ 脯修榛栗：《礼记 · 曲礼》："妇人之挚，椇榛脯修枣栗。"是说《礼记》规定，妇人的见面礼是拐枣、榛子、肉干和枣、栗子。这里指遵守礼节。

⑦ 踵（zhǒng）顶：即摩顶放踵。从足跟到头顶都磨伤了。形容不畏劳苦，不顾身体。

⑧ 乌哺：乌鸦反哺，旧称乌鸦能反哺其母。故以喻人子奉养双亲。

## 王家谟《钱节妇萧氏碑》

氏文邑萧公粲玺之长女，钱御松之继配也。二十于归，二十九而孀。生三女，皆早夭。抚前子若己出，母子之情毫无间隔，事翁姑生养死葬，又能以礼。抚老慈幼，始终不倦焉。至论治家之道，必须以勤俭为先。纺绩为业，即三时之收敛①，又必承星履草，以佐农夫之不逮。是诚内外兼理，不辞劳苦者矣！吁，淑善之行不啻冰霜之孔洁，贞静之德又若松柏之长青。乡里恐其名之湮没也，故为之志。

卢光年妻王氏，有恪女。年十八于归，二十四岁光年殁。遗子二，长镶，次针。舅姑俱在堂。后姑逝，事翁维谨。翁晚年中风疾，手不能执箸，氏每代执箸哺之，其所谓反哺乎。至殁无倦容，亦可谓难矣！邑人王嘉益为之作碑记。

毕某妻刘氏，北岳女。其夫名佚不传。氏年十八于归，二十七而孀。遗二子，忠则、忠佐。夫殁时，姑犹在堂，孝事之。训诸孤严，勤俭居积，恪守遗命。厥后，其子皆能朴诚自守。长孙恒序亦克继其业，悃愊无华②焉。邑人王嘉益为之作碑记。

王佩宪妻姜氏，元增女。年十七于归，甫三岁姑殁。二十二岁生子承部。越二载，夫亡。氏守节三十余年，事翁抚子，乡里称孝慈各尽焉。王示先为之作碑记。

毕万忠妻殷氏，大铭女。年二十八守节，时遗序乾才四岁。年四十二翁姑相继逝，夫弟万同亦殁，其子序翰，方在襁褓中，佐娣氏抚育之。

## 刘炳煦《毕节妇殷氏碑》

从来坤维卓树，以善事翁姑、敬承夫子为最。而其尤异者，身在

① 三时之收敛：指春、夏、秋三季农作物收获的时节。

② 悃愊(kǔn bì)无华：成语，真诚而不虚浮。

孀居，仍使翁姑情适，夫子魂安，则实所罕觏者矣。节妇殷氏，殷公大铭之女，许毕公维宝长男万忠，年十七于归。妇德之贤，确循姆教，壶范之顺，一本女箴①。情敦伉俪，愿适舅姑。一时贤声特著。不意年方廿八，忽裂稿砧②，遗孤序乾，仅四龄耳。斯时吁地呼天，一朝之偕从固烈，乃亲老子幼半世之艰苦何依？乃饮泣吞声，奉高堂而敏黾③，衔冰茹蘖代夫子以辛勤。迨年四十二，翁姑继逝，而自幼有瘏④疾之弟万同，亦相继亡。遗侄序翰方在襁褓，娣侄幼弱，抚育又赖氏一身。序翰甫能胜衣，即命序乾延师教读，和妯娌有终始，视子侄无异同，氏之义明德周又所共悉。呜呼，脱簪卸佩，神伤蒿里⑤之烟；送死养生，心照霜天之月。迄今已六旬，松筠之性不凋，即彤管之芳宜逮。前者达诸学使，曾叨匾额之颁。今兹合以舆情，共切郝钟之仰，是用恭荐俚词，敬传苦节云。

慕思俭〈妻〉王氏，二十二岁守节。夫卒后三月，遗腹子常信生，喜得延慕氏血食。抚抱之，教养之，以至成立。后见四孙乃卒。年八十有四。

## 姜海峰《慕节妇王氏碑》

节妇王氏，文登南桥头村王公贵之女。荣成东慕家村慕公本顺子思俭妻也。年十九以礼归于慕，翁姑皆早逝。二十二而所天殂，殂后三越月，生男常信。氏以延慕氏血食，故饮泣茹痛，纺绩抚孤，艰辛备尝，而贞静自守，六十二年如一日。年八十四寿终，时光绪三十三年也。子既克家，孙四人蒙氏教养，亦皆成立。乡里以其节义之皆可

---

① 女箴(zhēn)：指女子行为的准则。

② 稿砧：是一首古乐府。稿是禾草，砧是砧板，用铁在砧板上切草。“铁”“夫”同音，暗指丈夫。忽裂稿砧，意为丈夫忽然去世。

③ 黾(mǐn)：努力、勉力。

④ 瘏：疑为“膳”(juàn)：身体弯曲，身膳项缩。

⑤ 蒿里：汉代的一首诗歌。歌词反映了人们对生死问题的种种思考。

风也，咸谓宜勒石以永之。宣统二年，其族慕文珍、戚党王德维属为志，峰按丧服斩衰章妻为夫传云：夫至尊也。又云：夫者，妇之天。曰至尊曰天，所以宜与之齐，终身不改也，纲在则然也。孔子于《鄘风》首《柏舟》，于春秋详录纪叔姬、宋伯姬，崇节义以端三纲之本也[①]。今彝伦就湮，而氏贞静守节，允足延纲常于一线。呜呼！是诚足以风矣。

清武庠生连凤治继室刘氏，年二十七，氏守节抚孤，视元配子如己出，乡里贤之。

## 姜海峰《连节妇刘氏碑》

节妇刘氏，文登耆宾引年公第四女，荣成张家疃连氏武庠生恩元次子武庠生西峰继室也。西峰公讳凤治，以字行。元配王家疃太学生王守仁公长女，有贤行，生男一女一，卒。卒时女七岁，男钟智三岁也。刘氏幼娴内则，年十八归，连氏翁及姑王氏皆先逝。氏继生男钟信、钟礼。戚属皆称其抚元配子如己出，恩谊有过之无不及焉，其天性然也。二十七岁，西峰公卒。当公病之日臻也，恐氏身殉，私谓所亲曰："伊倘从死，其如诸弱儿未成立何？"氏方乳钟礼假寐骤闻之，良久毅然曰："同死素志也。今君念及此，殆以妾不死，君犹生乎？君第善养病，设有不讳，治家课子敢不偷生，以终君好武好文之素志。"公卒后，氏节峻寒松，以勤俭持家，以柔恭训女，以忠恕课诸男，旁观者莫辨其为继母矣！其延师也，供馔皆身省[②]，钟智、钟信差长奖励之，与和丸[③]助勤无异。钟礼幼，督不少假[④]。每值择师之际，商酌无人，

---

① 这句话的意思是说，孔子删订《诗经》，把《柏舟》放到《鄘风》的第一首。孔子编写《春秋》，其中对纪叔姬、宋伯姬的事迹详细记录，都是为了崇节义，端正三纲之本。纪叔姬，纪哀侯夫人；宋伯姬，宋共公夫人。二人都是丈夫死后，执节守贞。

② 身省：此处指亲自检查。

③ 和丸：出自明汪廷讷《狮吼记·抚儿》，比喻母亲教子勤学。

④ 督不少假：严格督促不假以辞色。假：假以辞色，指和颜悦色。

嬛嬛独立，辄顾诸孤曰："吾既以持家课子许乃父矣！尔辈若不成名，吾何以见乃父于地下乎？"诸子皆竦然而励。迄今，伯仲皆为良士，季亦敦慎著名。女适庠生王承涵，复以尽妇道闻，皆氏克成夫志之明效也。氏今年五十九岁，长子钟智尤感母抚字加隆，汲汲援例请旌。介伊族弟俊卿属余志之。余曰：《易·文言曰》"地道也，臣道也，地道无成而代有终"①。夫代有终尚已，以继室而代元配之代有终，抑又难矣！若嫞居而代元配之代有终，非天性纯挚者不能也。余读《汉书·列传》，尝叹陈文矩妻李穆姜之懿范，堪为继室守节者法。今西峰公长子固愈陈兴，而氏适与李穆姜等，闺阃中节义犹未息也。呜呼，是诚足以风矣。

张景艳妻卢氏，光堂女，年二十五岁夫殁，遗子一，立桐。时两世翁姑俱在堂，氏能孝事之。其佐翁姑事祖翁姑者十年。祖翁殁，事祖姑及翁姑者十六年。其后，姑先祖姑五月殁，祖姑卧床蓐，时翁所不得尽之于祖姑者，氏无不代翁尽之，年六十一卒。临终谓其子曰："无他憾，惟乃祖在，殊恨吾职未完耳，尔其代乃父善事之。"邑人姜海峰为之作碑记。

张培瑟妻毕氏，佩智女，性柔恭。年十七于归，二十一岁失所天。无子，抚兄公次子景存为夫嗣。赞襄伯姒，不愆内职，近四十年无间言。邑人姜海峰为之作碑记。

慕成楷妻于氏，年二十三守节。无子，以夫兄成模次子本翰为之后，年十五殇，复继本幹之次子思深续之，抚育如己出。

① 此句出自《易经·坤卦》，原文是："阴虽有美，含之以从王事，弗敢成也。地道也，妻道也，臣道也。地道无成而代有终也。"意思是坤卦阴柔，虽自有美德，但要含藏不露，为君王做事，而不敢将功劳归于自己。这是大地顺应上天的法则，是妻子顺从丈夫的法则，臣下顺应君主的法则。大地的法则就是不成就自己，而只是代天完成功业。《易经》中的"文言曰"，据说是周文王的话。

## 邑举人姜海峰《慕节母于氏碑》

粤稽[1]天尊地卑，包牺[2]因之画卦，而纲常之本以著，姬公[3]因之制君父夫三斩衰[4]，而纲常之礼益明。至孔子系易于乾坤，详妻道臣道于咸恒。详有天地，然后有夫妇、父子、君臣。礼义有所错，以夫妇为三纲之本。又言"道"不可不久，而并于书善惠寡诗贤靡慝。于《麟经》[5]褒纪、宋二姬，揭其本以扶其颓也。弟子子夏本之为礼传，申君、父、夫为三至尊，亦以夫妇为三纲之本。又言：夫者，妇之天，妇人不贰天。而于对魏文侯[6]亦云：圣人作为纪纲，而夫纲在其中，遵孔子扶颓纲之义也。圣贤谆谆如兹者诚以时，无论古今，去纲常决无由治安也。自三纲不见经书之说出而杀机寖滋，悲闵为怀者，每谓天理必不息于人心。如慕节母于氏亦见焉。氏荣成寨前于家乡饮耆宾于公克开孙女、太学生永民公次女、处士彩公庠生云汉公妹、耆儒东堂公庠生东皋公叔妹。氏家世以有家范著。故氏性亦贞毅孝慈云。年二十，以礼归东慕家村乡里称有德量之恩荣八品东元慕公孙太学生文珍公次子成楷，事翁姑以孝顺闻。成楷公十七应童子试，屡列前茅。年二十以痫卒，氏年二十三岁，光绪之十八年岁次壬辰也。生女甫月余，不忍以呱呱累翁姑，遂茹痛以妇道终子道。宣统元年，姑蓝氏寿终，越二年，翁寿终。氏佐伯姒原氏养病送终，皆如礼。长女适文登岭长村庠生隋允进长子秉钧。不幸，女又短命。氏无子，以夫兄太学生成模公次子本翰为嗣。年十五遽逝。复继夫侄本幹之次子思深，

---

① 粤稽：查考、考证。

② 包牺：即伏羲，又称太昊。传说伏羲创造了太极八卦、文字、渔猎、婚姻等。

③ 姬公：此处应指周公姬旦。

④ 斩衰(zhǎn cuī)：亦作"斩縗"。是"五服"中最重的丧服，用生麻布制作，断处外露不缉边。丧服上衣叫"衰"。三斩衰，指臣为君、子为父、妻为夫，皆斩衰(服丧)三年。

⑤ 《麟经》：《春秋》的别称。

⑥ 魏文侯：战国时魏国的开国君主。曾尊子夏为师。

抚育如己出。今五十七岁，三十余年节孝如一日，发天常于不息，扶大纲于既颓。曹大姑[①]谓：天不可逃，夫不可离，氏可谓不违天矣！夫兄暨侄不忍芳行就湮，建碑以彰之，而属余为志。余沧桑后不与世事，兹以于宗系先考敕封文林郎廷彦府君交，本幹前又受读于余，不可固辞。因思真西山[②]谓：纲常，奠安生民之柱石，吴康斋[③]谓：纲常天下身家之元气，皆守包牺、周孔敦重纲常之教也。余愧无补于元气，幸有于氏之节孝，并幸成模公父子之犹重节孝，足见三纲之本尚未泯也。爰敬述之贞诸石，以望我同胞之共知，天尊地卑地道宜奉，顺承代终，以尽我人道焉。

毕万芝妻张氏，双庆女，十七岁于归，二十六岁守节。

## 邑拔贡张国琪《毕节妇张氏碑》

节孝张太君，小泊吕家双庆公之季女，东山村毕公维东之次男万芝之元配也。十七岁于归，敬戒臻至，最得翁姑欢。生一女一男，不幸而翁以病故。又二载，而殒所天。时太君年二十六岁，夫纲墜地，誓不独生，家人力劝而弗应也。惟姑告以奉亲育子之大义，责无旁贷，则惟惟受教。厥后，操井臼勤纺绩，艰难备尝，不以仆仆为劳。事姑则妇代夫职，教子则母兼父严。迨子女婚嫁，姑亦逝世。而太君犹常以姑训训子媳，示无或忘。呜呼！使当日以死塞责，夫问母氏何在？呱呱者何恃？其将何辞以对？然则饮泣吞声，而树兹贞操，千磨百折，历五十年之久而不渝，以视临难捐躯，孰难孰易，必有能辨之者而可湮没乎。男序龄每自叹曰：亲老家贫，有志未逮者伙矣。然吾母之潜德幽光，不声诸贞珉，人其谓我何？乃正拟鸠工伐石，而太君遽

① 曹大姑：即东汉女史学家班昭。从夫姓，被称为曹大家。“家”音“gū”，通“姑”。班昭曾续修《汉书》，著有《女诫》（七篇）等文。

② 真西山：真德秀，南宋理学家、大臣。学者称其为西山先生。

③ 吴康斋：吴与弼，号康斋，明代儒学和心性之学大师。

以民国七年十月寿终，春秋七十有八，今归窆已三祀矣。幸赖其孙庶吉，以服贾发身，家道稍裕，爰以著其祖母之苦节，而成父之夙志云。

王吉龄妻刘氏，树材女。年二十于归，二十五岁守节。夫弟再龄，年尚稚，氏食贫孀居，资纺绩以奉姑。而再龄之衣食周备多出其手，后为完婚，一切以身任。娣张氏，性温柔，内外操作。氏提倡不怠，妯娌无间言。再龄中年又逝，遗二男鸿升、秀升。而秀升又殇，鸿升长以母事之，氏亦视之如己出。年六十九卒。邑人王业彬为之作碑记。

周兆明妻卢氏，光璞女。十七岁于归，二十四岁守节，无子。以夫兄子庆福兼祧焉。其后，庆福又先氏殁。以庆福子大升为之后。

## 王业彬《周节母卢氏碑》

氏，光璞卢公女。幼许字宗伟周公之次子兆明。年十七于归，伉俪甚笃，操作慰舅姑心。不幸夫子疾，年二十四忽失所天，誓以死从。时舅姑与伯氏极为劝导，乃止。遗一女在襁褓，长适刘，甫周岁殁。伯氏祇一男名庆福，余姑母出也，氏思继为子则绝长，因与伯姒议以双承，闻者皆贤之。其后，舅相继寿终。疾时侍汤药不懈。无何，夫兄亦以疾卒。凡事委之庆福，孰意天年不永，染风辞世。庆举四男，长春，殁已经年；次大升，方弱冠；余皆幼。家道多难，妇子辈痛哭不已。而氏独收涕，劝谕理家政如平素。予姑母深感佩焉，常告予曰：吾娣孀居以来，全孝义，裕知能[①]，家小康，多蒙经理。德节兼备，不可湮没。以故得悉其生平。今年逾六旬，大升等循例建碑，求予作文。予孤陋不敢赘一辞，聊述夫闻于姑母者，勒诸石以备采访焉。

毕忠谋妻王氏，太学生佩涵长女。年二十于归，二十一岁夫亡守节。无子，继夫兄之次子榠序为嗣。邑拔贡栾在镐为之作碑记。

毕序亭妻刘氏，长春女。年十八于归，越四年守节，五十四岁卒。

---

① 裕知能：知能，知识和能力。此处意谓能充实晚辈的知识和能力。

## 孙继昌《毕节妇刘氏碑》

节孝刘氏，荣成刘家庄长春公之次女，东山村毕公万琳之子序亭妇也。生而端谨，稍长即知女训，有淑德。年十八于归，舅姑称其孝，娣姒称其顺，内外无闲言。序亭方读书，下帷篝火弗辍，氏从旁勤女红佐之，永夜青灯，琴瑟静好也。越四年而序亭婴痼疾，氏侍汤药，焦苦旁皇，不解衣，不甘味，几一年而所天逝。无子女，誓不欲生，绝粒者数日。家人环守之、婉劝之，乃取夫兄之次子庶裕为嗣。庶裕方六岁，氏抚育倍挚如己出。幼课读，长亦自能成立，而家道日盛。氏素勤俭自持，日不暇给，村中无钜事未尝出门庭一步，邻人无少长多不识其人者，此其节为何如？而其孝为何如哉？氏享年五十有四，庶裕惟恐其节弗传，属余为文勒诸贞珉，以俟珥笔彤管者采焉。

毕从武妻周氏，年十九于归。越五年夫故，守节。遗女一，无子，继犹子璇为嗣，守节三十九年，年六十五岁卒。

## 王陆《节孝周太君碑》

太君者，处士从武毕公之元配也。年十九于归，德言容功[1]克全，称贤妇焉。越五年，从武公偶染病去世。惟遗一女，而承祧无人，乃继猶子璇为嗣。矢志自守，事孀姑不少衰一时，抚孤奉养，盖以妇道兼子职矣！追其后生事死葬一一尽礼，子婚女嫁在在劳心，艰难辛苦备历三十九年，享寿六十有五卒。是年，蒙学宪旌表。予恐其事之本末久而就湮也，是为记。

蔡奉珖继室胡氏，锡芝女。于归未五月夫殁。时姑年六旬，前室子女都幼，氏孝慈贞节一身肩之。邑庠生刘心一为之撰碑记。

杨景元妻孙氏，成伦女。苦节终其身。

---

① 德言容功：封建礼教认为妇女应当具备“四德”，即：妇德、妇言、妇容、妇功。

## 邑庠生闫庆彬《杨节妇孙氏碑》

节妇，孙公成伦女，杨公秉仁之长子景元妻也。年十九于归。姑早逝，翁以次子，三子皆幼，妇治家才，遂以阃内之政付之。妇则兢兢自励，事翁以孝闻，相夫以顺闻，抚叔以爱闻。勤俭洁朴，忍劳耐苦，盖如此有七八年。不幸其天竟溘然长逝。斯时，呼天抢地，本欲以死殉。因翁老叔幼无人奉养，遂移其志以代夫职。凡翁叔衣食起居愈加谨慎。诚恐翁以子丧戚然于心，故翁前则竭力承欢，人后则泪潸潸也。如是者十九年，而叔皆成立，其翁乃终。妇以哭翁痛夫哀毁致疾，不数月间，竟以忧陨[1]。呜呼！世风日替，人心日漓，若妇者岂仅为中国之模范，即吾辈须眉亦当愧煞。爰为之铭曰：贤哉，斯妇！孝哉，斯妇！斯贤斯孝，流芳千古！

楚义妻梁氏，元占女。夫殁，遗孤二。长宝位，甫十岁；次宝臣，才三龄。翁姑皆年逾六十，仰事俯育一身赖之。刘大成为之作碑记。

林继春妻刘氏，芳义女。年十四于归，生女一。十八岁夫亡，事孀姑王以孝闻。历十三载，姑殁。未几，女出嫁，茕茕孑立[2]，苦节终其身。刘作翰为之撰碑记。

曲有之妻孙氏，凤焕女。抚孤继昌成立。以勤俭闻。曲允广为之作碑记。

汤建功继室谢氏，年二十八夫殁，抚子一女一。子世绪，前继室张氏出，氏视之如所生。期年，张氏家为之感动，岁有佽[3]助。子稍长，有事出，辄倚门闾而望。治家严，尝夜纺绩，荧荧灯火，督课子妇，至漏尽鸡鸣而后寝。亲族贤之。

张庆赵侧室蒋氏，守节。拔贡梁世煃撰碑。

---

① 陨：古同“殒”。

② 茕(qióng)茕孑(jié)立：出自晋李密《陈情表》，意为孤身一人，无依无靠。

③ 佽(cì)：帮助。

闫庆理妻姜氏，年二十一守节。抚子成立，既娶而殁。乡里闵之，有碑。

李钰寰妻闫氏。王善明妻龙氏。王世高妻张氏。王清山妻曲氏。王永昶妻刘氏。曲之恕妻王氏。曲之恩妻袁氏。曲之林妻刘氏。王日卿妻田氏。王日宣妻刘氏。李德俊妻曲氏。孙祯祥妻周氏。鞠兆信妻张氏。鞠信妻吕氏。梁登魁继室鞠氏。唐景春妻王氏。唐景礼妻王氏。曲鹏龄妻周氏。曲桂高妻孔氏。曲刚妻王氏。孙蕙圃妻刘氏。孙学诗妻王氏。孙惠清妻刘氏。刘日升妻周氏。刘适才继室王氏。刘锦钊妻龙氏。刘锦序妻孙氏。刘锦章妻姬氏。刘可义妻孙氏。刘志兰妻王氏。孙秉忠妻王氏。曲世尊妻王氏。曲绍法妻梁氏。孙位妻梁氏。周克升继室李氏。孙凤仪妻周氏。孙玉芝妻梁氏。孙本宇妻王氏。孙本仁妻汤氏。唐元才妻杨氏。陈培之妻王氏。陈玉乔妻王氏。于克明妻毛氏。于存真妻王氏。王连升妻张氏。闫为忠妻张氏。王春泮妻冷氏。王本修妻胥氏。王式恩妻于氏。王可义妻黄氏。王可升妻李氏。王国兴妻姚氏。项玉珍妻张氏。项鸿法妻刘氏。闫本泰妻赵氏。张太安妻岳氏。迟言志妻闫氏。迟学芝妻姜氏。刘长庆妻彭氏。董述丰妻曲氏。于见清妻邹氏。孔广居妻徐氏。孔广泰妻董氏。孔昭瑨妻闫氏。刘芝发继室董氏。吕福龄妻王氏。唐王攻妻姜氏。唐鉴德妻王氏。孔昭琅妻方氏。庠生孔毓俭妻张氏。姚玉辉妻刘氏。张荣镐妻孙氏。葛克梁妻曾氏。陈象濬妻李氏。庠生孔传礼妻董氏。陈福纶妻杨氏。鞠秉亮妻高氏。闫鹤龄妻张氏。张云淦侧室乔氏。于谷妻鞠氏。徐暄之妻王氏。刘淑乾妻黄氏。车寿德妻张氏。刘世裕妻彭氏。于梅妻张氏。于瑄妻李氏。王彭年妻颜氏。马世秀妻高氏。闫福仁妻邹氏。孙兴祥妻岳氏。吕广生妻于氏。王桢先妻陈氏。王业然妻姜氏。邹立泽妻张氏。赵江妻张氏。吕锡贡妻姜氏。吕佩吉妻于氏。王业焮妻傅氏。梁肇基〈妻〉刘氏。闫洑妻张氏。王佩瑭妻刘氏。王克立妻郭氏。王承蔼妻毕氏。王镛光妻范氏。王承閶妻于氏。于起鲸妻宋氏。张维莱妻周氏。刘树岱妻王氏。王承枳妻唐氏。郭廉恭妻苏氏。王义洋妻姜氏。张焜妻刘氏。刘世裕妻彭氏。王佩桐妻闫氏。姜毓林妻徐氏。王佩堪妻毕氏。张锡婴妻宋氏。王佩坳妻徐氏。王文明妻李氏。周永年妻姜氏。周永盛妻姜氏。周永泰妻卢氏。王諟妻解氏。王承镐妻周氏。周福兴妻苏氏。毕忠廷妻王氏。毕忠荣妻刘氏。周经门妻王氏。周礼门妻姜氏。王潍先妻周氏。庠生张锡崑妻宋氏。毕可兴妻杨氏。马枝海妻姜氏。张德庆妻陈氏。谭天德妻毕氏。张锡汉妻连氏。张锡洛妻宋氏。张锡幽妻王氏。张锡容妻原氏。庠生张燧妻周氏。毕序亭妻刘氏。解忠洪妻王氏。张其俊妻李氏。张庆生妻卞氏。张庆爵妻邢氏。张庆仁妻周氏。邢仁政妻宋氏。毕天枢妻史氏。张烛妻周氏。毕云岫妻邢氏。毕庶仁妻邢氏。董述丰妻曲氏。王福澜妻毕氏。王緽妻于氏。王泉清妻钱氏。王佩钥妻闫氏。张锡楹妻连氏。于兆祥妻邹氏。毕述志妻刘氏。孙鹏翮妻李氏。毕锡佩妻于氏。

右立碑

蔡汉妻鞠氏，夫亡，家极贫。抚子女二，乞食以守节。抚孤年余，或劝之改适，怒拒之，而志益坚。卒年七十六。

刘作宾妻张氏，年二十三守节，事翁姑以孝闻。遗孤人桢，以抚以教至于成立。后大桢任冠城、昌邑法院院长，每以清廉训之。卒年七十二。

陈广成妻王氏，夫亡子幼，教之抚之。入青州府第四师范未毕业病故。氏亦愤而病，病而死。

岳廉能继室王氏。时前室子书文甫周岁，力尽妇道以抚育之。二十四岁守节，事衰翁以孝称。

李景洛妻田氏，抚遗腹子，守节。

周廷章继室许氏，抚前室子，守节。

姜培镇妻刘氏，奉翁姑孝，抚子钟秀成立，现年五十有八。

周永昌妻刘氏，抚孤守节，艰苦备尝，现年六十有八。

毕德钦妻周氏，年二十七夫亡，抚遗腹子，守节，年八十五卒。

李肇会妻田氏、李峦鹏妻梁氏、李本立妻张氏、李泽唐妻周氏、张永祥妻赵氏、张锡绂妻毕氏、黄学儒妻毕氏、张锡笙妻陈氏、邹立浩妻张氏、张锡陸继室邢氏。

右守节抚孤

孙秉裕妻刘氏，年二十一于归，时翁姑在堂，家贫如洗，阅八月夫丧于北京，氏躬亲井臼以代子职，乡里有令誉焉。卒年六十有八。

李心芳妻蔡氏，年二十夫殁。无子，誓以身殉。祖姑及翁姑泣劝之，始转念忍死。事祖姑与翁姑以孝闻。

胡恩祎妻于氏，年二十一守节。夫妇相处仅二十一日。事翁姑、处娣姒以和。抚嗣子廷紱，慈爱如己出。年三十四，姑殁，哭之哀，旋亦病殁。

胡廷纯妻杨氏，年二十七夫亡，遗一幼女。氏哀毁，扶病抚幼，女年十九殇，氏亦卒。

孔广庸妻孙氏，庸守威海北砲台，甲午之役，清兵望风溃，庸不为动，冒枪林弹雨御之，卒饮弹殉。时氏年二十五，夫为国殇，妇为节妇。现年六十有七。

孔昭鳌妻宋氏，于归时，翁姑在堂，有夫弟尚幼，乃代为抚育，以分姑劳。甲午之役，日人内犯，昭鳌怒上指，奋不顾身与之斗，日人开枪击射洞胸死。时氏年二十九，欲殉屡未果，侍翁姑以送终，抚夫弟以成立。现年七十。

于基绪妻王氏，基绪病亟，氏割股进无效。抚子延年中学毕业，守节三十年。现年六十有三。

袁方植妻周氏，于归未三月夫亡。氏年二十，无子女，守节，孝事翁姑。翁年八十三卒，姑年七十三卒，乡里称之。现年五十一岁。

李天经妻孙氏。李灯妻袁氏。李元修妻张氏。李明道妻冯氏。李元琛妻孙氏。李明申妻冯氏。李兆鹏妻孙氏。李正绅妻吕氏。蔡念虔妻李氏。蔡奉玉妻刘氏。蔡奉琳继室郑氏。于德年妻孙氏。于登鳌妻袁氏。于俭继室周氏。于本圣妻孙氏。刘德显妻孙氏。刘中仁妻孙氏。刘中发妻田氏。刘中元妻曲氏。刘中萼妻李氏。刘作霖妻张氏。刘荷先妻蒲氏。刘庆赏妻孙氏。孙盛堂妻王氏。曲永弼妻胡氏。赵逢甲妻吕氏。赵光甲妻王氏。梁怀新妻李氏。王学瑞妻孙氏。王肇熙妻孙氏。王肇锜妻胡氏。王肇温妻刘氏。王肇相妻曲氏。王兆理妻胡氏。王兆玲妻杨氏。王继丰继室于氏。王继璟妻于氏。王继夏妻李氏。王树绥妻刘氏。王树紱妻梁氏。王树绵妻许氏。曲建章妻梁氏。田中玉妻周氏。田丕堃妻吕氏。田丕绪妻王氏。田凤廷继室蔡氏、田凤飏妻吕氏。田凤楼妻于氏。田镇妻刘氏。王宝妻于氏。王世庆妻梁氏。王培英妻梁氏。王国佐妻丁氏。王云葵继室孙氏。胡学勤妻于氏。田保东妻张氏。田位东妻王氏。田镇东妻于氏。田凤城妻袁氏。田凤翥妻袁氏。田丕振继室王氏。田俞绂妻李氏。王廷任妻孙氏。王廷珍妻孙氏。张含辉妻曲氏。张含德妻蔡氏。王明增妻刘氏。王明祥妻龙氏。龙文周妻王氏。龙文悦妻孙氏。龙文爽妻刘氏。龙克升妻王氏。龙克福妻孙氏、龙克修妻车氏。龙克欣妻胡氏。龙克启妻刘氏。龙启仁妻李氏。龙启兰妻胡氏。孙其龙妻刘氏。孙其忠妻张氏。鞠廷芝妻张氏。鞠廷荣妻毕氏。姚焕瑛妻张氏。姚焕曾妻李氏。丛培椿妻李氏。丛培植妻梁氏。张宝田妻黄氏。张宝信妻吕氏、孔继承妻张氏。孔继谋妻彭氏。王成明妻毕氏。王成德妻刘氏。许廷琦妻王氏。许廷彬妻彭氏。许廷聘妻董氏。岳绍邦妻张氏、岳经邦妻杨氏。孔传宗妻陈氏。孔传珍妻岳氏。张锡逵妻王氏。张锡诏继室连氏。李镇寰侧室孙氏。胡葆森妻李氏。唐人和妻刘氏。李宝序妻王氏。李汉鹏妻王氏。吕世丰妻孙氏。鞠承功妻周氏。谢芳春妻刘氏。岳克怀妻于氏。梁嗣聪妻车氏。孙文妻王氏。曹书鸿妻刘氏。唐玉桂妻姜氏。吕有忠妻李氏。吕庆谟妻袁氏。刘心铭妻鞠氏。姜福增妻葛氏。袁卓基妻刘氏。王述德妻张氏。王范卿妻梁氏。王嘉言妻曲氏。龙士端妻于氏。龙振奇妻郑氏。岳士良妻鞠氏。岳福兴妻邓氏。刘元通妻李氏。孔继德妻殷氏。鞠洪烈妻王氏。鞠存忠妻田氏。朱方荣妻孙氏。邵守仁妻姜氏。谢秉忠妻孙氏。鞠学禧妻董氏。王凯妻曲氏。鞠学渊妻夏氏。姚新年继室王氏。曲永祯妻玄氏。曲元琳妻孙氏。孙珙琳妻姚氏。梁玉瑶妻陈氏。吴大道妻唐氏。刘大为妻姜氏。沈锡珊妻杨氏。沈恒玠妻杨氏。于纶基妻林氏。谭天仁妻王氏。董连庆妻王氏。许德光继室张氏。丁巨臣妻蒲氏。吴禹铎妻张氏。郭世玉妻于氏。倪莩滋妻李氏。许日沐妻李氏。张存模妻刘氏。鞠秉金妻丛氏。赵继富妻车氏。车中诚妻张氏。姚鸿继室楚氏。姚树良妻于氏。姚苹妻姜氏。李丹田妻项氏。梁景清妻刘氏。梁兴逵妻孙氏、鞠希凤妻林氏、鞠希思妻隋氏。胡廷恕妻李氏。吴复盛妻李氏。车恒妻李氏。张庆清妻李氏。吕从吉妻邓氏。吕锡妻田氏。吕永承妻姜氏。于纶妻林氏。于书芬妻董氏。于中正妻林氏。张一纯妻杨氏。张同兴妻孙氏。沈毓义妻李氏。胡葆森妻李氏。王春韶妻慈氏。王进贤妻林氏。闫年芳妻隋氏。闫为义妻刘氏。汤复盛妻刘氏。李玉美妻姜氏。丁宰臣妻王氏。吕鹤祥继室于氏。吕长年妻于氏。徐信之妻杨氏。徐云兴妻许氏。彭保元妻丁氏。彭有坤妻张氏。鞠义妻张氏。许本淦妻刘氏。李宗秀继室王氏。姜慎年妻姚氏。李文杰妻于氏。陈克刚妻杜氏。陈积祥妻王氏。杜梦忠妻王氏。岳余太妻倪氏。岳荣寿妻张氏。岳逢魁妻于氏。丘鸿绪妻王氏。彭新畬妻孔氏。岳恩绶妻鞠氏。岳长年妻于氏。岳兆鹏妻刘氏。庠生岳自严妻张氏。闫元郁继室于氏。张文翰妻刘氏。张其仁妻盛氏。张余庆妻连氏。增生张炅妻陈氏。曲常有妻刘氏。岳云桂妻张氏。岳庆祥妻李氏。岳丕乾妻张氏。孔昭文妻王氏。武生姚朴妻岳氏。姚班妻徐氏。孔继英妻赵氏。康文南妻刘氏。毕序文妻王氏。孙兴盛妻岳氏。孔毓材妻孙氏。孔广清妻董氏。刘树棨妻王氏。刘宗葵妻王氏。翟文理妻王氏。庠生刘沅仁妻毕氏。马学蒸妻王氏。王琨妻宋氏。武生刘忠芸妻孙氏。王庆璜妻张氏。毕永祥妻于氏。李泽唐妻周氏。王业霖妻连氏。曲子芝妻王氏。宋茂妻傅氏。张立亨妻周氏。宋维继室汤氏。殷日全妻张氏。宋春妻王氏。王珍妻张氏。王某妻王氏。曲长有妻刘氏。孔府屯田官沈怀璞妻江氏。李明申妻闫氏。闫毓文妻胡氏。

滕某妻原氏。高某妻于氏。鞠某妻闫氏、滕某妻梁氏。毕某妻孔氏。滕某妻萧氏。滕某妻刘氏。滕某妻王氏。以上八节妇均六区滕家集人，夫名无可考。

右节孝

李延龄妻王氏，于归八十日，延龄客京师，岁余病殁。氏闻之，饮鸩殉。时年二十有一。

## 王荣师《李烈妇传》

胞妹年十九，适城南黄埠村李公升学次孙延龄，八十日延即客京华。妹自幼贞静，颇娴德从，于归后克称妇职，娣姒间无失言失色。由是家人亟称新妇贤，乡里中亦无间言。仅岁余，而延之讣闻。斯时，日夜悲泣，惟求伯氏迎柩归故乡，无他语。至八九日，水浆不入口，亲故相解者日盈庭室。妹不言不语，置若罔闻而已。翁姑无奈，特招师往视。师至甫坐，妹乃起而相谓曰："兄来何为乎？年幼夫亡，义不容生，且敛具已早备矣！岂能改图？但防太严恐殉无定期耳！吾所深望者，榇苟不归，实赖兄从中调剂，此外别无怙念矣。兄往矣，无再来。"又二日，翁亲邀家慈理劝，及至，妹无戚容亦无惨色，仍以敛具决死相告，且曰："必如是，心乃安耳，母无〈勿〉多言。"至是家人防更严密，翁姑泣劝不已。深惧矢志难成，遂幡然改曰："父母无过，哀媳将同嫂氏供奉养，死何益?”从此饮食少进，日与嫂氏议中馈，谈笑无异平时，哀戚不形于外。虽如是，仍防之。祖翁闻之，喜语其姑曰："王氏孙媳忧劳日久，吾家极清爽，往处焉可也?”不待母命，即慨然曰：媳愿往。姑亦允诺。朝往前庭，夕归寝室。逾二日，又对母曰："姑媳同寝几半月永未解衣，母太劳，媳亦甚拘，愿独宿，誓不愿作死妇矣。”姑见其言实，又怜其惫，遂分寝。是夜，家人潜窥数次安然无恙。咸谓新妇生矣，无容忧虑。次夕与姑嫂闲叙，更许欣然就寝，无复以死疑者。及昧爽[1]启户视之，衣冠楚楚，端卧寝榻，已含笑死矣！家人始悟：欢然诣祖翁处取洋药也，决然愿独宿备敛具也。时为八月十二日，即延龄五七晨也。

## 洪瑶光《李烈妇王氏碑记》

古人云：慷慨赴死易，从容就义难。论大节者，每以是为轩轾[2]。然从容固难，慷慨而出以从容，不尤难之难乎！邑西黄埠村庠生李升学孙媳王氏，吾友庠生王振冈女也。少娴闺训，长益端庄，年及笄于归李门，提瓮而修妇道，举椀以宾良人，有桓少君、孟德耀[3]风焉。夫延龄夙业儒，于亲迎明春，因事适京，计新婚甫两月耳。又明年秋，遇疾殁于京邸。凶问至，氏即绝饮食，矢必死。翁姑泣劝不听，又要其父与兄劝之亦不听。然家人防守严，卒不得死。氏忽改容谓姑曰："媳遵不死矣!”家人咸知其言诳，然细察之，戚容略减，饮食亦比前稍进焉。且为其夫具冥镪傧笾豆[4]，经营井井，意若真不死者。其翁姑乃大慰。先是其姑每伴之宿，至是喜其意转，又因氏辞之力也，遂他

---

① 昧爽：昧，暗；爽，明。谓天将亮未亮时。

② 轩轾(xuān zhì)：此处意为轩昂，气度不凡。

③ 桓少君：西汉鲍宣的妻子，不嫌夫家贫，修行妇道，乡邦称之。孟德耀：即东汉梁鸿之妻孟光，字德曜。不求富贵，与梁鸿共同隐居，夫妻相敬如宾，举案齐眉。

④ 冥镪(qiǎng)笾(biān)豆：冥镪，烧给死人的纸钱。笾豆，古代食器，竹制为笾，木制为豆。也是古代祭祀的盛祭品的两种器具。

宿，既而悔之，急起叩门不应，排门入视，已仰药矣！装束俨然，面如生。呜呼！慷慨赴死，从容就义，若氏也，不诚兼之哉。吾党重其节义，于其合祔咸衣冠送之，既又欲纪其事以垂不朽，以撰文属予。余固喜谈节烈者也，不获以不文辞，因述其崖略，而并以歌輓之，歌曰：

成山之石兮廉且贞，东海之波兮黝以清，烈妇之死兮贤于生。噫吁巇！山可平兮海可填，烈妇之烈兮千古争妍。

孙启荣妻王氏，幼毕业于初级小学校。夫殁之翌日仰药殉。邑人李方琮为之作事略。曲允广、鞠振海、姚筱珊为之传。

## 李方琮《孙烈妇事略》

风俗人心于今浇漓极矣，伦常之所系俱弁髦[①]视之，在通都大邑为尤甚，而成仁取义者，往往于穷乡僻壤中愚夫愚妇见之。语云：礼失而求诸野[②]，其王烈妇之谓乎？妇为吾邑第二区杏林乡石硼村孙启荣之妻，身出儒门，素娴闺训，十八岁为孙氏妇，其夫赴津业商多年，于去年染肺瘵归。日夜咳嗽，医药罔效，遂于本年五月间逝世。烈妇以无子媳可依，于其夫卒之次日，仰药殉。年仅三十岁。呜呼！可谓当仁不让者矣！发潜德之幽光，亦采访者之所有事也。谨以事略闻。

## 姚筱珊《孙烈妇传》

余少时尝闻，某姓女因夫死而自缢，某姓女因夫死而仰药，乡传里颂，称道弗衰，申请表扬列为盛事。乃自念年[③]以来则又习闻：某姓女因夫病而离异、某姓女夫殁而改适，廉耻道丧，嗟叹何已？今竟于

---

① 弁髦(biàn máo)：弁，指缁布冠，一种用黑布做的帽子。髦，童子的垂发。古代贵族子弟行加冠礼，用缁布冠把垂发束好。三次加冠后，就去掉缁布冠，不再用。因以比喻无用的东西。此为蔑弃的意思。

② 礼失而求诸野：相传是孔子说的一句话，意思是礼制沦丧后，还可以到民间去访求。野，郊外，指民间。

③ 念年：即廿(niàn)年。廿，二十。此处指民国二十年。

颓风熏染之中，而有王兆芝女士仰药以殉其夫之死者，荣光远播，愧煞一般寡廉鲜耻之辈，使晓然于礼教之犹存，而有以自惕其有功于社会，人心何可限量。女士系东庄乡王际泮先生之爱女。幼娴闺训，明大义。曾毕业于初小校。年十八于归第二区杏林乡石硼村孙健堂先生之长子启荣君为配。启荣因赴津贸易，备受劳瘁，得肺痨症，遂归家诊治。女士晨昏服侍，从无怨容。延至半年有余，终以医药罔效，于民国二十三年四月四日长逝，年三十四岁。时女士痛哭而欲绝者再，虽经家人劝慰少息，而夜间自念夫殁又无子息，若仍偷生，则一方面为翁姑之累，一方面复贻双亲以忧。志意一决，翌日遂仰药死，年仅三十。孙健堂先生命少子启祥扶两柩同进祖茔。埋葬时，执绋者无不垂泪，哭声震天地，云气为之变色，烈之感动天人者如此。余与际泮、健堂两先生均系旧交，不禁鼻酸涕落，而为之唏嘘不置者终日。维念当此世道衰微，一般醉心时髦女子，往往习为荡踰闲[①]之举，而得此女士以挽救之，则新生活之勃兴，将不待运动而自发育滋长矣。是为传。

王玉璟妻于氏，维源女。事翁姑以孝闻，与娣姒处推人所争，躬为其难，一家无〈不〉礼爱之。夫贾于京师，因病归，旋殁。无子女。时氏年二十有二，屡欲以身殉，家人防守严不得死。后将届夫三周，阖户仰药死。邑庠生于绂基为之作碑记。

庠生颜荣绍继室孙氏，生男一，夫染病弥留时，氏饮鸩殉。已旌。

## 文邑举人张燕春《颜烈妇墓志铭》

昔欧阳子传《五代史》，述王凝妻李氏断臂[②]之事，曲折详尽。以

---

① 为荡踰(yù)闲：荡、踰，超越。闲：规矩、法度。指行为放荡，不守礼法。

② 李氏断臂：欧阳修撰《新五代史·杂传第四十二》载：五代王凝妻李氏携子负夫骸骨归葬，途经开封，欲投宿旅店。店主欺其孤寡，竟不许住宿，并抓住李氏臂膊拖出店外。李氏觉得自己受到侮辱，便砍断手臂，以示贞节。后用为咏节妇之典。文中“欧阳子”指欧阳修。

为士不自爱其身而忍耻以偷生者，闻李氏之风，宜少知愧。余窃谓世衰道微，如李氏之奇节，洵足震天地而泣鬼神，而又得欧阳子表而出之，其有关于风教大矣哉！荣有烈妇孙氏，世居城内。父讳增益，丁酉科岁贡。氏幼娴母训，年十九适邑南颜家村庠生颜荣绍、登仕佐郎讳兴年子也。于归，生男一人，曰景泰。越三载而夫亡。氏慷慨捐躯若处于定性然，时年二十有二。族人以其节烈上闻，获膺旌典如例。呜呼！死者，人情之所难，自古忠臣义士值国家危急之秋，而能杀身以成仁者，代不数人，史臣皆特书之，以著其节，岂非事必为乎其难，而后足以风世耶！妻道与臣道一也，若氏之舍生取义，固烈。丈夫之所难能者，而彼以妇人能之，觉李氏断臂之事犹不足为奇，设使欧阳子复生，其发潜德之幽光宜更何如哉？余学浅言无足重，不及欧阳子远甚，而氏之视死如归、高风亮节，自足以磨世厉钝，炳著于天壤间，初不开乎言者之轻重也。故乐为表章，以为天下后世之殉节劝。缀以铭曰：

名节一朝尽，纲常万古存。我铭其为展载，勒诸贞石慰贞魂。

姜维靖妻毕氏，仁开女。夫病笃无子，誓以身殉。及夫殁，期祥禫祭[①]一一不苟。夫忌之夕欲自尽，家人防之严，后稍懈，乘间自缢，卒年二十三。清光绪十一年奉旨旌表，入祠。

## 文邑岁贡王芥青《姜烈妇碑》

从来尽有死无二之义者，忠臣也。而烈女子亦有之。然慷慨赴死者多，从容尽义者少，若姜毕氏其庶几乎？氏毕公仁开女，太学生姜公本进次男、儒童维靖妻也。年十八于归，方其逮翁姑，调琴瑟，和妯娌，固将佐夫子而博封诰，岂欲徒以一死塞责耶！无如命不犹人，夫与阿伯一时遇疟疾，终旬继逝。氏若痴若愚，一恸辄气绝，旁观者

---

① 期祥禫(dàn)祭：指服丧期间的屡次祭祀。《仪礼·士虞礼》："期而小祥，又期而大祥，中月而禫。"郑玄注："禫，祭名也，与大祥间一月。自丧至此，凡二十七月。"

以为善哭其夫，未之异也。姜家道素丰，氏于度日绝不开心，惟于所天期祥禫祭一一不苟。日月逝矣，宿草离离，而氏衰绖三年矣！夫忌之夕，抚嫂之遗孤而言曰："钧命也，天胡厚于嫂而薄于娣乎？养老慈幼皆嫂一人事，死者有知，亦感嫂德于无既矣！未亡人业与夫约，祇有一死。所以不即死者，时未至也，今其时矣。"嫂闻言防之严。后稍懈，乘间自缢，组去颈尺有咫，笑容可掬，时年二十三岁。今奉旨入祠，且勒石，命予志之。予赋柏舟之诗曰：髧彼两髦，实维我仪，之死靡侘。又赋其次章曰：髧彼两髦，实维我特，之死矢靡。呜呼！尽之矣。

毕鸿序妻滕氏，秀林女，庠生学瀛姊。鸿序以勤学致病卒，氏誓以身殉。时姑已逝世，祖姑犹在堂。翁宗智既痛子之短命死，又虑妇之将殉其夫也。祖姑苦劝之，并以遗腹为重，氏乃许诺。幸生男，命名曰庶明。然犹未忘其从死之愿，特以呱呱而泣为虑。比庶明年九岁，已入家塾，乃力践夙愿，卧病在床，绝粒不食，以殉其夫焉。邑拔贡张国琪为之作传。

宁从钦妻周氏，德义女，年十四于归。越三年夫殁，雉经自尽以殉。已旌。

## 王芥青《宁烈妇周氏碑》

氏，荣成县南港头村周公德义之女。幼字宁家村宁公吉嵩子从钦。年十四于归，越三年而丧所天，缞绖[1]号泣，扶柩就墓。既归不言不食，家人知其志在身殉，防之甚严。越数日，以事偶懈，已雉经自尽，时年方十八。里人哀之，为之吁旨请旌而勒诸石。

连溶之继室于氏，常泰女。年十八于归。时前室遗男一，抚养如己出。溶之染疾，於汤药中兼勤顾。复夫殁，翌日遂自缢。乡人钦其贤，重其烈，申请于督学使者。督学使者锡额以于旌之，爰立墓道。

① 缞绖（cuī dié）：缞，古时丧服。绖，古丧服中麻带。缞绖指整套丧服，也指服丧。

邑人王嘉谟为之作墓道记。

王秉真妻邢氏，仁林女，年十六于归。事翁姑以孝闻。夫疾亟归宁，稍露永决意。夫殁，家人知其必殉。逾七月，饮药自尽，面如生。

## 王寰清《王烈妇邢氏碑》

烈妇邢氏，云光都邢家村人也。自幼端庄，颇知大义。父仁林公钟爱之，许配吉屯村王树寅之次子秉真，年十六于归，事翁姑以孝闻。二十二生男肇恒。阅三岁，夫以克家勤苦釀成痼疾。大渐[1]之日，氏知其不可救药也，自誓不作未亡人。归省其大父[2]与父母稍露永诀之辞焉。未几，夫亡。氏哭泣尽哀，家人知其必以身殉，防之甚严。氏初不思饮食，葬后忧思渐减，言语、饮食不甚异于平时。人窃谓爱子之情，足累其捐躯之意。孰知夫甫七月，忽饮药自尽，面如生。盖其坚贞之念通于神明，故仰药之后未尝辗转也。吁，自游历之风炽，而纲常泯。食禄者不能杀身成仁，为士者不能以身殉道。教化既衰，性情亦薄，氏处闺门之内而视死如归，确守从一而终之义。士之不顾伦常者，何以靦[3]面于人世间哉？輶轩之使既已采其芳名登诸天府，以彰节烈。余又因其勇于从义，为乡里风化所关，爰勒诸石，以垂不朽。

张立亨妻周氏，夫殁之明年，饮鸩殉。

## 王寅清《张烈妇周氏碑》

节妇周氏，邑南海村周公序门女。适同邑桥上村张公景岱之次子立亨，年十有九于归，二十三而夫殁。氏上无翁姑下无子女，屡欲殉节。而嫂氏防之严。乃于夫殁之明年，饮鸩死矣。是非得之姆教，实乎性情者也。呜呼！可以风矣！是为志。

---

① 大渐：古语，病危的意思。

② 大父：祖父或外祖父。此处指祖父。

③ 靦（tiǎn）：同腆。

于伯源妻李氏，夫光复荣成，为反对者所害。氏饮鸩殉。

### 知事杜佐宸《于烈妇碑记》

烈妇李氏者，于君小庄配也。性悫挚温婉，事翁姑以孝，调琴瑟以和，生二女无子。于民国元年二月间，饮鸩以卒。实为于君成仁之第三日也。余闻乡人述云：当光复时，于君语人曰：予以维新，触众怒。予妇为之哭泣，劝予谏予，并以利害愓予，予甚不愿闻。当时闻于君述其妇之言者，未以为奇也。而孰意其竟以身殉乎？嗟嗟！女子感情笃挚所固结不解者惟所天耳，彼见其夫之结怨于人，行将取祸，则涕泣以冀其转圜，彼见其夫之见害于人，情不能忍，则一瞑以期于不顾，其志哀，其行烈矣！而于君绝不以儿女之私变英雄之志，亦有足多者。嗟乎！所见不同而其殉义则一也。洵足以并垂不朽云。

曲允良妻王氏，夫病笃，氏绝粒三日。比夫殁，誓以身殉。其父至责以大义，遂忍死以事姑，姑殁后择夫兄子允广为之嗣。未几，仰药殉，卒以偿其夙愿云。

### 邑岁贡胡廷相《曲烈妇王氏碑记》

烈妇王氏，邑城南石水吴家疃太学生王源清公女。性严厉，素娴闺训。十七岁归同邑营洛村曲君允良。曲君与兄久客京师。氏以佳妇为佳儿，事孀姑至孝。姑年老有餀疾，甘旨之奉，扶持之勤，始终无间。年二十七，生三女，而所天遽夭。方夫病笃，时已绝粒三日，比殁，寝不能起，抢地呼天，誓以身殉。姑与嫂泣劝之，氏以为兄嫂在，姑无虑。父至，责以大义，曰："夫死无子固当殉，然汝非其比也，数龄弱息将遗累于衰残孀姑乎?"氏闻命乃怃然再起，事姑逾谨，茹苦含辛，日夜纺绩。越数年，姑殁。家亦小康，痛夫薄葬，重修夫墓。已而三女俱遣嫁。窃自计曰："吾事毕矣，可以行吾志矣，然犹未也。"时值倭人入境，人心汹汹。氏叹曰："未亡人矢志十余年，今尚与众避难，亦自误耳。”乱甫平，即邀亲族择其夫叔兄之子允广为之后。汲汲然[1]若不能待券成，遂寓书京师，使其子归，弃商而为儒，谕之曰：“数年经营粗可自给，好为之，吾可以见先人于地下。”言之，泣数行下。其子敬立以听，亦不虞其有他也。未几，氏竟仰药卒，时光绪二十三年五月二十四日，氏年四十有四也。呜呼！古云：柏舟矢节，彤管扬辉。若氏之慷慨而继以从容，从容而终以慷慨者，不尤足嘉哉！是为志。

张树纪继室梁氏，殉节。文登拔贡毕庶吉为之记

张维宝继室孙氏，年二十三于归，甫半载，夫殁，从容葬其夫。事毕，不食十四日殉。有碑。

王继起继室孙氏，元盛女。继起以贫，故旅京师。殁，氏闻讣，当即变产为迎柩费。氏恐柩至不得遂其志，遂于夫柩旋里前一日自缢，殉。

王绥远妻孙氏，绍宗女，夫被匪[2]，氏绝食殉。大总统以“摩笄[3]心苦”四字褒之。

王肇政妻鞠氏，福五女，于归未阅月，夫经商于外，触机气[4]殒命。氏闻讣，水浆不入口者半月，自缢殉。

吕有胜妻孙氏，夫亡，服毒殉节。

王允恭妻梁氏，文福女。允恭隶海〈军〉，清光绪甲午之役阵亡。氏闻自经死。乡人旌其烈而奇其行也，为之立碑。

颜荣泮妻王氏，习之女。夫殁未百日殉。庠生杨兆祥为之作碑记。

刘景平妻唐氏，元丰女，夫殁于辽，自缢殉。

---

① 汲汲然：心情急切的样子。

② 被匪：遭遇土匪被杀害。

③ 摩笄：《史记·赵世家》载，赵襄子姊为代王夫人，襄子既杀代王，使人迎妇归，代王夫人曰：“以弟慢夫，非仁也；以夫怨弟，非义也。”遂摩笄自刺而死。摩笄，用头上的簪子。后因以“摩笄”称后妃殉国而死。

④ 机气：指机器。

周仁春继室车氏，清光绪间殉节。

周维坤妻陶氏，民国二十三年殉节。

于祖培妻姜氏，夫殁，誓以身殉。家人防之密，绝粒七日死。

宋裕生妻黄氏，夫丧于外，柩归葬之日，自缢死。

杨承璠妻王氏，盛忠女，庠生泽春妹。于归甫一年，承璠殁。氏事翁姑仍和颜悦色，越二十余日仰药死。亲族嘉其烈，为题“摩笄比烈”四字于碑石。

孙承邦妻杨氏，夫殁，氏自缢殉。有碑。

唐祝三妻杨氏，寿三女，祝三肄业觉民中学。殁，氏自尽以殉。

王家骥继室徐氏，夫殁，事衰翁以孝闻。翁弃养至大祥，翌日，仰药死。

王殿甲继室于氏，夫殁殉。已旌。

姜万春妻宁氏，夫殁后二年，服毒自尽。

李寿春妻岳氏，夫殁殉。已旌。

张云路侧室姜氏，殉节。有“从容赴义”碑。

张云阶侧室王氏，殉节。有坊。

殷万顺妻邹氏，夫殁三日，自缢于棺，年二十二。有碑。

陈琅森妻李氏，夫殁，殉节。已旌。

张孔嘉继室宋氏，夫殁，氏即日坠金死。有碑。

张人敦继室车〈氏〉，夫殁，仰药殉。

袁正和妻唐氏，夫殁京师，运柩归葬，自缢殉。

刘荣学妻鞠氏，夫殁，自缢殉。

孙同懋妻刘氏，夫殁，仰药殉。

鞠方坤妻王氏，夫殁，仰药殉。

刘大升妻李氏，于归甫一年，夫殁，不食殉。

孙宗泗妻许氏，夫殁，仰鸩殉。

李一贞妻赵氏，年十七于归。翁先卒，事姑柔婉听从。年二十一夫殁，痛哭，缢。清道光二十八年建碑，旌表。

张举妻王氏，清道光二十四年建立节烈碑。

李人魁妻孙氏，年十四于归。幼识大义，事翁姑以孝闻。年二十三夫殁，自缢。清光绪十三年，奉旨建碑。十五年，由山东巡抚李题"节烈性成"额旌之。

郭政宽侧室王氏，年十七夫殁，后三日仰药殉。时民国十七年。

刘鉴有妻王氏，于归甫阅月夫殁，仰药殉。有碑。

岳兴南妻张氏，夫殁无嗣，欲殉不忍绝禋祀，及嗣定，遂殉。

李某妻岳氏，于归二载夫殁，以翁姑在堂未敢殉。后翁为宗祧计纳簉室[①]，三年举一子。以翁姑之奉事有人，遂仰药死。有碑。

于防微女适某氏，夫病殁，自缢于柩侧。

苏大功妻刘氏、张炌妻宋氏、毕树巆妻张氏、鞠希路妻王氏。均有碑

连琴堂妻范氏。王是伟妻张氏。王心同妻李氏。毕续泽〈妻〉周氏。谢言经妻丛氏。刘崇学妻鞠氏。刘升妻丛氏。鞠希路妻王氏。许世英妻王氏。于鼲妻王氏。李会元妻王氏。闫在镕妻张氏。汤居诚妻张氏。张鸿仪妻毕氏。王守儒侧室秦氏。毕缙妻卢氏。孙天锡妻刘氏。张元礼妻孙氏。张守志妻田氏、马秉儒妻孙氏。王进妻孙氏。吴进信妻邹氏。彭濬妻于氏。钟士秀妻宋氏。胡锡瑛妻李氏。杨岫龄妻孙氏。姜应歆妻孙氏。王兆江妻蔡氏。邹肇端妻丛氏。邹成伦妻余氏。刘永和妻张氏。吕熙英妻姜氏。徐世法妻马氏。殷天琇妻毕氏。毕沅选妻林氏。刘邦文妻林氏。张挹清侧室姜氏、周方达妻唐氏。张引吉侧室傅氏。毕传成妻邢氏。岳作法妻宋氏。唐景祚妻彭氏。李德纯妻陈氏。梁可润妻王氏。李嘉忠妻杨氏。李人魁妻孙氏。吕侃妻周氏。刘万年妻王氏。田书妻王氏。陈元福妻杨氏。王有祥妻孙氏。王士升妻梁氏。邹居信妻梁氏。陈永言妻萧

① 簉室（zào shì）：旧时称妾。

氏。徐有章妻高氏。张寿镜妻王氏。王载福妻阎氏。刘日隆妻颜氏。于贤之侧室李氏。梁德坤妻王氏。徐廷材妻王氏。周仁香妻车氏。李象颐妻魏氏。吕有盛妻孙氏。林治文妻侯氏。梁希储妻张氏。柳文才妻滕氏。刘廷峰女。李某妻刘氏、李某妻刘氏、李某妻孙氏。(以上三人俱三区)

邵学孔妻林氏,浣衣河干[①],无赖挑之,忿归遂自缢。

张莒妻王氏,闻人戏戏,羞愤自尽。

右烈妇

王烈女,父大信,许字邵纬武。武少豪勇,隶军籍,将娶妇,于役淄川,后至高唐州,平捻阵亡。女闻亟请父母往守节。觅武骸骨不得,不食死。

胡烈女,父学敬。许字袁正发。婚期已卜吉,正发病殁。女闻投缳死,年十八。邑宰为之请旌表,时清光绪元年也。

卢烈女,父秉璋。幼许字于黄。黄殁,讣闻自缢,年十九。

王烈女,许字于宝礼,礼殁,女殉。

马烈女,许字许世法,法殁,女殉。

董烈女,许字彭武松,武松殁,殉。

丛烈女,幼许字张忠奎。民国元年,中〈忠〉奎及中〈忠〉奎父俱殉国,时女年十五,在母家仰药,死后合葬。

右贞烈女

孙贞女,幼许字梁允武,未嫁,武得疾不起,欲辞婚,女不可,归武家日夜奉事。武亡,贞终其身。

右贞女

梁元观妻程氏,年十八于归。未及二年,夫远出不归。时翁姑俱存,夫弟尚幼,氏毁容易服奉事翁姑,勤俭持家,备尝辛苦者五十余年。卒年七十四。

---

① 浣衣河干:在河边洗衣服。河干(gàn):河边、河岸。

齐杰妻黄氏，夫出外无耗，时翁姑俱亡，惟祖姑尚存，氏孝事之。无子，以侄为嗣。侄又亡，抚其孙成立。卒年八十。有碑。

曲允仁妻王氏，锡珠女。夫与翁早出边外，氏奉祖翁及姑如礼。后翁归夫不返，遂继夫族弟允恩子显藻为嗣。曲允广为之作碑记。

右夫出不归，远年无耗①，苦志贞守者

王贞女，幼许字孙之徽。徽久出不归。女往事翁姑，生养死葬尽礼，人皆贤之。

## 邑庠生孙曰泮《王贞女墓志》

氏母家初家泊，许字孙之徽。徽出无耗，氏往奉翁姑养葬尽礼，孙氏一门重之。年八十余，徽终不归，其苦节贞操，有非寻常所能及者。殁后，族人为立墓，题“贞女”志实也。

右贞女。夫出不归，归事翁姑以贞守者

赵清福妻慕氏。清福事母以孝闻，氏事姑亦有孝行，四十余年如一日。姑老得痿痹疾，呻吟床榻者廿载余，氏侍疾调羹、涤垢除秽，无难色，无倦容。邻里交口誉之。尤难者，夫以操舟供甘旨，势不能傭人，家庭事胥责之于一身，又能竭力以事病姑数十年不懈。虽其夫孝感所致，抑亦真诚恳挚之流露，有不期然而然者。庸特笔之，以为后世之子妇法。清福自有传。

右孝妇

盛周氏，幼许字于盛。年及笄，有疾等废人②，属媒妁告壻③家别娶妇。壻遂娶王氏女。年余，周氏病痊，仍欲归盛，盛难之。后王氏允许，遂迎之归，相依如姊妹。周氏守一不二，贤已；而王氏愿二女同居，了无齟齬，则尤贤也。夫名德清，盛家村人。

---

① 远年无耗：多年没有音讯。耗：音讯、消息。

② 等废人：相当于残废人。

③ 属媒妁告壻：嘱咐媒人转告女婿。属：同嘱。壻：同婿。

## 文邑于霖逢书《盛妇事》

盛德清，荣成盛家村人，父允平。与朝阳洞山前村周姓女为婚，时尚幼也。周〈父〉蚤卒，女独与母居，同女伴采海物受风湿麻木不仁，形同废人，年近二十，病日甚。乃托媒告壻家曰："起床无日，愆入嫁娶期，请别求佳偶。吾他日得葬盛氏之兆[①]，感恩地下矣！"盛许诺，即聘尹格庄王姓女。王氏贤而慧，入门已年余，周氏渐愈。遣媒达意盛氏："吾已许为盛家妇，誓不他嫁。"盛媪曰："来亦可，若王姓不允奈何？"媒无以对。未几，盛媪卒。周母为女择壻，女辄泣。有作伐者，女以愠色拒之。病痊，媒又告盛曰："女愿来，受则聘，不受在一言矣。"盛难之。同张公，盛之表兄也，有远谋，善断大事，就而问焉。张曰："此女贞，不字有年矣，其人必有烈性，不受事不可测，曷令郎君亲往议之。"而王氏阖族不允，盛忧形于色。王氏谓翁曰："母忧当日，但能料死，未能料生。事已至此，似有天数，多有一人何妨？请许之。"翁曰："孰为正，孰为副？"王氏曰："彼大则我小，彼小则我大，争者不为大，让者不为小。"翁曰："汝母家不允奈何？"王氏曰："在我而已。"乃归，谓父母曰："女嫁矣！虽有后事，父母勿与知可也。"其族中兄弟复不允。王氏曰："事在盛家，不在王家。"归告翁曰："妥矣！"即令壻与媒同往周家，定以一言。及门，媒辞去，壻入见，女曰："郎君不弃葑菲[②]乎？"壻曰："来者不拒，但聘礼不能卒办，秋以为期何如？"女曰："请待子凡聘礼所须。"王氏黾勉从事。结缡之日，与王氏互称姊妹。而王长一岁，有事周必问而后行。越数日归宁，母戒之曰："后来者不可居上，惟汝姊言是听。吾所贻汝食物，听汝姊分赐。"女从之。阅

---

① 兆：此处指墓地。韩愈《祭十二郎文》："吾力能改葬，当葬汝先人之兆。"

② 葑菲（fēng fēi）：《诗经·邶风·谷风》："采葑采菲，无以下体。"葑，蔓菁。菲，一种多年生蔓草，地下茎可食。下体，指根茎。两者叶和根茎都可食，但根茎有时味苦。诗意谓不可因此连它的叶也不要。比喻夫妇相处，应以德为重，不可因女子容颜衰退就加以遗弃。后因以"葑菲之采"为请人有所采取的谦辞。

日，王氏亦归宁，以周氏婉顺告于母，母亦戒之曰："勿虐人之女。"二女本不同居，其志则同行，此复何忧乎？余读乐安李织斋[①]先生文集《记吴妇事》：吴妇者，寿张秦城乡杨氏女也，幼贞慧。及长，同里吴生失耦[②]，遂委禽[③]已。其母悔吴生贫，曰："女以夫家者也，吴生将为女累。"乃改字巨富王氏子，告绝吴生家。吴生不能与之争，复再聘于氏女，合卺[④]有日矣。杨女哭告母曰："以女妇吴，吴吾夫也，他何所论。"其母终强之，女知不得，请自缢者再，家人救之不死。女仍以归吴自誓，计无所出。邻人妇贤之，与女密计，潜告吴生，挟婚衣至邻家。女知吴生至，乘父母他往，遂衣其衣，从吴生去会。微雨仓皇走大野中，迷其道。忽灯火明灭，则吴家虑有变来迎也。阅三日，与于氏同婚焉！此与周女氏相类。周女处其顺，两家父母皆贤，终得完聚。杨女处其逆，艰难困顿，而亦得完聚焉！皆天作之合，非人之所能为也。《易》曰：妇人之义，从一而终。《礼》曰：一与之齐，终身不改。圣人维持人道之大防[⑤]，首重夫妇。人世是非利害之说，往往不及乡闾妇女。呜呼！蔽也，久矣！

右贤妇

---

① 李织斋：李焕章，字象先，号织斋。山东乐安人，明末清初文学家，著有《织斋集钞》。

② 耦：此处同"偶"。

③ 委禽：下聘礼。古代行聘纳采用雁，故称。

④ 合卺(jǐn)：古代婚礼中的一种仪式。剖一瓠(hù，葫芦)为两瓢，新婚夫妇各执一瓢，斟酒以饮，即交杯酒、合欢酒。后多以合卺代指成婚。

⑤ 大防：原意是大堤。借指重要的、原则性的界限。

# 荣成县续志卷之八

## 物产志

《周官·地官·大司徒》:以土会之法,辨五地之物生,于动植物言之綦详。因此,五物而施,十有二教,设司市、质人、廛人、胥师、贾师各职,又有土训、诵训、山虞、泽虞、林衡、川衡以司其事,而殿之以矿人,其法至备。[1] 县境出产不多,凡有种植、畜牧,推而至于野兽、飞鸟、昆虫、水族,一一笔之,所谓多识鸟兽草木之名是也,其杂物亦附之于篇。

---

① 文中引用的《周官·地官·大司徒》两句的意思是:根据土地来计算贡税法则,辨别五种不同地形所宜生长的物产,其中对于动植物讲得很详细。因此,根据五种地形的生长物和人民的生活习惯。施行礼、乐、刑法、制度、技艺、爵位、俸禄等十二方面的教育,设置掌管贡赋和市场的司市、质人、廛(chán)人、胥师、贾(gǔ)师等职务,又有掌管地图、方志、山峦、川泽、林木、矿产的各类官吏,其管理的体制和方法非常完备。

# 植　物

《周官·太宰》:“以九职任万民[①]:一曰三农,生九谷[②];二曰园圃,育草木。”盖货恶其弃于地,力恶其不出于已,以是任之。货不至于匮,人无荒于嬉矣。县境环海,山岭岔出,绝少平原,土质不良,沃壤绝少,衹宜麦、豆、玉米、甘藷[③]、落花生各物及寻常菜蔬而已。爰汇物品分别纪之。

普通产物之可以计数者,惟小麦、大麦、粟[④]、高粱、玉蜀黍、大豆、甘薯、黍、稷[⑤]各种。其食品以玉蜀黍、甘薯为大宗。前志载:土宜者穇[⑥],一岁之入穇居其半。近年渐种玉粟[⑦],至今仍然。又前志载:日食若番瓜、番薯、芦菔[⑧]、蔓菁几与五谷同其珍重。

## 荣成县普通作物调查表

| 作物种类 | 种植约数 | 每亩产量 | 备　考 |
|---|---|---|---|
| 小麦 | 121000 亩 | 190 斤 | |
| 大麦 | 11800 亩 | 200 斤 | |
| 粟 | 3200 亩 | 180 斤 | |

---

① 以九职任万民:以九类职业任用民众。除文中提到的三农、园圃外,还有虞衡、薮牧、百工、商贾、嫔妇、臣妾、闲民等名目,分别从事农田、园圃的耕作、山川林泽的开发,畜牧业、手工业、商业、纺织、草木采集及随时为人佣工。

② 三农,指在三种不同地形从事农业的人。九谷,指生产多种谷物。

③ 甘藷:即甘薯,亦称番薯、地瓜、红苕(sháo)。

④ 粟:谷子。

⑤ 稷(jì):黍的一个变种,一般指杆上无毛,散穗,不黏或黏性不及黍的为稷。

⑥ 穇(cǎn):一种粮食作物,耐瘠能力较强,但产量不高,食性差。

⑦ 玉粟:即玉蜀黍,又称“玉米”。

⑧ 芦菔:即萝卜。下文表中“莱菔”也是萝卜。

续表

| 作物种类 | 种植约数 | 每亩产量 | 备　考 |
|---|---|---|---|
| 高粱 | 2100 亩 | 150 斤 | |
| 玉蜀黍 | 251500 亩 | 240 斤 | 本县普通食品以此为主 |
| 大豆 | 121000 亩 | 150 斤 | |
| 甘薯 | 78000 亩 | 1200 斤 | 本县地多少质种植甘著①最宜 |
| 芋 | 3120 亩 | 740 斤 | |
| 黍 | 2500 亩 | 90 斤 | |
| 稷 | 1200 亩 | 80 斤 | |

## 荣成县主要菜蔬调查表

| 蔬菜种类 | 种植约数 | 每亩产量 | 备　考 |
|---|---|---|---|
| 白菜 | 4500 亩 | 5000 斤 | |
| 芹 | 600 亩 | 4000 斤 | |
| 葱 | 1200 亩 | 3500 斤 | |
| 韭 | 3500 亩 | 2500 斤 | |
| 菠菜 | 400 亩 | 2000 斤 | |
| 黄瓜 | 900 亩 | 4500 斤 | |
| 萝卜 | 850 亩 | 5500 斤 | |
| 茄 | 340 亩 | 4300 斤 | |
| 蒜 | 390 亩 | 4100 斤 | |
| 豆角 | 1500 亩 | 600 斤 | |

① 甘著:应为“甘薯”之误。

前志载：山蔬有紫蕨、黄精。野蔬多杞菊[①]、芣苢[②]。园蔬以晚菘[③]为佳。

前志载：县境以松为最。百年前，连山接麓皆松林，后有松蠹，不数年而尽。其余，若桐，若梓，若槐，若榆，若樗[④]、栎、杨、柳之属，依然无恙。又云：境内河干宜杞、柳，而山冈宜松、柞，近亦不外此数种，其余则杏、李、桃、柿、苹果、石榴、胡桃、黄杨、楮、桂、公孙树亦有之。自森林扩充以后，林业公会分布各区，行见十年数木[⑤]大愿可偿，而材木不可胜用矣。

草类甚多，无可偻指。惟海上之海带草，俟由绿转黄，取之用以盖屋，可百年不修，且冬暖夏凉，于卫生尤宜。邑人多取用之。

花以玉兰、耐冬花为最。

## 荣成县主要果品调查表

| 果品名称 | 种植约数 | 种植地点 | 备考 |
|---|---|---|---|
| 梨 | 250 亩 | 山场 | |
| 苹果 | 350 亩 | 山场或田地 | |
| 杏 | 220 亩 | 山场或宅边 | |
| 林檎[⑥] | 55 亩 | 山场 | |
| 葡萄 | 112 亩 | 山场或园圃 | |
| 柿 | 150 亩 | 山场 | |
| 石榴 | 50 亩 | 山场或宅边 | |
| 白果 | 30 亩 | 山场或园边 | |

① 杞(qǐ)菊：一说是枸杞、菊花。另一说菊是指菊花菜，即茼蒿。因下文中出现“茼蒿”名称。应以前说为是。

② 芣苢(fú yǐ)：即车前子。

③ 晚菘(sōng)：大白菜。

④ 樗(chū)：植物名，即臭椿。

⑤ 数木：可以历数可用之树。

⑥ 林檎：植物名。又名花红、沙果。

## 农产土宜表

| 部 别 | 类 别 | 品 名 | 土 宜 | 备 考 |
|---|---|---|---|---|
| 普通物 | 禾谷类 | 大麦 | 砂质壤土 | 壤土下层易排水者亦宜 |
| | | 小麦 | 黏质壤土 | |
| | | 玉蜀黍 | 肥沃壤土 | 最忌黏重湿土,他无不宜 |
| | | 粟 | 同上 | 最忌卑湿地 |
| 普通物 | 禾谷类 | 黍 | 砂质壤土 | |
| | | 薏苡① | 湿润壤土 | |
| | | 荞麦 | 肥沃砂质壤土 | 瘠薄地亦可种,但新开地最良 |
| | | 旱稻 | 砂土 | |
| 普通物 | 菽谷类 | 大豆 | 埴质壤土 | 轻松之土非宜 |
| | | 小豆 | 同上 | |
| | | 豌豆 | 同上 | 轻松之土亦可种 |
| | | 蚕豆 | 同上 | 腐殖土及埴土均良 |
| | | 菉豆② | 同上 | 他种土质亦可 |
| 特用物 | 油蜡料类 | 落花生 | 砂土 | |
| | 清娱料类 | 芋草③ | 沙质土 | |

① 薏苡:植物名,又名“念珠”。薏苡仁可食用,亦可入药。

② 菉豆:即绿豆。

③ 芋草:此处应当是指香芋草。一种茅草香料,有和胃通气、醒脑催神的功效。

续表

| 部　别 | 类　别 | 品　名 | 土　宜 | 备　考 |
|---|---|---|---|---|
| 园艺物 | 根菜类 | 莱菔 | 肥沃壤土 | |
| | | 甘藷 | 砂土 | 砂质壤土亦宜 |
| | | 芋 | 腐殖土 | |
| | | 胡萝卜 | 肥沃深层壤土 | 湿地虽可栽植,但难良好 |
| | | 薤① | 壤土 | 各种土质均可 |
| | | 蒜 | 深层肥沃壤土 | |
| | | 葱 | 同上 | 轻松土与黏重土均不宜 |
| | | 百合 | 同上 | |
| | | 姜 | 砂质壤土 | |
| | | 莲 | 肥沃壤土 | 黏质泥土不能产良藕 |
| | | 慈菇 | 同上 | |
| 园艺物 | 叶菜类 | 菘② | 砂质壤土 | |
| | | 白菜 | 同上 | |
| | | 芥菜 | 同上 | |
| | | 菠菜 | 肥沃砂壤土 | |
| | | 茼蒿 | 同上 | |
| | | 韭 | 同上 | |
| | | 紫苏 | 同上 | 性质强健,不择土性,以肥砂壤土为尤佳 |

① 薤(xiè):草本植物,葱属,地下鳞茎及嫩叶可食。此处疑指圆葱。

② 菘:白菜。此处疑指大白菜。

续表

| 部别 | 类别 | 品名 | 土宜 | 备考 |
| --- | --- | --- | --- | --- |
| 园艺物 | 果菜类 | 菜豆 | 同上 | 同上 |
| | | 豇豆 | 壤土 | 以肥沃砂质壤土为最宜 |
| | | 刀豆 | 砂质壤土 | 他种土质均可栽植 |
| | | 扁豆 | 同上 | 同上 |
| | | 茄 | 肥沃砂质壤土 | |
| | | 番茄 | 肥沃壤土 | |
| | | 西瓜 | 砂质壤土 | 过湿之地不良 |
| | | 南瓜 | 肥沃壤土 | |
| | | 甜瓜 | 同上 | |
| | | 冬瓜 | 同上 | |
| | | 丝瓜 | 同上 | |
| | | 番椒 | 砂质壤土 | |
| 果树园艺 | 仁果类 | 苹果 | 同上 | |
| | | 柿 | 同上 | 砾质埴土亦宜 |
| | | 石榴 | | 不择土性 |
| 果树园艺 | 核果类 | 桃 | 砂质壤土 | |
| | | 李 | 坚壤土 | 砂质壤土次之 |
| | | 杏 | 砂质土壤 | |
| | | 樱桃 | 壤土 | 砂质壤土与砾质壤土均可栽植 |
| | 浆果类 | 葡萄 | | 不择土性 |
| | | 无花果 | 肥沃砂质壤土 | |
| | 壳果类 | 栗 | | 不择土性 |

续表

| 部　别 | 类　别 | 品　名 | 土　宜 | 备　考 |
|---|---|---|---|---|
| 森林物 | 针叶树类 | 公孙树 | 稍湿地 | 同上 |
| | 阔叶树类 | 胡桃 | 低湿沃地 | 同上 |
| | | 白杨 | 低湿地 | 同上 |
| | | 柳 | 湿地 | 干地亦可 |
| | | 榆 | 低湿地 | 不择土性 |
| | | 黄杨 | 阴湿地 | 干地亦宜 |
| | | 桂 | 低湿地 | 同上 |
| | | 樗 | 稍湿地 | 平野地亦宜 |
| | | 楮 | 同上 | 同上 |
| 药用物 | 草木类 | 元参 | 砂质壤土 | 以带有盐汁之砂质混合土尤宜 |
| | | 防风 | 细砂土 | 以轻松者为良 |
| | | 荆芥 | 壤土 | 砂质壤土亦宜 |
| | | 决明 | 黏质土 | |

前志载：药品有苍术、黄芩、葛根、栝楼仁、天花粉、金银花、防风、沙参、柴胡、菟丝子、蔓荆子。诸药以沙参为最真所道地药材也“道地”二字见《汉书》，北方皆谓之“地道”，惟产于海崖。常时挖取，易于跑沙，沙飞四扬，行者眯目。十余年前县知事戴曾示禁止，乡民每常于夜间取之。人参状如人形，闻古迹顶产此，然不易得。其他薤白、蒺藜、青蒿、薏苡仁、木瓜、藁本、卷柏、桔梗、龙胆草、益母草、连翘、元参、白芷、山楂、夏枯草、茺蔚子、蔓荆、地丁草、瞿麦、萹蓄。他如成山之紫金龙、城南月湖嘴之苦参、地榆、车前、大蓟、小蓟、芫花、茵陈、夏枯草、马苋。城后园边金银花最多，地骨皮、蒲公英随处皆有之，天南星生于北后沙等处。但无大药肆，未能群聚研究制炼之法耳。

沙参栽培法：先将种子撒种于沙土上，覆土以薄为宜，施以肥料，勤加耕锄，三年后即收获一次。

县境栽培沙参约数十亩,每亩产量约三百斤。往年最高价直每斤一元二角,此时物价高昂,当亦不止此数,惜专恃天然繁殖,加以人工种植者甚少。

前志载:诸山中产葛最良,今为捕鱼用,不复作布。今能有人能提倡取以织,亦天然利益也。

## 动　物

"五母鸡、二母彘"①,此家畜也。县境于此外亦不过牛羊之属耳。群山险峻,壁立干云,无鹰隼之聚飞,也无豺虎之窟穴也。惟地滨大海,水族孳蕃②,则不可以指数,兹亦举其所知者附于篇末。其种类、产额具详《鱼盐志》。

**荣成县家畜家禽调查统计表**　　民国二十一年统计

| 种类 | 数目 | 饲育目的 | 饲育方法 | 饲料种类 | 产额 | 区产物 | 病害 | 备考 |
|---|---|---|---|---|---|---|---|---|
| 牛 | 3000 头 | 耕地或贩卖 | 牧法或人工饲养 | 山草或豆稭 | 500 头 | | 膨胀病 | |
| 猪 | 10000 头 | 肉用 | 人工饲养 | 豆饼糠 | 8000 头 | 皮毛 | | |
| 羊 | 15000 头 | 皮用 | 牧放 | 山草 | 10000 头 | 肉 | 疫 | |
| 驴 | 4000 头 | 农用 | 人工饲养 | 谷草、豆稭、大豆 | | | | 多系购自外县 |

① 语出太平天国《天朝田亩制度》:"凡天下,每家五母鸡、二母彘,无失其时。"彘 zhì,本指大猪,后泛指一般的猪。

② 孳蕃(zī fān):滋生繁衍。蕃:通"繁"。

续表

| 种类 | 数目 | 饲育目的 | 饲育方法 | 饲料种类 | 产额 | 区产物 | 病害 | 备考 |
|---|---|---|---|---|---|---|---|---|
| 马 | 100 匹 | 农用 | 人工饲养 | 谷草、大豆 | | | | 本县不产马匹 |
| 骡 | 250 匹 | 农用 | 人工饲养 | 谷草、大豆 | | | | 亦系购自外县 |
| 鸡 | 30 万只 | 卵用或肉用 | 人工饲养 | 粮食或糠 | 20 万只 | 毛 | | |
| 鸭 | 10 万只 | 肉用或卵用 | 人工饲养 | 玉米粉 | 6 万只 | 毛 | | |

动物前志未载，祇云：山中居民畜牸[①]颇蕃，西府诸县多来收取。兹查：民所畜猪、羊、牛、马、驴、骡、鸡、鸭，不外猫、犬。闻山中，间亦有狼，不为民害。鸟以唧唧鸟为多，常巢墙壁间。他若鸦鹊、燕、鸿雁、鹰、水鸭、鹯[②]、燕雀、鸥之属大致亦同。其他若蜘蛛、蜗蜒、妻虫，曰蛇、曰蠍[③]。蝇多而虻少，蝎亦偶见之。山有蚕，育之者少。蜡虫[④]亦有之。至秋蟋蟀出，无取之者。夏日蝉亦不多，而蝉遗可入药。水族曰虾、蟹、蛙、鳖矣。

滨海产鱼，其类甚繁。有出于《尔雅·释鱼》之外者，盖习俗相沿，各以其名名之，总之曰：海大鱼也。前志所载者，曰鮆、曰大口、曰鲖、曰嘉鲯、曰海鲋、曰鳊、曰鲳、曰何罗、曰鲦、曰鲅[⑤]、曰鲐鲅、曰鲗、曰

① 牸(zì)：本意指牛，后泛指雌性牧畜。

② 鹯(zhān)：鹞类猛禽，也称“晨风”。

③ 蠍：同“蝎”。

④ 蜡虫：白蜡虫。白蜡即白蜡虫的分泌物。

⑤ 鲅：应为鲅(bà)。

红娘、曰绿翅、曰黄鲴、曰尉、曰鲻、曰豸[①]、曰鲇、曰鳣[②]、曰鲫、曰鮸、曰鲑、曰黄花、曰鲳[③]、曰鱵[④]、曰黄魟、曰板、曰鮻[⑤]、曰白小、曰老、曰吞船鲳、曰鲼。其他则鳂鮥[⑥]鱼，俗名鲞。形秀而扁，白色如银，肉中多细刺，味至美，如南方之鲥，所谓南鲥北鳓[⑦]，是其乾者，曰鳓鲞。又有色微黄者，背厚味薄，土名黄鲞。"鲞"音"想"，乾鱼腊也。曰梆鱼，形似鲻。曰海鹞，俗名黄安鱼。状圆如盘，无鳞，口在腹下，目在额上，两翅能飞，尾有刺，毒人，甚者至死。俗名罗盘鱼，多骨，节节联比，脆软可食，海人多腊之。曰老般鱼，即老槃鱼。状如荷叶，亦名荷鱼。又形近隶书"命"字，俗亦谓之命字鱼。口在腹下，正圆如槃，体有涎腥，软甲，甲边鬌皆软骨，骨如竹节，蒸食之美，骨亦柔脆，亦可啖之。曰海豚，俗名挺拔鱼，触物即怒，腹胀如气球，古呼为鯸鲐。状如蝌蚪，大者尺余，腹下白，背上青黑，有黄文，性有毒，其肝杀人，其子[⑧]毒尤重。今海人摘其肝，涤其血，去其子，肉白而肥，不殊玉鲙[⑨]，剉芦根同煮，芦根汁能解其毒。曰八带鱼，一头数尾，长二、三尺左右，有脚状如蚕，可食，海人名蛸，形如卵，口目在腹下，多足而长，如革带散垂，名蛸者，以其足形如鞭之有梢也，亦名蒜头鱼。曰乌贼鱼，一名墨鱼，以吐墨得名，口在腹下，八足生口旁，背有骨，厚三、四分，正白如雪，其味咸可入药，谓之海螵蛸，卵最美。又小乌鱼，曰鲋，名乌鱼孙。曰偏口鱼，即吴都赋所云"片则王馀"也，与比目异其身半，俗云：越王脍鱼，弃其半于水中，遂无一面，故曰王馀。鳞细而白小，头缩项穹脊阔，腹

---

① 豸(zhì)：豸鱼。

② 鳣(shàn)：鳝鱼。

③ 鲳(cuò)：此处指鲨鱼。

④ 鱵(zhēn)：针鱼。

⑤ 鮻(suō)：也称梭鱼。

⑥ 鳂鮥(hú luò)：即鲥鱼。

⑦ 鳓(lè)：鳓鱼，古称鲞鱼。也称白鳞鱼、曹白鱼。

⑧ 其子："子"为"籽"，即鱼籽。

⑨ 玉鲙(kuài)：亦作玉脍。鲈鱼脍，因色白如玉故名。常借指东南佳味。

色青，腹白内有肪，味最腴美，体薄如鲂，惟一面有鳞为异，其口偏在有鳞一边，极似比目鱼，但比目一目须两片相合，此鱼两目连生，惟口偏一处耳。曰刀鱼，体狭而扁，无鳞，长三、四尺，纯白色，今海人以其状如带，故名带鱼，亦似刀，故亦名林刀鱼。曰银鱼，形如韭叶，长二、三尺。曰牛舌头鱼，上博下杀，首尾浑圆，如牛舌状，一面有鳞，其目殊小，重二斤者，目方如绿豆，腹下四边俱淡红色，中央微白。曰马鞲鱼，宽长而薄，以形似得名。节录文登县志

前志载：有鳔在腹者曰鮸。文登志载：鳘鱼[①]，巨口细鳞，长四寸许，肉纯白，渔人呼为米鱼，此鱼之美乃在于鳔，梓人[②]制器点缀合缝，胜于用胶，谓之鱼鳔，此鱼腹中之腴也。然海鱼之有鳔者居多，正不仅一二种也。

海产以沙鱼[③]为最，即前志所谓吞船鳍也。色黄如沙，鼻前有骨如斧斤，其皮可装刀靶，大者肉瘠味薄，其腴乃在鳍，背上腹下皆有之，大者长四、五丈，多用铁线钩之。鱼翅最美，鱼皮亦佳，海产中之珍品也，俚岛尤多。

前志载：色黑而身多软刺者曰参，食品最重，其物纯肉，无骨，混沌无口目，有肠胃，亦以俚岛所出为多。取参之法，多用皮制水衣，名曰水鬼，铜足铁帽，上通水管，没人[④]持刀携篮沉入水底，捕获后引绳上升，每日所获可值数十元。海人旬腌以炭灰，坚韧而黑，货诸各省，谓之海蓡[⑤]。此外有干贝，其取法或用网或用水鬼[⑥]，俚岛出产亦多。

青鱼，旧产威海。自轮船飞驶，鱼皆远徙，今罕得之。

其他蛤、蚌、蛏、蛲、牡蛎、蜗蠃之属，随处有之。蛤，一名蛤蜊，有

① 鳘(mǐn)鱼：鮸(miǎn)鱼的通称。亦称米鱼。
② 梓人：泛指工匠。此处指木工。
③ 沙鱼：即鲨鱼。
④ 没人：指潜水的人。“没”音“mò”。
⑤ 蓡：“参”的异体字。
⑥ 水鬼：利用潜水装具潜水的人。

斑纹者曰花蛤。彀如瓦屋者曰魁蛤，一名鲋，今名憨子，是圆而黑者曰黑蛤。腹有小蟹，是蛤之精。文登志引郭璞江赋：璅蛣[①]腹蟹以证之。考璅蛣系软体动物，一名海镜，双彀形圆如镜，径寸余，大者二、三寸，肉体如蚌，有虫寄居其中，大如豆状，如蟹合体共生，其肉可为酱，其彀可置明瓦。黑蛤其璅蛣之属乎。蚌彀研为粉曰蚌粉，可入药，其佳者有蚌珠。牡蛎一名蠔，右彀小而薄，左彀大而凸，常附石不动，连缀至一二丈，崭如山，俗称蠔山，亦谓之蛎房。每潮来，诸房皆启，潮退仍闭，取者凿破其房，以器承其浆，浆与肉皆青白色，肉味甚美，彀可烧灰，曰蛎粉，牡蛎亦入药。蜕即蚬，黑彀，长二、三寸，阔四、五分，状如剉草刀。蛏，味最鲜，圆长如竹管，海人呼为笔管蛏。蜗蠃，上丰下杀，层叠如塔，肉可食。

虾类有红虾、白虾、对虾、鹰爪虾之别。其最佳者为对虾，色红，长五六寸，两两成对，即前志所谓海马也。清明节前后产对虾尤多，以龙须岛为极盛。为时不过数十日，渔者一岁之收入端在于此。对虾期过，复产鹰爪虾，为数亦多，渔者皆利市三倍。其他白虾可腌为酱，红虾可晒为米，小者为春米，大者为鹰爪米。

蟹大如盘，两螯最大，两尖如锥，后足阔而扁，春季最美且多。小者状似河蟹，名曰蟛蜞，螯足无毛无两尖，以盐腌之，颇有异味，海人尚未知研究制法也。

前志载：秋末最多曰蚝[②]，小者曰石镜、曰海樗蒲[③]，即水母也，一名海舌，见《庶物异名疏》，俗谓之海蜇。《文选·江赋》：水母目虾。李善注引《南越志》曰：海岸间颇有水母，东海谓之蚝，状如凝血，无目，故不避人，腹下有物如絮，众虾附之随之东西，为潮所拥不得归，人割取

① 璅蛣(suǒ qī)：璅同“琐”，亦称琐蛣，今称寄居蟹。

② 蚝(zhà)：海蜇。

③ 海樗(chū)蒲(pú)：中药也称海蜇为樗蒲鱼。

之，浸以礬[①]去其血汁，色遂白，生熟皆可食，今人谓大者径尺余，种类甚多。最普通者，上面高凸，状如张伞，平滑而软，色淡蓝，其薄皮俗称海蜇皮。下有八腕，延长如柄，色淡红，俗称鸡冠海蜇，腕上触首丛生，触手之间有无数细口，内通胃腔，伞之边线有耳及目，以司感觉，常浮游水面，众虾附之以为栖息，古以为以虾为目者，非。

海驴[②]出海驴岛，常以八九月于此岛上产乳，其毛长可二分，其皮，水不能润，可以御雨，时有获者，可贵。

海牛出海牛岛，无角，紫色，足似龟，长丈余，若鲇鱼，性捷疾，见人则飞赴水，〈皮〉堪弓鞬[③]，脂可然[④]灯。前志衹于物产书海驴、海〈牛〉二名，兹录文登县志引《寰宇记》、引《郡国志》。

前志于海驴、海〈牛〉外，有所谓海羊、海狗、海狸者。海羊无可考。《庶物异名疏》云：即膃肭兽[⑤]，形似狗，亦称海狗，长尾，遇日出则浮于水面。药性论谓之海狗，其脐似麝香，黄赤色，牡长六、七尺，牝长三尺余，成长者毛紫褐色，上唇有疏须，颇坚刚，四肢短小如鳍，陆行甚拙，昼卧水面，夜出捕食鱼类乌贼之属，毛皮柔软，可为裀褥帽簷之用。海狸，体肥大，头短颈粗，背为弓形，尾扁平有鳞，趾有蹼，善游泳，齿甚利，其皮价值颇昂。之三物恐亦不常见者。

前志载：海蔬有龙须、牛毛、鹿角，行于远方。海葛、海蒿鬻诸近市。龙须、牛毛、鹿角皆菜名。牛毛甚细，似牛毛，因以名之，色黄汁其粘。鹿角，藻属，生海滨石上，长四、五寸，分歧如叉，本细而末阔，末端钝圆，色紫，全形略似鹿角，煮之为糊，可洗发，和入石灰可制三合土。龙须，亦藻类，产海石上，叶细如丝，长者尺余，如发，色白可食。葛，即海带。海蒿即海茼蒿。又文登志载有海莴苣，其色青碧，

① 礬：即“矾”。

② 海驴：北海狮也称海驴。

③ 〈皮〉堪弓鞬：原稿漏“皮”字，今据光绪《文登县志》补之。弓鞬：盛弓箭的器具。

④ 然：即“燃”。

⑤ 膃肭（wà nà）兽：海狗。

薄如纸。又有菜似发而短，俗名毛菜，可煮作凉粉，切啖实以醯[①]。

前志载：海上诸山产葛最良，世谓之文登葛，今为捕鱼用，不复以作布。近询诸市人，亦无所谓葛布矣。

前志载：柞、槲、樗、椒，皆可饲蚕。柞、槲之蚕名蚖[②]，成大茧，即禹贡之檿丝[③]。樗蚕名雠[④]由，成小茧。椒罕有之，谓之山紬[⑤]绸，今则舶来品，溢于市廛，而蚕场亦不甚发达。他如欗[⑥]树可制田器。蜡虫可炼白烛，亦罕有注重于此者。

## 矿　物

《周官·地官》：有"矿人掌金玉锡石之地，而为厉禁以守之，若以时取之，则物其地图而授之。巡其禁令"。是周时矿产即属于公也。然物品亦繁且赜[⑦]矣！凡金玉砂石及无机物质，均可谓之矿，盐亦矿属也。县境滨海，且有盐场，别于专门，不在此例，兹所附丽者，仅沙石数种而已。

白沙出青矶岛，堪与博山之玻璃沙相似。

纹石出纹石滩，可媲美于雨花台之奇石。以上均见《荣成乡土地理》。

水晶苗群山皆有之，以毡袜山为多，曾有人盗取之，后遂封禁。

石棉有来此收买者，以为灯罩之用，惜土人未知制造耳。

---

① 切啖实以醯：意为切割后加醋食之。"实"应为"食"之误。醯，音 xī，即"醋"。

② 蚖：读(yuán)。

③ 檿丝(yǎn sī)：山蚕丝、柞丝。檿：柞树。

④ 雠：雠同"雠"(chóu)。

⑤ 紬：古同"绸"。

⑥ 欗(là)：即水蜡树。

⑦ 赜(zé)：此处应为"博杂"意。

## 产　品

县境产品均系原料，绝无制造之可言，间有转运，大都粗货，无特别之物，兹举其所闻者纪之。

县境特产，无过落花生。前，海禁未开时，尚有转运至外省者。近年来大半自石岛交易，或至威海卫，再远亦不过至烟台、青岛而止。

荣成县续志卷之九

## 食货志(缺)

荣成县续志卷之十

## 渔盐志(缺)

荣成县续志卷之十一

## 交通志(缺)

荣成县续志卷之十二

# 社会志(缺)

荣成县续志卷之十三

# 风俗志(缺)

# 荣成县续志卷之十四

# 艺文志

（经部、史部、子部、集部、金石缺）

## 文　录

### 咸丰十一年辛酉秋贼记

王寅清

古今人之不幸，莫甚于遭兵燹①。故遭之者，叹其不幸；而未遭者，未知其幸。惟将遭而卒免于兵燹者，然后知其为大幸也。登郡②为山东之偏隅，而荣邑又僻处海滨。民生不见外事，而力于田渔，以养其生。忽于咸丰四、五年间，闻有长毛贼下山东，其后一困连城，一困凤官屯，俱被僧王擒灭③。至九、十年，有凤阳府贼号南捻者下山

① 兵燹(xiǎn)：多指兵乱中纵火焚烧。燹：野火。

② 登郡：此处指登州府。

③ 这里说的是咸丰四、五年间(1854～1855)，太平天国北伐军林凤祥部被困直隶东光连镇，李开芳部被困山东茌平冯官屯，最后被清军击败。

东，兖、沂、莱、济等州，俱被其毒。至十一年辛酉秋，此贼直抵登郡蓬、黄、福、招、莱、海、宁等县，杀害少壮，淫掠妇女，放火烧屋，则诸县之遭毒，其亦不幸甚矣！九月初，忽来哨报说："贼直抵文邑西鄙昆嵛山下，距吾乡不过百余里。"于是，文、荣诸绅、团练、乡勇把诸山口，各村打更，以防奸细。九月十一夜，又有哨报说："沙岛卸人马无数。"一夜传递皆遍，诸村梆锣齐鸣，老幼仓皇，妇女垂涕，东逼大海，固已遑遑无所之矣。至十五、六〈日〉，闻贼已退，后有被贼所掠自拔而归者[①]说："昆嵛山起白气一道，直抵北海，贼营望之，草木皆兵，因惧而遁。"是岂文荣之独为神祐欤？抑土瘠民贫，安于愚直之独邀安全欤？岂非大幸也哉！自是市不易肆，民皆安堵，以田、以渔享太平之福。然后知将遭兵燹而卒免于祸患者之为大幸也，是为记。

## 河源考

张国琪

河[②]有初源，有重源。初源出回部极西之葱岭，为喀什噶尔河，东会叶尔羌河，又东会和阗河。重源出青海西境噶达素齐老山，为阿勒坦河，或作阿尔坦，蒙古语"金"也。《汉书·西域传》云：河有两源：一出葱岭，一出于阗[③]。其出葱岭者，即今喀什噶尔河及叶尔羌河也；出于阗者，即今和阗河也。而《尔雅》谓：河出昆仑墟者，则以葱岭及和阗南山，冈峦横接，实昆仑之支体故也，此河之初源也。及自唐刘元鼎信吐蕃[④]之言，欲推崇其境内山川，而以闷摩黎山为昆仑。杜佑之力主其说。至元笃什穷河源，沿唐人之谬，复指大雪山为昆仑，谓河

① 自拔而归者：自己逃脱归来的人。

② 河：古代特指黄河。

③ 于阗(tián)：古西域国名。在今新疆和田一带。

④ 吐蕃(bó)：中国古代藏族政权名。公元7～9世纪时存在于青藏高原。吐蕃是唐人对这一政权的称谓。

源出星宿海[①]，在昆仑之西，不至此，并未至重源之地，而指为初源，其舛甚矣。夫河自西域流至罗布淖尔，即古所谓盐泽蒲昌海也。伏沙积而流，测其径度约一千五百里。若以伏流随山曲折，东西激荡，当不止二千里而赢。重发于噶达素齐老山，为阿勒坦河，又三百余里，入于鄂郭淖尔，即元史所谓星宿海也。东南流出，注于扎楞淖尔或作查灵海。又东南注入鄂楞淖尔，或作鄂灵海。又折东南流，始名黄河。又东南流经阿木奈玛勒占木逊山之南，或作阿木你麻禅母孙。阿木你，番语谓祖也；麻禅，番语谓险恶也；母孙，番语谓冰也。犹言大冰山云，亦名大雪山，即《禹贡》导河之积石[②]也。而笃什以积石为昆仑，是视唐人所谓昆仑者。又东去重源尚数百里，遑论初源乎？然其可以致误者，以积石南有三昆都伦河，蒙古语以横为昆都伦，河之横者为昆都伦，山之横者亦为昆都伦。因字音之近，而遂妄指耳。康熙中侍卫锡拉寻河止于鄂敦他腊，即火敦脑儿也。火敦，蒙古谓为星宿也，至星宿海而止。其失与笃什同。迨乾隆朝侍卫阿弥达始确得重源所在矣！惜仅以探得阿勒坦塞责，而不知细察伏见之实据，以破千古之疑。夫不知河有重源，无由得其伏流，不知重源伏于盐泽，见于噶达苏齐老山，则计伏流之道里不真。考《御制河源诗》[③]，读宋氏《河渠志》[④]文、《河源简明语》[⑤]及《皇朝通志地理略》[⑥]，而及河之初源、重源并伏见，所在了如指掌矣。若《史记》《汉书》《水经注》以积石

① 星宿海：在今青海省曲麻莱县东北部，为黄河散流地面形成的浅湖群。

② 积石：积石山，即阿尼玛卿山，又称玛积雪山。在青海省东南部，延伸至甘肃省南部边境，为昆仑山脉东段中支。黄河流经其东南侧。《尚书·禹贡》："导河，积石，至于龙门。"

③ 《御制河源诗》：指清乾隆帝所作的《河源诗》。

④ 宋氏《河渠志》：应为宋史《河渠志》之误。

⑤ 《河源简明语》：即《御制河源简明语卷》，是乾隆帝命其子永理抄录的河源诗文四卷的一卷。

⑥ 《皇朝通志地理略》：又名《钦定皇朝通志》。清乾隆三十二年奉敕撰。目分二十略，地理略是其中一目。

为重源，唐人以小积石[①]为积石，均未得其实也。即胡朏明《禹贡锥指》[②]上于康熙四十三年，亦尚仍旧。所可异者，乾隆时，河源已洞悉分明，而绘地图者，仍多因唐、元旧说及《锥指》，未及改正者，绘昆仑于青海境内，则披阅尤不可不审云。

初源葱岭会于阗，东注蒲昌流始潜。千五百里重源发，噶达素齐老山间。三百里径星宿后，查灵鄂灵积石山。

## 河道考

河自葱岭发源，万里而来。禹导之自甘肃西宁府西之积石始，特遡其入中国之始，以为肇端。出积石东北而南计三千里，至陕西同州府韩城县东北之龙门，又南至同州府华阴南之华阴，自南而东至汝南、陕州东之底柱[③]，又东至怀庆府孟县南之孟津，又东过河南府巩县东洛汭，至卫辉府浚县东南之大伾，又北过山西潞安府屯留县西南之洚水，至直隶顺德巨野之大陆，又北由河间府交河县东南，至东济府德州北中播为九河。北曰徒骇，南曰鬲津，其同为逆河处。禹时本由直隶永平府昌黎县东之碣石入海，后因海水溢出，吞食逆河两岸，世遂谓之渤海，不复知为逆河，故汉志以由天津府入海也，是为禹之故道。故道自积石以下，至今河南开封府荥泽县与今水道并同。荥泽以下，后世一失而泛滥四出于冀豫兖徐之区，其势不可胜穷矣！周定王五年，河徙自卫辉府浚县西南之宿胥口，《蔡传》[④]以为徙砱砾[⑤]，《锥

① 小积石：小积石山，即拉脊山。在青海省东部，属祁连山脉。为黄河、湟水分水岭。相传禹导河始此。

② 《禹贡锥指》：清胡渭著，胡渭字朏明。《禹贡锥指》是对《禹贡》阐释，其中特别注重治水。

③ 底柱：即砥柱。山名。砥柱山，又称底柱山，在河南省三门峡市，当黄河中流，在激流中矗立如柱。成语“中流砥柱”即出于此。今因整治河道，山已炸毁。

④ 《蔡传》：即《尚书蔡传》，南宋蔡沈撰。蔡沈，一名蔡沉，字仲默，号九峰。南宋学者，为朱熹弟子，专意为学，不求仕进。注《尚书》，撰《书集传》。

⑤ 砱砾(líng lì)：此处指地名，具体位置不详。《禹贡锥指·附论历代徙流》：“蔡传曰：周定王五年，河徙砱砾。砱砾不知在何处。”有学者怀疑为“今砾溪”传抄之误。

指》斥其为杜撰，绝无根据，则宿胥口是也。此为失故道之始。然东行漯川至滑县之长寿津与漯别行，仍东北合漳水，由天津府入海也。惟至汉再徙，而北渎遂空。王莽始建国三年，河决直隶大名府，泛清河、平原、济南，改由武定府利津县趋入海矣。唐时略同。宋仁宗时，河决大名府开州，东北分为两派，北流合永济渠，至天津府青县入海。东流合马颊河，至武定府海丰县入海也。金章宗明昌五年，实宋光宗之绍熙五年，河决河南怀庆府阳武县，灌封邱而东注山东曹州府巨野县之梁山泺，分为两派：一由武定利津县入海，一由江苏淮安府清河县会淮入海也。元及明时，北流遂绝，南流由青合淮至淮安府安东县入海，始以一淮受全河之水矣！此禹自告成之后，由周迄汉、迄宋、迄金、迄元明之五大变也。其间暂决复塞者不计。由兹而后，咸丰五年，北堤崩裂，转从河南开封府兰封县汇入大清河，复由武定府利津县入海，是为今之河道。合前之五大变殆为六云。夫神禹治河告成于尧之十八载，至周定王五年，凡一千六百七十六年。而河始徙。盖以当时诸侯各私其土，或开鸿沟以东引，或阏①八流以自广，致河失其性，遂历代有溃决之忧。然河之入海，必挟以大川，于北则淹漳，于东则侵济，于南则夺淮，治之者利导其所挟之川，当不难救一时之弊，况河道之变其显然者耳。自扬墨②路塞，周孔道废，人道之迁流已极。赖孟子起而治之，而道始著，故昌黎③云："功不在禹下也。"今安得孟子复作，治人心之洪水，载免胥溺之患，而后言治河可也。即不言治河，而河流之顺轨，或可望致矣。

禹由天津周犹然，王莽武定渐南迁。天津武定宋二派，武定淮安金又南。元明俱由淮安府，清还武定咸丰间。

---

① 阏(è)：阻塞。

② 扬墨：即杨墨。战国时杨朱与墨翟的并称及学说。杨朱主张"为我"，墨子主张"兼爱"，是战国时期与儒家对立的两个重要学派。"杨墨路塞"是说杨墨的学说非常盛行，去听说教的人把路都堵塞了。孟子曾对杨墨的学说给予批判。

③ 昌黎：韩昌黎，即唐代著名文学家韩愈，河南南阳人。自谓郡望昌黎，世称韩昌黎。

## 联庄会始末纪略

王树符

宣统元、二年间，胡匪蜂起。初犹海面抢劫，遇有相识者则戕命以绝口，往往一船数人，无一得逃。渐及于陆，村外孤户竟夜不敢眠，甚至于寻常食料，亦为所攫。淫辱之事，间亦有之。时吾乡姜君星五佐县政，上请于官，下联各村，纠集壮丁，守望相助，而联庄会于是乎成立。匪之伏于乡村者，渐渐剿除。惟伏于石岛左近者，颇有鞭长莫及之憾。盖石岛为繁华之区，人类复杂，暗娼俱多，匪伏其中，宵则聚劫，昼则匿藏。商设保甲以自卫，匪亦相戒无犯。风声稍露，轻则窎[①]躲，重则远扬，其故智也。星五患之。时王莲舫襄办会务，谋与石岛保甲局联合剿捕，诸商畏缩，不敢与闻。初，保甲之设也，特倩[②]邑人原静奎主持局务。静奎素性英勇，慨予协助。遂率丁勇出剿，获匪首孙朋信绰号土豹星、邢兆彩、张云路等，而秦福泰、韩来吉及关东人袁奎、高凤五等，皆次第就禽，盗风为之少熄。遗匪之漏网者，仍盗渔家舢板，截劫海面往来过客，延及辛亥秋，才得肃清。而国变又作矣。及刘、曲被难[③]，刘中海、戴四等拟胁乡人，蹂躏马山，被击而退，遂在崖头左近，戕绅士、焚庐舍、掠财物，横行一方，时民国元年，旧历正月事也。十八日，新任县长杜紫庭带卫队赴任，遣连长黄秉荣往剿，破山口而南下，刘中海、戴四闻风逃逸。星五恐其南窜，遣会丁把截要隘，多日荣境渐次敉[④]平。而文登风潮又起，邴长发、姜和辈亦效刘中海、戴四之所为，胁众戕绅，焚掠无忌，声势浩大，仇视联庄会。曾遣人至寨前村攫去二人，不问皂白，杀之于峨石山松林之间。适连长黄秉荣带队南巡，以十九人驻星五家。午饭既设，未举箸，偶出门，见峨石山

---

① 窎(diǎo)：深邃。窎躲：此处指就地深藏。

② 倩：此处读 qìng，央求，请人做某事。

③ 刘、曲被难：指辛亥革命荣成光复时刘培源、曲璜等人被杀害。

④ 敉(mǐ)：安定。

人众如蚁，蠢蠢欲动。急整队提枪，坳钞峨石山西坡，一拥而上，出枪一排，匪遽北逃，势如墙倒，得其笨重军械数车解县。是役也，匪首先逸，余匪逃于山后，又遇海防营兵截击，死百余。盖亦肃清文登地面者，适逢其会也。是日风霾，日色无光，乃二月廿二日也。时都督胡瑛，设治于烟，派兵来石，值是日风霾，未能上岸，而黄已先挫其锐志矣。于是黄回县，新兵吴排长接防驻龙山，至二十七日，匪氛愈盛，意将得革军[①]而甘心焉！然半属迫胁，半属盲从，无军实，无纪律，以此言战，无以异乎以卵击石也。军中闻报，不待其入境，即整队以迎之。行至峨石山前遇之，开火一击，哄然而散。军欲剿，星五止之乃得免，饬军回防。延至四月，文荣秩序渐复，革军乃开拔调赴烟台，而联庄会亦从此告一段落矣！是为记。

## 劳生集序

常三锡

《道德经》曰：大造劳我以生[②]。是有生则有劳，而惟劳可以副此生，顾劳一也。有袯襫[③]于祁寒暑雨之中者，有擐甲于霜天星有之下者，有逐蝇头蜗角涎口黧面茧〔茧〕足漂泊于万里之外穷谷重渊之险者。总之，父之爱子也，不以禽犊[④]忘劳；天之降任也，不以筋骨惜劳。不生不劳，不劳不生耳。余之少也，仗二人庇[⑤]得免诸劳。及躬膺三命，廿余年来，皇运升平，从容政事，亦无重劳。至出守牂牁[⑥]地，愈僻而事愈简，颇觉卧理有余，然不敢以忘劳也。因取古今载籍，有资治理身心者，自研自录，以酬余力，以求无虚此生，因名之曰《劳生集》。

---

① 革军：革命军。

② 大造劳我以生：大造：天地、自然。劳我以生：赋予生命让我劳累。

③ 袯襫(bó shì)：蓑衣一类的防雨服。

④ 禽犊：指鸟兽疼爱幼仔，比喻父母疼爱子女。

⑤ 二人庇：此处指得到父母的庇护。

⑥ 牂牁(zāng kē)：古代设置的郡、县名，均在今贵州境内。

盖与前《撷毳[①]集》《俪句集》《警语集》《喻语集》《小玑集》相续而成也。今壬午春，行年六旬有三，以府事而兼道署。内抚外防，亦大费绸缪[②]矣！理簿书于鸡鸣，亲笔砚于白日，感我生之有幸，觉此劳之为甘。请以问之，我少年纨绔子若孙，亦能知子孙习此劳否？

## 香云寺碑

宋庆赏

香云寺，古刹也，亦胜区也。山小而峻，地狭而幽，群峰环立，耸髻鬟而列锦屏；一溪匝流，绕左右而结长带。寺建于古，尘埃勿惹，不愧香界之吟。步临于兹，心境俱空，殊觉祇园[③]之寂。尔乃年易代远，风摧雨残，梁桷之设，陊[④]剥不治。图像之威，黕[⑤]昧就灭。是非慷慨有力者，曷克为此？闫君仪修于嘉庆元年，同张君彝暨近里诸士，因故为新，众工齐事，维月若日，工告讫功。自闫君逝后，续加修理，而香云寺依然一胜区也。吁！地之兴废岂不关乎人哉？僧续顺今岁始请为纪，因撰其本末镵之石[⑥]，以志不朽云。

## 香云寺碑

刘廷珠

商丘宋公荦[⑦]序百诗，“释地”云：三代迄今，陵谷变迁，城郭隤徙[⑧]，兼之地名沿革，变易无常，虽大儒难详古地所在。因思香云寺，虽非胜地名区，比而县志载之久矣。自嘉庆元年重修，距今数十春

---

① 撷(xié)毳(cuì)：采集琐细的事物。撷：采摘；毳：鸟类细小的羽毛。

② 绸缪(chóu móu)：此处为事前准备的意思。

③ 祇(qí)园：即祇树给孤独园，印度佛教圣地之一。后多用为佛寺的代称。

④ 陊(duò)：坠落，破败。

⑤ 黕(yì)：深黑。韩愈《徐偃王庙碑》：“图像之威，黕昧就灭。”

⑥ 镵(chán)之石：刻在石头上。镵：本指一种尖锐的器具，借指刺、凿。

⑦ 商丘宋公荦(luò)：宋荦，字牧仲，号漫堂、绵泽山人，晚号西陂老人。清初诗人、画家、政治家，累官至吏部尚书、太子少师。编著有《西陂类稿》《漫堂说诗》及《江左十五子诗选》等。

⑧ 隤徙(tuí xǐ)：破败迁徙。隤：同颓，破败、衰落。徙：迁移。

秋，倾圮荒颓，莫为之计，恐后来访古迹莫知其所有，以他处当之，良可惜也。且前人之不吝捐输，起兹鸿观，至于今风雨之侵剥听之，庙宇之毁伤听之，又何以对古人乎？爰会众议，遵仍旧一语，或亦承先启后之一道也。倘谓新庙貌，以安神栖光尊像以祈庇祐，则又近王孙之媚[①]。夫亦敬之云尔，奚敢效云。

## 集贤寺碑记

知荣成县事张建瓴

集贤寺，建于金明昌三年。明洪武化治间[②]又重新之。近奠百丈口，遥邻不夜城。非特象教有关，抑亦屐齿所遍，以故贤士多集于此焉。青莲自托如来，香山居然禅伯[③]，取钵生莲，谈经点石，岂庸俗辈所知乎！绪元上人，雅好贤士，喜结名流，承累世之衣钵，荷先师之析薪。重修于国朝嘉庆十年，踵事增华，除旧换新。贤人君子由是愈集，因以寺僧说法，亦落天花，而佛门广大，并解儒宗也。至法像之庄严，庙貌之巍峨，以及檀那[④]之捐募布施，皆略而弗道。诚恐人知有寺，而不知命名之所由来也。是为记。

## 滕家集关帝庙碑记

滕应跃

大忠烈，昭日月，靖吴氛，歼魏孽；兴炎汉，志方雪，一片赤心成丹血。气如虹，情如铁，千万斯年表奇节。噫嘻！谨勒于石，以志不灭。

---

① 又近王孙之媚：意为又近乎于急功近利，太过世俗。语出《论语·求知》："王孙贾问曰：'与其媚于奥，宁媚于灶，何谓也？'子曰：'不然。获罪于天，无所祷也。'"大意为：王孙贾问，俗话说与其巴结室内的正神奥神，不如去巴结管饮食的灶神更实用，您认为怎样？孔子说：不对，得罪了上天，就无所祈祷，巴结谁也没用。

② 明洪武化治间：指明代洪武至成化、弘治年间，即1368年至1505年间。

③ 唐代大诗人李白，号青莲居士；白居易号香山居士。这句话的意思是文人雅士居然都成了佛教人士，聚集到佛寺谈经说禅。

④ 檀那(tán nà)：梵语音译，意为施舍、布施。引申为施主。

## 恳告同乡诸君，为地方自治之预备浅说

曲　璜

处革故鼎兴之世，而不知变通，是谓愚。入优胜劣败之场，而罔思振作，是谓懦。愚且懦国必亡，即社会何莫不然。近奉明诏，拟行宪政，而注重地方自治，以为立宪预备，此诚握要之图。然地方之积弊不去，即自治之良法不行，故凡通都大邑，热心志士，莫不争自奋发，期占胜于新世界之舞台。惟吾僻隅，拘墟自守，闻一新法，则掩耳而走。不以为奉天主，即以为入耶稣。而独于旧染之恶习，牢守之弗能去。坐是而民智之鄙塞如故，民业之窳败[①]如故。如此数十年不至，如牛马之为人牵鼻，牵东而东，牵西而西不止。平心而论，未必非士族人无以谕导之过也。願与诸同人议酌举数事，敬告通人。知我罪我，一听大论。

一曰鸦片。慨自道光中叶，英夷输入鸦片于中国，而后吸者渐众。至今日而几祸尽天下之人，上自官府，下及草野，杀身废业之害，胡可胜言。近朝廷特颁严饬厉禁，英廷君臣亦知不合公理，议每岁减运，以渐净绝。人非丧心病狂，何甘掷有用之金钱，买杀身之毒药，以干国法而犯重戾[②]乎？然欲遏其流于吸鸦片，宜先断其根于种罂粟。有是地力，有是人力，改植他物，何所不宜，勿为徒守受胥吏之骚扰矣。

二曰赌博。局赌一事，自来为国法所不容，以其荡人产业，坏人心术，误人子弟而长盗风，莫此为甚也。夫以强壮有用之精力，移之以营正业，何事不可成？而乃甘趋下流，为乡里所不齿，以自取污辱乎？况目前巡警政行，必不容村镇中有此等人也。願有心人早自为计，勿误前程。

---

① 窳败（yǔ bài）：窳，粗劣、败坏。窳败，陈旧破敝。

② 重戾（zhòng lì）：严重错误，重罪。

三曰缠足。裹足之说，盖起于五代之窅娘[①]，此诚不当效尤者也。乃积习相沿，莫知所以，毋多分外之忧，女受无益之苦。至有不能行步者。肢体既伤，产子必弱，筋力不壮，执业亦艰，为害可胜言哉。然欲遽为改装，则转移无权习俗易人之说，即贤者不免。近自朝旨屡降，宪札迭颁，各省热心志士，开会演说，已十改五六，惟吾乡见闻稍隘，以为始行天足，择姻必难，不知此后风气日开，人情厌故喜新，必有非天足不取者。况今女学方兴，尤以不缠足为开化之始，果能普通劝谕，身为之倡，未裹者勿令再缠，则吾乡女界，幸福无量矣。

四曰演戏。事有毫发无益而耗财至多者，莫如演戏。说者谓，吾人日用皆托天佑，故藉以答天庥[②]。不知天道福善祸淫，人果善也，天必不以未演戏而妄加以祸；人果恶也。天必不以能演戏而妄加之福。此理至明，稍有识者，能晓之。且演戏始于唐明皇之梨园弟子，而盛于后唐庄宗之伶人，乃明皇几亡其国，庄宗亦杀其身[③]，其为无益，可断言矣。乃吾乡各村或岁一演，或岁数演，多则百余千，少亦数十千[④]。若易演戏之资，为兴学之费，吾见各村子弟，读书明理者日多，有用之才日众，此中孰得孰失，願有心人详思而明辨之。

五曰推广学校。自奉明诏，停科举、兴学堂[⑤]。于是京师则有大学，各直省则有高等学府。厅、州、县则有中学及两等小学。大学及高等学皆由官立，以造就专门之人才者也。中学及两等小学，皆以造就普通之人才。无论官立、公立、私立，苟能教授如法，学生程度及格，皆可一律考授卒业，循序上升者也。此外则有优级师范学及初级

① 窅娘(yǎo niáng)：南唐后主李煜的嫔妃，身轻如燕，舞姿优美。舞蹈时偶尔用帛包足，但没有史料说明窅娘与缠足有嬗变关系。五代、南唐、窅娘都不是缠足的起源。大量史料证明在宋代才出现缠足的习俗。

② 故藉以答天庥(xiū)：意为借此答谢上天的庇护。庥：庇荫、保护。

③ 庄宗亦杀其身：后唐庄宗李存勖(xù)，宠信伶人，后被伶人所杀。

④ “百余千”“数十千”：指请戏班演戏花费的钱数。

⑤ 自奉明诏，停科举、兴学堂：应指清光绪三十一年(1905)清廷下诏自次年停止所有科举考试。

师范学，皆官立之，以造就教员及管理员者也。又有陆军学、水师学、巡警学，亦官立之，以造就水陆将弁及警察人员者也。至于请学为农，则有农林诸学；请学为工，则有工艺学；请学为商，则有商务学。推而下之，教贫丐，则有半日学，教残疾，则有聋哑学。近又奉太后懿旨，派荣寿公主督办京师女学，以为各地方女学之倡。此后无论为男为女为士农工商，苟非读书识字，必不能战胜于剧烈之场，此则可断言也。观于洋人之来中国者，大都谋上等营业，安坐而获厚利，而中国人之游外国及租界，不为苦工，即为仆役。居业贱而获利微，其故不重可思乎？乃皇上方欲造就多数完全国民，以与洋人相抵制，而无识者，往往指学堂为教堂。目入学为奉教，何傎戾[①]若是，是则仆所大惑不解而惄[②]焉心忧者也。虽然兴学必须筹款，款于何筹？不知以上诸弊既去，人力实业，自家有余财，出所积蓄以培植子弟。每村分立初等小学，而又合一村或数〈村〉公立高等小学，苟得三五志士，热心倡导，当亦事之易易者。若昧于公益，而拘守旧习，恐将来大受亏累者，不惟在个人，而且延及社会矣！

六曰改良教育。科举未停，学堂未兴，教育之旧法未为大非，何则？科举取人以文不以行，以虚言不以实用。计士自束发受书，以至出而应试，其间不过十年，既须熟读《四子》《五经》，又必习作五律、八股，故司教育者，祇汲之以此为应付，于立心制行之大，且不暇究，况其余乎？然亦止得半之道耳。若是读书数年，改而他业，则或至居家不能算一日用账簿，旅外不能作一纸家书。又使频落深山，辍业半途，则又将于田不能操钱镈，适肆不能握珠筹[③]，十年青灯，略无效果；一领儒服，长作废人。无怪俗以读书为无用也。近自明奉谕旨，停科

---

① 傎戾(diān lì)：傎，古通“颠”，颠倒、错乱。戾，乖张，不讲情理。

② 惄(nì)：忧思伤痛之意。

③ 于田不能操钱镈(bó)，适肆不能握珠筹：种田不会使用农具，到商铺不会打算盘。钱缚：古代两种农具名，泛指农具。珠筹：算盘。

举，兴学堂。凡在通都大邑，已经改良者固多，而穷乡僻壤，固执守旧者亦复不少。惟望任教育责者，谨遵奉定宗旨忠君、尊孔、尚公、尚武、尚实为五大宗旨，参酌新章，变通旧法。童蒙入塾，即示人伦道德之要，以坚定其德性，激发其和群爱国之精神。而又授以寻常普通各学，以开导其知识，诱进其机敏活泼之思想。务使讲解功多，识一字必有一字之用；体验派重，学一日必收一日之功。如此，则人人可士可农可工商之资格，自不至如从前之一经弃读，便为废人。是则仆所皇皇自勉，而并以深望诸同人者也。不然，拘守旧规，因陋就简，是犹于药弹剧烈之场习刀弓，不惟误人，恐其先自误者良多也。

七曰开通风气。今之谈维新者，莫不叹息于学堂之不兴，实业之不盛，筹款之无路，用人之无从，遂使满腔热血化为寒灰。不知学堂不兴不足患，实业不盛不足患，筹款无路不足患，用人无从不足患，而惟人心蔽塞，风气不开是之谓大患。凡人之情，少所见则多怪，亦积之久则难返，故闻一朝廷之新政，每啧啧然诧为奇谈；习一乡间之污俗，亦斤斤焉守若经典。诚使人人真知当今为何如世，又逆知将来为何如世，未有不瞿然惊起急谋，所以自立者。何则？凡今所谓新，皆所以谋社会之公益，而个人之私利，即在其中焉。虽然，开通风气必有其具，具者何？报是也。今各省报馆林立，种类既多，体例亦异，而要其足以益人神智，广人见闻则一也。故无论何报，上而朝廷之政令，官僚之奏牍，与夫各省上下之禀札章程，下而志士忧世之论，通人救时之策，以及民情风俗之淳浇通塞[①]，工商行业之涨落良窳，与夫各国之密切交涉，各地之紧要译电，莫不博猎广搜，恳示详语，如暮鼓晨钟，发沈鼾而使之醒也。如慈航宝筏，唤迷途而示之津也。是以各省志士，建社阅报，定期会集，加之演说，务使人人如入宝山，得见所未见而目开心朗也。如读异书，得闻所未闻而心旷神怡也。如身卧一室，而心游乎九州之外，如胸罗万国，而虑周乎五洋六洲之遥也？然

① 淳浇通塞：指民风的淳厚与浇薄，知识的通达与闭塞。

后知今之所谓维新者，皆名公巨卿与识时务之俊杰，所熟虑切筹而后出于此者也。夫是以磊落高明之士日多，风气开而事举也。吾乡僻处海隅，俗敦古朴，惟以见闻之较隘，因致识虑之拘墟，果得三五志士，热心提倡，联络同人，筹集微款购报数分，定期于每月或各星期，会集演讲，藉以开通风气，则吾乡社会必有发达之日。是所费者微，所益者大。仆窃有志①，願拭目以俟我同人。

八曰团结社会。任〈事〉独力则难支，事众擎则易举，理也，亦势也。故西人于一种族人群策群力建一种事，成一种风俗者，则谓之社会。而吾中国自赵宋时已有社会之名。《近世录》云：乡民为社会立科条，旌别善恶，使有劝有耻。今吾不取西人之社会，而取中国固有之社会。社会者，固地方自治之基础也。自奉明诏将行宪政，于是各省大吏、有志之士，莫不以研究地方自治为预备。使人各自为心，家各自为谋，长此执迷，毫无闻觉，长此披散，毫无结连。恐一旦宪政下颁，势必纷乱错愕，莫知所措，倒持其柄，授之他人。是自治之程度既乖，即自主之权利亦失，为害正非浅鲜。譬之一家不同心协力，则立见消亡。譬之一国不同寅协恭②，必日见陵侮。社会者，家与国之过渡也。社会不团结，上之无以致一国于隆盛；下之即无以保个人之安全。故地方自治，诚今日之急务也。吾乡人情虽甚涣散，而于赛会演戏等事，犹往往能联约数村或十数村之力，以永传于不替，不可谓无团结力也。果能仿用此意，每村选举公正通达二人为正副村董，而又于众村董中公推名望素孚者二人，用正副会长村董，大村一正二副；亦可会长于村董外另举亦可。择一清旷适宜之地，以为社会公局阅报即附设于此局亦可，但人数须多多益善，定期于每月朔望，开一寻常会，遇有紧急要件，可传单示期，开一特别会。届时毕集，公同研究，于事之有公益者，众议兴之；于事之有公害者，众议去之。议出，正副会长司裁决；议定，正

① 仆窃有志：我私下有这个志向。仆：谦称“我”。

② 同寅协恭：成语，出自《尚书》。意谓同僚协作，恭谨事君，共襄政事。

副村董司执行，于以排解各村之纷难，整振各村之风俗，联络各村之声气，齐一各村之心志，宪政而果行也。固有以为先事之预备，即宪政而不行也，亦有以树一乡之风声。以臆见测之，宪政之行，不出五六年以外，姑志之以俟后验。此仆所馨香祷祝，而寝馈不置[①]者也。願诸君子熟虑之。

已上数端，或为积弊之当革，或为新法之宜行，不过粗举大概，言外尚多不尽之意，惟思做事有渐，果于此数者皆实力举行，其他自可徐及。顾或者曰：子所言，类地方官事。藐尔愚民，何敢议此。不知地方官事烦虑乱，每奉札派之件，不过一纸告文传谕绅民而已，安能以一人之精力，遍及闾阎乎？又自两汉以来，官民久已情隔，故往往事出自官，众情转疑沮[②]，不如乡里公议公行，相习犹易相孚[③]乎？况今所言，皆吾民分内应担之责，未敢一毫窜入政治界内以侵官权也，何嫌何疑？或又曰：子言固当顾，以今日人情之涣，父子不相亲，兄弟不相睦，谁具此大力，而能令众志咸孚哉？曰：非然也。父子兄弟不相亲睦者，懵于私利故也。今之所言，固以谋社会之公益，亦以谋个人之私利也。夫果有私利之可谋，亦何惮而不为乎？谓必胁之以大力，谬矣。或又曰：诚如子言，则人人各自为治，足矣，何为苦口劳心，越樽俎而代庖人[④]也？惟惟否否[⑤]，不然，人各有自治之能力，无以导之则不兴。无以积之则不盛。邹鲁岂必多文学，孔孟开化之功也。湘鄂岂必多将才，曾罗[⑥]提倡之力也。且士生草野，无以培辅，朝廷之末议，犹当出其所学，以襄成乡里之善举。果肯破除积习，合群众之

---

① 寝馈不置：寝食不忘。不置：放不下。

② 沮(jǔ)：灰心失望。

③ 孚(fú)：相信、信任。

④ 越樽(zūn)俎(zǔ)而代庖(páo)人：即成语“越俎代庖”。主祭的人跨过礼器去代替厨师办席。比喻超出自己的业务范围去处理别人所管的事。

⑤ 惟惟否否：别人说什么，自己跟着说什么。意谓委屈顺从。

⑥ 曾罗：曾国藩和罗泽南的并称。曾国藩，清末湘军的创建者和统帅，率湘军攻灭太平天国。罗泽南，湘军重要将领，与曾国藩一起办团练，扩充为湘军。其门徒多湘军悍将。

心力，以缔社会良规，仆固将随君子后而愿为执役也。如曰：净扫自己门前雪，莫管他人瓦上霜。是孔子所斥者。亭林顾氏曰：治天下者，匹夫之贱，与有责焉！诸君想亦尝三复之乎？然乎？否乎？仆不敏明知此言一出，不免大雅之讥讪，然私以为既于时局之前途，略有所见，不敢不为诸君子告。倘能酌择而施行之，则吾乡幸甚。

## 不夜乡连庄会启

荣成僻处海隅，素称安谧。近数年来，海氛不靖，航海商旅，盗劫时闻。渐而内地莠民，涎其逸而获利，或暗附匪徒匿迹为盗，或为引线从中分肥。始犹惟恐人知，继且肆无忌惮。据近数日未发觉之案，风闻都系土著，或竟无外人。此风一开，诚恐蔓延滋长。不惟海滨，即深居腹地，亦虑不获安居。诸同人方切隐忧，无以为计。兹奉县尊明谕，令举办连庄会，藉保公安。法至良，意至美也。爰纠合同乡五十余村，结大团体，谋公利益，取古者守望相助之意，为今日保卫闾里之图。庶内地之莠民潜消，外来之匪徒亦绝，而吾乡不亦安枕无忧乎！谨拟简章数条，登列于左，俾众周知，藉知遵守。

一　定宗旨。本会为查禁匪类，保卫公安起见，故凡所谋为，均系全体公益之事，不得一二人之私见，破坏公益。

一　立总机关。既系联结诸村为一团体，必有总机关以为中枢，方不至散漫无纪。故即定以埠柳村为本会总局，由众公举正会长一人，副会长二人，俾有事时藉资理处。如有紧急要件，仍须由会长知照诸村公同会议。

一　举村董。凡在会各村，须各举村董一二人，以便有事时，不至互相推诿，以专责成。

一　公同巡更。凡与会各村，自八月初一日起，须一律巡更。其法莫妙，分作两帮，明暗兼巡，或明东暗西，或明先暗后，最为善策。其巡更之人，或敛钱公雇，或挨户轮流，各酌其便。

一 稽查内匪。各村如有素不安分之人，须由各村随时明察暗访理谕，势以防勾引或窝藏之弊。

一 禁绝外匪。凡遇有形迹可疑之人，无论所托何业，皆须详加诘问，以防匪暗探消息之弊。

一 限制乞讨。老幼残疾之人，舍乞讨外别无生计，不惟任其乞讨，且当格外体恤。若年轻力壮之人，苟能安分营业，尽可自谋衣食。此而乞讨其非善类可知。无论土著外来，一概禁绝，勿与粮食。

一 清理市面。自埠柳村镇集之规废，近数年来，小偷又日益增多。宜合会工雇壮民数人，凡遇集期实力稽查。即在市之人，如有瞥见小偷盗取人财物者，亦须随时告发，或直扭赴公所议处。其集期中隔四日，宜令壮民按东、西、南、北四方，排日梭巡，以警非常。

以上四端，皆系正本清源之计。如有不服稽查诘禁者，可报由总局禀官惩办。

一 制备旗械。凡在会各村，须各制大小旗帜一面。其式：大者用白洋布正幅见方为心，外用红洋布六寸镶边，上书某乡某村连庄会字样，悬挂各村。小者用白洋布半幅见方为心，外红洋布四寸镶边，上书字样与大旗相同，由各村董收执。遇有事时，执以招集丁壮。其总局既雇有民壮，须稍有器械，方足以壮声威而夺贼气。拟禀请县尊由库发给洋枪数枝，交由会长经理，勿任民壮随便携带出入，以昭慎重。

一 互相救助。以上数端如果实行，宜即无匪，倘有何村猝遭意外之匪，不克自救，宜一面串锣，一面著人速送传单。其闻锣接单之村村董，宜即刻纠合本村丁壮，执旗赴救。但不宜尽教全往，以防匪声东击西之计。

一 筹集公款。既今立有总局，雇有民壮，亦须稍有公款，以资应用。拟由在会各村与埠柳村铺户、货肆酌量抽捐。即由会长与各村董议撙节动用，务使实事求是，款不虚糜，以资经久。

一　禀县核准。此项章程既经订定，须禀请县尊核准，然后分布各村，俾资信守。

## 巡警为当今要政，何以推行未能尽利策[①]

今日新政之最切于民者，有二大纲：一曰学堂，一曰巡警。学堂者，所以浚导人民之心思以扩充其普通之知识，必使人人知合群、爱国，而后乃能振独立之精神。巡警者，所以剔除人人之危害，以保卫其公共之治安，必使人人知奉法守公，而后乃能立自治之基础。否则，挟其朴僿[②]之民心，与散乱之民俗，以与文明列强竞，是犹驱〈众〉盲以斗离娄[③]，帅群瘵[④]而抵贲育[⑤]，其能有万一之侥胜乎！然学堂之益，今日已渐开通，而惟巡警一事，无论其尚未举办者也，即其已举办者，亦往往有巡警之名，而无巡警之实，未受巡警之利，而已受巡警之害，其故何也？约举其弊，厥有三端：一曰官吏敷衍以塞责。今日州县长官，大半迂谬守旧，其于巡警之利益，茫乎未得其纲要，屡奉札催迫不得已，乃募集十数无赖，授之号衣，编为警队，长官颐指而气使之，若胥役走卒焉。如此而望巡警，日有起色，其将能之乎？此其未能推行尽利者一也。二曰警员资格之不足。今之为警官者，半系候补佐杂，此辈本无志节，久困宦海，贪焰愈炽，而复授以十数无赖之警兵，为之羽翼，则与胥吏夤缘[⑥]为奸，卖法舞弊，恃威诈财是其长技，而巡警之前途遂因以大生其阻力。此其未能推行者二也。三曰地方风气之未开。吾国人民习于散漫无纪，又素贱恶兵、兵役，况复加以长

---

① 原稿未署作者姓名。

② 朴僿（pǔ sài）：朴陋而浅薄。

③ 离娄（lí lóu）：传说中黄帝时代视力特强的人。

④ 瘵（zhài）：多指痨病。

⑤ 贲育（bēn yù）：战国时勇士孟贲和夏育的并称。

⑥ 夤缘（yín yuán）：攀附、拉拢。

吏之敷衍，警员之腐败，益将啧有烦言[①]抵抗惟力。一闻措办巡警之令，不曰无人之可保，即曰无款之可筹。长此抵抗，何时可也，此其未能推行者三也。有此三弊，而巡警之良法美意，其将终不能行于中土乎？非也，果使地方长官，振刷精神，实事求是，于日前种种腐败之现状，既能划除净尽，而于巡警种种密切之关系，又能剀切晓谕，小民各有身家，各有性命，谁弗欲剔除危害，而保卫治安也乎？是所望于有巡警之责者。

## 常风时风变风解[②]

风者，因气之流动而成。统言其理则一，分言之，则有常风、时风、变风之别。究其所以别者，何也？盖因地球气候各处冷热不同，故风亦因之而异。何谓常风？曰热带之地，距日最近，日光直射，气胀上腾，两旁之气来补其阙，而地球自西转东甚速，与之相迎，故在赤道北者，多东北风，在赤道南者，多东南风。何谓时风？曰滨海之地，夏日自海吹陆；冬日自陆吹海是也。盖陆地凝静不动，海则寒、热二流，时常交换，而大地之陆，多在半北球，故夏日地与日近，陆之受热甚于海，而风多自海吹陆；冬日陆地受日之热轻，而海因受南洋之热流，其气上腾，陆地之气即补其阙，故风多自陆吹海。何谓变风？曰温带之地，气候虽适中，而地势之高下不同，即气候之寒暖亦异。此处先感热而气上升，则他处之气即补其缺，因感热不一，故风亦无定向，是谓变风。明乎此，而各风之理略尽矣。

## 丁卯六月十三日偕同人观剧五龙山序

宋云鹏

齐鲁故郡，海岱名区，南通苏豫，北接燕都。控黄河而引黄海，据

① 啧（zé）有烦言：气愤不满、抱怨责备。

② 原稿未署作者姓名。

山左而连山右。城临不夜，康成著教授之名；地近昌阳，莱子留经营之迹。故事流传，直使千秋景仰。名山踏遍，知从五岳归来。平生双蜡屐[①]，本属高人赛会，五龙山同游福地。功成二载，看松陛之生辉。荫芘[②]三村，藉梨园以报德。鸡豚结社，任教吾辈之联欢。牛马称王，哪管世人之迷信。一片黄瓜紫李，香生山路之尘。几人白葛乌纱，艳彻裙衫之雾。从此凉生殿角，不借熏风，兴遣棋枰，堪消永日矣！乃有锦棚盛会，河朔名流，不让前贤。忍抛好景？望之深秀，路转峰回，到处流连，山明水净。时维六月，序属三伏。泥草香而燕太忙，林柯茂而蝉愈噪。望东海以长歌，凭西山而吊古。登御皇之绝顶，想朱子之遗踪。长江似带，凉生东逝之波。远岫如屏，爽挹西来之气。乘石磴俯危岩，蓬莱即在心头，天地小如指掌。神泉一掬，洒杨柳以生枝，醉石三壶，对江天而把酒。九龙池畔，依然流水三分；双鳌岛前，恰好斜阳一片。潮声蚧口，烟景马头。水光山色，苍茫云影。涛声杳蔼。半竿落日，闻马栏直上炊烟；万里长风，打鱼岛横排雪浪。天门北耸，玉宇三千，佛院西罗，银龛八百。山外山，画中画，雅怀端属雅人，胜地遂成胜会。烟霞何人？诗酒神仙，风日晴和。此地楼台箫鼓，沧桑一瞥，傀儡[③]场空。尘梦千年，华胥[④]路断。泥装五圣，徒瞻妙相之严威；浪掷千金，谁度吾乡之浩劫。某落落难合，茕茕[⑤]自怜，逢场作戏，随遇而安。笑免俗之未能，聊静观而自得。邱园[⑥]遁迹，嗤他尘世奔波；泉石盟心，任尔形骸放浪。叹武陵之莫遇，空留世外桑麻；纵云梦兮能吞，尽洗胸中蒂芥。高山流水，杂天籁于八音。美景良辰，感古今之一瞬。呜呼！逸兴遄飞，韶光易逝，同是青年，毋伤素志。一朝

---

① 蜡屐(jī)：在木屐上涂蜡。木屐：木头鞋。语出《世说新语·雅量》，借指悠闲的生活。

② 芘(pí)：此处同“庇”。

③ 傀儡：木偶戏中的木偶。此处指戏剧。

④ 华胥：传说中的国名。传说黄帝梦游华胥氏之国，后因用为梦境的代称。

⑤ 茕茕(qióng)：形容孤孤单单、无依无靠。

⑥ 邱园：清初戏曲作家、画家。隐居坞丘山，从事戏曲写作和绘画。

游览，夸幸遇于三生；几辈偕来，贡狂言于四座。值此良时，游乎胜境，四韵挥成，一供快睹：

五龙神庙临烟渚，日暮人归罢歌舞。帝乡何意会风云，岁旱应知作霖雨。山光海色两悠悠，莽莽乾坤几度秋。世事浮云何足问，有心试与看东流。

## 冯云溪传略

李允正

公讳太隆，号云溪，姓冯氏，世居江苏太仓州宝山县，昆仲四，公居季①。由行伍起家，所历辄有声，一时绅耆弁兵，咸颂德政以立石。国朝设水师营于养鱼池，百有余年。其间进退升降諳营务者，颇不乏人。他如嘉庆间，赵柳塘公村晓，由成山守备，历升江南某镇，复署江苏提督。咸丰间李公延举，由本汛外委，递升吴淞参将，官声卓卓。概无贞珉之存，其有德政可稽者。惟冯公一人而已。公年十三投吴淞营，十四岁拔补本营，每哨经制，旋带战船，攻击浙江发捻，擢本营炮台汛部厅。因吴淞营参将黄登第升补山东文登协镇，以公技艺出众，带效山东水师，屡署文登陆路、海阳汛司厅，即补水师前营司厅。继署后营守府，题升后营部厅。复署文登水师中军守府。因胶州前营部厅李系原籍人，与例不合。将公调换前营水师部厅，经抚镇两宪，保题文登水师中军守备。未历任而公殁，年四十二。茔无所余。先考谋诸叔曰：公，余莫逆交也。论语云：朋友死，无所归，于我殡②，则周助葬埋，理固然也。乃除私田兼赙葬具而窀穸③焉，地在营之东北隅。公幼读，性尤慧，历任时有上宪札问疑难之处，缮稿后公为移一二字，确中肯綮。同营稿政老吏，莫不服其警敏。又公以署水师中

---

① 昆仲四，公居季：兄弟四人，他是最小的。昆仲：兄弟。季：兄弟排行最小。

② 《论语·乡党》："朋友死，无所归，曰：'于我殡。'"意思是朋友死了，家人无力办理丧事，孔子就负责办理。

③ 窀穸(zhūn xī)：墓穴，有埋葬、逝世之意。

军守府，曾兼文登协篆。光绪初，重修郡志，以营书蒙混移[1]并未注明何年某系实任协、某署协、某护协，以致官职混淆，等阶莫辨。遂与罗朝辅、郐秉成、凤冈、施肇敏、李国安等，均由他职署护，概书副将官衔，纪失其实，冒充高位。九原有灵，恐公有所不受。此事虽属营书含糊，曷秉笔者之失检若是耶。尽信书则不如无书，用此证郡志之误。

## 周游戎遗事

李申之

周游戎讳耀亭，以字行，本回部[2]人，籍占历城。伟貌美髯，拗目羌鼻，颜如渥丹，洵奇人也。道光间，以武进士补授成山汛守府。越年，升前营游击。通文墨，谙战略，勤公恤士，有儒将风，而运会偃蹇[3]，骥足莫展。卸职后，携子侨寓唐家庄，幅巾杖履，日与邑侯李公湘帆、教谕李公棋园、邑士马图南，及靖海卫傅贡荆相往还，斗茗联诗将终身焉。未几，其子误中邻儿飞矢死，邻翁缚儿长跪请罪，公慨然曰："尔我均系一子，吾子已死，吾后绝矣。忍复再绝尔嗣乎！"遂宥而无较，运柩旋里。宦囊萧然，藜藿[4]不充，暑月衣裘，耻因人热[5]，卒至绝粒以自殁。天乎！人乎！谓之何哉！其诗稿散佚无存，仅捡得穷宦歌一篇，中有云："丈夫贵立业，我命独乖违。"又云："浮云富贵终有散，存真克己不落空。"李长龄谓：非素有反身修己随分安命之学者，不能道其只字。节录《村居闲缀》

---

① 朦混移："朦"后疑有漏字。此句意为营中文书杂乱不清。

② 回部：回族。

③ 偃蹇（yǎn jiǎn）：此处为"困顿"之意。运会偃蹇：命运坎坷、困顿。

④ 藜藿（lí huò）：藿，豆叶。藜，似豆叶而表面红色。多用以指粗劣的饭菜。

⑤ 耻因人热：因为被人热议而感到耻辱。

# 诗　录

## 赠木伯泉浮海请兵二律

林小山

一棹仓皇出，星驰大海中。衰年逢浩劫，昏夜御长风。瞥眼烟迷海，惊心浪打篷。群生都仰救，此役祝神功。

痛哭秦廷上，包胥血泪倾。存亡如反手，呜咽不成声。野火心同热，残生命更轻。回看鸿雁泽，宝剑气纵横。

## 成山汛水师营访周游戎耀庭

马图南

出城方二里，路断一溪流。移石人来往，随潮水去留。舟排村北口，炮响寺东头是日迎喜神于马山寺东首。遥指营门启，当年细柳周[①]。

## 文石滩

姜忠奎

不夜城中沙为峦，迤逦到海黄云漫。风沙海浪频吞吐，濡磨碎石胪满滩。滩前直对鸡鸣岛，鸡声一唱日东杲[②]。紫气斑斓沙水明，晻映滩石光生宝。瑾红瑜白珉兼苍，琳青玖黑金荡黄。瑛华璊[③]禾璪[④]

① 细柳周：西汉将军周亚夫，率军抵御匈奴，驻扎在细柳（今陕西咸阳西南），他纪律严明、治军有方，赢得了胜利。其军队被称为细柳营。

② 杲（gǎo）：形容太阳明亮。

③ 璊（mén）：赤色的玉。

④ 璪（zǎo）：古代刻有水草花纹的玉制装饰品。

水草，灿烂瑮琭[①]皆成章。有大如瓜圆如果，椭与畸者狭而长。廉棱[②]岂为天所忌，为何千石万石无。一方嗟不幸生海，滨文彩薶[③]人无闻。嗟尔幸得生滨海，雕琢不加文常在。天水茫茫风浙浙，鲸鲵簸荡争腾踯。呜呼！我心安得顽如石！

## 登石岛西山

文登举人　张来堂

万石嵯峨摩太空，饮溪牛马状难工。海霞岛雾一千里，尽入虚无缥缈中。

槭槭疏林杂水声，无穷秋思与潮平。西来爽气入襟袖，直接羡门游太清。诗载《餐霞斋集》

## 海上望成山

青山缥缈碧云浓，庙貌依然说祖龙山上有秦皇庙。海上求仙何限恨，销沈终古杳无踪。

## 挽胡烈女

李仲鹏

烈女烈女何自来？手辟阊阖[④]下九垓[⑤]。烈女烈女何处归？身骑箕斗[⑥]入紫微。闲披史册阅经传，自古烈女不多见。我荣辟处东海滨，山川结出一淑媛。淑媛本是胡氏女，年逢十八咏鸣雁。婚期将聘六月中，妆奁完具一一便。讣音报道新郎逝，抛却金钱与弱线。含泪不为别故怨，自怨自命太薄贱。高堂重慈劝不醒，投缳未防实可恋。

① 瑮琭(lì lù)：瑮，玉上彩纹排列有序。琭，玉有光泽的样子，稀少。

② 廉棱：廉，堂屋的侧边。棱，棱角。廉棱，指有棱有角。

③ 薶(mái)：同“埋”。

④ 阊阖(chāng hé)：神话传说中的天门。

⑤ 九垓(gāi)：中央至八极之地。此处指凡界。

⑥ 箕(jī)斗：都是星宿名，即箕宿与斗宿。

缈然红绠细如发，焉能缢断人之咽。定是月老赤绳引，暗将夫妻配欢嫌。果然二姓前约践，阳配阴合理亦善。鼓乐喧阗旗招展，亲邻铭旌半冠冕。见者无不潸然涕，惭者难不靦面[①]。事关人心与风化，有司申文请旌典。旌典未下余论断，千古不致留遗案。

## 七　夕

姜中塾

玉露金风大火流，今宵织女会牵牛。蜘蛛结网盘中戏，乌鹊填桥水上浮。楚地曾传穿线月，汉宫犹曝衣楼[②]。庭前儿女陈瓜果，乞巧年年得巧不？

## 中秋月

列宿星稀射斗牛，风清月白朗悠悠。宵寒皎洁形无缺，夜静团圞色倍幽。谁使中天悬竟夕，人疑宝镜耀当头。分明兔影蟾宫现，此夜光都放不留。

## 荣成八景[③]

袁绍昂

寅宾出日海天红，昏暮金球抛水中。万壑潮流喧不夜，群山壁立矗长空。孤城保障观瞻肃，大地纵横气象雄。星斗光芒拱北极，秦桥遗迹跨长虹。

——不夜古城

苍茫巨浸亘长虹，遗迹而今炫岱东。潮向斗门波涌白，浪传鞭石

---

① 此句中有漏字。

② 此句中有漏字。典出唐李贺《七夕诗》："鹊辞穿线月，花入曝衣楼。"穿线月指少女在七夕之夜月光下穿针乞巧。曝衣楼，汉武帝宫中有曝衣楼，七月七日宫人在此"晒衣"。曝：音 pù。

③ 袁绍昂编写的《荣成八景》和《续荣成八景》诗，谦虚地将其标题按照尾注的形式，小字排列。本次整理，保持原貌，尾注标题的"小字"变大字。

血流红。三山突兀虚无外，两柱依稀想象中。圯上老人应齿冷[1]，空留海上旧秦宫。

——秦桥遗迹

名山耸立石嵯峨，生怕鼍龙[2]撼怒波。屿岛远看番舶满，港湾近泊估船[3]多。朅[4]来我辈流连地，算是人间安乐窝。赤壁两游同此否？登高作赋学东坡。

——峨石瀛波

老龙窝接小龙窝，云气漫空到处多。洞口氤氲[5]迷岛屿，山头叆叇[6]隔星河。莫猜神女施帷薄，料有天孙织绮罗。出岫无心都若此，高歌响遏问如何。

——牢山云洞

圆精耿耿贯当中，龙井流传妙化工。地脉空青取不尽，源头虚白运无穷。本来汲古最惊目，毕竟通神赖转瞳。我学耿恭[7]趋下拜，苍生霖雨洽宸衷。

——龙眼神井

---

① 圯(yí)上老人应齿冷：圯上老人应讥笑秦始皇。圯上老人：指秦末在桥上授予张良《太公兵法》的老人。圯：桥。

② 鼍龙(tuó lóng)：即扬子鳄，又称"猪婆龙"。

③ 估船：估，古通"贾"，估船即商船。

④ 朅(qiè)：去。

⑤ 氤氲(yīn yūn)：古代指阴阳之气互相作用的状态。也指烟云弥漫。

⑥ 叆叇(ài dài)：云层很厚的样子。

⑦ 耿恭：东汉将领。率军驻守疏勒城，抵抗匈奴。城中水源断绝，掘井十五丈，仍不出水，耿恭跪拜祈祷，并带领士兵挖井运土，不久，泉水涌出。

扶筇[1]散步到天池,鬼斧神工忒觉奇。四面空明透岩石,一泓澄澈浸琉璃。佛前灯火摇青嶂,瓮底流泉积翠陂。小立观澜了不厌,寺僧旁睨笑书痴。

——琉璃宝瓮

何年飞到妙高峰,孤立海中障岱东。贤令经过题起凤余诗弟子吕德铭任荣成县知事时,游花斑石题"凤起"二字,游仙到此赋登龙。宝光闪烁珍奇聚,彩石斑斓灵秀钟。傍晚渔樵添乐趣,浪花声里采芙蓉。

——花斑彩石

走遍层崖又一崖,天然丘壑自安排。高峰巀嶪[2]无人到,僻地嬉游与客偕。峻峭纵横雄踞虎,蜿蜒旋转笑盘蜗。导余先路有樵隐,日夕归来山气佳。

——百丈盘崖

## 续荣成八景

顾名思义式前型,秦汉乘舆应此经。大好佛山留佛迹,本来仙境住仙灵。风掀白浪千寻白,云拥岩阿一抹青。御驾何年曾驻跸,剔除苍藓访碑铭。

——玉驾仙境

---

① 筇(qióng):竹名。筇竹可以作杖,因即称杖为筇。

② 巀嶪(jié yè):高耸。

登高纵览醉歌长，欲访当年王玉阳[①]。凤岭南横染朱赤，龙山东亘蔚青苍。北支龟顶凌千仞，西枕虎头镇一方。圣水澄清林木茂，丹崖翠壑认仙乡。

——浔山林泉

朝暾[②]初出气熊熊，倒影扶桑浴海中。宝焰升腾娱众目，金球上下豁重瞳。同登日观乘佳日，远望风门歌大风。潮落波平光彩里，秦桥遗迹认飞虹。

——高峰观日

留将古迹在人间，绝域都称伟德山西人游此呼为伟德山，其实即古迹顶之一峰，今以绝高处为古迹顶，顶之外亦呼为伟德山，吾闻诸李锡亭申之者云。锡亭系在海军有年者。又爱伦湾亦西人以之名此湾者。佛顶气凝通佛国，仙心诗杂咏仙寰。踏青危石几忘倦，耸翠层峦不可攀。到此畅游真个好，归舟还泊爱伦湾。

——古迹凌云

经过森林又竹林，山中好景漫相寻。筠篮女伴醒尘梦，玉版禅参[③]观世音。六逸偕游三径聚，七贤招饮百壶斟。引人入胜到佳处，心地清凉暑不侵。

——竹林小憩

月明林下美人来，万树梅花次第开。蹇睡薰香忘冷淡，长歌索笑

① 王玉阳：金代道士王处一，号玉阳子。为“全真七子”之一。曾在铁槎山云光洞苦心修炼。是全真教嵛山派创始人。

② 朝暾(zhāo tūn)：刚出的大阳。

③ 玉版禅参：读了珍贵的典籍有了心灵的感悟。玉版：珍贵的典籍。

许追陪。漫云东阁超尘境，毕竟西山净俗埃。我问董樵旧隐处，癯仙[①]不语遣侬猜。

——梅岭怡情

我从七十二泉来[②]，到此嬉游眼界开。云气沸腾劳想象，波心游泳费疑猜。朋俦澡浴争欢聚，天地絪缊妙化裁。柘埠河边闲远望，春风沂水记徘徊。

——温泉出浴

龙山散步到龙池，繄昔祖龙应见之。泉涌云嘘时变幻，水清石瘦显神奇。丰城剑气[③]似曾见，涿郡琴音[④]于此宜。暇日南天门下坐，赋诗遥和沈佺期[⑤]。

——龙池畅观

## 李少初先生景沆重游頖[⑥]水时年八十

圆桥璧水溯当年，利市襕衫笑莞然。佥道诗才驾黄叶[⑦]，本来文字继青莲。炉锤在手[⑧]冠曹耦[⑨]，经史罗胸富简编。回首鸾旗映芹藻，红绫盈丈喜披肩。

---

① 癯仙(qú xiān)：隐居山泽的术士，或指骨姿清瘦的仙人。

② 我从七十二泉来：指从济南来。济南有名泉七十二。

③ 丰城剑气：《晋书·张华传》载，吴灭晋兴之际，天空斗、牛二宿之间常有紫色，豫章人雷焕对尚书张华说丰城有剑气。后果掘得龙泉太阿宝剑两口。

④ 涿郡琴音：《列仙传》：琴高者，赵人也。以鼓琴为宋康王舍人，行涓彭之术，浮游冀州、涿郡之间。

⑤ 沈佺期：唐代诗人，“善属文，尤长七言之作”。与宋之问齐名，称“沈宋”。

⑥ 頖(pàn)：同“泮”。泮水，古代学宫前的水池，形如半月。

⑦ 黄叶：指王苹，曾任成山卫教授。历城十才子之一，人称王黄叶。

⑧ 炉锤在手：意思是不断锤炼文字。

⑨ 曹耦(oǔ)：同“曹偶”，意为同类。

岿然当代鲁灵光[①]，我为先生媮[②]一觞。态度雍容老益壮，精神强健寿而康。喜逢揽揆祝双庆，留得循声播两当。屈指八年又张燕，登堂重赋鹿鸣章。先生于光绪十四年捷于乡大挑一等，分甘肃任两当县知县、升阶州直隶州知州。

## 又赠少初先生两律用李宾旸赠先生赋两当韵

耆儒頮水喜重游，旧阶州直隶州[③]。远宦一官多惠泽，高年八秩富春秋。掀髯每说两当日，濯足曾经万里流。毕竟烧梨羸辟谷[④]，邺侯[⑤]丰度胜留侯[⑥]。

## 余至荣成访同年张俊采瑞三、张国琪玉堂均已作古，为之惋然。

开道骅骝[⑦]四牡騑[⑧]，而今驺从[⑨]与时违。未能随俗翻新样，只合幽居安布衣。高耸庞眉轩轾显，重生齯[⑩]齿辅车依。老莱遗躅[⑪]犹堪访，不夜城边永夕晖。

## 和曲干臣廷桢观成山风景

访古碑兮天尽头，远浮海兮万里流。计道里兮风马牛，问三山兮云雾稠。闻唱晚兮来渔舟，望古迹兮昆仑丘。登日观兮长淹留，瞩辽

① 鲁灵光：即成语“鲁殿灵光”。灵光，汉代宫殿名，在曲阜。鲁殿灵光，比喻仅存的有声望的人或事物。

② 媮（yòu）：同“侑”，相助的意思。

③ 旧阶州直隶州：此句中有漏字。

④ 辟谷：即“不食五谷”，是道家的一种养生方式。

⑤ 邺侯：指唐代著名政治家、谋臣李泌。唐德案时被封为邺侯。

⑥ 留侯：指西汉著名政治家、谋臣张良。汉高祖时被封为留侯。

⑦ 骅骝：周穆王八骏之一。此处借指骏马。

⑧ 牡騑（mǔ fēi）：牡，鸟兽的雄性，騑，古代驾车的马，在中间的叫服，在两旁的叫騑。

⑨ 驺（zōu）从：古时达官贵人出行时，前后侍从的骑卒。

⑩ 齯（ní）：指老人牙齿落尽后更生的细齿。古时以为长寿之征。

⑪ 躅（zhuó）：足迹。

东兮此最优。欲于此兮筑高楼，觅画工兮仇十洲[①]。波心泛兮聚海鸥，山顶嘈兮来桑鸠。我朗诵兮逍遥游，吟兴尽兮盍归乎休。

① 仇十洲：仇英，字实父，一作实甫，号十洲仙史。明代著名画家。

# 荣成县续志卷之十五

## 通　纪

### 甲午之役

清光绪二十年[①]甲午中日之战，吾荣适当其冲。初朝鲜全罗道泰仁县，有东学党[②]数千聚煽乱，其政府来文向我国借兵助剿。北洋大臣李鸿章，即饬海军提督丁汝昌派舰赴仁川、汉城，嗣知事机急迫，又饬派快船、雷艇，速往梭巡。五月，日船三艘，在牙山口外，截击我之兵舰，竭力抵拒。阵亡兵弁十三人，伤二十七人。广乙中炮倾侧而焚[③]，操江被禽[④]。李鸿章即饬丁汝昌统带铁快各舰，迅赴朝鲜洋面相机迎击。

---

① 清光绪二十年，公元1894年。中国干支纪年为甲午年。

② 东学党：李氏朝鲜末期信奉东学的宗教团体。1860年，崔济晨为对抗西学（基督教），创立东学（东学道），宣传"广济苍生""人人平等"，后各阶层群众纷纷加入，遍及全国。1894年，东学党人全琫准领导农民起义，反对李朝封建统治和外国资本的奴役，史称东学党起义。

③ 广乙中炮倾侧而焚：指广乙舰被日舰击伤倾侧，管带林国祥为免军舰落入敌手，下令焚毁。

④ 操江被禽：操江舰被俘。

八月十八日，定、镇等十舰，与日十二舰开仗，我军舰、炮均少于敌。中雷沉没者二，毁于火者二，奔至三山岛搁礁者一，其余以力不支，离军回旅。是役，据报：将士阵亡者九十余人，随舰沉没者六百余人事详甲午战记。十二月二十五日，日本船二十艘，在龙须岛渡兵登岸，荣成旋即失守，西至文登、牟平，相继陷落。进兵威海，攻取炮台。丁汝昌以南岸各台兵力单薄，恐以资敌，拟将龙庙嘴、鹿角嘴两台，卸去炮牡[①]。炮台统将戴宗骞不以为然，与商选勇守台，备事急毁台之用，复不允。二十八日，日将伊东祐亨致书于丁汝昌劝降。丁不为动，将其书缄上李鸿章。二十一年正月五日，日军由南路钞[②]出先得龙嘴炮台，其鹿角嘴、道北嘴两台，经先派队将药库轰发，震动山谷。南岸既失，威海旋即不守。戴宗骞愧奋自尽。连日，日人以师船二十余艘，加以南岸炮台，内外夹攻。初十夜，以雷艇入袭，定远已废。十一〈日〉夜，不以[③]雷艇入袭，轰沈来远、威远、靖远等舰。十三日，又以全力攻扑东口。于是军愈慌，有绥、巩军教习德员瑞乃尔者，谒丁汝昌，言事势至此，徒多杀士众，无益也。奉以船械降敌，士民尚可保全。丁色然峻拒之，谓虽计穷援绝，必以死守至船没人尽而后已。时朝廷方命东抚李秉衡，奉命克日来援，丁告众以援兵不日可到，水陆夹战，当可解危。已而援兵不至，丁乃望阙叩头，告力尽，仰药以殉。军民闻丁已死，聚集千余人，迫总办道员牛昶昞，用瑞乃尔前策，假丁汝昌名，致书日将投降，约勿伤兵民，并许出港他适云云，此正月十八日事也。又有左翼总兵刘步蟾，中营游击杨用霖，护军统领、副将张文宣，同时殉难。而杨用霖愤极咬枪自击死，尤烈云。事后，外论谓是役之败，我所自取。盖自朝议停购船炮，复取海军专款，为园囿建

① 炮牡：此处指枪闩。牡，有锁簧、门闩之意。

② 钞：同“抄”。

③ 不以：当为“又以”之误。

筑之需[①]，自堕绸缪牖户之计，致海军计画左沈[②]，诸贤数十年积铢累寸之功一朝而尽，参之肉不足食也。

## 大事记

清道光二十九年，官军以艇船击海贼，败之。

道光季年，海寇猖獗十数年间，舟人之被害者，不可胜计。初起于宁波，渐及江浙，蔓延扰乱浸假，而南北洋迄无宁处。帆尖若眉，船脊如梭，行驶甚疾，利于追逐。遇有商船，则号召同类蚁附而上，稍有抗拒则全船覆没；顺其意者，则诱之入伙，故声势日张。有黄复兴父子兄弟数人，同业而不同舟，子舟被劫屡矣。恐久而生命不保，于是货产置战具，且募勇士与盗从事[③]。又以家近盗薮，不可胜防，于是载其妻小，寓居石岛。因即以为出剿之根据焉。二十九年，海盗扰及石岛，时官军亦麇至[④]。邑侯石公用熙联络商民，筹饷械，谋守御，遂约黄复兴父子出剿，而己留守。一日，遇盗于楮岛之东，互相开火，炮声如雷。土人据高观战，初犹可以见船，继则黑烟一团，闻其声不见其形矣。越日，黄父子巡哨未归，适夜风雨大作，盗乘之喷筒、火罐纵庐舍，居民警逃，哭声盈野。黄父子闻讯同舟，与战不利，盗亦旋退。后黄得盗巨魁数人设计降之。抚之以恩，结之以信，乃尽得盗中虚实。于是以盗捕盗，盗渐解体而纳款于黄，黄乃择其可用者，令捕盗自赎，被获者辄带往石岛，提船于岸而枭示之。不数年，海氛渐靖。南北洋航路复通，黄公之功也。事闻议叙守备职。

---

① 复取海军专款，为园囿建筑之需：据说清廷为慈禧太后修建颐和园，挪用了海军经费。

② 左沈：即左沉。因出现差错而落空。左：偏，差错。

③ 从事：办事，治事。此处指作战。

④ 麇(jūn)至：麇，兽名，即獐。麇至，即群至。

三十六年[①]，登州水师营外委范景增，遇海贼于邑之北海，以众寡不敌死事者四十余人。

咸丰二年二月，风霾如晦。

三年七月，大风，禾稼伤。

十年，英法军舰沿边窥觇[②]口岸，迤逦北入天津。

十一年，捻匪张洛刑[③]等东窜，到处焚掠。九月薄[④]宁海城下，焚毁关厢，旋犯文登境。文荣两县官民合力堵截，昆嵛山口轮流守御，昼夜不懈，凭高下瞰，以巨石冲击之。贼不得逞，遂转犯海阳而西。

同治元年壬戌，文荣绅民并力筑长墙于昆嵛山岭，以资守御。自南海起以至北海止。计长一百六七十里，内筑山口三十余处。是年秋，疠疫盛行，死亡颇多。

六年，捻匪为官军所迫，东窜登莱。大僚画坚壁清野之策，弃登莱于不顾，筑土墙于胶莱河之西岸，以拒其西窜。匪于是焚掠登莱诸县，蹂躏殆遍。五月扰及莱海等处，六月复犯宁海。于是文、荣两县，以距境密迩，祸在眉睫。官民一心，催选丁壮赴口守御，凭高据险，贼不敢窥。文荣人民之免于难，实赖乎此。

光绪二年丙子二月，县尹奉令沿海栽柳，派绅士购树秧，鸠工种植。弥月而止，今无一存。官能创其始，而不能保其终也，惜哉！是年六月，旱蝗，大饥，少壮者，就食于关东，老幼妇女仰给于船运，赖诸绅士贷富民金，买杂粮配合成套，与饥民约，每套各粮若干升，作价几，春贷秋偿，以故民有饥色，死亡尚少。

四年戊寅，野狼噬人，甚至黄昏入室攫取小儿，行人戒严，弥年而止。

---

① 历史上无道光三十六年。光绪《文登县志》卷十四载：此事发生在道光三十年(1850)六月。

② 觇(chān)：窥视、观测。

③ 张洛刑：即捻军首领张洛行，又作张乐行。“张洛刑”是清朝官吏对张洛行的污称。

④ 薄(bò)：迫近、靠近。

五年乙卯六月二十四日，大风拔木，屋瓦为飞，禾稼尽偃[①]。

七年辛巳六月，大雨。车脚河南山产蛟，毙民妇一。

闻车脚河南，有某某夫妇二人，筑草庵于山腹而居者，一夜雷雨大作，及明，庵失所在，民妇失踪，其夫压于石坎下，观者趋视，闻声呼救。观者取锸[②]，由大石下掏洞而出之。据云，睡梦中初觉若地动，飘忽间不知身在何地，以手摩之，四壁皆石，处身逼仄，俯仰不遂，及闻人语，始得呼救而出。土人以为产蛟，乘雨腾出所致。查蛟属龙类，本为水族，能发大水，古有伐蛟之令者，防水患也。今谓其生于深山土石中，殊不可解。然山腹土石，乘霪雨而溃，坎窞[③]，俨然，当必有说。姑志之。以俟诸博物君子。

光绪九年癸未秋九月，地震，案上器具至于易位。

十九年春，粮价大涨，各县命缓征。

二十年甲午十二月二十五日，日本兵由荣成湾登岸陷县城。

二十一年正月，日本兵攻威海，破之，水军提督丁汝昌仰药死。其别部亦于是月攻文登，亦破之。

二十五年己亥六月，出黏虫，其色或青、或绿、或杂色相间。专蚀禾叶，苞米叶尤为适口之物，禾叶尽而及于草木，土缝之小草，直如火焚，然道路弥满，行者碍足。禾草具[④]尽，而后消灭，诚巨灾也。

二十六年庚子春，拳匪[⑤]起于曹、兖间，传写符箓，口授咒语，以为能避炮弹，驱逐洋人。不数月，哄传全国，卒以致祸。

二十八年，停科举，饬各县创办学堂。邑侯刘应中于是改成山书院为县立学堂。

三十四年，石岛创办警察事务所，省委警长一员，饷械由地方

① 偃(yǎn)：倒伏。

② 锸(chā)：挖土的工具，此处指铁锹。

③ 坎窞(kǎn dàn)：《易·说卦》：坎，陷也。窞，深坑。

④ 具：古同“俱”，都、完全之意。

⑤ 拳匪：是清廷对义和团的污称。因义和团初期称义和拳。

筹措。

宣统元年己酉，石岛创立保甲局，专以伺查胡匪，保护商业为职务。是年冬十一月，七区联庄会成立。胡匪渐炽，盗贼蜂起，明火执仗之案几无虚夜。耆绅姜炳奎联络诸村，请于官，巡逻而搜捕之。

三年秋，革命军起于武昌，各省响应。风声所播，奸民亦思乘衅而动，刘中海、戴四等蹂躏几遍全县。独未南越雷池一步者，以七区联庄会遏抑之也。

民国元年壬子秋，县会成立会所，附设官学。冬十月，劝学所成立，设所长一人、书记一人。全县六乡，每乡劝办全乡学校。

二年癸丑，改劝学所为视学所，设乡视学六员，分视各乡学校。冬十二月，投票选乡议会议员。

三年甲寅春，乡议会成立。港南乡议会设龙山寺，正副会长各一人，议员十二人，乡董、乡佐各一人。

五年春，以洪宪帝制发生，县乡议会同时撤销。

六年春，石岛创设渔航局，征收渔税。渔民反对，聚众哄闹，水上警察，开火毙四人，税亦遂罢。

七年，石岛创立盐务署，盐务警查所征收盐税。

九年，改视学所为教育局，所长改为局长。乡视学为教育委员，裁委员三人。

十年秋七月，大雨。河水上岸，石岛南头屋内水高六尺。

十六年丁卯，第八军开拔，地方空虚，人心惊骇，商会创办商团，推原静奎主持团务。于是相度地势建筑炮楼，以握要隘。整顿枪械，鼓励团丁，以壮声威。不数月而守备以固。此后溃兵叛卒，萑苻[1]巨魁，屡窥石而终不得逞者，赖有此耳。

十七年春，改港南乡为第七区。复设保卫团，驻双榜泊。是年秋

---

① 萑苻(huán fú)：泽名。《左传·昭公二十年》："郑国多盗，取人于萑苻之泽。"杜预注："萑苻，泽名，于泽中劫人。"后因称盗贼出没之处为萑苻。

旧历八月二十一日，雨雹大如茶钟[①]，小若鸡卵。沿海港汊当其冲，东西不过十里余，二十里之外如霰，然不为灾。当其冲者，野兽、水鸟被击而死者比比焉。幸秋禾登场，在野无几，村落栉比，人皆预避。门窗屋瓦，损失颇巨。

十八年正月，警长张卓章，调各防盐警齐集来石，有转调赴烟之说，又有缴械斥革之讯。时境内盐警三百余，半属八军散卒，久于石岛，不愿他适，因以闹饷哗变。警长逃之烟，抢劫之势，危在呼吸。时辽人董维家营商于石，任商会主席，出而斡旋，陈述利害，诱以饷糈[②]，并许为电请上宪解脱罪名，始免于难。先是张宗昌旧部某，纠合同事数人，乘衅来石，拟有蠢动，至则秩序已已[③]，复遂被商团缴械，未与为难。三月，张宗昌溃兵东下，窜石者数十人，黄昏时，迫土人引抄山僻小路而入。得报，急令团勇把截巷口，获一人，余由海道遁。此后屡有股匪沿海绑架，居民骚然，多经本埠团勇出发剿捕，救出肉票甚多。

十九年八月，公鸡岛股匪十数名，夤夜登岸，绑架肉票载之舟中，勾结土匪，因缘勒赎。游弋上下港，勾留多日。适匪首令其伙登岸购薪，派舟子为之负担。匪贪饮啖[④]，逗留在岸不即行。舟子请先回，遂弃薪于沟壑，直奔团营述状。遂以舟子为耳目出捕，行至北海迤北遇之，双方开火，拒战半日，力尽弹竭，毙匪一名，始将匪船带石，奉上令枭首示众。

二十年夏四月，有股匪从黑石岛西登岸，越徐、钱二村，至小河东村，绑去贫民二人。其一痛骂，为匪所毙；其一为匪所迫，引匪至东墩村，绑去肉票二名。团勇闻讯，驾汽船驶寻，遇之于镆铘岛前，冲锋对击，匪势不支，抢滩登岸，获匪一。余奔朝阳洞，又逢游击联庄会截

① 钟：杯子。茶钟，一般写作茶盅。

② 糈（xǔ）：粮食。

③ 秩序已已：秩序平稳。已已：休止。此处指未敢乱动。

④ 啖（dàn）：吃。饮啖，吃喝。

击，时匪只余四人，乃转奔甲子山顶。于是团勇会丁、警兵合围一昼夜，伤团勇一人，获匪一人，余逃去。是年秋改选乡镇长。

二十二年，区长奉令调外县，本县区长悉用客籍。

二十三年春，改选乡镇长。秋奉令撤销区公所。冬复设乡镇联合办事处。票选主任三人，一正二副，评议员七人。

# 荣成县续志卷之十六

## 附　志

### 续前志补遗

孙鹏，字抟之，号大林，杏林孙氏十世孙也。事父母饮食必自烹调之。父殁，水浆不进，哀毁骨立。母殁，庐墓五年，朝夕哭奠如礼。偶值野火延庐，哭拜火灭，冢上枯木复生，其孝感如是。三年时人劝之归，谢曰：孤幼羸弱，五年方脱父母之怀，孤报之亦如是。参政杨廉知其事叹曰：此古人终身之慕也。遂疏旌其门，给以粟帛。清雍正四年八月六日，奉旨入文庙忠孝祠，旌表石坊在文登关北头，至今犹存。

于庆举，字云翔，清庠生。笃行义，然诺不苟。族兄知诵，任浙江尝[①]山知县，以失察效力军台[②]，宾客仆从星散，惟庆举奔走海外，谋供朝夕。后知诵殁，为经纪其丧，扶柩归里。佥重其义，以古君子称之。

## 文登举人金镛《于云翔墓表》

东方有义士曰于云翔，其名庆举。在荣成诸生中以品望重。先世居文登大水泊。曾祖其璜，官浙江吉安州牧。祖尊周父伟，徙居荣成单家村。及云翔三世，皆籍学宫。云翔纯笃寡默，出语辄入人肺腑，其同太高祖兄知诵心许其行义者久矣！乾隆戊申，知诵任浙江尝山县令，以书召之。适石门县失察驿站夹板分道之处，累及尝山，而军台效力之命下。维时，幕友仆隶各散去，云翔慨然曰："枕戈跃马，臣职也。西北偕行，弟何敢辞！"知诵心稍蔚然。官舍无长物，家计萧然。到台后，公费无措，衣食皆资于友朋。知诵先官武陵县，至是几二十年，海内多知交，知知诵者愈重云翔。是以朝之谋四时[③]，取给于京师故人，皆云翔之力也。而云翔自台至京，一岁之中往返不下万里，又以其间旋里省亲措办台费，奔走无虚日。壬子冬，知诵卒于张家，自含殡以至舆榇[④]归里，分寸出云翔手。及归窀[⑤]，犹为经理其冢圹，族人莫不感泣，而云翔已积劳成疾矣。每忆京邸夜话，塞外风沙漠漠，路无客次[⑥]行人，或觅马以代步，昏暮中见道左火光，乃知宿处。

---

① "尝"字误，当为"常"，应为浙江常山县。下同。

② 效力军台：清代官员因罪、因过失被革职后，往往有发往军台效力者。清制，新疆阿尔泰四十四军台台务，例以官犯发往效力者分置管理。在十台以内者，每月缴台费银四十三两；在十台以外者，每月缴台费三十三两。三年期满，如不能完缴台费者，则根据不同情况改拟杖徙、财产入官或永充苦差等处罚。下文中"公费""台费"即指此。

③ 谋四时：盘算一年的生计。四时，指一年四季。

④ 舆榇（chèn）：榇，棺材。舆榇，把棺材装在车子上，表示有罪当死或就死之意。

⑤ 归窀（zhūn）：窀，墓穴。归窀，是归葬之意。

⑥ 客次：泛指在异乡、别地。

其在台，毡为屋，皮为衣，食惟膻，寝牛皮，爨牛矢[①]，茶未[②]必购诸千里外。尔时辛苦之音溢于言表，其心力况瘁具见焉。嘉庆癸亥，年五十一卒于家。预知时刻，整衣冠拜辞老亲，从容就床而殁，人尤异之。余尝读柳州[③]墓志，至于裴行立与子厚结交，卒尽其力。子厚之舅弟卢遵从子厚，逮其死不去，既葬，又经纪其家，未尝不废书而叹以为古今人不相及也。今知诵在台，其苦什伯于柳州，而云翔终于其始，存亡不易心，其视卢遵辈之为人何如也？抑世人从宦，大抵慕声华趋势力耳。非此，则避之。有小变竟去，去若不相识。安知天壤间信心仗义，不避险阻，而卓然于声华势利之外者，有若云翔，厉顽懦而风百世。微斯人，其谁属哉！

李宣，字天府，清康熙壬子科拔贡。由镶黄旗教习授洪洞县令，八年，有政声。摄岳阳篆，二年告归。绅民竞上诵章，老壮妇稚，夹道追送，至车不能进，进卧辙图以志永怀焉。

闫大女，下庄贫家女也。二龄失恃，随父秉寄居古迹顶东庵。清嘉庆二十五年，年十有五。有无赖王六，伺其父外出，至挑之。女力拒大骂。六逞其强暴，女抵死捍拒。六恚[④]斧其胫，以绳缢项，焚其尸。父归，知为六，鸣官，具伏，寘[⑤]之法。事上闻，奉旨旌表，建坊入祠。前志未详，兹补之。

李烈女，许字岳廉。廉患足剧。其翁宏仁遣媒氏告诸其家，令其女改适。女父遣其妻视廉疾，女请同往，一与之诀。父母不得已，许之。及母归。促女偕反，女不听，母强之，仍不听。廉父母劝之，亦不听。母留女独归，而廉疾剧，女遂至别室自缢。少顷，廉亦殁。见前志无详细事实，兹据采访册补。又前志岳廉作岳廉公，误。

---

① 爨 cuàn 牛矢：烧牛粪做饭。爨，烧火做饭。

② 茶未：疑为“茶末”。

③ 柳州：即唐代著名文学家柳宗元。柳宗元，字子厚。因曾任柳州刺史，故又称柳柳州。

④ 恚（huì）：怨恨。

⑤ 寘（zhì）：同“置”。寘之法：依法处置。

王廷璇，字在衡。清乾隆丁酉拔贡，选直隶州判，未就。课徒三十年，成就甚多。晚年著有《席先堂歌辞》二十首，脍炙人口。殁后，门弟子思其遗泽，为勒碑以纪之。

## 乾隆己亥举人姜模《祭业师王在衡先生文》

少微星陨，太乙光残，月冷芸窗涕洟，龙蛇之岁春深，绛帐凄凉。桃李之门，瞻素旐[①]之纷飞，情真弥痛，拈瓣香而下拜，泪滴于心。恭维夫子：天挺之秀，地毓其灵。琅琊大族[②]，堂垂绿槐之阴；渤海儒宗，世守青箱[③]之训。英年射策[④]，笔阵横扫千人。丙夜校书，心源远绍百代。膺麟之首选，望重圜桥；读石鼓之鸿文，澜飜[⑤]璧水。业抡秀[⑥]以书升，圭璋[⑦]为特达之品。知学优而入仕，黼黻[⑧]应克壮其猷。尔乃伯氏仙游，高堂云迈，爰以弟而代兄，躬亲问欲，且移忠而作孝。不庆弹冠，捧檄任他人之喜，循陔竭我职之恭。频舞斑衣，五旬而孺慕不改。兴悲风木，三载之血泪常新。维时当承欢之暇，为振铎之时。谈经专席，徐吹六月之风。问字人多，爱立三冬之雪。时雨无声而能润，共游陶铸之中。洪钟有叩而必鸣，宁计束脩以上。鼓箧[⑨]时不吝一隅之举，负笈者谁惮百里之遥。无如曳杖有歌，遽赋修之召，式庐而拜，谁

① 旐（zhāo）：古代的一种旗子，上画龟蛇。也指出殡时的招魂幡。

② 琅琊大族：指琅琊王氏，东晋南朝时著名的世家大族。

③ 青箱：琅琊王氏将国家典章制度、江东历朝旧事缄入青箱，世代相传，世称王氏青箱学。旧因指世代相传的家学。

④ 射策：本为汉代考试的方法之一。主试者将问题书之于策，由应试者解答。此处指科举考试。

⑤ 飜：同“翻”。圜桥、璧水，都是指国家的太学。

⑥ 抡秀：抡，选拔、挑选。抡秀，选拔优秀人才。

⑦ 圭璋（guī zhāng）：两种贵重的玉制礼器。“圭璋特达”，是一句成语，形容德才卓绝，与众不同。

⑧ 黼黻（fǔ fú）：古代礼服上所绣的花纹。此处借指做官。

⑨ 箧（qiè）：小箱子。

为发蒙之人。苔藓侵阶，犹认屐痕深浅。牙签[①]列屋，空余墨汁淋漓。夙仰宫墙，方思入室有日。悲深梁木，奚能治任将归？幸有趋庭之彦，不负燕翼之心。才逾班香，名齐宋艳[②]。甫过舞勺之期，早赋采芹之什。即令鹏翮[③]初抟，已壮簪缨之色。他日驷门愈大，应焕纶綍之音。九原有灵，于载无憾，望停仙驭，鉴此微忱。呜呼哀哉！

周志传，字孔赞，湖南湘阴人。乾隆庚寅举人。嘉庆二年，署荣成县。荣成滨海，番舶凑集，例禁货物不出洋，相与征收课税为私例。志传至，悉却罢之，召诸典商谕以平值，亦免其规例，曰："与其赂官长以累民，何如转益民而轻取利也。"尝缉盗海口，获八人，讯之非盗，立释之。见《山东通志》。

① 牙签：指古代封书函用的象牙或骨制的签。牙签列屋，是藏书很多的意思。

② 才逾班香，名齐宋艳：班香宋艳是一个成语。指班固和宋玉均善辞赋。

③ 翮（hé）：羽毛的根部。引申为羽毛，也用作鸟翼的代称。鹏翮初抟（tuán）：大鹏展翅，借风势开始飞。抟：凭借。

# 后 序

余莅山东图书馆编书目，即由延令、于希、吕璜介见鞠思敏先生于正谊中学。明年，有孙佩南先生之群弟子来访其遗稿，觅数卷。甫锓[①]板缺二卷，不知所在，旋访知在梓人[②]家，遂令其补刊，以贾昂[③]未果。后先生之生徒为之付印梓行矣。又一年，吾通[④]范秋门先生铠[⑤]来东，谈及孙先生，乃曩[⑥]岁在通志局，朝夕相聚者，保君少浦亦在其间，乃为余道先生之文及先生之为人，心向往之久矣。比绍昂滥竽史职，又识先生之文。孙念东及姜君叔明，以通经鸣于时，尤精研小学，著述颇富，与念东均为柯凤荪先生入室弟子，朝夕相见，夙为畏友。余每渡海过成山角，辄指告友人曰："此吾友姜叔明、孙念东所居地也。"无风时，辄绕栏而嬉见，夫群峰罗列，岛屿分布，洵为用武之区。遥望海东，朝鲜密尔，犹想见箕子[⑦]之遗风焉。中华民国之二十有四

---

① 锓(qiān)：刻，特指刻书版。

② 梓人：此处指刻书匠。

③ 贾昂(jiǎ áng)：价格昂贵。

④ 吾通：我们通州(南通)。因袁绍昂是南通人，故这样说。

⑤ 范秋门先生铠：范铠，字秋门。清末民初江苏通州著名诗人，著有《通海垦牧乡土志》。

⑥ 曩(hāng)：以往、从前。

⑦ 箕(ji)子：名胥余，商纣王的叔父。商亡后，带领一行人到朝鲜，建立箕氏侯国，史称箕子朝鲜。

年，荣邑人士议修县志，公推鞠思敏先生为总纂，聘姜叔明、许骏斋、曲潆生诸君为分纂。三君都大学毕业者，嗣以叔明有事于粤东，骏斋、潆生任大学教授，只能遥领其事，乃以绍昂承乏。窃思志也者，纪事之书也。其重在方舆，而沿革、形势、疆界尤不可忽，其他若政治、经济、教育、物产、食货、交通、社会、风俗亦均宜详考之。选举、人物、艺文，则其附丽者。惟是荣成僻在东陲，几经战事，甲午之役大遭蹂躏，人民远窜，外族占据，幸而敉平，仍为我有，此尤宜特笔记者。绍昂学无根底，本不胜任，前在任城修济宁州县两志，以潘洁泉①先生敦迫从事，又以前志系吾通乡先达徐清惠②公任直刺时手编，因循其请，历四载而告成。以通人继通人，至今传为佳话。然其中脱漏之处，在所不免，若文字更不足道也。今春，荣成设志局，要绍昂任分纂，本不敢肩此重任，继以儿子鲁久在是县，数年不见。又以成山风景可以畅吾胸襟，较之在舟中所见有别，乃橐③笔不远三千数百里而莅此。及翻阅前志，乃清道光朝所修，距今逾八十年，世变几经，政局递嬗④，欲问其事而遗老无存。及检查档案，则甲午以前者，久付一炬。甲午以后者，亦无可检寻。仅凭采访之所得者，粗为编次，往往有无可著笔之处。莅此六阅月，勉成舆地、建设、政治、教育、选举、人物、艺文九志及前志补遗、前志考证数则。其余则骏斋、潆生二君分任之。兹又经总纂择要删繁，汇集成册，继续前志，昭示来兹，俾邑之人于地方大概有可稽考云。

分纂江苏南通袁绍昂性之撰

---

① 潘洁泉：潘守廉，字洁泉，山东济宁人。清光绪十五年进士，曾任河南南阳知县、邓州知府。是北洋政府国务总理潘复的父亲。曾邀袁绍昂纂修《济宁直隶州续志》（民国十七年抄本）和《济宁县志》（民国十六年铅印本）。

② 徐清惠：徐宗干，字伯桢，“清惠”是谥号。江苏通州人。清嘉庆十五年进士，曾任兖州府知事兼济宁知州。道光二十年，纂修《济宁直隶州志》。

③ 橐（tuó）：一种口袋。

④ 递嬗（shàn）：更替、演变。

附一：

# 荣成县续志零星材料[1]

## 一、续修县志馆写给鞠思敏总纂的信[2]

总纂钧鉴：袁编纂临行交到志稿计七纲五本，又文录、诗录、大事记、续补遗、序文、凡例、目录、后续一本，统为六本，当以许、曲二公面嘱，补查各件即日可到，拟汇齐付邮。迄至今日，屡经函催，尚未送齐，兹先将袁编纂所交六件寄呈核阅。收到祈示知为盼。各区补查送齐，即为续寄不悞。顺颂文安。

续修县志馆谨上

十月十三日[3]

---

① 此《零星材料》是续修县志馆根据各分纂的要求补查的资料。原资料多以单张纸存在，其排序杂乱无章。今将资料重新排列，便于索检。序号为整理者所加。

② 题目为整理者所加。

③ 袁绍昂是民国二十五年(1936)十月离开荣成。据《信》的内容可知，此信应写于民国三十六年(1937)十月三日。

# 二、政治志[①]

## 政治志·职官人名

### **教谕** 接前志

初景韩,字揖柳,博兴人,道光甲辰举人。

孔继沆,字寅生,曲阜人,道光甲辰举人。咸丰九年在任。

蔡景濂,字仰周,历城人,同治壬戌补行辛酉举人[②],同治九、十年在任。

陈鸿飞,字逵南,潍县人,道光甲辰举人,光绪二年在任。

崔赞襄,字予思,寿光人,同治庚午举人,光绪八年在任。

岳旸,字旭堂,道光己酉举人,光绪十四年在任。

以上由硃卷查出,有无遗漏及到任年月均不详。

刘兆禄,登州府学教授,兼署。

陈卿云,冠县人。

刘兆禄,再署。

姜遇赓,历城人,拔贡。

刘兆禄,三署。

张甲升,字少海,潍县人,举人。光绪二十一年任,在任十数年。

郑圭

胡晋廙,海阳教谕。兼署。旋裁撤。

以上得之口述,挂漏错误恐均不免,惜无府志查对。

下接劝学所长。

---

① 题目为整理者所加。

② 同治壬戌补行辛酉举人:即同治壬戌科补行辛酉科举人。

## 城守千总

韩万清，寿光武举。以上不详，光绪二十年甲午失城去职。

应登元，蓬莱，光绪二十一年任。

张殿甲，东阿，光绪二十四年任。宣统三年改革旋裁。

## 警　察[1]

民元[2]，改巡警局为警察所，设所长一员，由县长兼任，设一等警佐一员，月薪卅元。历任警佐姓名列后：韩凤梧字晓楼、张春田、李质安字文彬、王荣安、吴龙耆字然曾、孔宪乔字东河。民〈国〉十六〈年〉，警察扩编，警佐裁撤，始由省府委所长一人，姓刘名仁锐，月薪六十元；分所长三人，每人月薪卅元；巡官五人，月薪十六元至廿元。内分总务、行政、司法、卫生四股，各设股长一名，月薪卅元。警兵一百五十人。北伐成功，改名公安局，局长初由分所长孔宪乔代理，后委张元达，分所改为分局，各股改科。因经费关系，归并为总务兼行政，司法兼卫生两科。其他官警，亦略裁减，警兵减至一百人。十七年，胶东政变，又改称警察所，所长闫麟书。未几，旋恢复公安局，局长仍为张元达。十八年改委王玉峰。后又因政变仍改为警察所，所长为曹紫阳。未几，因政变又恢复公安局，局长仍为王玉峰。十九年，李文琳，字仲瑜，组织又扩大，改总务等科为一、二两科，科长以下添设科员二名，官警薪饷皆增加。局长月薪一百十元，科长七十元，科员五十元，分局长五十元。廿年，改委张元生，旋奉令缩编，局长月薪改为九十元，两科归并，科长、科员各裁撤一名。廿年，局长改委国春海，科长、科员一律裁撤，改设主任一名，月薪五十元；事务员一名，月薪卅元；书记一名，月薪廿元；巡官、巡长各一人。廿一年，局长改为康

---

① 原底本此处仅列纲目，隔几页有其内容，今移此处。

② 民元：即民国元年。

万胜。廿二年,局长改委杨海云,主任裁撤,警兵减至五十名。后局长改委王敏玑。廿四年,改委孙积昌。现任局长高敏之。

## 民　团[1]

民国八年,成立警备队,队长张作新。民国十年,继任张国良。十三年三月,继任任信智;十一月,继任程振声。十五年,改为保卫团,团长于振邦。十六年,继任金潮海。十九年,改为民团,队部大队长由县长兼任,副队长程壁东。廿一年十月,继任副队长程国庭。廿二年八月,继任副队长李自修。廿五年,民团裁撤,改办联庄会训练班。

## 财政局[2]

民国八年十月,成立财政管理处,管理员李宝晋。民国十三年七月七日,继任曲廷桢。民国十八年改组。十九年一月,成立财政局,局长曲廷桢。民国廿二年一月改为第三科,科长曲廷桢。

## 劝业所[3]

民国九年,成立劝业所,所长陈焕�。十四年改为实业局,局长陈焕瑷。十八年一月改为建设局,局长孙元贞,继任郭恒年。廿二年一月改为第四科,科长郭恒年。廿三年,继任郭锡坤。

① 原底本此处仅列纲目,隔几页有其内容,今移此处。

② 原底本此处仅列纲目,隔几页有其内容,今移此处。

③ 原底本此处仅列纲目,隔几页有其内容,今移此处。

# 三、建设志[1]

## 建设志·学校

成山考院　清光绪四年，知县孙符乾倡修，至六年二月落成。初，每届考试于县署大堂前，架设席棚，不蔽风雨。至是，号舍宏敞，士林称快。款项由全县捐募。

法乾义学　初设城南祈雨顶。无论科岁考，以考列一等第三名者为主讲，修脯银[2]三十两，俚岛公会捐二十四两，学生纳费六两。光绪三十三年移设城内，常年经费增为银六十两。

效乾义学　设七区龙山。以考列一等第二名者主之。修脯银三十五两，由石岛公会捐银二十七两，学生纳费八两。

资乾义学　设六区青山。以考列一等第一名者主之。修脯银四十两，由宾兴[3]支付。

承乾义学　设青山下姑子屯。教师修脯为粮一百二十升，由屯内尼庵供给。后移至青山。

以上四学，均知县孙符乾创办。

柽水庵义学　光绪十六年，知县廉存创立。经费大钱四十千，外补助法乾义学钱二十千，均由庙产支付。至民国二年，西贞、大贞、洛西、管家、朱埠五村，分庙产为五村学田，并拨出一部四十亩，为县立一小学田。

---

① 题目为整理者所加。

② 修脯银：此处指付给教师的酬金。修脯，旧时送给老师的礼物或酬金。修：通“脩”，干肉。脯：肉干。

③ 宾兴：宾兴学款。见《教育志·教育经费》。

熏良义学　设成山,为光绪十八年知县郑炽昌捐基金银二百两创立。修脯钱三十六千,基金息不足,由龙须岛渔业摊捐。今改成山小学。

## 第六区立河南陈家小学①

民国二年,河南陈家村创办区立第六十八初级小学。至民国十九年,将初级小学改为完全小学。其经费由河南陈家村按地丁抽捐得洋四千余元,由河南陈家与小河于家两村出卖学田得洋三千余元,共计七千余元。后因原有校址为陈氏支祠,用办初级小学已极拥挤,改设完全小学,益不敷用。于是,众议建筑校舍十八间,砖瓦木石一无预备,屋高间大,用费浩繁,加以桌凳等物,莫不汲汲待制。及民国二十二年,校舍落成,桌凳粗具,结算账目已用去四千余元,所余基金尚不足三千元。现在每年之收入,除数百元之基金息及学生缴纳外,咸赖六百余元之区立小学津贴,始维持本校于不敝。每年收支尚云相抵。计校舍占地东西十六步半,南北三十五步面积二亩四分,操场占地东西二十一步,南北三十五步面积三亩零五厘,校园占地东西五步,南北二十四步面积五分,总面积五亩九分五厘。

## 建设志·仓库

常平仓　清雍正十三年,以明成山卫指挥署改建。原储谷一万四千石。嘉庆十七年岁荒,赈放若干石。道光十一年,奉文平粜②若干石。咸丰十年,兵饷不足,平粜若干石。同治十一年,平粜若干石。光绪三年荒,奉文平粜若干石。至二十年,除各官亏缺,实存在仓谷五千八百余石。经倭寇蹂躏,嗣奉文平粜实粜谷三千八百六十石,每石以钱七百文作价,实得谷价钱二千七百余千文,常平仓以废。

---

① 此目原散在《零星材料》别处,今移至此。

② 粜(tiào):卖粮食。平粜,官府在荒年缺粮时,将仓库所存粮食平价销售。

社仓　自清光绪五年置。以城内、崖头集、孟家庄、石岛为四社，每社公积谷二千石。至十九年，以每石大钱五百文变价出放生息。民国十九年，一律以四千文作洋生息。县境西偏，前因光绪二十六年，划归英租界今为威海区，其未经划入各村应摊得谷价洋二百六十元，并入崖头社出放。应除去孟家庄一社，今为三社。

### 建设志·善堂

红卍字会[①]　在城内，民国二十五年九月成立。

## 四、社会志·集会

联庄会，民国二十年成立，分隶各区公所。二十五年，民团裁撤，即以民团队部成立训练班，分期训练。附章则

进德分会[②]，在府西大街。民国二十四年三月成立，二十五年奉令合署办公。原购会址与县府毗连，因与第四科今为第三科掉换，移至四科住址之城隍庙故址办公。附简章

## 五、交通志·邮电

电话　民国二十年地方建设。初，各机关、各区公所，石、里、龙

① 红卍字会：世界红卍字会，又称道院。1916年山东滨州人吴福永创道院。提倡佛、道、儒、伊斯兰和基督五教合一。1921年钱能训等人在北京组织红卍字会筹备会，后由内政部批准成立，以“促进世界和平，救济灾患”为宗旨。解放后作为会道门组织被取缔。

② 进德分会：进德会是国民政府时期山东省主席韩复榘于1932年主持成立的道德团体。进德会以“四维八德”为纲，力倡戒除恶习，健全人格。分会遍布全省各县，在全省享有很高的声誉。1937年，日军入侵济南，进德会被毁，其组织亦无形解散。

须三岛,崖头集、埠柳村、荫子镇,各大镇集架设。二十五年,乡镇合并,第七区道路窎[①]远,由乡公所集资,各安设电话一架,计六架,用费洋三千余元,全境消息灵通。

长途电话　自民国二十三年,省府派员架设,局设城内,全省消息于焉以通。

## 六、成山角历次失事轮船略记

〔保大〕[②]　清光绪十三年六月初五日下午三时,在成山角黑石触礁,三日后全船沉没。当时知县李文炳处理失当,几酿变乱,复张皇出禀。烟台道盛宣怀派兵往,岛民苦矣。互控三年案始结。卒之,知县革职,乡董周仁风毙于狱,海保禁锢数年。

〔新升〕　光绪十六年六月十八〈日〉夜,误触成山东北海驴岛石礁上,当即沉没。

〔富有〕　光绪十九年六月二十日,在成山南汪流口东岸触礁沉没。

〔苏州〕　光绪二十二年七月初三日下午二时,因大雾迷濛,触于海驴岛迤东之礁石沉没。

〔苍龙〕　民国五年五月初十日,触海驴岛迤东礁上沉没。

〔宁波〕太古洋行　民国十年二月初四日,在成山后河口村海岸触礁,旋将货物起卸,船身轻浮,用船拖回上海。

〔福升〕怡和洋行　民国十五年七月初二日,在龙须岛南嘴东黑石触礁沉没。

〔新康〕招商局　民国十七年六月,在成山北被日本轮船"龙野

---

① 窎(diào):深远。

② 〔保大〕:轮船名。下文方括号内均为轮船名称。

丸”撞沉。船员乘客溺毙五十余人。

〔同安〕牛庄商轮　民国十九年六月二十四日，在成山下被“华兴”轮船撞沉，死船员乘客百余人。

〔大新〕福建商轮　民国二十一年三月初一日，在成山骆驼圈触礁，所有乘客救护出险。

## 七、灯塔、响汽房[①]

成山灯墖[②]，在成山角上，清光绪元年置。当时，烟台东海关派洋人履勘购地，居民相戒，不售地与外人，几成僵局。卧龙村李日京素孚乡望，询知为国家建设，乃将已有之地六亩六分捐赠，始兴筑焉。墖高五丈五尺，灯为机轮旋转，一分钟转四周，闪光八次，光射五十海里。

响汽房，在成山灯墖之东。光绪十七年，上海江海关建。汽机三盘，每分钟二百二十转，一分半钟连鸣汽笛三响，声闻五十海里。

前志载：道光年间，道人徐复昌募建灯楼一座，夜燃灯，雾击钟，以戒航行。自灯墖之设，光以及远，阴晦则鸣炮，灯楼以废。今楼址尚完好无恙。及响汽房设，声亦远闻，可谓大备，盖犹沿古法而扩充之耳。

镆铘岛灯塔，在该岛南端。清光绪五年，烟台东海关建。塔高八丈一尺，内有盘道七十二级。灯四分钟闪光八次，光射百余里。

响汽房，在灯塔西南与灯塔同时建，置汽机三盘，每分钟四百五十转，连鸣二响。

---

① 此标题为整理者所加。

② 墖：古同“塔”，下同。

附二：

# 民团沿革[①]

县境民团自开始成立之初，迄至今日，改编数次，分别述之。

一、民国元年，县置。原设县队八名，别有保卫团四十名。八年[②]，叠奉严令催促申斥始行改组。将团队保卫团取消，招募警备队六十名，队部驻城里，队兵分驻崖头等处，每月两次集合操练。枪械有县署旧毛瑟枪十支，借用镇守使署新式马枪二十支，其有不敷由民间借用，经费由仓谷生息内开支。服装黑色。九年一月，仍以枪支短绌[③]，呈请裁减三十名。十一年四月，奉令将所余三十名改为警察队。十二年一月，因经费不足，又减十名，只余二十名。十七年二月，奉令归并警察局。

二、民国元年，地方不靖，奉省令组织民团以保治安。三年五月，大总统颁布各省组织民团保卫地方条例后，经严令催办，至九年一月

---

① 该资料源于荣成市史志办公室存档的《军事志》资料，标明来自《民国志卷二》。查现存两份民国《荣成县续志》目录，卷二是《建设志》。后来笼统称作“卷二”（传说《建设志》和《政治志》合订在一起）中的《政治志》有子目“团防”，疑源于此处。考虑到《政治志》丢失的较多缘故，作为附加内容，列入书末。

② 原文此处是“八名”。据正文的意思，“八名”就是“八年”，改之。

③ 短绌（chù）：短缺。绌：不足，不够。

始将保卫团组织成立，计三百四十名，枪械有快枪一百三十四支，火枪二十五支，抬枪四支。服装深蓝色，领章色黄，红字书明某县某团，系用肩章，以示区别。经费各区就地筹发。组织法系以全县划分六区和城里，共七区，其一、四两区因款绌未办。县知事为民团监督，全县设总团长一、副团长二，区设区团长一，区又分为段，设段长。十年八月，奉令服装夏季改土黄色，冬季黑色，肩章白色，蓝边黑字，袖章蓝色带道，分阶级符号，用浅蓝色。十七年一月，因邻县匪气不靖，深恐延及，即以保卫团散驻各村。日久废弛，又复改组，仍名为保卫团。每区招募团丁二十名，全县分六区，共一百二十名，又马兵二名，实行集合训练，以保地方。

三、民国十六年四月，石岛商会因地方不靖，军队他移，石岛为繁盛之区，为防患未然计，组织临时保卫团三十名，枪械经费均归石岛商会负担。十月，因经费支绌，缩为十五名。另由商户出强壮三十人为商团。是年十二月，奉驻防胶东国民革命军暂编第一军刘珍年军长委军部参议崔之燮为荣成、文登民团区团长，县长苏济瀛为监督，从事改编民团。前归并公安局之保卫团二十名及旧警局之旧民团二十名，均由公安局拨出，又石岛商团由四十五名改组为五十四名，加保卫团一百二十二名，三项共二百一十六名，编作民团二个中队。大队部驻城里，并驻有半个中队，石岛驻半个中队，崖头集驻一个中队，枪械有杂式枪一百五十六支。服装与军队经费：石岛商会担负五十四名，其余由县筹发。十八年三月，陆续增加至官兵二百七十五名，改组为四个中队。六月，区团长奉令取消。九月，官兵增至三百一十七名，仍为四个中队。十月，奉省令将二、四中队改编为九十五名，后又增二十名。十九年三月，石岛商会因地方不靖，改立临时警察第二分队,编四十名保卫石岛。是年九月,韩主席[①]到鲁,来令调查,报告警察总队及第一分队官警一百一十五名,枪一百八支,石岛为第〈二〉分队,官警由四十名增至六十六名,枪五十五支。十一月,奉令改编为民团,一等县三百名,二等县二百名,三等县一百名。县请以三等县按二等县编制,原有警察队第一分队一百一十五名,第二分队六十六名,改为两个中队。二十年四月,奉令缩编,遵照将石岛六十六名取消,城里一百一十五名按三等县编制缩为六十名。八月,石岛添编五十七名,共一百一十七员,仍为一个中队。二十一年七月,奉令改编,编为二中队,计大队部及第一中队共一百二十九名,石岛编为第二中队,额定官兵一百一十六名,实仍为五十七名,编成四班,旋由第一中队调出士兵三十名,第二中队调排长一名,赴第五路指挥部编入混成团训练。二十二年十一月,第一中队取消排长一员,第二中队亦取消排长一名。二十三年一月,俚岛商团十名,改编为第二中队第五班。二月,第五路指挥部调第一中队伙夫二名。八月,第一中队二长出缺,奉令停补。二十四年三月,第二中队奉令裁减官兵十四名,计县境民团除改编调出外,实有官兵计大队部十三名,枪八支,子弹三千二百三十发;第一中队八十二名,枪五十八支,子弹四千六十一粒;第二中队五十一名,枪六十一支,子弹二千二百二十发;共官兵一百四十六名,枪一百二十四支,子弹九千五百一十一粒。

① 韩主席:韩复榘(jǔ),字向方,河北霸县人,民国军事将领。原为冯玉祥部下,后投靠蒋介石。1930 年至 1937 年任山东省政府主席。1938 年 1 月,被蒋介石以“违抗命令,擅自撤退”罪名枪毙于武昌。

附三：

# 《荣成县续志》拟例 附纲目

## 《荣成县续志》拟例

（一）荣成县志初为知县李瀚创修于清乾隆十五年庚午。后，知县李天骘重修于清道光二十年庚子通称前志。本编直接前志，起自道光二十一年，讫于民国二十三年，定名为《荣成县续志》。

（一）县志之作在表著地方文物嬗变之迹，藉见一县民生、社会今昔之状况。考古固要，通今尤亟。本编遵部定通志事例①，参以中外应有之常识，随时地以为增删损益，求合于科学，不背时代为主旨。

（一）前志总分十纲，列要目七十。本编总纲增为十六，要目增为一百二十二，各纲目、标题、名词亦多所变易。非故踵事增华，领异标新，因事实或昔无今有，趋势宜变昔从今，以适应一般需要，企图质实有用，不得不变因袭而为创造。

---

① 部定通志事例：应是指1934年国民政府内政部颁发的《地方志书纂修办法》。

(一)吴恭亨撰《慈利县志》云:详地略天,详今略古,盖撰一县之志须有注重之中心。本编体要关于地之物产、食货、经济、交通,今之政治、教育、社会、建设特从详。关于天之星野、古之怪异均从略。

(一)鱼盐为荣成特产,县民生活所资。前志于食货中记载盐法而未及渔业。本编特列一纲专纪渔捞、制造各种方法,渔区、盐场各项状况,以备将来征信与研究。

(一)张恺《续常州府志》无沿革、山川;王训《续安邱县志》无地理、封建,已成续志惯例。意地舆、山川为文物声明所自出,又为人民社会所依凭,倘不详载,一切失其根据。本编变更张、王志例,如舆地、山川等纲目,均据前志一一列入,俾其脉络系统详尽无遗。

(一)起自道光二十一年,讫于民国二十三年为本编之限断,而人事、物质其或因源竞委会通尽变,即破断代体例以完成地方史之职责。

(一)会稽章学诚氏撰《和州志》序例有言:文献无征,如其过而废也,毋宁过而存之。临川李联琇氏序光绪《崇明县志》谓:志例宜宽于史,志文宜详于史。本编内容原本斯旨制成长编,以见存而不废之意,裁择简练以俟后贤。

(一)近今《齐河县志》有大事记,《嘉定县志》列改革纪略,均为志书紧要之记载。本编仿其意列通纪一纲,析成二目,一记地方之大事,一记政体之变迁。

(一)清光绪间《松江府续志》于旧有阙漏别为补遗,于旧有疏舛[1]别为考证,系仿范成大、张淏作志前例。本编亦循此例作附志,以求全编之完成。

(一)清光绪间缪荃孙主编《顺天府志》,以坊巷属之朱一新,故事

① 舛(chuǎn):彼此相违背,错乱谬误。疏舛:疏漏和错误。

属之洪亮品，自兼金石、艺文二志。近今张仲仁等主编《吴县志》，分门别类，任分纂李根源、顾建勋等十数人，一人鉴裁，众手成书，撰集较迅，易而允当、精确。本编沿用此例，就各纲目酌配分担，以期早日蒇事①而收良好效果。

右列各条，系援引各志前例与个人意见提出，以备讨论商榷，即祈各抒伟见，多予指示，以便编订例言，是为至幸。所拟志目附后，并祈修正。

## 《荣成县续志》目录

(一)舆地志

(1)沿革　古今疆域分合　名称更易　按代绘图最宜

(2)山川　山脉　水系

(3)形势　凡高下通阻　前代用兵陈迹　现时防地险要

(4)疆界　面积附　界线　四至及距离里数

(5)岛屿　名称　方位　所占面积　有无居民　形势如何

(6)洋港及潮流　即前志海道　海口　潮信　洋面港湾　潮汛时刻　大小潮涨退时刻

(7)水利　灌溉之利　运输之利

(8)土质　土质成分　地层深浅

(9)气候　气温　雨量　风向　分年表纪

(10)乡区　固有区域　自治区域　教育区域

(11)村落　名称　面积　居民　姓氏　户口多寡　有无客民

① 蒇(chǎn)：完成、解决。蒇事：把事情处理完。

邻村县治各里距

(12)里程　分水陆两程。陆程自县城起,至某村若干里;水程自荣成湾之龙须岛起,至某岛某口岸若干里

(13)名胜及古迹

(二)建设志

(1)城垣　建筑年代　大小形势　垣之高厚　池之深浅

(2)府署　监狱附　建筑年代　修葺何年何人　平面图

(3)局所　仝前　府署

(4)学校　学宫　书院　义学　校舍

(5)军事建筑　烟墩　炮台　营房等

(6)街衢　绘城市平面图　各大镇市平面图

(7)道路　全县干路若干　支路若干　何时开辟　何时培修

(8)沟渠　沟渠几道　何年何人浚治　利赖如何

(9)桥梁　名称　建修时间与人

(10)坊表　建置年代　位置　形状

(11)第宅　名宅巨第　应备照片

(12)仓库　仓库建置年代　有无变迁　义仓　社仓附

(13)会场　集会之建筑　如农工商学会　校场　体育场等

(14)善堂　慈善机关之建置

(15)祠庙　人民要约期会之所　建修年月　兴废实况

(16)园林　公园　森林

(17)港湾　指港口之有工程建筑者

(18)冢墓　某名人冢墓　建立年代

(三)政治志

(1)制度　制度沿革

(2)设官　职官沿革　职官人名　治绩述略

(3)司法　制度沿革　狱讼概况

(4)自治　区域　事业　人员　经费　分年纪入

(5)议会　民初县议会制

(6)军警　营汛　团防　警察　历年军事变迁

(7)卫生　卫生机关　组织　设备　事务

(8)党治　党部组织　活动状况　党员人数　负责人更替

(四)经济志

(1)田赋　赋法　田亩　额征

(2)役法　役法概要　役法变迁

(3)杂税　田房　契税　牙税　典税　印花税等

(4)地方税及杂捐

(5)公款及公产

(6)蠲赈

(7)农业　农田　水利　种植　产量　丰歉　水旱等

(8)商业　集会　当店　银号　负贩　转运等

(9)工业　木瓦金砖埴[①]等工　普通工厂　家庭工艺

(10)合作事业　生产　信用　消费等

(11)货币　种类　年代　流通状况

(五)教育志

(1)教育制度　科举教育　学校教育

(2)教育机关　行政研究

(3)教育经费　来源　支配　保管　稽核　历年比较

(4)小学教育

(5)中学教育

---

① 埴(zhí):黏土。此处应指陶器烧制。

(6)师资教育

(7)义务教育

(8)女子教育

(9)职业教育

(10)民众教育　民众学校　图书　体育　卫生等

(11)私办教育　创办者　学校数　经费数　学生数

(六)选举志

(1)科贡　文武　历来科贡人名

(2)学位　大学专门以上毕业生附

(3)仕进　文　武

(4)公职　文　武

(5)议员　选举区议员　额　众议员　省议员　县议员　参事员

(6)褒奖　封赠荫袭附

(七)人物志

(1)乡贤　有功德于乡者

(2)宦迹　有治绩者

(3)行谊　孝友道义至性独行者

(4)文学　有学术文章者

(5)艺术　艺术技能作品之有价值者

(6)侨寓　侨寓之伟人、志士可景仰者

(7)列女　节孝贞烈等

(八)物产志

(1)植物　草木花果谷蔬等

(2)动物　家畜　野兽　飞鸟　昆虫　水族等

(3)矿物　五金　珠玉　水晶　煤炭等

(4)杂产　不属上列之天然、人造各产物之可志者

(5)产品　分品质　种类　效用　制造者产地　转贩销售等项

(九)食货志

(1)县民生活　生活概况

(2)县民职业　农工商学军渔医等

(3)食粮　食粮统计　历年粮价升降

(4)食用品　食用品岁输入输出额　主要品价格比较

(5)服用品　服用品岁输入额,主用品价格比较

(6)燃料　燃料种类　价格比较

(7)奢侈品　奢侈品岁额统计　产地及销路

(8)工资　各项工资比较　历年比较

(9)物价　各项物品价格统计比较

(10)正辅币折兑

(十)鱼盐志

(1)渔业　渔业沿革　渔汛纪略　鱼之种类　渔船号数　渔船驻泊地　产额　销地　渔具　捕法　渔区图说

(2)盐产　鹾[①]政　产盐处所　各地产额　各场价格　历年价格比较　各场销路　产盐程序及方法

(十一)交通志

(1)道路　分水陆两路　纪其干路支路　撮要用图说明

(2)邮电　邮政　电报　电话

(3)汽车路　主办机关　行驶次数　车路培修沿革

(4)航运路　航船种类　航船顿[②]数　运往处所

① 鹾(cuó):盐。鹾政即盐政。

② 顿:应为"吨"。

（十二）社会志

（1）户口　户口调查　户数　口数　历年比较　各乡区比较

（2）氏族　谱牒叙述　氏族居住、迁徙地址年代、兴衰繁微，一一列入

（3）宗教　佛、道、回、耶等教　组织　活动　教徒多寡

（4）市集　名称　地段　市集日期

（5）集会　农　工　商　教育　以及联庄　进德等会

（6）慈善团体　救济、筹赈　各种组织

（7）迷信结社　如八卦、九宫、红枪、黄旗等会

（8）游历　考察团　旅行　游览　各种组织

（9）移殖　垦殖组合　自由移徙

（十三）风俗志

（1）民性　县民性质（如质文、雄武、勤俭、朴厚等）

（2）家庭　组织　经济　好尚　同居　析产等

（3）业务　业务种类　业务选择　业务兴趣

（4）礼俗　婚丧祭各制度　风尚　元旦　元宵　端午　仲秋　各岁时庆祝　交际

（5）习惯　如嗜好　勤俭　游惰

（6）方言　歌谣、谚语附　实词　虚词　转韵　变音　俗字

（7）娱乐　佳节　庆祝　秧歌　戏剧　赛会　竞技亦属之

（8）信仰　神祇　命运　主义各信仰

（9）饮食起居服饰　饮食甘菲　居室华陋　服饰美恶

（十四）艺文志

（1）经部　关于经部之著作

（2）史部　关于史部之著作

（3）子部　关于子部之著作

(4)集部　关于集部之著作

(5)金石　钟鼎　碑碣

(十五)通纪

(1)纪事本末　甲午之役　改革纪略

(2)大事记　如国家要政　地方要政　灾异　兵事　分年按月记载

(十六)附志

(1)前志补遗

(2)前志考证

附四：

# 职员姓名住址清册

| 职任 | 姓名 | 通信处 |
| --- | --- | --- |
| 总纂 | 鞠思敏 | 济南教育图书社转英武街二号 |
| 分纂 | 许骏斋 | 北平清华学校 |
| 分纂 | 姜叔明 | 青岛青岛大学 |

| | 职任 | 姓名 | 通信处 |
| --- | --- | --- | --- |
| 一区 | 采访员 | 曹香谷 | 城内朝阳镇公所 |
| | 采访员 | 蔡子和致处 | 黄埠乡公所 |
| 二区 | 采访员 | 李荫农 | 成山乡东墕 |
| | 采访员 | 李兰山 | 马山乡刘家庄 |
| 三区 | 采访员 | 刘宗山 | 车古村 |
| | 采访员 | 孙廷佐 | 不夜村 |
| 四区 | 采访员 | 鞠世增华圃 | 大贞庄头村 |
| | 采访员 | 丛华滋棣棠 | 马台丛家村 |
| 五区 | 采访员 | 于星纬 | 道北于家村 |
| | 采访员 | 林元葶 | 小疃 |

| | | | |
|---|---|---|---|
| 六区 | 采访员 | 于宝泉 | 海崖村 |
| | 采访员 | 陈朗如 | 河南陈家 |
| | 采访员 | △于家楣[①] | 北埠 |
| 七区 | 采访员 | 姜钟秀 | 双榜泊 |
| | 采访员 | 王筱竹 | 所后王家村 |
| 威海 | 采访员 | 张洛书 | 本馆 |

| | 职　任 | 姓　名 | 通信处 |
|---|---|---|---|
| 第一区 | 名誉采访员 | 李少初 | 城内 |
| | | 胡栋宇 | 城后 |
| | | 刘若梁 | 城内 |
| | | 曹元骥 | 仝[②] |
| | | 孙荣之 | 仝 |
| | | 孙钟岳 | 仝 |
| | | 李兆瀛 | 仝 |
| | | △阎方增 | 仝 |
| | | 袁鸿仁 | 仝 |
| | | 袁鸿文 | 仝 |
| | | 周松三 | 仝 |
| | | 唐石麟 | 城内 |
| | | 唐祖格 | 仝 |
| | | 胡葆云 | 仝 |
| | | 于本炎 | 康村 |
| | | 鞠敬之 | 青岛四方铁路小学 |
| | | 胡佩华 | 青岛市政府 |

---

① 底本在姓名前加△为删除，其他的删除直接划线。此处原为北埠村“于家楣”，后来更换为河南陈家陈朗如。

② 仝，“同”字的异体字，下同。

周孟祥　阳谷县第五科
袁鹤泉　掖县省立中学
李云千　青岛海军学校
曹兰亭　青岛无棣一路九号二楼　永翔军舰
第二区　名誉采访员　李慕南　泊南崖
蔡志明　河口
刘咸斋　蒲家泊
刘子衡　马山寨
李锡亭　马山蔡家庄
李砥菴　马山唐家庄
刘玉堂　马山下疃
李云亭　马山大疃　威海庆和栈转
李锦章　仝　青岛水族馆
李汉屏　仝　济南图书社转
李通甫　仝　济南教育图书社
王子岩　石水河西
胡瑞麟　泊子
王泽春　林村
刘国文　东崮　威海管理公署庆和栈转
王畹香　蛃蝽埠东疃　济南东方书社
孙玉瑶　杏林小泊
王继植　上埠头
王继朴　仝
王继荣　仝
王缵三　仝
移三区[①]　王可举　旭口

① 王可举、曲滢生、孙石珏三人移到三区。此处保留“底本”原样。

| | | | |
|---|---|---|---|
| | 移三区 | 曲滢生 | 营洛　天津南开学校 |
| | | 王者兰 | 白云东 |
| | | 刘颐堂 | 县立第七小学　林村 |
| | | 王连溥 | 成山小学 |
| | | 王程九 | 南京坊口街市民银行转 |
| | | 王瑞轩 | 沙沟 |
| | | 袁汝南 | 青岛港务局 |
| | | 姚学海 | 西姚家山 |
| | 移三区 | 孙石珏 | 埠柳村万兴仁转筛子汤初小 |
| | | 唐开宝 | 松埠嘴 |
| 第三区 | 名誉采访员 | 鞠振海 | 凤头村 |
| | | 曲允广 | 营洛村 |
| | | 龙振仑 | 龙家 |
| | | 孔广轮 | 孔家 |
| | | 王从政 | 埠柳村 |
| | | 孙毓荣 | 虎台 |
| | | 孙学珠 | 邹家 |
| | | 孙简斋 | 黄沟 |
| | | 孙廷本 | 仝 |
| | | 王镜海 | 梁南庄 |
| | | 周庆麟 | 泊子周家 |
| | | 孙玉臣 | 北岛大西庄 |
| | | 李云官 | 北岛李家庄 |
| | | 孙念东 | 济南教育图书社转 |
| | | 孙育民 | 不夜学校转北平国立商学院 |
| | | 王可举 | 天津市法院 |
| | | 曲滢生 | 天津南开学校 |
| | | 孙石珏 | 埠柳村万兴仁转筛子汤初小 |

| | | | |
|---|---|---|---|
| | | 董瑞臣 | 莘县县政府 |
| 第四区 | 名誉采访员 | 梁维翰 | 南台 |
| | | 梁德周 | 仝 |
| | | 吕雨亭 | 洛西头 |
| | | 梁象山 | 留驾厂 |
| | | 姚来章 | 荫子疥 |
| | | 姚仲辉 | 仝 |
| | | 王家钧 | 岔河崖 |
| | | 王锦章 | 东板石 |
| | | 鞠华年 | 朱埠 |
| | | 车敷霆 | 崖西头 |
| | | 车登瀛 | 陈家埠 |
| | | 车吉宪 | 崖西头 |
| | | 孙宝三 | 上庄 |
| | | 李丹臣 | 福禄山 |
| | | 李翰之 | 无地址 |
| | | 鞠锡从 | 县立五小 |
| | | 车吉德 | 崖西头小学 |
| 第五区 | 名誉采访员 | 杨席臣 | 峨石山 |
| | | 杨鸾声 | 俚岛后疃 |
| | | 沈耀庭 | 沈家屯 |
| | | 王玉春 | 倭岛 |
| | | 王春藻 | 仝 |
| | | 李际炳 | 泊西崖 |
| | | 楚玉臣 | 罗山寨 |
| | | 卢荣峰 | 卢家 |
| | | 李南渊 | 竹村 |
| | | 袁丹福 | 马家庄 |

| | | | |
|---|---|---|---|
| | | 高祚堂 | 河北 |
| | | 刘大苏 | 三卢 |
| | | 杨兆祥 | 凉水泉 |
| | | 袁星五 | 青安屯 |
| | | 孙瑞堂 | 牛口石 |
| | | 王镇堂 | 石桥子 |
| | | 姜万昌 | 道南姜家 |
| | | 宋俊卿 | 亮甲沟 |
| | | 郭荩臣 | 上郭家 |
| | | 卢岳东 | 所东卢家 |
| 第六区 | 名誉采访员 | 李懋堂 | 龙峰村 |
| | | 阎奎之 | 下庄 |
| | | 丁绍南 | 石硼丁家 |
| | | 李忠棠 | 龙峰村 |
| | | 李易炜 | 仝 |
| | | 孙逢礼 | 甲介孙家 |
| | | 岳寿山 | 甲介曲家 |
| | | 张逊之 | 崖头 |
| | | 张树纬 | 仝 |
| | | 张兰圃 | 仝 |
| | | 张永颐 | 仝 |
| | | 阎星楼 | 沽泊阎家 |
| | | 岳逢咸 | 回里 |
| | | 岳祝三 | 仝 |
| | | 岳恩海 | 岳家 |
| | | 岳霖汉 | 仝 |
| | | 陈大田 | 河南陈家 |
| | | 于瑞泉 | 海崖 |

| | | | |
|---|---|---|---|
| | | 彭鼎臣 | 楼底下 |
| | | 张树范 | 刁家沟 |
| | | 张佩瑜 | 仝 |
| | | 阎丰之 | 林后 |
| | | 张绍南 | 下回头 |
| | | 周� | 垛山 |
| | | 阎伯元 | 茂柞圈 |
| | | 陈培芝 | 河南陈家 |
| | | 陈树屏 | 仝 |
| | | 郭文藻 | 西滩郭家 |
| | | 滕文鸿 | 滕家 |
| | | 张鸿诰 | 牢山 |
| | | 王槐三 | 浦头 |
| | | 刘瑞卿 | 大泥沟 |
| | | 王文华 | 河崖 |
| | | 高福卿 | 神道 |
| | | 姜万盛 | 县立青山小学 |
| | | 夏元璟 | 河南陈家小学 |
| | | 阎栾亭 | 沽泊阎家 临沂省立临沂中学 |
| | | 陈叔畹 | 威海第一中学 |
| | | 陈朗如 | 河南陈家 |
| | | 滕友三 | 滕家 |
| | | 岳海生 | 小岳家 |
| | | 陈子达 | 南埠 |
| | | 于家楣 | |
| | | 阎珠三 | 沽泊阎家 |
| | | 张松山 | 崖头 |
| 第七区 | 名誉采访员 | 姜海峰 | 峨石山 |

| | |
|---|---|
| 张永海 | 大泊子 |
| 王淼先 | 斥山 |
| 张西园 | 楼上 |
| 周福桢 | 桃园 |
| 周福同 | 仝 |
| 慕炳文 | 东慕家 |
| 毕朴斋 | 龙山后 |
| 王贞林 | 干占 |
| 王文耆 | 西火塘寨 |
| 姜云藩 | 姜家疃 |
| 姜伯艺 | 姜家疃 |
| 汤业卿 | 张家疃 |
| 宋云鹏 | 牧云庵 |
| 王秉翰 | 吉屯子 |
| 王瀚清 | 仝 |
| 王云珊 | 所后王家 |
| 毕敬塘 | 石头河 |
| 于维扬 | 小店 |
| 毕星若 | 河北 |
| 毕庶显 | 南庄 |
| 王赓西 | 东楮岛 |
| 解棣棠 | 崮山前 |
| 解秉彝 | 仝 |
| 卢伯卿 | 所后卢家 |
| 张协坤 | 桥上 |
| 程忠彬 | 留村 |
| 周御街 | 镆铘岛吕家 |
| 李秀卿 | 朋上 |

| | | | |
|---|---|---|---|
| | | 林子九 | 潭村林家 |
| | | 王秉义 | 县立寨前于家小学 |
| | | 汤棣正 | 石岛明德小学 |
| 威海区 | 名誉采访员 | 刘德新 | 辞蒲湾 |
| | | 张仁堂 | 北港西 |
| | | 梁允之 | 温泉寨　威海管理公署 |
| | | 梁敬珊 | 东豆山　济南东方书社转 |
| | | 刘桂森 | 岭西 |
| | | 于梦霄 | 于家庄 |
| | | 于锡勇 | 双寺夼 |
| | | 梁荣兰 | 东豆山 |
| | | 戚书藻 | 野鸡山后 |
| | | 许德朴 | 仝 |
| | | 梁宗翰 | 柴里 |
| | | 梁仁洲 | 孟家庄 |
| | | 张其志 | 西夏庄 |
| | | 夏从之 | 官夏家 |
| | | 夏书斋 | 仝 |
| | | 于瑞亭 | 于家庄 |
| | | 张书斌 | 皂埠村 |
| | | 邹禄英 | 仝 |
| | | 邹金亭 | 崮山后 |
| | | 谢孔之 | 谢家所 |
| | | 唐在泮 | 大邓格村 |
| | | 刘玉璞 | 刘家屯 |
| | | 梁德让 | 孟家庄 |
| | | 夏升之 | 江家口 |
| | | 夏宅之 | 北港西初小 |

附五：

# 荣成县续修县志第七区采访委员名单[①]

王肖竹　姜钟秀　范芸琴　李仁堂　于维扬　王宜庭
马尚玉　王玉山　毕震卿　邢希光　张永海　张西园
慕炳文　王贞林　王文耆　汤业卿　宋云鹏　王秉瀚
王云珊　毕敬堂　毕星若　毕庶显　王庚西　解棣棠
解永彝　卢伯卿　张协坤　周御街　李秀卿　汤棣正
程忠彬　三十五乡镇公所

以上诸访员皆于整理之稿件有责任者，其不负采访责者，总被委空名，不列。

---

① 此页在《荣成县续志》档案盒内，与图等散放。作为资料，录入此。

附六：

# 伟德山名称由来考

荣成市地方史志研究中心

伟德山是荣成最大的山脉。横亘于市境北部，东西走向，西起环翠区桥头镇福禄山，蜿蜒东下，跨港西、埠柳、荫子、崖西、夏庄、城西、崖头、寻山、俚岛、成山 10 个镇(街道)，东西长 39 公里，南北宽 19 公里，总面积 241 平方公里。

伟德山海拔 200 米以上的山峰有 30 余座。主峰老阎坟，海拔 553.5 米，是境内最高的山峰，其他有名的山峰有古迹顶、琉璃瓮等。1938 年 2 月 11 日，刘国柱、龙飞等在古迹顶举行抗日起义。琉璃瓮，山顶有巨石，中间凹成锅状，有水，冬夏不涸，当地人称之为“天池”，这就是被列为荣成“八景”之一的琉璃宝瓮。在崖西镇朱埠村有一座山，古代叫浔山，即今天的圣水观所在地。

伟德山被看作为荣成的象征，但一直以来，关于伟德山名称的来历众说纷纭，总结起来，最主要说法有两种。

一是西洋人起名说。现在能见到的最早记载有关伟德山名称的文章，是 1902 年威海卫学校教员布鲁斯一米特福德撰写的《威海卫写意》(马向红译，收录在威海市档案馆编写的《威海足迹》2015 年第 2

期)。其中记载的段落是:“……东面山很美,是伟德山(海拔约548米),紧接着是锥山和海岬。反方向则是雄伟的昆嵛山(海拔约923米)。”民国《荣成县续志》稿在卷一“舆地志·山川”条目下记载:“县境以古迹顶为泰山东行之脉,荣成诸山之祖……后西人游历,见其伟大,呼为伟德山。”其是否源自《威海卫写意》不得而知。

二是李苊忱起名说。根据原荣成市市长林乐信讲述:1977年他在夏庄镇工作时,曾偶遇隆峰村前清秀才李苊忱(建国后曾任山东省文史馆馆员)。李谈到民国时期孙德耕编著《荣成乡土地理教本》,曾为此山正式名称一事来与之相商。李说:此山像伟大的母亲一样,具有高尚的品德,孕育了众多的优秀儿女,就叫它伟德山吧。民国十七年(1928)孙德耕编印的《荣成乡土地理教本》采用了伟德山这个名称。

哪一种说法更符合历史真实呢?是西方人起的名字?还是本来当地就有这个名字?如今已不可考,只能进行合理的推测。

布鲁斯一米特福德原文记述伟德山是Mt. Wade,该单词在英文中作为名词,保有跋涉的意思,并没有伟大、高大等含义。也就是说作为专有名词这是一个音译的单词。他本人起名字的可能性很小,因为伟德山之名并没有洋文的语言特征,而更多具有中国文化的意蕴。因此只能是根据当地人的叫法而音译而来。或许是根据当地个别人称之“雾的山”,谐音命名“伟德山”而来。

至20世纪20年代,或许是巧合,亦或许李苊忱将当地民间小范围流传的“伟德山”称呼,赋予了更深层次的内涵。孙德耕通过文字形式将之记入《荣成乡土地理教本》中,通过学校向荣成小学生普及,由此在社会广泛传播开来。

附七：

# 《荣成县续志》图

图 1　荣成县详图

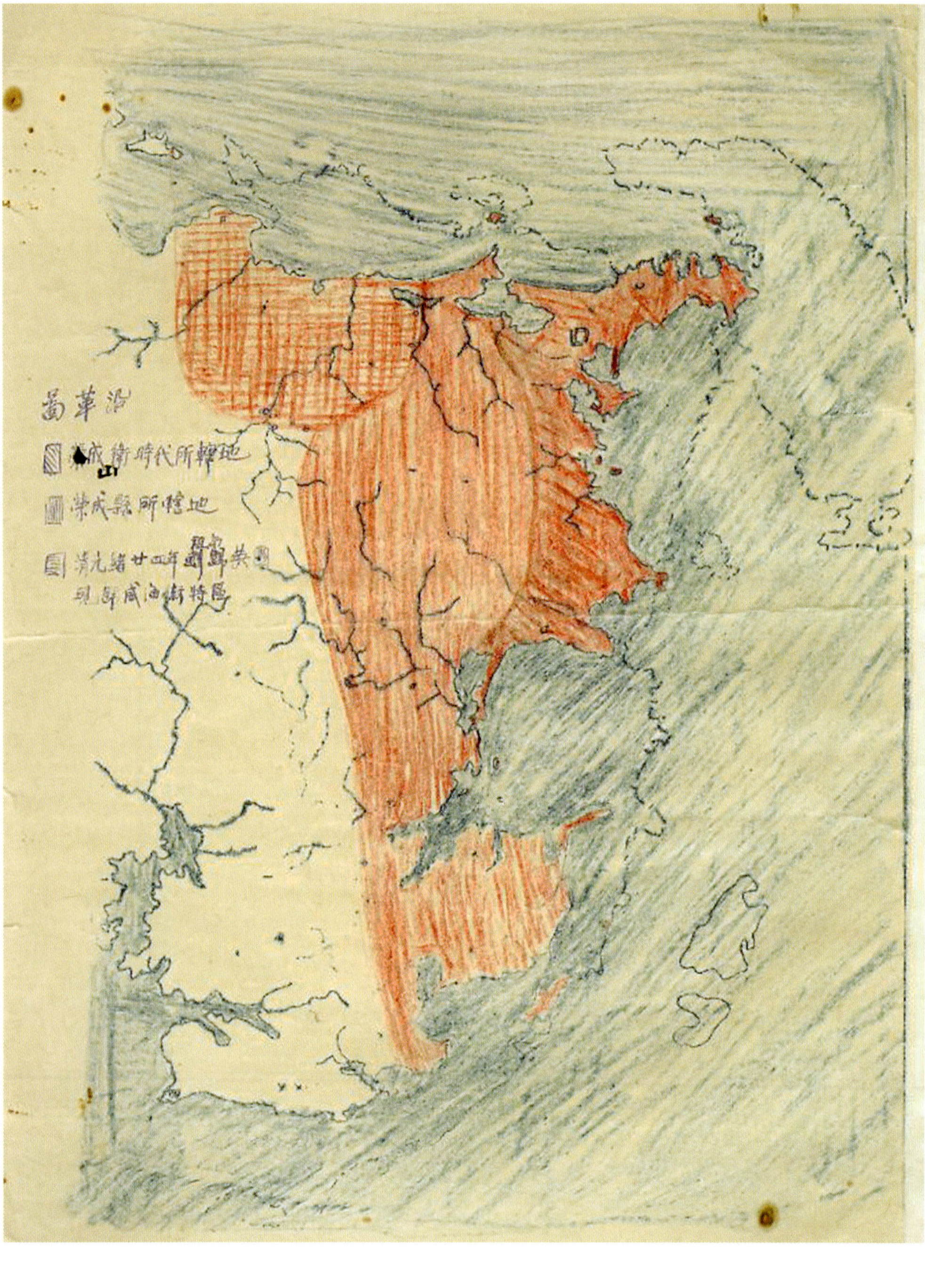


图 2 荣成沿革图

图 3　荣成地势图

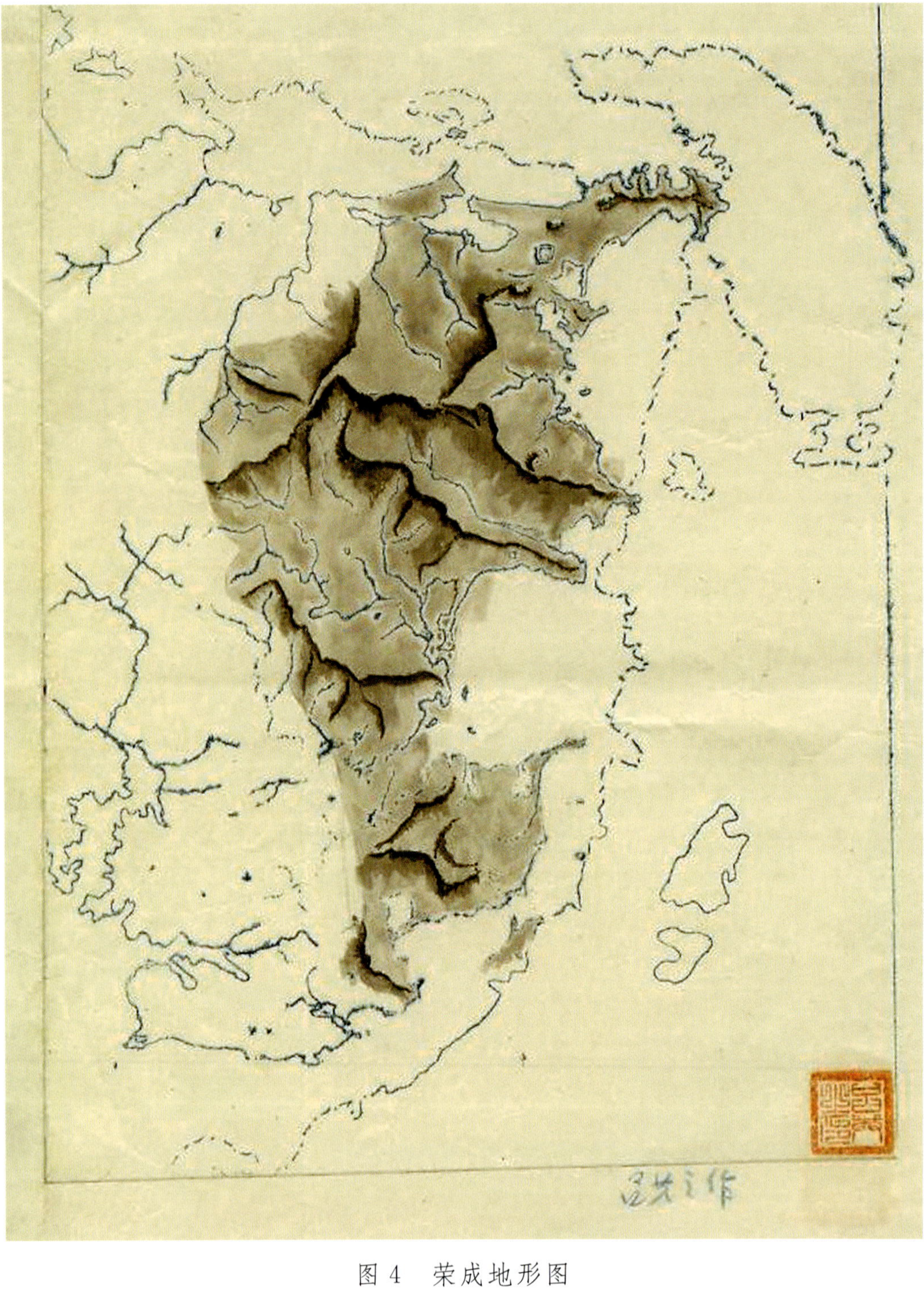

图 4　荣成地形图

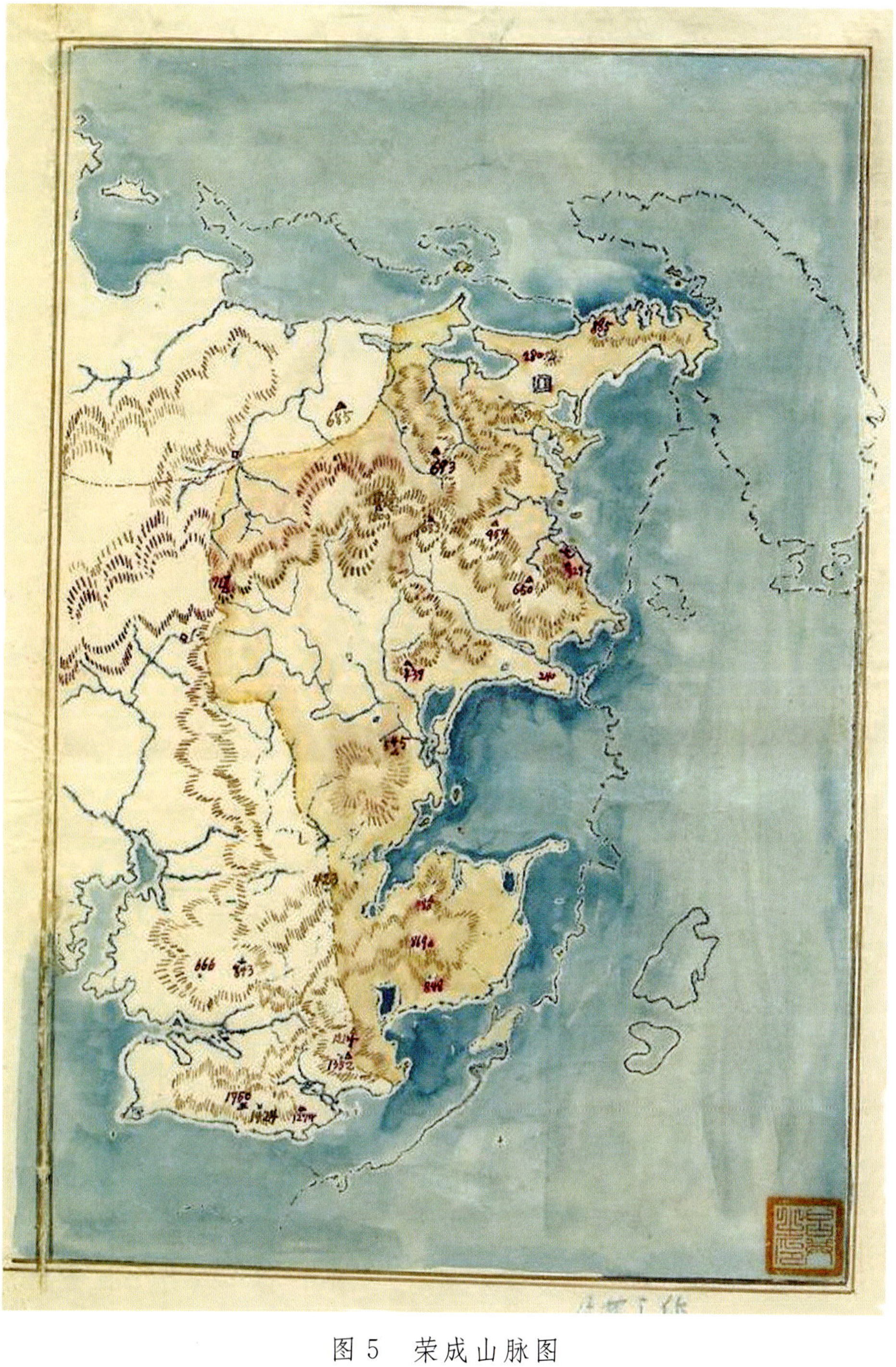

图 5　荣成山脉图

图 6 荣成附近海流图

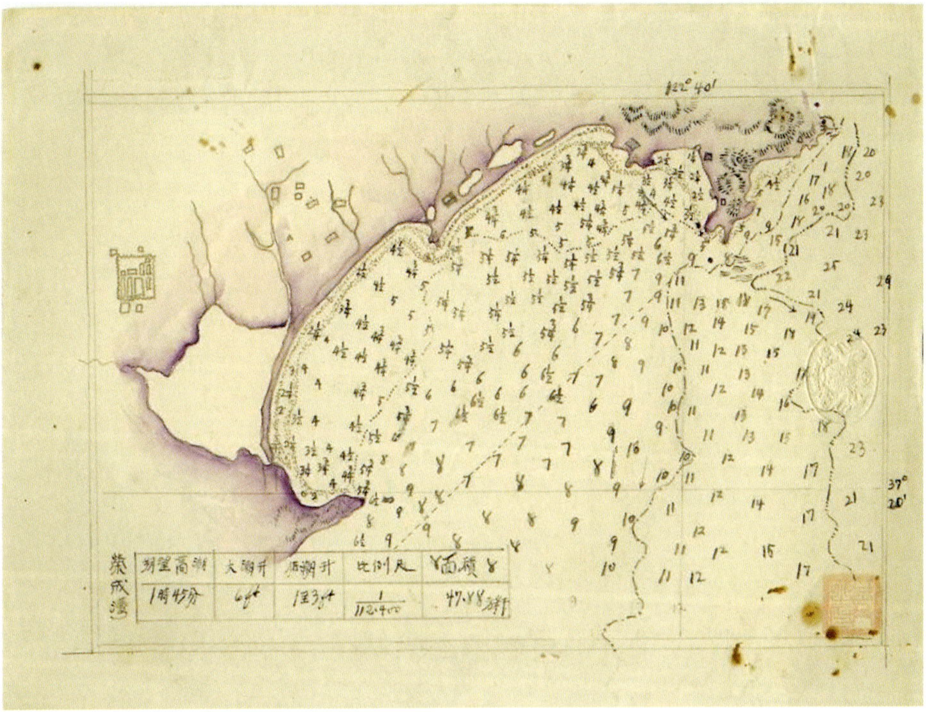
122°40'
荣成湾
37°
20'

图 7　荣成湾

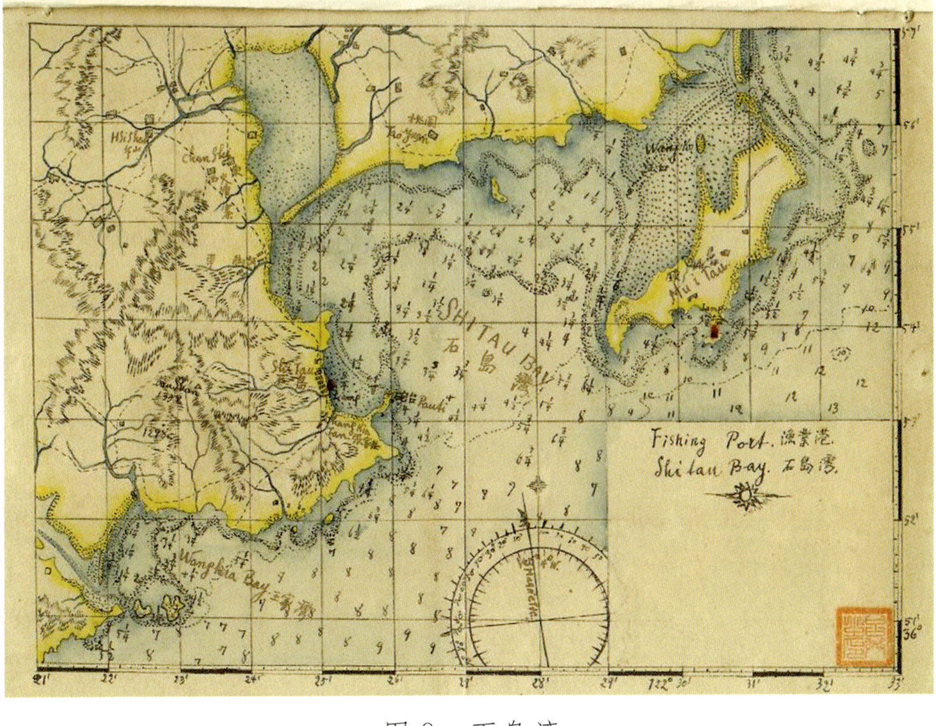
SHITAU BAY
Wangkia Bay
Fishing Port. 渔业港.
Shitau Bay. 石岛湾.

图 8　石岛湾

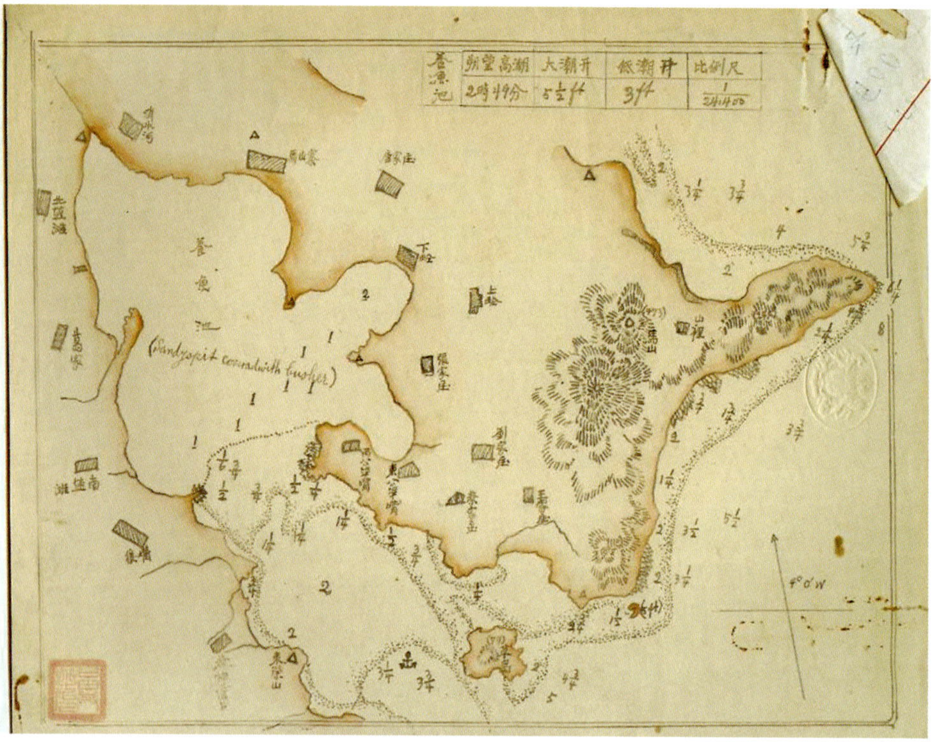


图 9　养鱼池

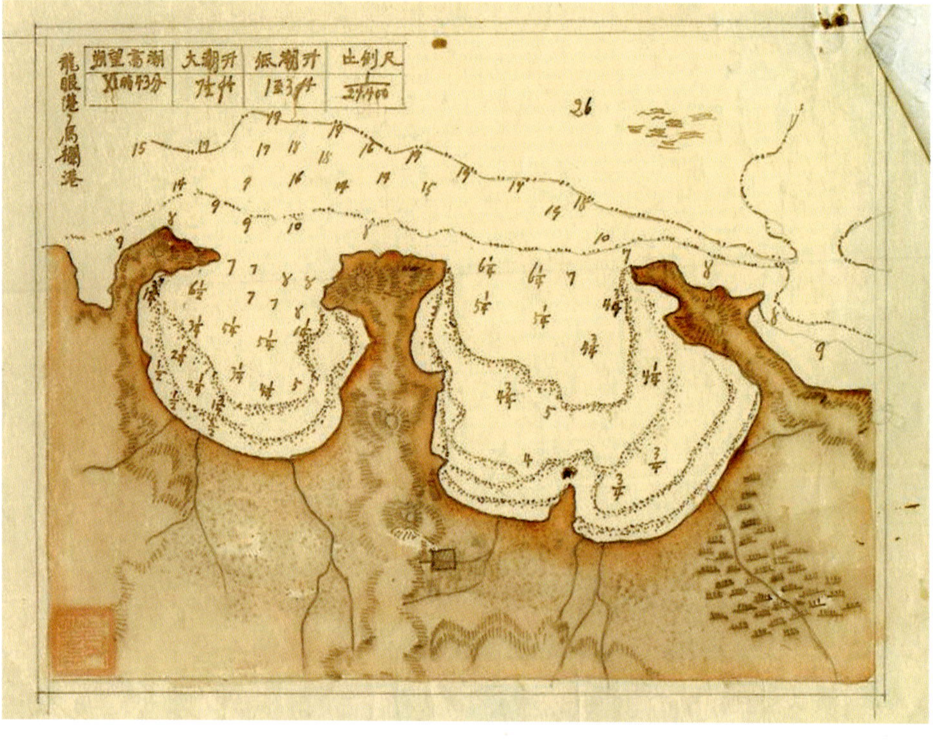


图 10　龙眼港 · 马栏港

图 11　俚岛港

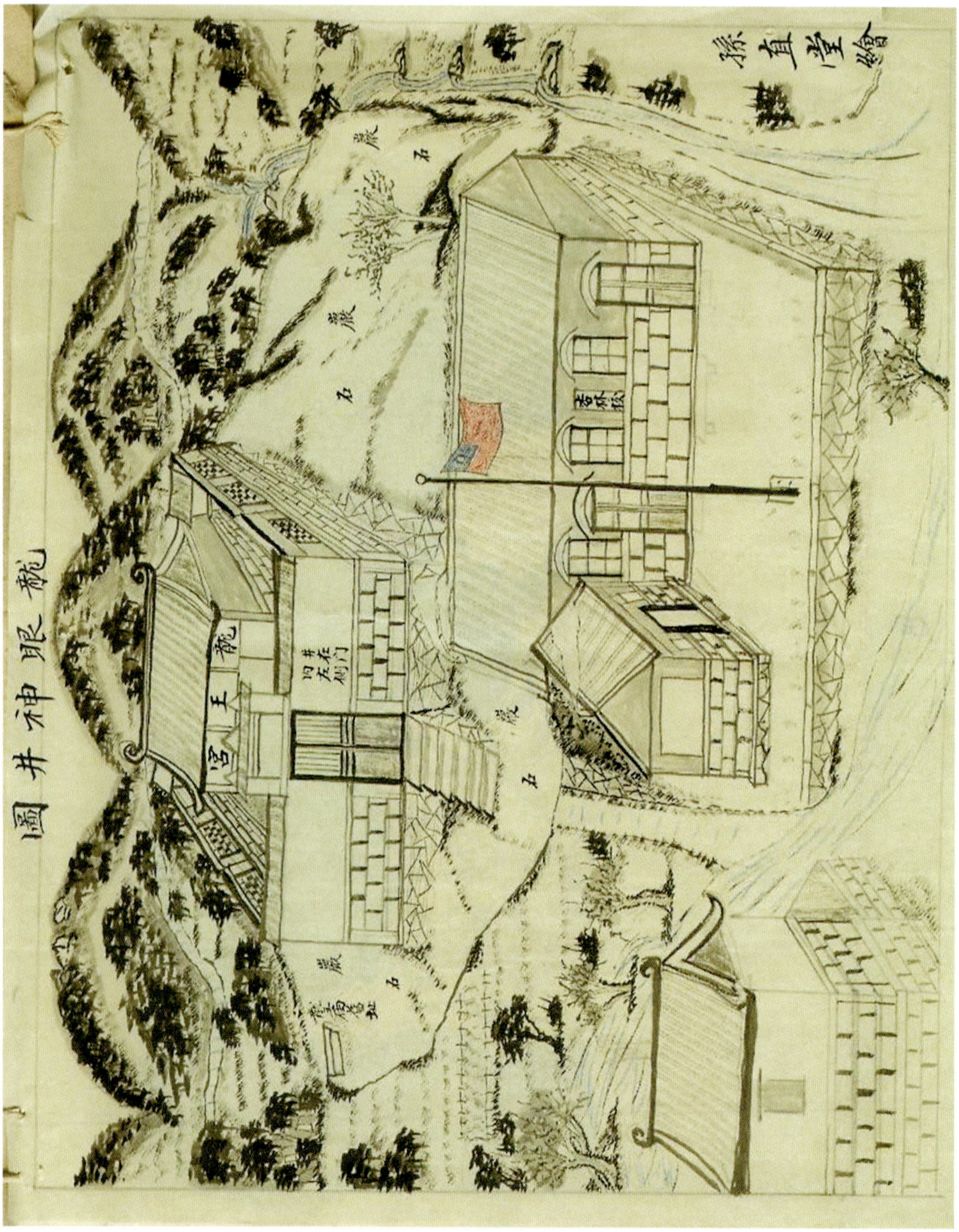

图12 光眼神井图

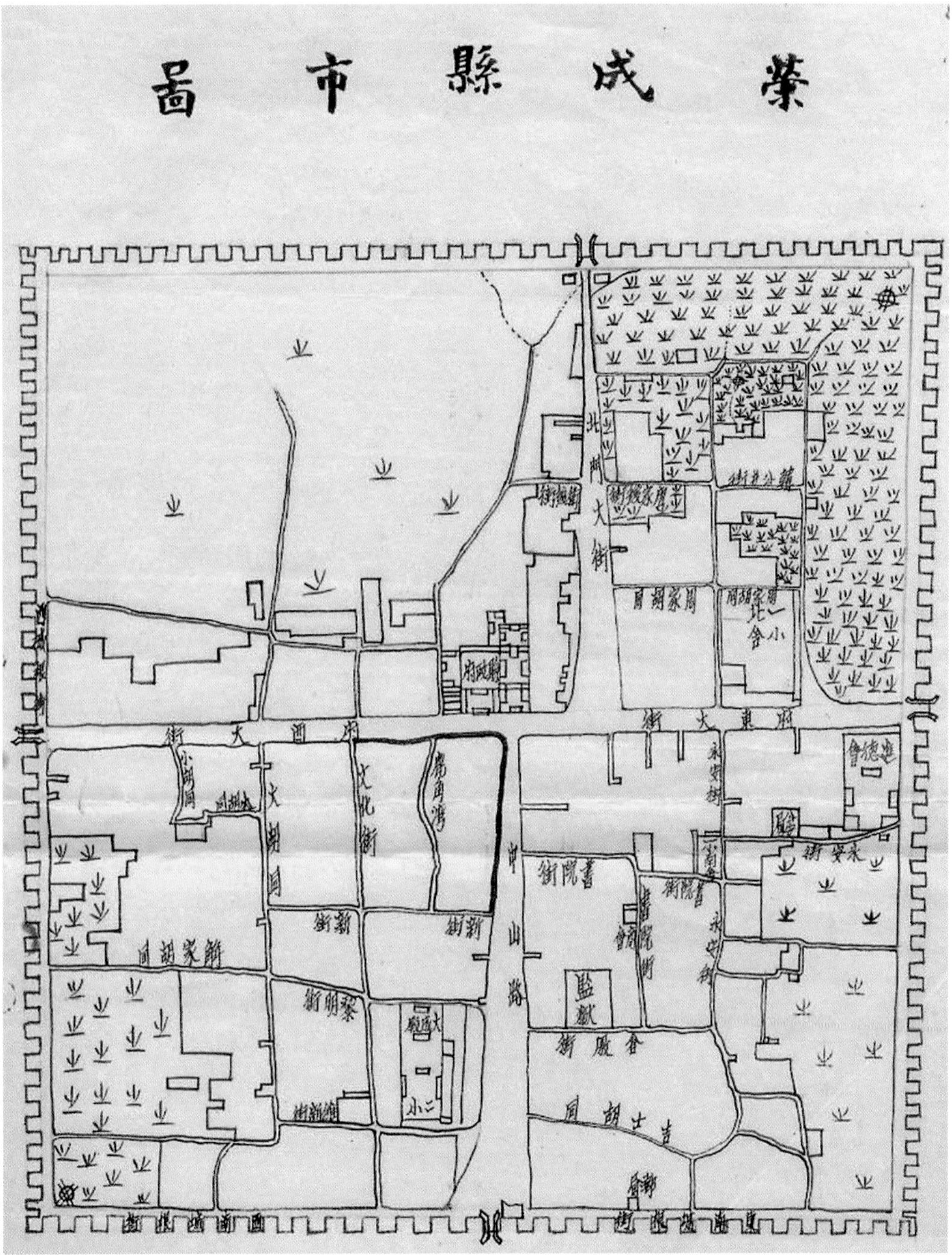


图 13 荣成县市图

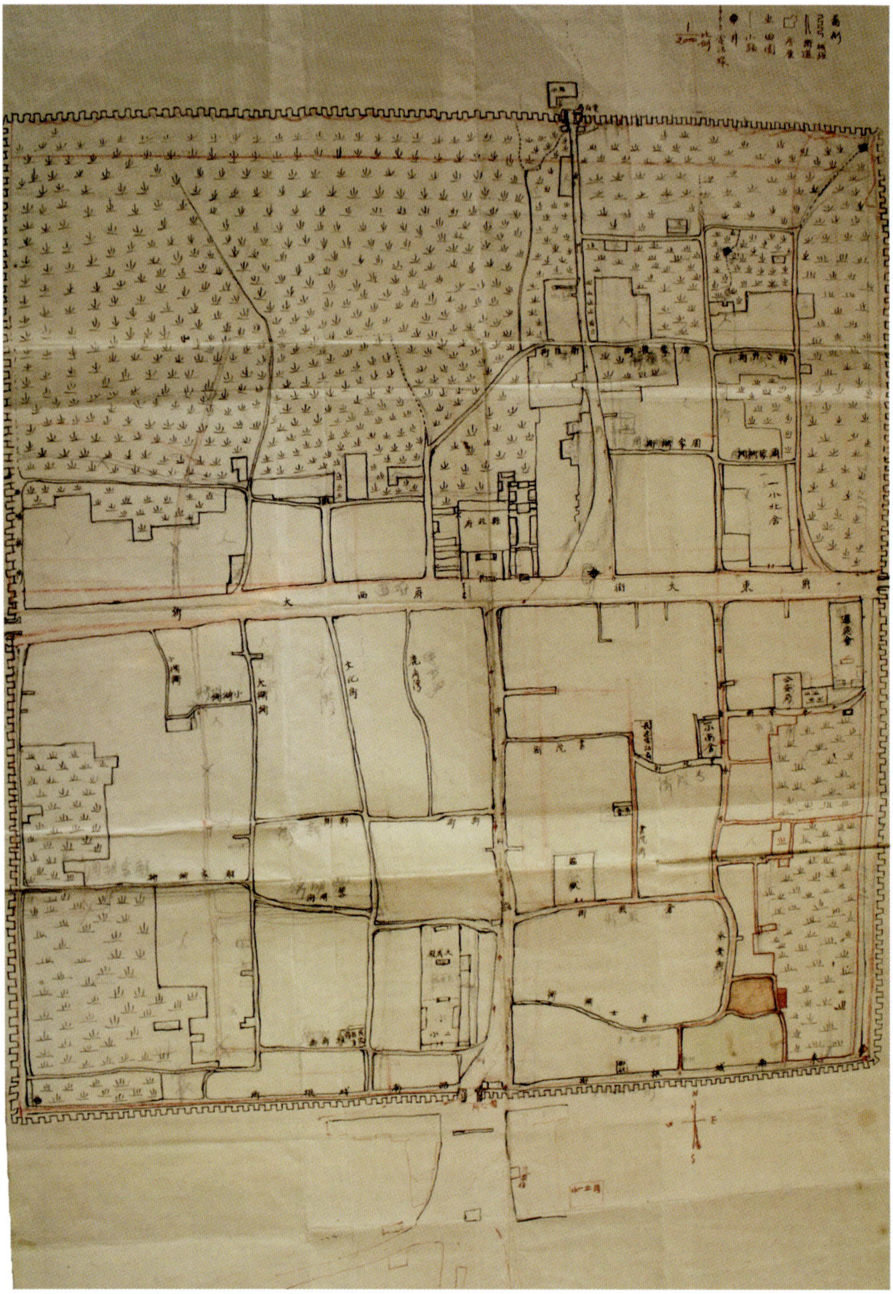

图 14　荣成县城图

图 15　石岛市街形势图

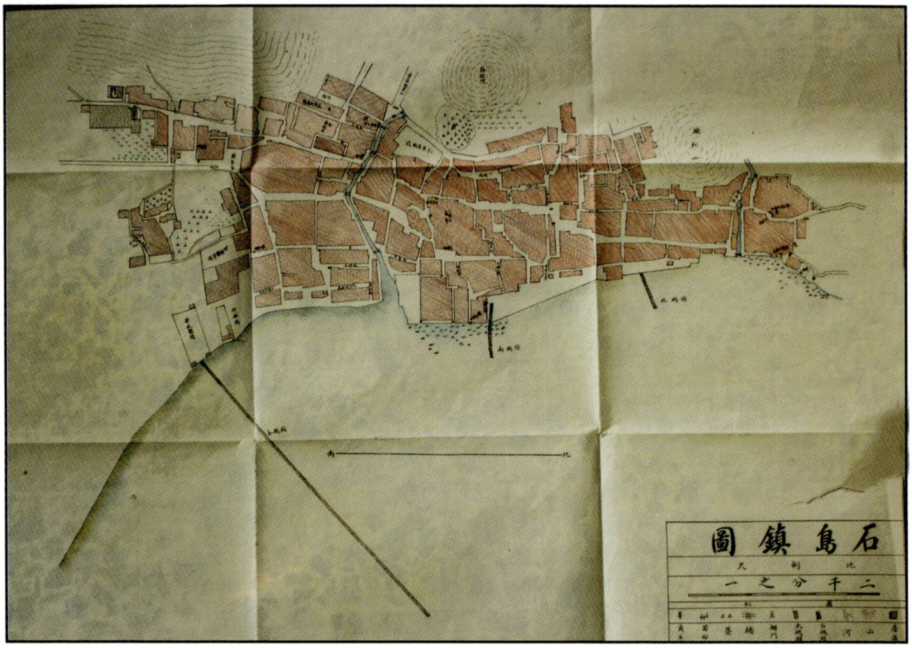


图 16　石岛镇图

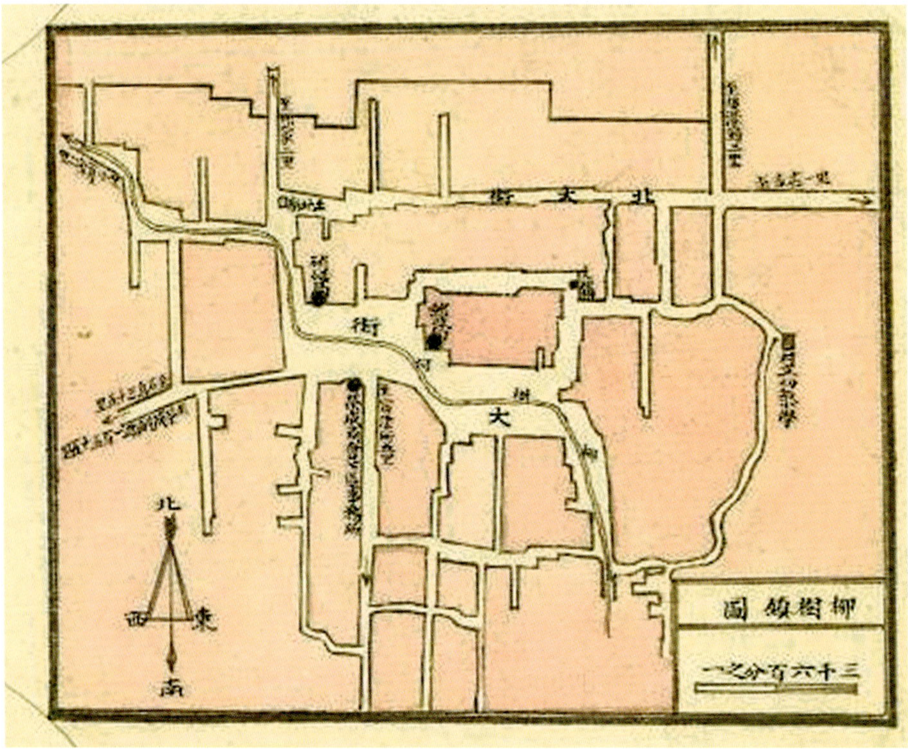


图 17　柳树镇图

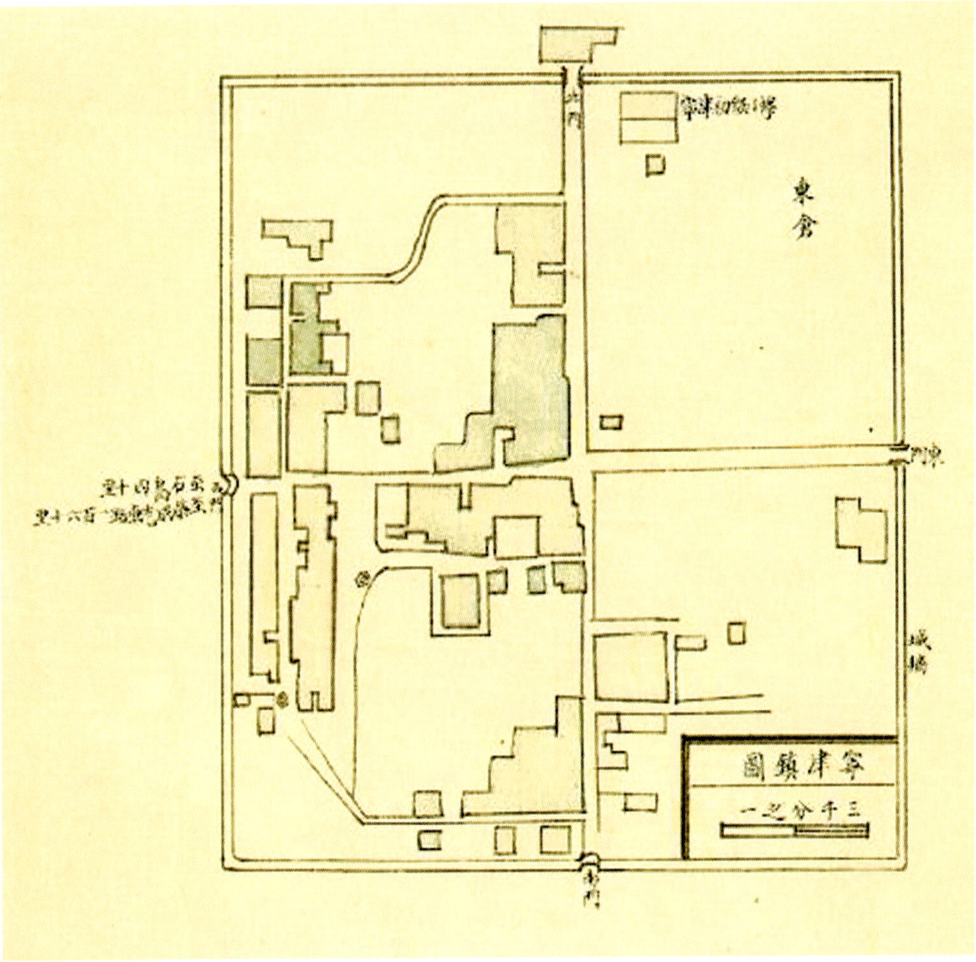


图 18　宁津镇图

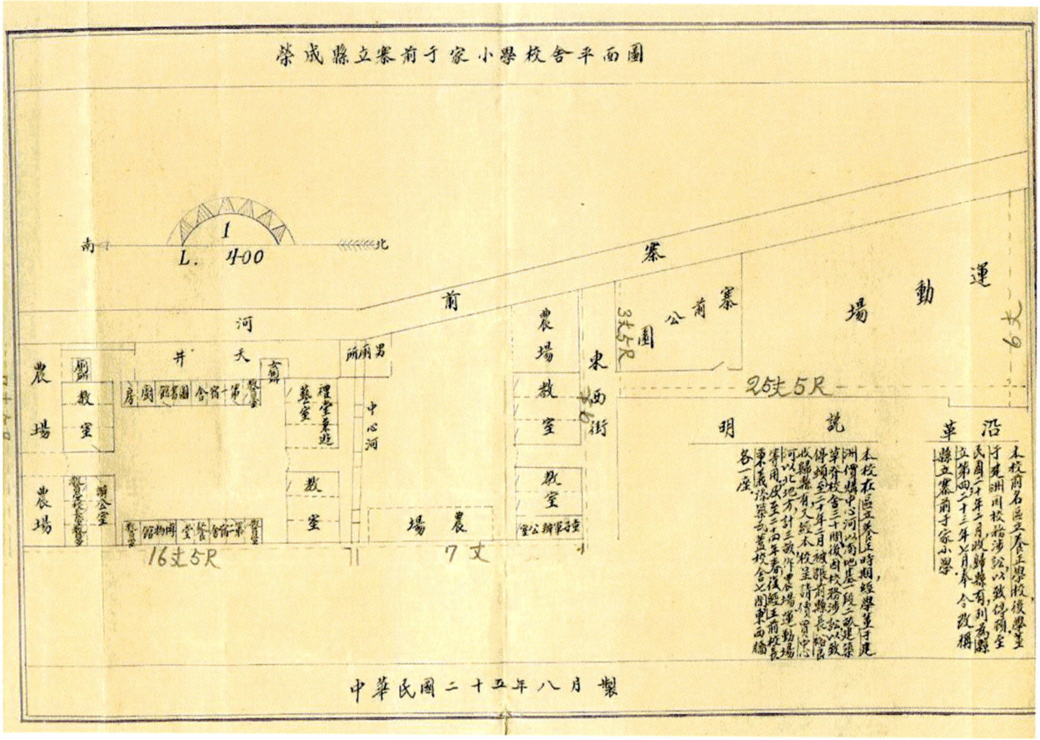


图 19　荣成县立寨前于家小学校校舍平面图

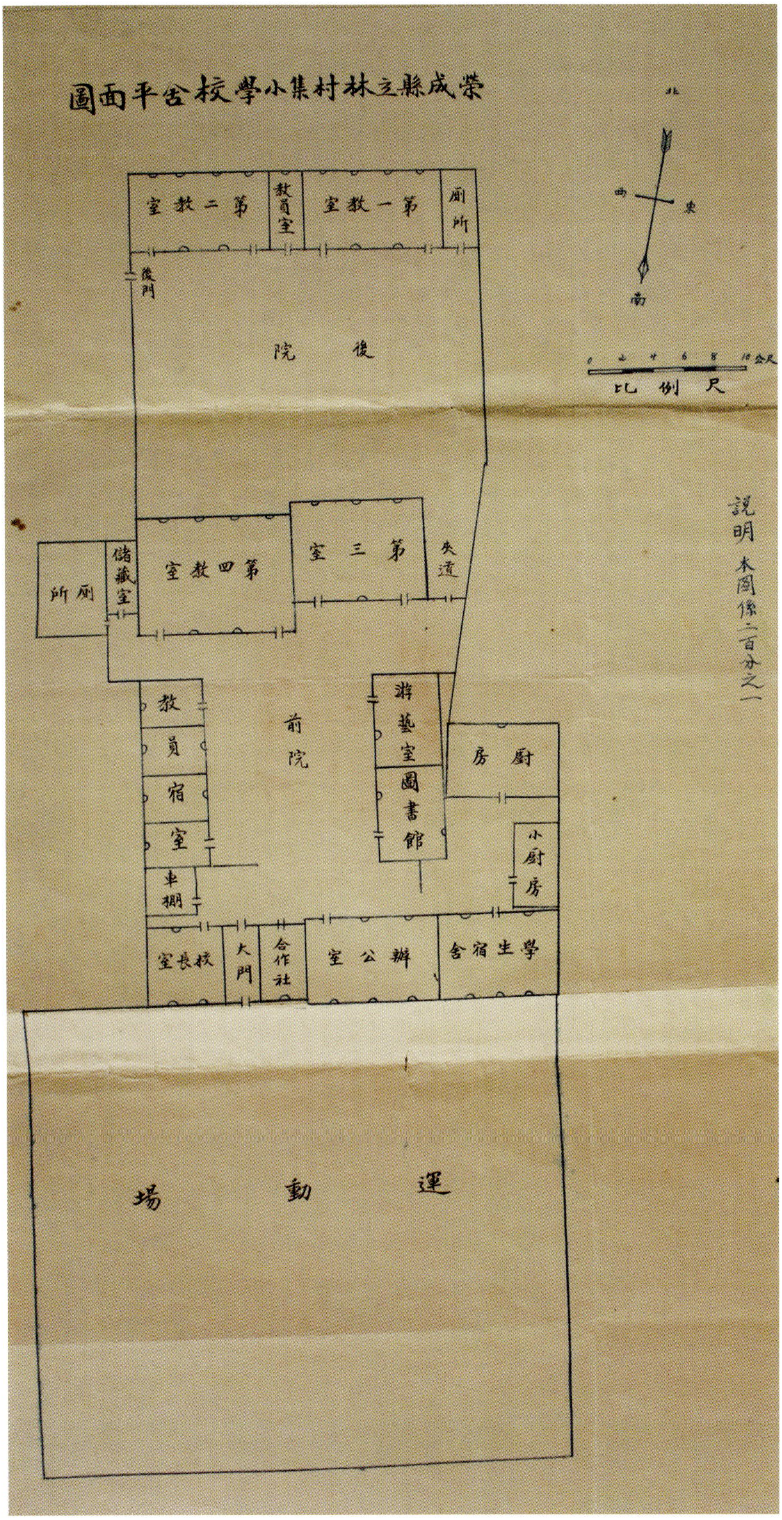


图 20　荣成县立林村集小学校舍平面图

附八：

# 手抄本影印图片

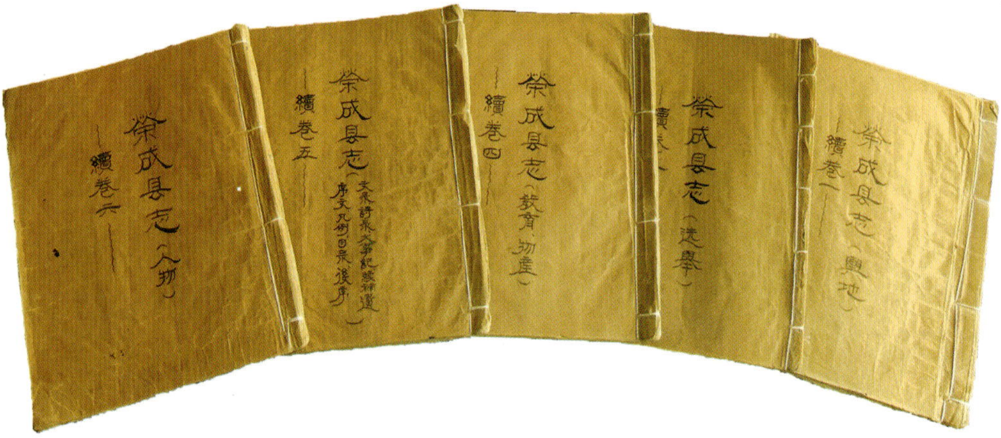


图 1　现存的五本民国《荣成县续志》手抄本影印图片

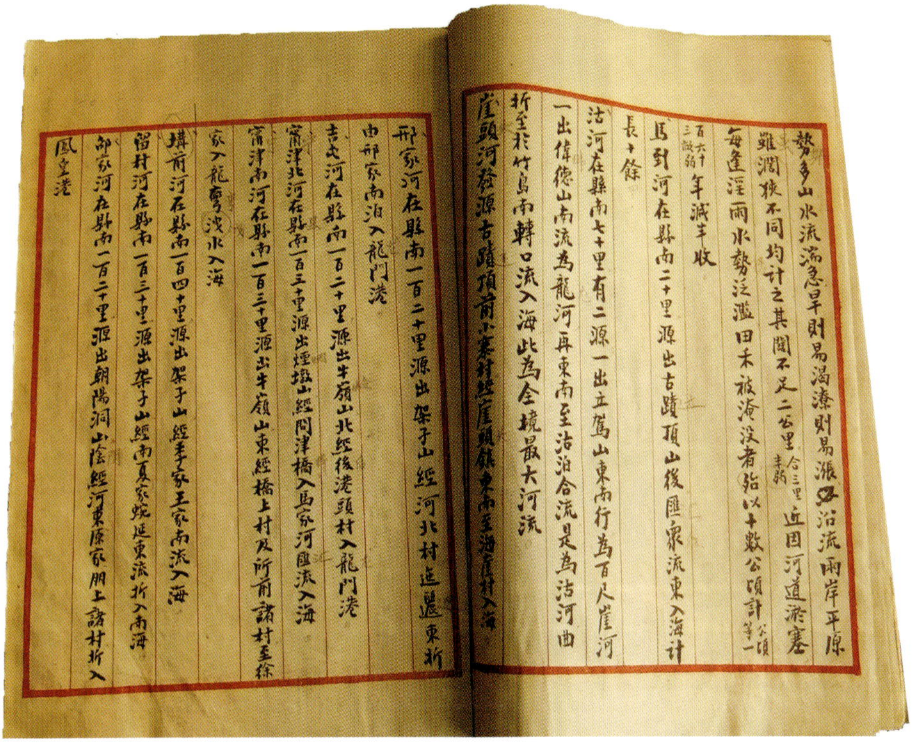

勢多山水流湍急旱則易涸潦則易漲沿流兩岸平原
雖潤狹不同均計之其闊不足二公里（合三里弱）近因河道淤塞
每逢淫雨水勢泛濫田禾被淹沒者殆以十數公頃計（公頃等一百六十三畝弱）年減半收
馬到河在縣南二十里源出古蹟頂山後匯衆流東入海計長十餘
沽河在縣南七十里有二源一出正篤山東南行為百尺崖河一出偉德山南流為龍河再東南至沽泊合流是為沽河曲折至朴竹島南轉口流入海此為全境最大河流
崖頭河發源古蹟頂前小寨村經崖頭鎮東南至海崖村入海

邢家河在縣南一百二十里源出架子山經河北村迤邐東折由邢家南泊入龍門港
吉忠河在縣南一百二十里源出牛角山北經後港頭村入龍門港
甯津北河在縣南一百三十里源出煙墩山經閆津橋入馬家河匯流入海
甯津南河在縣南一百三十里源出牛嶺山東經橋上村及所前諸村至徐家入龍灣淺水入海
埠前河在縣南一百四十里源出架子山經手家王家南流入海
留村河在縣南一百三十里源出架子山經南夏家蜿蜒東流折入南海
郭家河在縣南一百二十里源出朝陽洞山陰經河東原家朋上諸村折入鳳凰港

图 2　民国《荣成县续志》手抄本影印图片

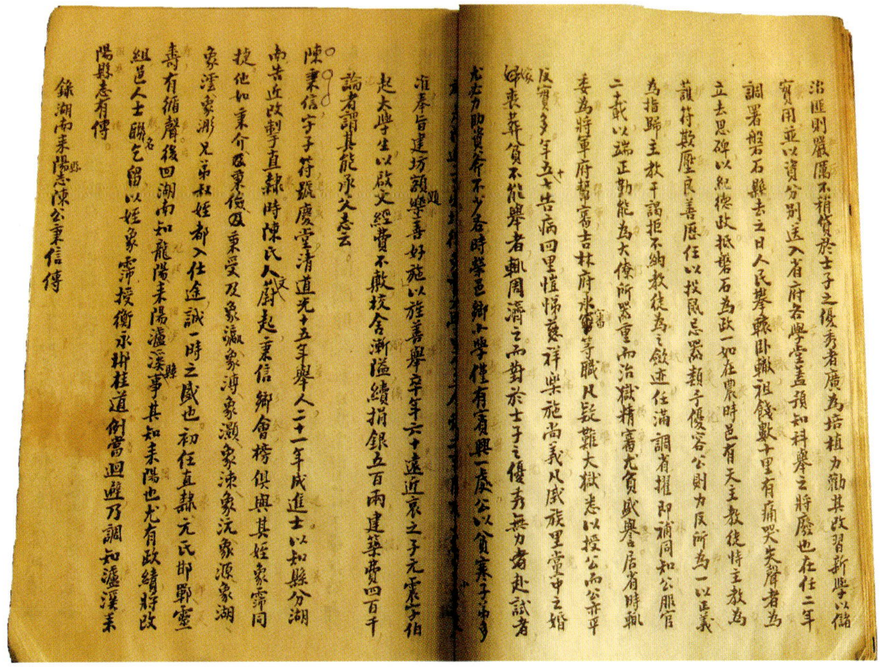

治匪則嚴厲不稍貸於士子之優秀者屢為培植力勸其改習新學以備實用並以資分別送入省府各學堂肄業知科舉之將廢也在任二年調署磐石縣去之日人民攀轅卧轍祖餞數十里有痛哭失聲者為立去思碑以紀德政抵磐石為政一如在眾時邑有天主教徒恃主教為護符欺壓良善歷任以投鼠忌器類予優容公則力反所為一以正義為指歸主教干請拒不納教徒為之斂迹任滿調省權即補同知公務官二載以端正勤能為大僚所器重而治獄精審尤負盛譽居省時輒委為將軍府幫審吉林府承審等職凡疑難大獄悉以授公而公亦平反實多年五十告病回里惶惕慈祥樂施尚義凡戚族里黨中之婚喪葬貧不能舉者輒周濟之而尤於士子之優秀無力赴試者尤為力助資斧不少吝時學邑鄉小學僅有實與一處公以貧寒子弟

准奉旨建坊題學善好施以旌善舉卒年六十遠近哀之子元霖字伯起太學生以啟文經費不敷校舍漸隘續捐銀五百兩建築費四百千論者謂其能承父志云
陳秉信字子符號慶堂清道光十五年舉人二十一年成進士以知縣分湖南旋改制子直隸時陳氏人蔚起秉信鄉會榜俱與其姪象霈同捷他如秉介及秉俊及秉受及象瀛象溥象灝象沅象源象湖象滢象淵兄弟叔姪都入仕途誠一時之盛也初任直隸元氏邯鄲靈壽有循聲後回湖南知龍陽耒陽瀘溪事其知耒陽也尤有政績將政組邑人士賦詩留以姪象霈授衡永郴桂道例當迴避乃調知瀘溪耒陽縣志有傳
錄湖南耒陽志陳公秉信傳

图 3　民国《荣成县续志》手抄本影印图片

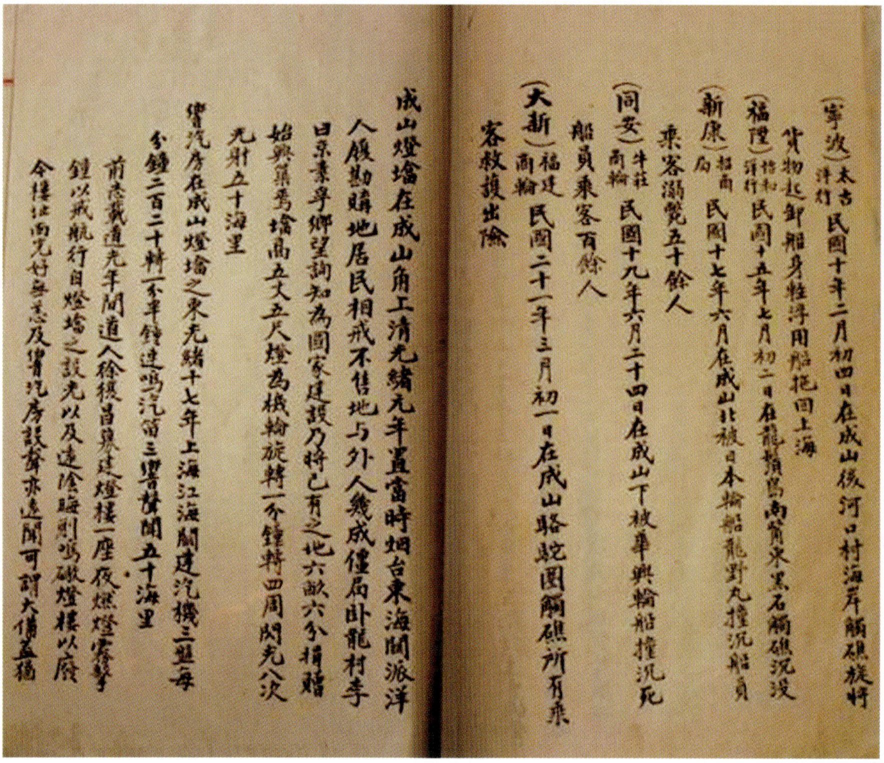

(寧波)太古洋行 民國十年二月初四日在成山後河口村海岸觸礁擱將
貨物起卸船身輕浮用船拖回上海
(福陞)怡和洋行 民國十五年七月初二日在龍鬚島南賓東黑石觸礁沉沒
(新康)招商局 民國十七年六月在成山北被日本輪船龍野丸撞沉船員
乘客溺斃五十餘人
(同安)牛莊商輪 民國十九年六月二十四日在成山下被華興輪船撞沉死
船員乘客百餘人
(大新)福建商輪 民國二十一年三月初一日在成山駱駝圈觸礁所有乘
客救護出險

成山燈塔在成山角上清光緒元年置當時烟台東海關派洋
人履勘購地居民相戒不售地與外人幾成僵局卧龍村李
日京素孚鄉望詢知為國家建設乃將己有之地六畝六分捐贈
始興築焉塔高五丈五尺燈為橫輪旋轉一分鐘轉四周閃光八次
光射五十海里
霧汽房在成山燈塔之東光緒十七年上海江海關建汽機三璺每
分鐘二百二十轉一分半鐘連鳴汽笛三響聲聞五十海里
前志載道光年間道人徐複昌募建燈樓一座夜燃燈霧擊
鐘以戒航行自燈塔之設光以及遠陰晦則鳴礮燈樓以廢
今樓址尚存好無志及霧汽房設聲亦遠聞可謂大備益稿

图 4 民国《旧县志续零星材料》手抄本影印图片